새로운 교회의
모델을 찾아서

─신반포교회 평신도 아카데미─

국립중앙도서관 출판시도서목록(CIP)

새로운 교회의 모델을 찾아서 : 신반포교회 평신도
아카데미 / 유동식 [외]. -- 서울 : 동연, 2012
   p. ;   cm

ISBN 978-89-6447-185-2 03230 : \16000

기독교[基督教]
교회[教會]

236-KDC5
262-DDC21   CIP2012003274

새로운 교회의 모델을 찾아서
신반포교회 평신도 아카데미

2012년 7월 30일 초판 1쇄 인쇄
2012년 8월 6일 초판 1쇄 발행

엮은이   신반포교회 창립30주년기념준비위원회
펴낸이   김영호
펴낸곳   도서출판 동연
등록   제1-1383호(1992. 6. 12)
주소   서울시 마포구 망원동 472-11
전화   (02)335-2630
전송   (02)335-2640
이메일   ymedia@paran.com
홈페이지 www.y-media.co.kr

ISBN 978-89-6447-185-2 03230

새로운 교회의
모델을 찾아서

─신반포교회 평신도 아카데미─

신반포교회 창립30주년기념준비위원회 엮음

동연

책을 펴내며

지금으로부터 30년 전 1982년의 봄, 당시 한국 사회와 교회는 어둠 속을 방황하는 나그네처럼 그렇게 길을 잃은 채 죽음의 골짜기를 걷고 있었다. 당시 군부 정권은 무력으로 정권을 빼앗은 후유증으로 국민적 저항에 부딪쳐 있었고, 대학생을 중심으로 한 시민은 민주화의 열망을 뜨겁게 달구면서 대한민국이 가야 할 길을 고통스럽게 찾고 있었다. 뿐만 아니라 한국 교회는 1970년대 이래 불기 시작한 세계복음화의 열망을 성도의 질적 성장이 없는 외형적인 교세 확장의 동력으로만 활용함으로써 세계사에서 그 유래를 찾아보기 힘든 큰 교회 성장을 이루어냈지만 내적인 상황은 왜곡된 신앙의 씨앗을 날로 키워가고 있었다. 그래서 한국 교회는 예수께서 가르치셨던 '하나님의 나라'를 이 땅에 세우고자 하는 열망과 헌신보다는 타계적이고 기복주의적인 신앙의 바벨탑을 높이 쌓으면서 마치 중세 교회처럼 목회자 중심의 권위주의적 기독교 왕국을 건설하고 있었다.

이런 상황이 지속된다면 한국 사회의 미래는 말할 것도 없고 한국 교회는 더 이상 한국인에게 희망이 될 수 없었다. 말하자면 세상을 구원할 새로운 복음, 그 복음을 전할 새로운 교회가 필요했던 것이다. 이러한 시대적 요청에 따라 신반포교회는 '이 시대에 복음을 새롭게 반포하자 (新頒布)'라는 마음으로 새로운 하나님의 나라 운동을 목적으로 탄생했다. 신반포교회는 설립되던 해 모든 교우가 함께 모여 「신반포교회헌장」

을 만들고 그 신앙을 공동으로 고백함으로써 어두운 세상에 빛이 되고 자 했다. 헌장에 명시된 신반포교회의 방향은 한마디로 '하나님의 나라 건설을 위한 그리스도의 제자직 수행'이었다. 달리 말해 신반포교회는 「신반포교회헌장」에 반영된 신학, 곧 복음의 토착화를 위한 하나님의 선교(Missio Dei) 신학, 평신도를 목회자와 함께 동등한 하나님의 백성으로 이해하면서 그들이 교회 및 사회활동에 주체적으로 참여할 것을 주문하는 평신도 신학, 초대교회에서 보여주었던 예배와 교육, 친교와 선교 그리고 봉사라는 통전적인 교육 목회 등의 이상을 토대로 지난 30년 동안 하나님의 나라 건설을 위한 사역을 위해 쉬지 않고 달려온 것이다.

특히 신반포교회는 하나님의 나라 건설을 위한 그리스도의 제자직 수행을 위해서는 평신도의 지도력 계발이 무엇보다 중요하다고 보고, 평신도를 하나님의 백성으로 굳게 세우는 일을 위해 교회 설립 시기부터 지금까지 계속해 '평신도 아카데미'를 운영해오고 있다. 이 평신도 아카데미는 명실 공히 평신도를 위한 신학 교육 프로그램으로서 아마도 한국의 어느 교회에서도 실천하지 못한 매우 수준 높은 평신도 신학 강좌라고 평가할 수 있다. '신학대학에서 현재 학문적으로 논의되는 모든 현대 신학적 주제가 교회에서 일반 신자와 자연스럽게 소통되지 못한다면 그 신학적 논의는 무슨 의미가 있겠는가' 그리고 '그러한 신학적 토대가 없는 교회가 진정한 교회라 말할 수 있겠는가'라는 문제의식을 준거로, 신반포교회는 일반 신자가 관심을 갖고 있는 다양한 신학적 주제를 토의를 통해 선정하고 해당 분야의 최고 전문가를 초청해 허심탄회하게 대화함으로써 평신도 아카데미를 운영해왔던 것이다. 그런 점에서 이 책은 최근 신반포교회의 평신도 아카데미에서 논의된 주요한 강의원고들을 하나로 모은 것이다.

이 책의 차례에서도 드러나듯이, 평신도 아카데미에서 논의된 내용은 크게 네 가지 영역으로 구분될 수 있다. 성서와 문화, 종교와 과학, 역사적 예수 연구와 여성신학, 그리고 선교와 에큐메니칼 운동 등이다. 아마도 평신도가 이들 각 분야에 대해 어느 정도의 신학적 이해심을 갖게 된다면 현재 방황하는 한국 교회에 작은 희망이 되리라 사료되며, 더 나아가 한국 교회가 하나님의 나라의 건설을 위한 그리스도의 제자직을 수행하는 데 큰 힘이 되리라 확신한다.

따라서 신반포교회 창립 30주년을 기념해 출판되는 이 책이 하나님의 나라 건설을 위한 동역자인 한국 교회의 성도에게 조금이나마 도움이 되기를 희망하는 바이다. 끝으로 이 책이 출판될 수 있도록 애써주신 신반포교회 교우 여러분과 창립30주년기념준비위원회 관계자 여러분에게 감사를 드린다. 특히 2004년부터 2011년까지 행한 평신도아카데미 강의 원고의 출판을 허락한 모든 필자와 출판을 도와주신 도서출판 동연에 감사를 드린다. 이 책에 수록한 원고의 일부는 추후 학술지나 책에 중복 게재되었으며 출처는 각 원고의 시작 부분에 상세히 표기해두었음을 밝힌다.

지난 30년 동안 신반포교회를 축복해주신 하나님께 감사를 드리며, 신반포교회가 초심을 잃지 않고 평신도아카데미를 통해 하나님의 나라 건설을 위한 사명에 더욱더 매진하기를 기도한다.

2012년 4월 신반포교회 창립 30주년 기념주일에 즈음하여

신반포교회 담임목사 손원영

차례 —————————————————————————

제1부

성서와 문화

성서계 만다라[*]

유동식
연세대학교 은퇴교수

1. 구약성서의 사상적 두 흐름

<그림 1>은 『천부경』을 기초로 한 우주의 조감도 위에 하나님의 구원의 역사를 그린 것이다. 나는 이것을 '성서계 만다라'라고 한다. 이것은 신·구약성서를 꿰뚫고 있는 두 사상적 흐름이 전개되는 가운데 서로 교차되어 대각선을 이루게 된다. 그리고 그 두 선이 만나는 중심 곧 우주의 중심에 그리스도의 복음이 자리 잡고 있어 구약과 신약의 세계를 연결하며 또한 구분한다.

구약성서는 이스라엘의 역사와 종교를 통해 인류에게 말씀하신 하나님 말씀의 기록으로 거기에는 두 사상적 전통이 흐르고 있다. 곧 하나님의 인간에 대한 사랑과 인간이 지켜야 할 율법이이다.

이스라엘 종교의 기초는 출애굽이라는 역사적 사건에 있다(기원전 13세기). 애굽의 노예로 있을 때 모세로 하여금 그들을 해방케 하심으로써 하나님의 사랑을 계시했다. 그와 동시에 하나님은 모세를 통해 이스라엘과 계약관계를 맺으셨다. 계약이란 인격과 인격 사이에서 맺는 약속

---

[*] 유동식, 『한국문화와 기독교』(서울: 한들출판사, 2009), 106-129쪽에 수록.

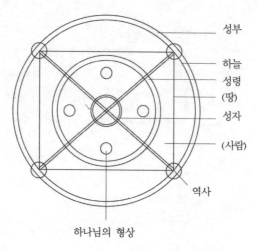

성부
하늘
성령
(땅)
성자
(사람)
역사
하나님의 형상

<그림 1> 성서계 만다라(통전적 우주도)

이다. 해방된 이스라엘은 노예가 아닌 자유인이었기 때문에 계약의 대상이 될 수 있었다. 그들은 주체적으로 계약의 내용을 지켜야 할 책임이 있게 되었다. 모세를 통한 계약의 내용은 십계명으로 집약되는 율법이다. 하나님께 대한 신앙의 조항과 인간 사이의 윤리적 규정에 대한 조항으로 구성되어 있다. 이것을 지킴으로써 하나님의 축복을 받게 된다. 그러나 그렇지 못할 때에는 심판을 받게 된다는 계약이다.

예수께서 이 계약의 내용을 구약을 인용하시면서 둘로 요약하셨다.

첫째는 이것이다. 이스라엘아 들어라. 주, 곧 우리 하나님은 오직 한 분이시다. 네 마음을 다하고, 힘을 다하여, 주 너의 하나님을 사랑하라 (신명 6:5).

둘째는 이것이다. 네 이웃을 네 몸같이 사랑하여라(레위 19:18). 이 계명보다 더 큰 계명은 없다(마가 2:29-31).

유대 왕국이 확립된 것은 다윗 왕 때였다(기원전 1000년). 그 후 솔로몬

왕에 이르러 국력이 신장되자 화려한 신전과 궁전을 건축하는 등 번창했다. 그러나 국제적 교류와 함께 급속도로 세속화되어갔다. 이에 불만을 품었던 북부 이스라엘 부족은 솔로몬 왕이 죽자 유대 왕국에서 분리 독립했다(기원전 922년). 이것이 사마리아에 수도를 둔 북쪽 이스라엘 왕국이다. 이스라엘 왕국은 기원전 8세기에 이르자 크게 번성했다. 그들은 예루살렘 성전에 맞서 자신들의 성전을 세웠고 지배계급은 사치한 생활을 했다. 결국 그들도 타락했고 민중을 억압하고 착취했다. 멸망의 징조였다.

그때 나타난 예언자가 정의의 선지자 아모스였다. 그는 그 사회와 종교의 타락상을 규탄하고 하나님의 정의가 실현되어야 살 수 있다고 외쳤다. 하나님은 아모스를 통해 이렇게 말씀하셨다.

> 나 주가 이스라엘 가문에 선고한다. 너희가 나를 찾으라. 그리하면 살리라.…나는 너희가 벌이는 절기 행사들이 싫다.…너희가 번제물이나 곡식을 나에게 바친다 해도, 내가 그 제물을 받지 않을 것이다. 너희는 다만 공의가 강물처럼 흐르게 하고, 정의가 마르지 않는 강처럼 흐르게 하여라(아모 5:4, 21-23).

한편 아모스와 거의 같은 시대에 나타난 또 다른 예언자 호세아가 있었다. 그는 아모스와는 대조적으로 하나님의 사랑을 대변하는 선지자였다. 이스라엘의 죄의 문제에 대해 아모스는 그들의 사회정의라는 측면에서 접근해갔던 반면, 호세아는 근본적인 그들의 신앙 내용을 문제삼았다. 호세아는 이스라엘의 죄의 근본을 야훼 하나님을 떠나 바알 신을 추종하는 데 있다고 보았다. 바알 신이란 소유를 풍요롭게 하는 생산신이요 가나안의 토지신이다. 이스라엘이 가나안에 정착하면서부터 싸워야 했던 유상신이 바로 바알이다. 첫 예언자였던 엘리야가 싸웠던 대상이기도 하다.

그런데 물질적 풍요를 바라던 이스라엘이 어느덧 바알을 흠모하기 시작했다. 그들은 이렇게 말했다.

> 나는 나의 연인들을 따라가겠다. 그들이 나에게 먹을 것과 마실 것을 주고, 내가 입을 털옷과 모시옷과, 내가 쓸 기름과, 내가 마실 술을 준다(호세 2:5).

의식주의 풍요를 쫓아 하나님을 배반하고 바알 신을 연모하는 것은 계약위반이요 배신이다. 따라서 그들은 심판을 받고 멸망할 수밖에 없었다. 그러나 호세아를 통해 계시하신 하나님의 말씀은 놀랍게도 율법적 의와 심판을 넘어선 사랑과 구원의 선포였다.

> 이스라엘아. 내가 어찌 너를 원수의 손에 넘기겠느냐.···너를 버리려고 해도 나의 마음이 허락하지 않는구나. 아무리 화가 나도 화나는 대로 할 수 없구나. 내가 다시는 에브라임을 멸망시키지 않겠다. 나는 하나님이요, 사람이 아니다. 나는 너희 가운데 있는 거룩한 하나님이다(호세 11:8f).

여기에는 정의와 사랑이신 하나님의 내적인 갈등과 함께 사랑의 결정적인 승리의 선언이 있다. 그러나 이스라엘은 아시리아에 의해 멸망한다(기원전 721년). 하지만 사랑의 하나님은 그들을 영영 버리지 않으셨다. 700여 년이 지난 후 그들은 야곱의 우물가에서 한 여인을 통해 그리스도와 만나게 된다(요한 4장).

남쪽 유대 왕국은 살아남았지만 그들 역시 종교적 위기에 처해 있었다. 예루살렘 성전의 예식에는 아시리아의 종교가 가미되었고, 야훼의 이름 아래 바알을 섬기는 등 혼합종교 현상이 성행했다. 이에 요시아 왕은 종교개혁운동에 나섰다(기원전 621년). 그것은 곧 예루살렘 성전을 중심한 신앙순화운동이었다.

그러나 정치권력에 의한 종교개혁운동은 결국 외형상으로 이루어졌을 뿐, 민중의 내면적인 개혁이 될 수 없었다. 그때 나타난 이가 예언자 예레미야였다. 그는 성전 중심의 형식주의를 공격하고 민중의 미신을 비판했다. 그래도 회개하지 않던 유대 왕국은 결국 바벨론에 의해 멸망하고 백성은 바벨론의 포로로 잡혀갔다(기원전 586년).

예레미야는 자신의 민족과 민중의 불신앙에 절망했다. 그러나 그는 하나님의 사랑과 구원의 은총을 믿었다. 유대 민족을 애굽으로부터 구출하실 때와 마찬가지로 하나님의 조건 없는 은총과 창조적 사랑을 믿고 있었다. 율법은 하나님의 백성으로서 살아가야 할 도리를 제시하신 것이요, 이것이 하나님의 사랑을 받는 조건일 수는 없는 것이다.

사랑이신 하나님은 결국 이스라엘과 맺은 계약을 갱신하시고 인간을 구원하시기로 하신 것이다. 그는 예레미야를 통해 이렇게 선언했다.

그때가 오면 내가 이스라엘 가문과 유대 가문과 새 언약을 세우겠다. 나 주의 말이다. 이것은 내가 그들의 조상의 손을 잡고 애굽 땅에서 데려오던 때에 세운 언약과는 다른 것이다.…나는 나의 율법을 그들의 가슴속에 넣어주며, 그들의 마음에 새겨 기록하며, 나는 그들의 하나님이 되고, 그들은 나의 백성이 될 것이다.…내가 그들의 허물을 용서하고 그들의 죄를 다시는 기억치 않을 것이다. 나 주의 말이다(예레 31:31-34).

이 새로운 계약은 모세를 통해 맺었던 옛 계약과는 근본적으로 다르다. 첫째는 이스라엘 민족이라는 집단과의 계약이 아니라 각 인격의 심령에 새긴 계약이다. 둘째는 이스라엘 민족을 위시해 인간의 모든 죄를 무조건 용서하신다는 하나님의 일방적인 사랑의 선포이다. 이것이 새로운 계약 곧 '신약'의 내용이다.

새 계약은 인간의 입장에서 보면 하나님의 무조건적인 사랑의 선포이다. 그러나 하나님 자신 안에서는 정의가 무화(無化)될 수 없었다. 이스라엘과 맺었던 옛 계약은 성취되어야만 했다. 그리하여 나타난 새로운 처방이 '대신 속죄한다'는 대속(代贖)사상이다.

바벨론으로 포로가 되어 간 이스라엘 사람들 가운데 나타난 예언자가 '제2이사야'다. 하나님은 그를 통해 포로가 된 이스라엘의 새로운 사명을 전하게 하셨다. 하나님이 택하신 백성이 포로의 고난을 받는 것은 자업자득의 형벌에 그치거나 무의미한 고난이 아니라 이를 통해 새로운 사명을 수행하고 있는 것이다. 그것은 인류가 죄로 인해 당해야 할 형벌의 고난을 대신 짊어짐으로써 인류를 구원받게 한다는 고난의 종의 사명이다.

> 그는 사람들에게 멸시를 받고, 버림을 받고, 고통을 많이 겪었다. 그는 언제나 병을 앓고 있었다.…그는 실로 우리가 받아야 할 고통을 대신 받고 우리가 겪어야 할 슬픔을 대신 겪었다.…그가 찔린 것은 우리의 허물 때문이요, 그가 상처를 받은 것은 우리의 약함 때문이다. 그가 징계를 받음으로써 우리가 평화를 누리고, 그가 매를 맞음으로써 우리의 병이 나았다(이사 53:3-5).

이스라엘의 망국과 고난의 직접적인 책임은 그들의 불신앙과 타락에 있었다. 그러나 선민으로서 당하는 고난은 또한 인류를 구원하시는 하나님의 원대하신 섭리의 일부를 담당하는 역사적 의미를 지니게 되었다. 이 사실은 후의 그리스도의 고난에서 그 의미가 드러나게 된다.

여기에 구약성서를 일관하고 있는 사상적 두 흐름 곧 하나님의 사랑과 율법의 전통이 있다.

2. 통전자 그리스도의 복음

때가 찼다. 하나님의 나라가 가까이 왔다. 회개하고 복음을 믿어라
(마가 1:15).

이것이 예수께서 선포하신 첫 설교였다. 선지자들을 통해 하나님께서 예언하신 구원의 때가 왔다, 하나님의 나라가 가까이 와 있다, 돌이켜 이 복된 소식을 믿고 이에 참여하라는 것이다.

하나님의 나라란 하나님이 다스리시는 나라, 곧 하나님이 우리와 함께 계시다는 '임마누엘'의 나라이다. 하나님이 우리와 함께 계실 때 거기에는 고통도 억울함도 죽음도 없어진다(계시 21:1-4). 예수님의 탄생을 '임마누엘'이라고 했다(마태 1:23). 그로 말미암아 이제 우리는 하나님과 함께 살게 되었다는 뜻이다. 그러므로 그리스도가 오신 사건이 곧 복음이다.

그리스도의 복음은 세 사건으로 집약된다. 곧 하나님의 말씀이 육신이 되어 오신 예수의 탄생, 십자가상에서의 대속의 죽음, 새로운 영체로 부활하신 사건이다. 이것을 차례대로 살펴보자.

첫째, 그리스도의 탄생은 도성인신(道成人身)의 존재론적 통전의 사건이다. 도성인신이란 하나님의 말씀인 도(道)가 인간이 되어 오셨다는 뜻이다. 그러므로 예수 그리스도는 하나님과 인간이 통합된 전체로서의 새로운 존재이다. 이로 인해 새로운 세계가 전개되었다.

말씀이 육신이 되어 우리 가운데 사셨다. 우리는 그의 영광을 보았

다. 그 영광은 아버지께서 주신 독생자의 영광이며, 그 안에 은혜와 진리가 충만했다(요한 1:14).

인간의 근본 문제는 생명의 근원인 하나님을 떠났다는 데 있다. 이것이 죄이다. 따라서 죄는 사망에 이르게 한다. 그러므로 인간의 구원은 하나님에게로 돌아가는 데 있다. 그러기 위해서는 나와 이 세상에 갇혀 있는 자기를 버려야만 한다. 그러나 인간에게는 그러한 능력이 없었다는 것이 이스라엘의 역사를 통해 볼 수 있는 사실이었다.

이것을 아시는 하나님의 사랑은 당신의 아들로 하여금 인간이 되어 세상에 오게 하심으로써 임마누엘을 성취토록 하신 것이다. 이에 대해 바울은 이렇게 말했다.

그리스도 예수는 하나님의 모습을 지니셨으나, 하나님과 동등함을 당연하게 여기지 않으시고, 오히려 자기를 없이하고 종의 모습을 취하시고 사람과 같이 되었습니다. 그는 사람의 모습으로 나타나셔서, 자기를 낮추시고 죽기까지 순종하였습니다. 곧 십자가에 죽기까지 하셨습니다. 그러므로 하나님께서 그를 지극히 높이시고, 모든 이름 위에 뛰어난 이름을 그에게 주셨습니다(빌립 2:6-9).

하나님의 말씀이 인간이 되신 그리스도는 하나님과 인간을 통전함으로써 그의 안에 있는 인간으로 하여금 하나님 안에 있게 하시었다. 그러므로 누구든지 그리스도 안에 있으면 새로운 존재가 된다(고후 5:17). 새로운 존재란 죽음을 극복한 존재로 하나님의 자녀 된 특권을 누리는 존재이다(요한 1:12). 곧 자유와 평화와 사랑의 기쁨 속에 아름다운 인생을 살아가는 존재이다.

둘째, 그리스도의 십자가의 죽음은 인류의 죄 값을 대신 치르신 대속의 사건이다. 이것은 이미 제2이사야가 예언한 대속의 성취이다.

> 그는 실로 우리가 받아야 할 고통을 대신 받고, 우리가 겪어야 할 슬픔을 대신 겪었다.…그가 찔린 것은 우리의 허물 때문이요, 그가 상처를 받은 것은 우리의 악함 때문이다. 그가 징계를 받음으로써 우리가 평화를 누리고, 그가 매를 맞음으로써 우리의 병이 나았다(이사 53:4f).

예수께서 잡히시던 날 밤 제자들과의 최후의 만찬석상에서 하신 말씀에 대해 세 복음서뿐만 아니라 바울도 기록하고 있다(고전 11:23-25).

> 예수께서 떡을 들어서 감사를 드리신 다음에, 떼어서 그들에게 주시고 말씀하셨다. "이것은 너희를 위해서 주는 나의 몸이다. 너희는 이것을 행하여 나를 기억하여라." 그리고 저녁을 먹은 뒤에, 잔을 그와 같이 하시고 말씀하셨다. "이 잔은 너희를 위하여 흘리는 내 피로 세우는 새 언약이다"(누가 22:19f).

예수께서는 자신의 십자가상의 죽음이 갖는 의미에 대해 분명히 말씀하신 것이다.

첫째, 이사야의 예언대로 자신의 몸과 피(생명)를 우리를 위해 바치고 흘리신다는 사실이다. 곧 우리의 죄 값을 대신해 징벌의 고난을 당하는 것이라 했다.

둘째, 율법적 옛 계약을 갱신하며 예레미야가 예언했던 '새 계약'을 선포하신 것이다. 그것은 문자로 돌에 새긴 율법적 계약이 아니라 인간의 심령에 새긴 사랑의 계약이다. 그리스도의 십자가로 말미암아 "너희의 죄를 용서하고, 다시는 기억치 아니하리라." 그리하여 "나는 너희의 하나님이 되고, 너희는 내 백성이 되리라"(예레 31:33)는 계약이다.

셋째, 그리스도의 영체로의 부활은 신약의 새로운 세계를 창조한 사건이었다. 신약이 구약의 예언을 완성했다는 점에서 두 성서 사이에는 연속성이 있다. 그러나 그리스도로 말미암아 구약의 율법관계가 청산되고 새로운 영적 사랑의 관계가 전개된다는 점에서는 단절이 있다. 그 구분점을 만든 것이 그리스도의 영체로의 부활 사건이다. 구약성서에서의 부활신앙은 부록에 지나지 않는다. 그러나 신약성서와 기독교는 부활신앙을 기초로 한 경전과 종교이다. 단적으로 말해, 기독교는 죽음을 극복하고 부활하신 그리스도를 믿는 종교이며, 또한 그리스도인이 믿음으로 인해 죽음을 극복하고 부활한 생명을 지니고 살아가는 종교이다.

부활은 복음의 핵심이요 결론이다. 이 부활의 실상을 집약해서 표현한 이가 요한이다. 최후의 만찬이 끝난 후 예수께서는 제자들에게 고별사라 할 긴 설교를 하셨다(요한 14·15·16장). 그중에서도 핵심은 14장 15~21절에 있다.

조금 있으면, 세상이 나를 보지 못할 것이다. 그러나 너희는 나를 보게 될 것이다. 그것은 내가 살아 있고 너희도 살아 있을 것이기 때문이다. 그날에 너희는 내가 아버지 안에 있고, 너희가 내 안에 있고, 또 내가 너희 안에 있음을 알게 될 것이다(요한 14:19f).

십자가에 달려 돌아가시는 사건은 누구나 육안으로 볼 수 있는 이 세상에서의 일이었다. 그러나 부활은 이 세상에서 일어난 초월적인 사건이다. 그가 부활하신 것은 육체로가 아니라 영체로 부활하신 것이다(고전 15:44 참조). 그러므로 부활하신 그리스도를 볼 수 있는 것은 육안이 아니라 영안이다. 영안이란 믿음으로써 열리는 눈이다. 부활하신 그리스도를 볼 수 있는 것은 그를 하나님의 아들로 믿고 따르던 제자들의 눈이었다.

그리스도가 부활하시고 이 사실을 믿음의 영안으로 보게 되는 그날, 우리는 하나의 우주적인 기적이 일어난 것을 깨달아 알게 된다. 곧 그리스도는 하나님 안에 있고, 우리는 그리스도 안에 있고, 그리스도는 우리 안에 있게 되는 기적이다. 그리스도의 십자가와 부활을 매개로 이제 우리는 하나님 안에 존재하게 되는 것이다.

이것이 그리스도의 복음으로 인해 형성된 새로운 존재의 실상이다. 여기에 구원의 완성이 있다. 이것을 그림으로 표현한다면, 삼태극도가 된다(<그림 2>). 삼위일체 하나님의 성령의 자리에 우리가 편입되게 된 것이다. 이 사실에 대해 예수께서는 미리 말씀하셨다. 그가 아버지 하나님에게 간구해 보혜사 성령을 보내시어 영원히 우리와 함께 계시고 우리 안에 계시게 하신다고 말씀하신 것이다(요한 14:16f).

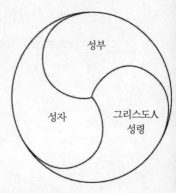

<그림 2>

그러므로 하나님과 우리가 하나 되는 것은 일반 신비주의와는 다르다. 신비주의가 신인합일이라는 직접적 관계요 음양 태극과 같은 관계라고 한다면, 복음적 신비주의는 그리스도를 매개로 한 삼태극적 관계의 신비주의이다. 부활하신 그리스도가 만난 첫 사람인 막달라 마리아에게 주신 복음의 메시지는 바로 이 삼태극적 인격관계였다.

나의 아버지 곧 너희들의 아버지, 나의 하나님 곧 너희들의 하나님에게 올라간다고 전하여라(요한 20:17).

3. 신약사상의 두 흐름

그리스도의 복음으로 말미암아 새로운 시대가 전개되었다. 이 사실을 적은 것이 신약성서이다. 신약성서에도 구약성서 사상의 두 전통인 율법과 사랑의 연장선상에서 이해할 수 있는 두 흐름이 있다. 그러나 이 것은 구약성서 사상의 단순한 연장이 아니라 그리스도의 복음을 매개로 차원을 달리한 율법과 사랑의 흐름이다.

먼저, 율법주의적 전통에 대해 살펴보자. 바울은 고린도 교회에 보낸 편지에서 이렇게 말했다.

> 나는 내가 받은 가장 중요한 것을 여러분에게 전합니다. 그것은 그리스도께서 성경에 기록된 대로 우리 죄 때문에 죽으셨다는 것과 무덤에 묻히셨다는 것과 성경대로 사흘 만에 다시 살아나셨다는 것과 여러 사람에게 나타나셨다는 것입니다(고전 15:3f).

바울이 전해 받았다는 것은 베드로를 중심으로 한 예루살렘 교회에서 전해 받은 복음이라는 말이다. 그 핵심은 구약성서에서 예언한 대로 예수께서 우리의 죄를 대신해서 십자가 위에 돌아가셨다는 것과 사흘만에 부활하셨다(호세 6:2)는 것이다. 그리고 부활하신 그리스도는 여러 사람들에게 나타나셨고, 나중에는 바울 자신에게까지 나타나셔서 친히 본 사실이라고 했다(고전 15:8).

이것은 베드로의 오순절 설교와 일치하는 것이며(사도 2:14-36) 예루살렘을 중심한 유대인 그리스도교도가 이해한 복음의 핵심이다. 여기에 기독교 신앙의 기초가 있다. 곧 십자가의 죽음이 갖는 대속사상과 부활이 갖는 구원사상이 그것이다. 십자가와 부활은 실은 대속의 양면이다. 따라서 그 중심은 십자가 사건에 있다.

이것은 모세를 통한 율법적 계약과 아모스를 통한 율법적 정의실현과 제2이사야를 통한 대속의 예언을 성취한 구원의 역사이며, 그 기저에는 율법주의가 흐르고 있다. 이것이 신약성서에 일관하고 있는 복음사상의 한 흐름이다.

그러나 다시 강조하거니와 신약성서의 율법주의는 우리의 행위가 의의 조건이 되는 것이 아니라 그리스도 안에서 이미 성취된 의(義) 안에서 자유로이 하나님의 뜻을 따르는 삶이다.

역사는 과거와 현재와 미래로 이어진다. 그리스도의 복음 사건이 과거에 있었다면, 이것을 현재화하는 것이 신앙과 신앙공동체인 교회의 존재이다. 그리스도 신앙이란 그의 십자가와 부활에 동참하는 현재의 실존적 결단이다. 이것을 성례전화한 것이 세례식이다. 우리는 세례를 통해 그리스도와 함께 죄에 대하여는 죽는 것이며, 그리스도와 함께 영적인 새로운 존재로 부활하는 것이다(로마 6:3-5). 그리고 이러한 새로운 존재들이 모인 공동체가 교회이다. 교회란 그리스도를 머리로 한 지체 곧 신도가 모인 새로운 사랑의 공동체이다(로마 12장, 고전 12장).

교회는 믿음과 사랑의 공동체인 동시에 소망의 공동체이다. 하나님의 뜻이 하늘에서처럼 이 역사 속에 온전히 이루어질 미래를 소망하며 살아가는 공동체이다. 하나님의 뜻이란 자유와 평화와 사랑의 기쁨이며, 이것이 완전히 실현될 하나님의 나라를 미래에 소망하며 현재를 살아가는 것이 교회이다.

이 구원사를 상징하는 교회의 표지를 도상으로 그린다면 십자가 안에 있는 삼태극이 될 것이다(<그림 3>). 삼태극이란 하나님의 뜻인 자유와 평화와 사랑이 하나를 이루고 있는 부활의 상징이다.

신약성서를 일관하고 있는 또 하나의 사상적 흐름이 있다. 그것은 창세기 1장의 우주 창조와 호세아·예레미야로 이어

<그림 3>

지는 하나님의 창조적 사랑의 전통에서 본 복음의 전개이다. 유대 민족의 율법주의적인 구원의 역사가 아니라 우주적 하나님의 사랑이 복음의 배경이다. 이것은 90년경 소아시아의 에베소를 중심한 이방인 교회에서 형성된 복음 이해의 전통이다. 그 중심에 있던 이가 요한복음서의 저자이다. 요한복음서는 이러한 말로써 시작된다.

> 태초에 말씀이 계셨다. 그 말씀은 하나님과 함께 계셨다. 그 말씀은 하나님이셨다. 그는 태초에 하나님과 함께 계셨다. 모든 것이 그로 말미암아 생겨났다. 그가 없이 생겨난 것은 하나도 없다. 그의 안에 생명이 있었다. 그리고 이 생명이 사람들의 빛이었다(요한 1:1-4).

모든 인생이 추구하는 것은 영원한 영적인 생명이다. 썩어 없어질 육신의 양식을 위해 일할 것이 아니라 영생을 위해 일해야 한다(요한 6:27). 그런데 이 영원한 생명은 천지를 창조하신 하나님과 그의 말씀 안에 있는 것이다.

하나님과의 율법적 계약관계에 있는 유대인에게는 율법 위반이 죄요, 그 죄에 대한 심판이 죽음을 초래한다. 그러니 이방인에게는 생명의 근원인 하나님을 떠나는 것이 죄요, 그 결과가 죽음이다. 그러므로 이방인의 구원의 복음은 십자가에 의한 대속 사건 이전에 하나님의 말씀이 인간이 되어 오심으로써 그의 안에서 하나님과 인간이 하나가 되는 데 있다. 이것은 일종의 신비주의에 속하는 사건이다. 곧 하나님의 말씀이 육신이 되셨다는 성육신(成肉身) 또는 도성인신의 사건이 복음인 것이다(요한 1:14). 그러므로 예수 그리스도를 믿고 받아들이는 사람은 하나님의 자녀 된 특권을 누리게 된다(요한 1:12). 그 특권이란 하나님의 생명 곧 영생을 누리게 되는 것이다.

공관복음서(마태, 마가, 누가)에서는 하나님의 나라에 들어가는 것이 구원이다. 그러나 요한복음에서는 영생을 얻는 것이 구원이다.

> 하나님이 세상을 이처럼 사랑하사 독생자를 주셨으니, 누구든지 저
> 를 믿으면 멸망치 않고 영생을 얻으리라"(요한 3:16).

이것이 요한이 전하는 복음이며 또한 복음서 전체는 이 영생을 얻게
하기 위한 책이다(요한 20:31).

영생이란 죽음을 넘어선 생명이며, 자유와 평화와 사랑의 기쁨을 초
래하는 창조적 생명이다. 이것이 그리스도 안에 있는 하나님의 생명이
다. 요한에게 그리스도의 십자가와 부활은 성육신의 복음을 완성한 사
건이다. 마태·마가·누가의 세 복음서에 기록된 최후의 만찬에서는 떡과
포도주가 우리를 위해 주시는 그리스도의 살과 피 곧 대속의 십자가요
새로운 계약의 징표라 했다. 그러나 요한복음서에서는 제자들의 발을
씻어주는 사랑의 계명이 중심을 이루고 있다. 예수님의 십자가에서의
죽음은 인간의 죄를 대신한 대속이기보다는 우리가 있을 곳을 예비하
려고 하나님에게 돌아가시는 길이다. 그리고 그의 부활은 우리를 그곳
으로 데려가기 위한 것이다(요한 14:2f). 하나님 안에서 하나님과 더불어
있는 것이 곧 영생이다. 그러므로 그는 "내가 곧 참 생명으로 가는 길이
다"(요한 14:6)라고 했다.

그리스도의 십자가와 부활의 복음을 믿음으로 받아들이는 그리스도
인의 새로운 실존에 대해 가장 집약적으로 말씀하신 것이 요한복음 14
장 20절이다.

> 그날에는 너희들은 내가 아버지 안에 있고, 너희는 내 안에 있고, 또
> 내가 너희 안에 있다는 것을 알게 될 것이다.

그리스도를 매개로 하나님과 우리가 하나가 되는 삼태극적 관계의 실존화, 이것이 영생과 구원의 실상이다. 이러한 영생을 얻는 것은 어느 미래의 사건이 아니라 믿음으로 복음의 삼태극 속에 편입되는 현재의 사건이다. 여기에는 율법주의적인 미래의 심판이나 하나님 나라의 도래가 따로 있는 것이 아니다.

내 말을 듣고 나를 보내신 분을 믿는 사람은 영생을 얻은 것이다. 그 사람은 심판에 이르지 아니하고 이미 죽음에서 생명으로 옮겨진 것이다(요한 5:24).

나는 부활이요 생명이니, 나를 믿는 사람은 죽어도 살겠고, 살아서 믿는 사람은 영원히 죽지 아니하리라(요한 11:25).

이 사상적 흐름의 중심은 십자가보다 부활에 있다. 그러므로 이 복음을 상징하는 교회의 표지를 그린다면 부활의 삼태극 안에 십자가에 있는 도상이 될 것이다(<그림 4>).

삼태극 관계구조는 사랑의 공동체를 의미한다. 이 사랑의 공동체가 역사적 교회를 형성한다. 그러므로 신약성서의 사상적 두 흐름은 사랑의 공동체로서의 교회 안에서 하나가 된다.

<그림 4>

전체적인 그림을 그려본다면 <그림 5>와 같이 될 것이다.

교회는 하나이다. 그러나 그들이 치중하는 전통이 무엇이냐에 따라 보수와 진보와 자유주의적 사상적 특성을 달리한다. 곧 베드로를 중심한 예루살렘 교회의 전통과 바울을 중심한 안디옥 교회의 전통과 요한을 중심한 에베소 교회의 전통이 그것이다.

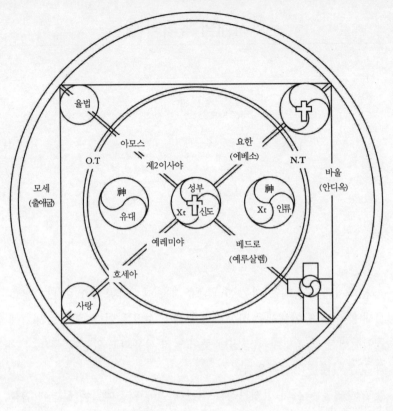

<그림 5>

문화시대의 목회적 대응

김문환
서울대학교 명예교수, 미학

1.

‘문화시대의 목회적 대응’이라는 주제를 다루려면 무엇보다도 ‘문화시대’를 어떻게 이해해야 하는지가 문제일 수밖에 없다. 특히 21세기에 들어서면서 그것이 마치 당연한 듯이 널리 사용되고 있는데, 무엇이 그와 같은 사태를 가져왔을까?

우선 인류 역사의 전개과정과 연관해 이에 덧붙여지는 설명에 귀를 기울일 만하다. 굳이 누구라고 이름을 달 필요도 없이 인류 역사를 녹색혁명, 산업혁명, 지식혁명으로 파악하는 설명이 상당한 설득력을 얻고 있다. 단순한 채집이나 수렵을 통해 먹을거리를 구해왔던 인류가 농업을 통해 비교적 안정적으로 식량을 확보할 수 있었던 변화가 가히 혁명적이라고 한다면, 인간의 손을 연장시킨 기계를 이용한 대량생산으로 인간의 물질적 필요를 충족시킨 산업혁명 역시 실로 인류의 생존양식을 근본적으로 뒤바꾸어놓은 사건이 아닐 수 없다.

자본주의, 시장경제, 관료체제, 제국주의, 식민주의, 통신기술 등등의 개념이 복합되어 있는 소품종 다량생산체제는 한마디로 ‘힘’의 논리를 그 바탕으로 삼고 있으면서 인간의 개인적 내지 집단적 이기주의를 무한히 확장시켜놓고 있다. 그리하여 자연을 이용의 관점에서만 대하게 되었을 뿐만 아니라 동료 인간마저도 한갓 정복의 대상으로 여기는 일에 익숙해 있다.

바로 이와 같은 과정에서 이미 중요한 역할을 담당해온 지식의 역할이 더욱 강조되면서 이제 우리는 '지식사회'라는 개념에 접하게 된다. 굳이 외국의 예를 들 것도 없이 우리 자신을 되돌아보면 이를 쉽게 이해할 수 있을 것이다. 6·25전쟁을 전후한 한국 사회는 그나마 문제가 많은 농업사회였음에 반해, 그 후 불과 40년 만에 영국이 250년, 미국·독일·프랑스가 80~100년 만에 이루어낸 산업사회를 우리는 그 절반도 안 되는 기간에 이루어냈기 때문이다. 조선, 자동차, 반도체 등 20여개 산업 분야에서 한국은 세계적으로 단연 선두에 서 있다. 그와 같이 급속한 역사 단축과정에서 인권 탄압 등 많은 문제를 야기시키는 등 우리 자신이 아직 이에 낯설어하면서 시대적 요구에 걸맞지 않는 사고 및 행동양태를 드러내고 있는 것이 바로 오늘의 문제이다.

이처럼 변화된 시대의 화두로 등장한 핵심 개념들이 바로 지식이요 문화이다. 지식사회에서의 지식은 "전기나 돈처럼 오직 기능적으로 활용될 때에만 존재하는 에너지 같은 것으로서, 일에 적용 가능한지가 중요하다"고 '지식사회'라는 개념을 40년 전에 예상한 피터 드러커 박사는 설명한다.

이제 피할 수 없는 지식정보혁명으로 인해 돈보다 더 쉽게 돌아다니면서 사회를 근본적으로 바꾸어놓는 지식을 둘러싼 경쟁은, 그것이 조직이든 개인이든 국가든 모두 지구적 수준으로 이루어진다. 이에 지식사회는 상승이동이 무제한 열려 있는 최초의 고도경쟁사회가 되는 동시에 그대로 고도불안사회를 뜻하기도 한다. 따라서 치열한 경쟁에서 느끼는 심리적 압박과 정신적 상처에 대비하고 스트레스를 이겨내기 위해 봉사활동 같은 비경쟁적 인생을 설계할 필요가 증대된다.

이와 같은 상황을 염두에 둘 때 '문화'는 무엇을 뜻할 수 있겠는가? 문화의 서양적 어원은 원래 농업과 연관된다. 즉, 경작한다(cultura)가 그 원래 의미이다. 그러나 단순한 물질적인 필요의 충족이 인간생활의 전부가 될 수 없기에 그것은 '살되 좀 더 사람답게 살기 위한 노력'을 뜻하게 되면서, 당장의 필요와 무관한 듯하면서 자신에 대한 성찰을 통해 '사람답게 사는 길'을 감각을 통해 확인시켜주는 예술과 거의 동의어처럼 사용되기에 이른다.

한자에서도 문화(文化)라는 글자는 자연을 마주하여 당당하게 맞서 있는 사람이 끊임없이 변화를 일으켜간다는 뜻을 함축하는가 하면, 예술은 문자 그대로 벼를 심고 있는 사람의 모습을 본뜨고 있으면서도 마치 큰 양, 즉 기름지고 맛있는 큰 양을 뜻하는 미(美)라는 글자가 아름다움이라는 뜻을 가진 글자로 뜻을 바꾸듯이, 살되 좀 더 사람답게 살고자 하는 가치 지향을 내포한다. 그러면서 그것은 단순한 물질 중심적 사고를 견제하면서 인간을 좀 더 전인적인 존재로 바꾸어나가고자 하는 의지를 집약해 보인다.

이와 같은 맥락에서라면 '지식사회'가 진행되는 중에 문화가 지닐 수 있는 함의는 사뭇 이중적이 된다. 첫째, 그것은 지식의 일종으로서, 즉 경쟁전략의 일부로서 그 의의를 인정받게 된다. 산업사회를 소품종 다량생산체제라고 말한 바 있거니와, 후기산업사회 또는 지식사회에서는 그와 대비해 다품종 소량생산체제가 주종을 이룬다는 표현이 통용될 수 있을 것이다. 기본적인 필요를 충족시킨 인간은 자신의 개성과 취향 등을 만족시키고자 하는 성향을 감추지 않는데, 장사를 하자 해도 이제는 그와 같은 변화에 발을 맞추지 않으면 안 된다는 이야기가 된다. 이같은 관점에서 디자인이니 브랜드니 하는 용어가 주목의 대상이 되고, 미학이니 인류학이니 하는 인문학의 분야가 경제적 관점에서 응용대상이 되기도 한다. 즉, 지식이 단순한 암기가 아니라 창의적인 능력을 반영한다는 뜻에서 예술과의 연계를 당연시한다는 것이다.

그러나 문화가 지닌 의의가 고작 그것뿐일까? 오히려 지식사회의 경쟁이 지닌 여러 성향에 맞서서 개인과 사회를 좀 더 전인적인 존재로 확보하려는 이른바 통전적인 의의에 좀 더 주목해야 하지 않을까? 그런 관점에서 본다면, 문화는 특히 산업혁명이 가져다준 여러 가지 혜택에도 불구하고 그것 때문에 상실 또는 망각된 요소가 전인적인 인간 발전에 보탬이 된다면 현재와 미래의 관점에서 이를 되살려내고자 하는 노력으로 읽혀져야 하는 것이 아닐까?

이에 따라 우리는 무한경쟁사회가 초래할 수 있는 여러 가지 폐해를 염두에 두면서 문화의 역할을 설명하는 접근방식을 일단 긍정적으로 인정할 수밖에 없게 될 것이다. 이때 무엇보다도 획일화에 대항하는 다양화의 관점이 중시됨 직하다. 마치 자연계에서 생물다양성이 존중되어야 하듯이, 인간계에서는 문화다양성이 더욱 존중되어야 한다. 특히 우리처럼 식민지적 경험에서 아직도 완전하게 해방되지 못한 경우에는 우리의 삶을 우리답게 만들어온 전통문화의 특성을 어떻게 살려나갈 수 있는지, 그리하여 그것이 우리 자신에게만이 아니라 세계 인류에게 어떻게 기여할 수 있게 만들겠는지를 심도 있게 논의해야 한다. 이때 오늘의 세계를 석권하고 있는 정보매체의 역할을 결코 무시해서는 안 된다. 그보다는 오히려 그것을 기능적으로 활용할 수 있는 방안이 모색되어야 한다. 특히 이에 젖어 있는 청소년 세대를 염두에 둔다면 신·구 매체에 대한 올바른 이해는 더 이상 미룰 수 있는 과제가 아닐 수 없다.

아울러 획일화와 짝을 이루는 파편화에 대비해야 한다. 모순처럼 들릴지 모르지만, 획일화는 결국 인간을 개성 있는 주체로 만들지 못하고, 따라서 개개인은 원자화·파편화되고 만다. 여기에 새삼스럽게 공동체성의 회복 문제가 제기된다. 그러나 공동체성이 자칫 또 하나의 몰개성화를 초래하는 장치로 전락해 개인을 비인격적인 존재로 함몰시키는 전체주의적 기제가 되어서는 안 된다.

나아가 우리는 무한경쟁사회가 안겨주는 스트레스로부터 도피하기 위해 창궐하는 향락에 대응해야 한다. 물질적 요구의 충족이 이미 권태를 낳고 권태는 이를 메워줄 향락에 대한 추구로 인간을 몰아넣게 마련임을 일찍이 쇼펜하우어도 날카롭게 지적했다. 그렇다고 금욕을 강조하는 것이 대안일 수는 없다. 그것은 생명이 지닌 기본 성향에 위배되는 또 하나의 압제이자 타락일 뿐이다. 그러기에 재미와 함께 의미를 제공할 수 있는 인간활동에 대해 관심을 키워가지 않으면 안 된다. 실러가 이미 말한 대로 그것은 '살아 있는 형태'로서의 예술에 대한 관심으로 대표될 수 있다. 물론 여기에서 말하는 예술이 좁은 의미의 아름다움만을 추구하는 활동이어서는 너무나도 한계적이다. 그보다는 인간의 감성을 통해 지상에서 실현되고 있지 못한 이상을 끊임없이, 많은 경우에는 부정의 부정의 방식으로 형상화해가는 작업을 포함하는 열린 개념이어야 한다.

마지막으로, 자연을 끊임없는 정복과 착취의 대상으로 간주하는 인간 중심적 사고로부터 탈피해야 한다. 문화의 '문(文)'자가 자연을 향해 당당히 맞서 있는 인간의 모습을 상징한다고 말했지만, 그것이 곧 자연을 인간이 마음대로 착취하고 드디어 자연의 반격을 초래하는 데까지 이르도록 부추기는 것이 아님은 두말할 여지가 없다. 이미 자연을 이용의 대상으로 본격화한 산업혁명시대에 이에 대한 평형추로서 자연을 관조의 대상으로 삼고자 한 예술을 중시해 미학이라는 새로운 교과를 탄생시킨 역사를 너무나도 잘 알고 있는 우리로서는 자연과 더불어 살아가는 삶을 강조하지 않으면 안 된다. 마치 민주주의를 '인민의', '인민에 의한', '인민을 위한' 정치만 강조하다가 '인민과 더불어(with the people)'를 망각한 결과로 오늘의 민주주의가 한계에 이르렀다면, 이는 자연에 대해서도 마찬가지일 것이다. 그런 의미에서 여러 유형의 생태신학에 대한 검토와 이에 따른 행동강령이 시급히 모색되어야 할 것이다.

2.

지금까지 21세기를 맞이하면서 문화의 의미를 어떻게 파악해야 할지를 대략적으로 살폈다. 그러나 '기독교인으로서'라는 단서를 붙이게 된다면, 사태를 좀 더 근본적으로 이해하기 위해 문화와 영성을 연결해서 생각해야 할 필요성이 절실해진다. 때마침 한국기독교교회협의회가 새롭게 문화·영성위원회를 설치하고, 에큐메니칼 운동이 지향하는 영성을 토대로 한국 교회의 문화적 지평을 넓히기 위한 모색의 일환으로 '전통적 관점에서 본 기독교 문화와 에큐메니칼 영성의 이해와 실천'을 내용으로 한 토론회를 가졌다. 주최 측은 교회협이 오랫동안 에큐메니칼 운동의 근거로서 일치와 협력, 정의와 평화, 생명존중의 영성을 위해 노력해왔음을 전제로 하면서 문화·영성위원회의 반향과 역할을 모색하고자 하는 것이 토론회의 취지임을 밝히고 있다.

이처럼 '창조질서의 존중'을 비롯한 여러 활동이 모두 영성에 기초한다는 것은 일단 인정하면서도 새삼스럽게 '문화'를 추가적으로 주목하게 된다. 이때 문화는 다분히 마치 신문에서 통용되는 통념처럼 정치·경제·사회와는 구별되는 문화의 성격을 갖게 되면서 주로 예술과의 연계를 연상하게 한다. 그러나 요즈음 교계에서 자주 운위되는 '영성'이라는 표현은 어느 정도 황홀경과 연계되는 신비체험과 같은 어감을 지니고 있는가 하면 불교의 참선이나 가톨릭의 '관상'을 연상시키는 침묵을 통한 성찰을 떠올리는 사람도 없지 않을 것이다.

이처럼 넓은 진폭을 가진 까닭에 빚어질 수 있는 혼란에서 벗어나려면 다시 원천으로 돌아가서 '영성'이란 무엇이고 오늘의 한국이라는 구체적인 상황에서 강조되어야 할 초점이 무엇인지를 물어야 할 것이다. 이 글에서는 일단 역사적 접근을 통한 '영성' 이해를 간략하게나마 살펴보고, 이를 바탕으로 좀 더 구체적이고 실천적인 과제를 예시해보는 방편을 취하고자 한다. 역사적 접근을 앞세우는 것은 무릇 모든 개념이 그러하듯이 영성에 대한 이해가 결코 어느 시대나 문화에 고착된 것이 아니라 시대와 장소에 따라 그리고 이를 발휘하는 인간에 따라 변화하게 마련이기 때문이다. 그러므로 영성이 역사를 통해 어떻게 파악될 수 있는지를 외면하고는 본격적인 논의가 도대체 불가능해질 수도 있다.

이 글은 '인간의 역사를 이끌어가는 하나님, 그리고 이끌어주시는 분께 자신을 맡겼던 선조들의 영성적 삶을 이해하려는 것"[1]을 출발점으로 삼는다. 그러나 이와 같은 전제가 '인간의 역사 안에 축적된 하나님께 대한 신앙인의 영성적 체험에 대한 사색 작업(신학화)'이 그 안에 담긴 진술을 '우리의 삶에 비추어 새롭게 이해하려는 체현화 작업'으로 이어져야 한다는 이해로 연결되어 있음에 주목해야 한다.

영성에 대한 역사적 접근은 시대구분 방법과 밀접하게 연관된다. 예컨대 가톨릭에서는 대체로 초대교회, 즉 사도 후 시대(2~3세기), 교부 시대(4~7세기), 중세기(8~13세기), 중세 개혁 시대(14~17세기), 계몽과 복고 시대(18~19세기), 교회 정신의 회복기(20세기)로 구분한다.[2] 이 같은 분류에 따르면, 예컨대 근자에 개신교회에서도 관심의 대상이 되고 있는 사

---

1 방효익, 『영성사』(서울: 바오로딸, 1996). 이 책은 Daniel de Dablo Maroto, *Histoira de la Espiritualilad Cristiana*(Madrid: EDE, 1990)에 많이 의존하고 있다.

2 아우구스트 프란츠, 『교회사』(분도출판사, 1982); 김경재, 『그리스도교 신앙과 영성』(한신대출판부, 1997), 73-160쪽 참조. 이 경우에도 '신앙의 역동성과 신학의 전통'이라는 주제 아래 ① 초대 그리스도교의 발생과 원형적 교회 모습, ② 헬라 교부 시대의 그리스도교 신학의 형성, ③ 중세 가톨릭 신학과 수도원운동의 발달, ④ 종교개혁의 정신과 그 신학 원리, ⑤ 근대 그리스도교 교회운동, ⑥ 19~20세기의 그리스도교 교회와 신학운동을 차례로 다루고 있다.

막 영성은 교부 시대의 수도(院)생활과 밀접한 연관이 있는 것으로 이해된다. 따라서 그 시대와 문화에 대한 이해 없이 그것이 지향했던 '완덕을 위한 수덕적 노력'의 외양만을 흉내 내고자 하면 일종의 시대착오가 불가피하게 발생한다. 중세기에 태어난 '탁발수도회'도 마찬가지이다. 같은 맥락에서 초월로 향한 희망과 완덕에 이르는 여정에 미학적·수사학적인 경향을 끌어들이려는 노력이 피어나고 있던 15세기의 인본주의적 경향은 논리주의적인 문학과 스콜라 학자들의 차가움, 위대한 중세 신학자들만의 전문 언어인 기능적이고 딱딱한 라틴어, 수사학적인 요소가 전혀 없는 13~14세기의 문화를 전제로 하지 않고서는 제대로 이해될 수 없다.

에라스무스가 문예부흥과 인본주의를 이해하는 열쇠와도 같은 존재로 간주되는 것은 바로 이러한 맥락에서이다. 순수한 성서신학에 입각한 복음주의 내지 성서주의로 요약되는 그의 사고는 교회 전통 가운데 무익한 것은 폐지되어야 한다는 주장으로 연장되면서 그는 일생 동안 매우 이상하게 여겨질 정도로 교회의 전통적 전례를 벗어난 미사를 봉헌한 것으로 알려져 있다. 바로 이러한 순화된 신심과 개혁의 정신이 문예부흥주의자들에게 새로운 영성적 바람을 일으키면서 종교개혁의 새로운 분위기를 조성하고 정신을 집중시킨 것이다. 복음주의, 내면화주의, 박학한 신심 등의 주장이 바로 에라스무스가 고민 끝에 만들어낸 새로워진 그리스도인을 말한다는 해석이 이렇게 해서 성립된다.

외적인 예절과 전례를 부정하면서 기도의 중요성을 부각시키며, 스콜라 철학과 신학적인 배경을 지니고 있는 설화를 무시하고, 성지순례를 하는 신심과 서원 등 당시 이루어지던 대중적 신심행위를 기복적이고 운명론적인 행위라는 이유로 신심 깊고 문화적 수준이 있는 이들의 품위에 맞지 않는다고 질타하는 에라스무스적 기질이 "마르틴 루터가 불을 당긴 종교개혁의 전날 밤에 울려 퍼진, 개혁의 선봉에 서도록 깨우던 닭 울음소리였다"[3]는 표현은 참으로 절묘하다.

　제2차 바티칸 공의회(1962)가 말하는 '갈라진 형제들(hermanos separdos)'을 대표하는 마르틴 루터가 외친 3개의 '오로지(solus)', 즉 '신앙으로만(sola fide)', '은총으로만(sola gratia)', '성서로만(sola scriptura)'은 에라스무스적 기질에서 보이는 내면화주의를 극단으로까지 몰아간 것이라고 해도 좋을 것이다. 그는 『로마서 주해』의 서론에서 다음과 같이 역설하고 있다.

> 신앙은 우리 안에서 이루어지는 거룩한 행위로서 우리를 변화시키고, 옛 아담이 죽인 인간을 하나님의 것으로 새롭게 태어나게 하는 것이며, 우리를 온전하게 새로운 인간으로 회개시키며 성령께로 다가가게 한다. 오! 신앙은 끊임없이 선을 행하도록 이끄는 생생한 것이며, 활동적이고 능동적이고 가능성을 제공해준다. 신앙은 선행을 해야 하느냐고 묻지 않는다. 오히려 묻기 전에 신앙은 항상 활동 안에 머물며 이미 선행들을 지니고 있다.[4]

　루터가 시도한 바울 서간에 대한 해석은 내적 상처인 불안과 고통, 그리고 외적인 상처로부터 해방되는 자유를 대중에게 느끼게 해줌으로써 대단한 성공을 거두었다. 이는 '루터가 없었다면 바흐도 없었다'는 표현에서 보듯이, 개신교회 안에서 음악의 비중이 조형예술에 비해 훨씬 높아지는 것과도 무관하지 않다. 그러나 이와 같은 내면화주의는 "늘 구원에 대한 불안감을 조성하고 인간의 노력은 없이 구원받았다는 확신을 얻기에만 집착할 수 있는 동기를 제공한다"[5]는 비판에 직면했고, 후

---

3 방효익, 『영성사』, 227쪽.
4 Daniel de Dablo Maroto, *Histoira de la Espiritualilad Cristiana*, p.26(방효익, 같은 책, 302쪽에서 재인용).
5 방효익, 같은 책, 303쪽.

일 낭만주의적 기질과 결합되면서 유아론적 성향을 강화하게 된다.

이처럼 역사적인 관점에서 신비체험과 영성의 다양한 모습을 조감해 보면서, 그중에서도 특히 사막 교부들의 금욕적 영성, 영혼의 빛을 찾는 관상(觀想)적 영성, 중세 수도원적 청빈 영성, 독일신비주의 영성, 근대 스페인의 예수회 영성, 경건주의자와 오순절 교회의 원초적 영성, 제자 직과 해방신학의 영성 등에 주목하는 시각도 없지 않다.6

이와 같이 영적 체험은 모두 시대와 문화와 연결되면서 그리스도교 신앙의 표준인 성서와 교회 전통을 나름대로 이해해온 노력을 대표한 다고 할 수 있다. 그러나 그 각각은 때로 "공동체적 영성을 결여한 채 영 육이원론에 빠져들거나, 영성이 반드시 갖추어야 할 지성·감성·덕성이 통전된 높고 깊은 비판적 성찰능력을 결여하거나 하는 한계"(김경재)를 지니기도 하므로 오늘·여기에서 추구되어야 할 올바른 영성 이해를 위 한 좀 더 균형 잡힌 노력이 기울여지지 않으면 안 된다.이와 같은 맥락 에서 그리스도교 영성의 특징을 '성령 안에의 자유와 사랑의 영성', '성 육신적 영성', '순례자적 영성', '말씀의 영성', '우주적 그리스도의 몸 형 성'을 위해 오늘도 일하는 영성으로 파악하면서 영적 체험에서 '상보성 원리'와 '반대일치의 역설'의 중요성이 강조되기도 한다.7

---

6 김경재, 『그리스도교 신앙과 영성』, 197-205쪽.
7 김경재, 『문화신학담론』(서울: 대한기독교서회, 1997), 238-242쪽. 그는 『그리스도 교 신앙과 영성』에서 그리스도교 영성의 특징을 하나님 중심의 영성, 말씀 중심의 영성, 영과 진리 안에서 예배하는 영성, 십자가의 영성, 성육신적 영성, 종말론적 순례자의 영성으로 달리 요약하기도 했다.

3.

20세기에 들어서서 개신교회의 경우 적지 않은 보수교회들이 개인구
원만을 강조하고 결과적으로 타계주의와 기복주의를 기묘하게 결합시
킨 대중주의를 마치 선교의 핵심인 양 선전하는가 하면, 이른바 진보를
표방하는 교회들이 사회구원을 강조하면서 정치참여를 신앙활동의 전
부인 양 선동하는 혼란을 겪는 동안 다행히도 오늘·여기에서 모든 것이
새롭게 되기를 갈망하면서 영성에 대한 새로운 이해에 대한 관심이 높
아지고 있다. 이는 가톨릭에서 "기쁨과 희망, 슬픔과 번뇌, 특히 현대의
가난한 사람과 고통에 신음하는 모든 사람의 그것은 바로 그리스도를
따르는 신도의 기쁨과 희망이며 슬픔과 번뇌이다"[8]라고 고백하기에 이
른 것(제2차 바티칸 공의회)과 어떤 점에서 평행을 이룬다. 여기에서는 신
앙생활은 물론 비그리스도교적인 문화에 대한 새로운 이해와 교회의
현대화를 위한 역량 제고의 필요성이 읽혀진다.

필자는 개신교회의 경우에도 민중신학과 문화신학을 아우르는 토착
화신학이 이와 같은 새로운 방향 모색에서 가장 참고할 만한 자산이 된
다고 보는 견해에 동의하지만, 이 글에서 다루기에 너무나도 거창한 주
제이다. 여기에서는 단지 앞서 시도한 역사적 접근을 바탕으로 한국적
맥락에서 영성에 대한 체계적 접근하려는 시도를 요약해보는 것으로
만족할 수밖에 없다.

「포스트모던 시대와 열린 영성」[9]에서 김경재는 "인간의 영성이란 지
성, 감성, 덕성에 덧붙여 추가되는 제4기능이 아니고, 그러한 기능들을
통하여, 그러한 기능들을 넘어가면서 발화되고, 표현되는 인간 생명의

---

8 방효익, 앞의 책, 373쪽에서 재인용.
9 김경재, 『문화신학담론』, 221쪽.

자기초월능력이다"라고 규정한다. 폴 틸리히의 궁극적 관심이라는 종교 이해(넓은 의미에서의 종교)와 상통하는 이러한 규정은, 나아가 그것을 인간을 넘어서 있고 인간을 존재론적으로 감싸고 있는 "'초월적 신비'와의 접촉 감응을 통하여 끊임없이 스스로를 자기 초월함으로써 자유로움과 새로움을 경험하려는 창조적 생명운동"이라고도 풀이한다. 이는 위르겐 몰트만이 『생명의 영』에서 시도하는 '총체적 성령론'이 "문제의 핵심은…인간의 경험 안에 있는 하나님의 '내재'와 하나님 안에 있는 인간의 '초월'에 있다"[10]고 설파한 것과 같은 맥락에서이다. 여기에서 말하는 생명이, 김지하 식으로 말해, 단순한 생물학적인 삶이 아니라 사회·정치적인 맥락에서 벌어지고 있는 '죽임'에 대항하는 '되살림'과 더 많이 연관된다는 것을 "인간의 영성이 죽어버린 곳에서는 기계적인 합리성, 능률성, 실용성이 증폭되더라도 인간성은 진정한 자기초월적 자유로움, 숭고함, 신바람 나는 신명, 지루하지 않은 삶의 새로움에 대한 감득 능력을 상실하고, 인간 사회는 욕망과 본능 충족의 메커니즘만이 지배하는 거대한 동물적 사회로 전락하고 만다"[11]는 표현에서 감지할 수 있다.

같은 맥락에서 그는 한국 종교계에서 일어난 영성회복운동이 성공적이지 못하고 결과적으로 도리어 영성 왜곡 현상으로 진행되어가는 이유를 몇 가지로 지적한다. 첫째, 한국 종교의 영성회복운동은 현대 문명의 전환기적 시대 의식이 없다. 즉, 현실세계를 이탈한 피안적이고도 몰역사적·세상도피적 영성 훈련을 신앙이라는 이름으로 반복하고 있다.

---

10 위르겐 몰트만, 김균진 옮김, 『생명의 영』(서울: 대한기독교서회, 1992), 21쪽. 김경재는 「성령론적 창조신학 연구」(『문화신학담론』, 255-294쪽)에서 몰트만의 『창조 안에 계신 하나님』(김균진 옮김, 한국신학연구소, 1989)을 열 가지 테제로 정리했다.
11 김경재, 『문화신학담론』, 222-223쪽.

둘째, 한국 종교 특히 그리스도교의 영성운동은 인간의 영성에 대한 본래적인 이해, 곧 인간의 총체적 전인적 인격체로서의 인간의 자기 초월적 생명현상임을 망각하고 특수한 종교 기능적 개념으로 변질시키고 있다. 영성을 예언·신유·신통·투시 등 특수한 종교 체험, 특히 종교 심리적 특수 체험으로 유폐시키는 왜곡을 범하고 있다. 셋째, 한국 종교 자체가 현대 사회의 거대한 물질주의·상업주의·물량주의 등의 세속적 가치관을 극복하지 못하고 도리어 그것에 편승해 인간의 탐욕을 정화하는 기능을 상실하고 있다. 그런 관점에서 그는 "인류 문화를 구원하는 새로운 영성운동이 종교계가 아닌 다른 영역, 즉 예술, 문학, 과학 운동 속에서 일어나고 있는 형편이다"[12]라고까지 지적한다.

오늘날 한국에서 영성운동이 왜곡되어 있다면 그 대안은 무엇인가? 그는 "미래 종교는 자기 전통의 깊은 샘에서 생수를 마시되, 역사적 종교로서의 제약성과 상대성을 겸허하게 인지하는 성숙한 '해석학적 눈뜸'이 요청되고 있다"[13]는 표현을 활용한다. 필자 식으로 말한다면, 그것을 '거듭남(중생)'이나 '되살림(부활)'이라고 요약될 수 있는 기독교적 복음에 의한 전통문화에 대한 새로운 이해와 실천이라 할 만하다. 김경재는 한국인의 영성을 생명의 현재성을 중요시하는 생명 지향적 공동체 영성, 신바람 곧 신명성을 그 핵으로 하는 역동적 영성, 그리고 축적된 분노, 억울함, 슬픔, 절망감, 원망, 복수심, 오기, 저항, 반항 감정 등의 심리적 원질료를 정치사회혁명적 변형, 예술적 창조, 종교적 숭고함으로 승화시켜 극복하는 에너지로서의 영성으로 지적한다.

그러면서도 그는 침묵·명상·정관을 영성 수련의 기본으로 단순화하면서 정관, 시간에 맞춰 성서읽기, 기도하기를 양분으로 취하고 공기 마

---

12 김경재, 같은 책, 227쪽.
13 같은 책, 234쪽.

시듯 할 것을 권한다. 나아가 생활습관을 가능한 한 단순하고도 단아한 품위를 지닐 수 있도록 가볍게 살아갈 것과, 몸의 훈련과 육체노동, 자연과 사물의 바닥을 경험해볼 것을 권면한다. 요컨대 종교적 영성의 구경의 목적은 '지금·여기'에서 영생의 삶을 살아가는 자리에 들어가는 것이므로 모든 일이 위대하고, 아름답고, 평범하고, 자연스러운 것임을 깨닫는 자리에 들어갈 수 있도록 스스로를 훈련하는 것을 구체적인 영적 수련의 방법으로 제시한다.

이와 같은 방법이 그 자체로서는 물론 많은 여타의 영성 체험을 위한 기초로서도 중차대한 의의를 지닌다는 것을 부정할 수 없다. 예컨대 그가 예배의식, 성서의 문자, 예술표현의 기법과 형태, 사회법, 자연의 법칙 등이 성령의 역동적 활동, 예술가의 샘솟는 영감, 만중의 곤고함, 한과 희망, 자연의 놀라운 다양성에 대한 인식을 가로막거나 억압하는 역기능을 할 수 있는 반면, 역으로 모든 예배순서 의식이나 언어를 버린 절대침묵의 예배, 일체의 형식을 부정한 혼돈의 예술, 무정부주의, 자연의 카오스 또한 악마적이라고 보고, 성숙한 영혼을 지닌 자는 역설적 차원의 최고상태를 "성속일여"로 본다고 말할 때, 그가 제시하는 영성 훈련의 적용범위는 좀 더 넓어질 수 있다.

그럼에도 불구하고, 문화와 영성을 묶어서 생각하고자 할 때, 특히 이론적인 차원에서만이 아니라 실천적인 차원에서 구체적인 행동계획을 계획하고자 할 때, 우리로서는 문화신학에 "문화이념에 대한 신학적 비평, 그리스도교 신앙의 토착화론, 그리스도교 신앙의 문화예술적 표현과 상징 문제, 그리고 다양한 종교 간의 대화와 협동 문제가 내포된다."[14]는 그 자신의 입장이 좀더 구체적으로, 특히 개인적인 차원을 넘어서는 공동체적 차원에서의 과제 추출로 이어지지 않은 것을 다소간 아쉬

---

14 김경재, "문화신학과 문화선교", 앞책, pp. 25-36 중 p. 25.

게 느끼게 되는 것 또한 사실이다. 그런 점에서 필자 자신의 제안을 하나의 보충으로서 제시해보고자 한다.

4.

첫째, 무릇 모든 새로운 모색이 그러하듯, 영성을 문화와 연결해서 이해하고자 할 때, 우리는 무엇보다도 성서에 대한 올바른 이해를 공동으로 도모하지 않으면 안 된다. 이때 무엇보다도 성서에 대한 문자주의적 태도를 경계해야 한다. 성서는 물론 하나님의 계시에 의해 씌어진, 신앙을 위한 표준적인 문서이다. 그러나 그것은 구체적인 시대와 문화 속에서 집필되었다는 한계를 지닌다. 따라서 거기에서 등장하는 수많은 표현은 사실에 대한 기술이 아니라 한계를 지닌 인간이 초월적인 세계를 만나 얻게 된 나름대로의 경험을 상징의 방식으로 술회한 것이라고 보아야 한다. 문제는 그것이 오늘·여기에 사는 우리에게 들려주는 의미가 무엇인지를 알아내고자 하는 공동의 노력과 이에 입각한 새로운 상징 창조의 필연성을 잊어서는 안 된다는 것이다.

둘째, 교회의 역사는 우리의 성서 이해와 마찬가지로 여러 가지 제약을 지니고 있으면서도 예배·교육·봉사·친교를 위한 공동체로 기능해온 만큼 오늘의 교회를 살피기 위해서는 교회사적 이해가 성서 연구와 함께 필수적이다. 여기에서도 전통의 창조적 계승은 필수적인데, 이는 과거 전통에 대한 선택적 접근과도 밀접하게 연관된다. 특히 예배와 교육에서 관행을 존중하는 것만큼이나 자라나는 세대의 필요와 욕구를 살피려는 노력이 절실히 요구된다. 그렇지 않으면 우리는 떡을 달라는 아이들의 입을 돌로 틀어박는 어리석음을 반복하게 될 것이다.

셋째, 그런 맥락에서 축제에 대한 연구와 실천이 요구된다. 그러나 이는 결코 선교를 교인 숫자 늘리기 정도로 축소시키면서 대중주의와 영합하는 태도를 북돋기 위함이 아니다. 그보다는 오히려 인간적인 가치구현을 위해 가장 철저히 노력해온 예술적 경지가 구현되는 '몸으로 드리는 산 제사'가 목표여야 한다. 예컨대 단순한 성경 봉독을 대신하는 '몸으로 읽는 성서'와 같은 성서극(Biblio-drama)적 접근이 격려됨직하다. 최근 보수적인 교회에서 오히려 성행하는 이른바 CCM이나 복음성가가 지닌 유용성을 완전히 무시할 수는 없지만, 그것이 신앙고백을 구실 삼는 단순한 감상주의로 흘러가는 것을 방치할 수만은 없다. 아울러 개신교회가 루터 이후로 소홀히 해온 조형예술에 대한 이해와 영화와 사진을 이어가는 뉴미디어에 대한 이해도 필수적이다. 그러나 예술에 대한 이해가 단순히 예술을 신앙생활을 위해 '써먹고자' 하는 수준에 머물러서는 안 된다. "한 손에 성서를, 다른 손에 신문을" 들 것을 권면한 칼뱅의 의도만큼이나 우리는 오감을 통한 인간 이해라는 차원에서 예술, 특히 현대예술과 대화를 시도해야 할 것이다.

넷째, 예술적 표현을 포함하여 문화적 접근은 결국 그 속에서 살아온 인간의 역사와 병행해서 시도되어야 한다. 이런 까닭에 우리는 역사를 통해 파악되는 한국 문화의 개성을 살려내려고 노력해야 한다. 기독교회가 단순히 서양 교회의 복제품이라면 이는 이미 생명을 잃어버린 흉내 내기에 불과할 뿐이다. 교회 건축으로부터 시작해서 각종 예식서에 이르기까지 단순한 서양 문물의 복제가 아니라 하나님의 부르심에 대한 창조적인 응답이 되도록 꼼꼼히 살피지 않으면 안 된다. 이는 각종 절기에 대한 이해와도 밀접하게 연관된다. 그리스도의 탄생을 비롯해 수난과 부활, 그리고 성령의 역사로 구성되어 있는 교회력을 성서적 이해와 함께 좀 더 자세히 살펴보면 세시풍속이 밀접하게 연관되어 있다. 이는, 우리식으로 말하자면, 동지로 표현되는 "아기 해"(박두진)에 대한 기원으로부터 제비가 돌아오는 삼짇날, 단오, 추석 등으로 요약되는 농경시대적 생활주기와 비교될 만하다. 그렇다면 성탄축제를 동지팥죽을 함께 나누는 풍속과 연결하거나 추수감사절을 추석과 연계하는 노력이 있음직하지 않은가? 그것이야말로 '거듭남' 원리의 구체적인 표현이 아닌가?

이 같은 작업을 위해서는 한국 문화에 대한 심층적인 연구가 불가피한데, 이런 맥락에서 한국 문화를 형성해온 '좁은 의미의 종교', 즉 무교, 불교, 유교 등에 대한 이해와 대화를 외면할 수 없을 것이다. 이를 통해 우리는 예컨대 원불교가 왜 예배의식에 30분 이상의 침묵시간을 포함시키고 있는지를 알게 되고, 경우에 따라서는 이를 종종 통성기도에 매달리는 개신교회적 예배의식의 갱신을 위해 참고할 수도 있을 것이다.

그러나 한국적 개성을 되살린다는 것이 배타적 국수주의를 선호하는 것으로 빠져들지 않도록 경계해야 한다. 한국 문화는 개성을 지니고 있으면서도 실상 헤아릴 수 없는 외래적 요소와의 끊임없는 교섭의 결과이기 때문인데, 이는 앞으로도 마찬가지이다. 특히 다문화 사회적 특징이 조금씩 가시화되고 있는 현실을 감안할 때, 예컨대 한국에 와 있는 외국인 노동자가 그들과 함께 가지고 온 문화요소를 긍정적으로 수용함으로써 그들의 문화적 인권을 존중하는 한편 우리의 문화를 더욱 융성하게 만들고자 하는 노력이 절실하게 요청된다. 그들의 형편상 의료선교로 대표되는 자선적 접근은 불가피하겠으나, 그것은 어디까지나 필요조건일 뿐 충분조건은 아니다. 그들이 자긍심을 살려나갈 수 있는 문화적 접근이 결여된다면, 이는 결국 자괴감만을 더해주고 말 것이다. 이는 비단 외국인에게만 해당하는 것이 아니라 노숙인을 비롯한 우리 자신의 소외계층에게도 마찬가지이다.

다섯째, 이 모든 노력은 결국 신학 교육으로 수렴되지 않으면 안 된다. 신학 교육의 대상은 물론 평신도를 포함하지만, 한 교회의 수준은 결국 목회자의 수준을 넘지 못한다는 통념에 입각해서 예비목회자를 위한 목회 훈련이 중요영역이 아닐 수 없다. 새 술을 담기 위한 새 부대는 하루아침에 만들어질 수 없다. 특히 연합운동의 차원에서 문화·영성과 연관된 작업을 추진하고자 할 때 걸핏하면 대형 행사의 기획을 연상하기 쉬운데, 설혹 그와 같은 대규모적 행사가 필요하다 할지라도 이를 위해 협력할 수 있는 일꾼은 단순한 동원이나 하물며 금전적 보상 등으로 얻어질 수 있는 것이 아니다. 이는 작은 단위의 연구와 실천을 바탕으로 한 체험, 다시 말해 일상을 축제로 승화시킨다는 의미에서 영성체험의 축적이 없이는 불가능하다. 그런 의미에서 개체 교회를 비롯한 개체 단위의 현장에서 실감되고 이를 통해 또 다른 창의력을 촉발할 수 있는 기획이 구상되고, 실천되고, 평가되지 않으면 안 된다. 그리고 그 결과는 반드시 각종 출판의 형태로 가시화되어야 한다.

5.

이상의 논의를 '문화시대의 목회적 대응'이라는 주제에 초점을 맞춰보면 아무래도 '목회'라는 개념을 좀 더 신중하게 살펴볼 필요가 있다. 이 단어를 문자 그대로 푼다면, 아마도 "무리를 친다"는 것이 될 텐데, 마치 목자가 양을 치듯 목회자들이 교인을 친다는 뜻이 됨직하다. 굳이 만인사제설을 내세우지 않더라도 이 같은 용법이 자칫 권위주의적으로 해석될 소지가 없는지 곱씹어볼 필요가 있다. 그러면서 이를 지식사회에서의 최고경영자 역할에 견주어볼 만하다고 생각된다. 앞에 거론한 드러커 박사는 지식산업의 성격이 남녀 차이와 무관하며, 따라서 자연스럽게 남녀평등(유니섹스)으로 연결된다고 말한 후, 유능한 CEO는 절대로 '나'라고 말하지 않고 '우리'라고 말한다고 자신의 견해를 요약했다. 요컨대 유능한 CEO는 결코 "내가 시키는 대로 하시오"라고 말하지 않고 "내가 하는 대로 하시오"라고 말한다는 것이다. '~과 더불어'라는 말과 상통하는 의미일 것이다. 그와 같은 관점에서 '목회적 대응'을 말한다면, 그것은 곧 사제나 평신도 구별 없이 어떻게 교회 구성원 전체가 문화시대의 요구에 대응할 수 있겠는가로 이해될 수 있다. 이때 우리는 또다시 교회란 무엇인가 하는 근본적인 질문에 당면한다. 일단 원론적인 논의는 접어놓고 통념적으로 접근한다면, 교회란 그리스도의 몸이요 그의 가르침을 실천하고자 하는 무리, 하늘의 뜻이 땅에서도 이루어지도록 노력하는 무리라는 관점에서 예배·교육·봉사·친교 공동체라는 이해에서 출발하는 것이 합당할 듯하다.

첫째, 예식의 전통이 지나치게 서양적이지 않은지 하는 문제이다. 물론 성가에서는 교회가 추구해온 '다양의 일치'가 다소간 엿보이지만, 아직도 예복이나 예식 절차 전반에서 이른바 토착화가 필요한 부분이 없지 않다. 선교 초기의 교회 건축(예컨대 대한성공회 강화읍 성당)에서 보이던 한국적 문화요소에 대한 성찰이 좀 더 강화됨직하다는 것이다.

둘째, 다양화라는 맥락에서 예술적 표현이 더욱 다각적으로 활용될 여지가 있다. 물론 지금도 천주교회의 시각적 요소와 개신교회의 청각적 요소가 잘 어우러져 있기는 하지만, 문학적·무용적·연극적, 나아가 영화적 요소의 통합은 거의 시도되고 있지 않다는 점에서 재고의 여지가 있다. 예컨대 독서와 설교 부분을 좀 더 입체화·예술화할 수 있을 것이다. 성찬의 예전 부분에서도 교인의 자발성을 좀 더 살려낼 수 있는 방안이 모색될 수 있었으면 하는데, 특히 공동기도에서 문학성과 자발성을 극대화할 방안을 모색함직하다. 물론 기도하는 이가 중언부언하지 않아야 하겠지만, 그렇다고 매주 똑같은 기도를 낭독하는 것으로 만족하기에는 구체적인 생활이 좀 더 긴박하다는 느낌이 강하다.

이와 같은 변화는 물론 즉흥적이어서는 안 될 것이며, 따라서 예배갱신위원회 등이 구성되어 지속적인 연구와 실천을 이어가야 할 것이다.

이러한 작업은 우선 절기와 긴밀하게 연결되어 시행될 수 있겠거니와, 특히 추수감사절을 추석에서 가장 가까운 주일로 지키는 교회가 없지 않고, 그 경우 한국적 문화요소를 충분히 활용하고 있음을 참조해봄직하다.

이 같은 노력은 특히 교육과 연계해볼 때 그 절실성이 더욱 커진다. 예수께서 "너희 중에 아들이 빵을 달라는데 돌을 줄 사람이 어디 있겠느냐"라고 말씀하셨음에도 불구하고, 우리의 교회 교육 현장에서는 생명의 말씀에다 교리라는 단단한 껍질을 씌워 자녀의 입 속에 틀어넣고 있지는 않은지 함께 반성해볼 필요가 있다. 더군다나 요즈음의 청소년이 시청각매체에 더 익숙해 있다 할 때 교회 교육에서 개선의 여지가 없는지 잘 살펴봄직하다. 물론 올드미디어에 대한 숙달 없이 뉴미디어에만 노출될 경우 사색의 깊이에서 문제가 발생할 소지가 다분하다. 그러나 활자매체를 통한 교육이라고 해서 반드시 그것이 굳어버린 빵과 같아야 된다는 법은 없다. 교회는 물론 교구와 관구 차원에서 이를 위한 제도적 장치를 마련해야 할 것이고 신학 교육에서도 이 분야에 대한 강조가 이루어져야 한다. 이미 교회 안에 들어와 있는 하나님의 자녀를 위한 교육 차원뿐만 아니라 교회 밖에 있는 하나님의 자녀를 위한 선교 차원에서도 지속적이면서도 다각적인 문화적 접근의 필요성은 아무리 강조해도 지나치지 않을 것이다.

여기에서 이른바 문화선교의 의미와 방법을 길게 논의할 수는 없으나, 비유적으로 말해 그것은 '사랑과 감사의 언어에서 나오는 그리스도에 대한 전인적인 새로운 노래의 탐색'이라 할 수 있다. 즉, 이 세상 안에서의 하나님의 선교가 요구하는 전체성에 대한 교회의 증언이 어떻게 해야 교인만 알아듣는 수준을 넘어설 수 있게 할 수 있겠는지 하는 과제인 것이다. 그것은 곧 문화적·종교적 다원주의와 위협받고 있는 세상과 분열된 인류를 구원하시고 회복시키고 재창조하시는 하나님의 선교와의 관련성이라는 문제와 진지하게 씨름할 것을 요청한다. 이는 곧 교회가 인간의 문화는 하나님의 창조와 부르심에 뿌리박고 있다는 사실을 바로 아는 동시에 복음의 새로운 빛을 통해 모든 기쁨과 고통 가운데서 삶을 축하하고 희망과 실망을 경험하는 문화의 혼속으로 꿰뚫고 들어가야 한다는 것을 뜻하기도 한다. 이는 또한 예컨대 교회가 예술을 단순히 자신의 기존적인 이해를 선전하기 위한 수단으로 삼고자 하는 수준을 넘어서서 현대예술이 펼쳐 보이는 새로운 세계를 통해 자신을 새롭게 하고자 하는 의지의 표명으로까지 나아갈 것을 요청한다. 그러자면 전문적인 예술가와의 허심탄회한 대화와 공동작업을 주저하지 말아야 한다. 물론 이를 위해서는 비전문가 역시 어느 정도는 예술가적 재능을 타고났다는 사고가 전제되어야 한다.

끝으로 봉사와 친교의 차원에서도 좀 더 깊이 있는 만남을 시도하자면 문화적 접근은 여전히 절실하다. 가령 외국인을 대상으로 한 활동에서 그들의 역사와 문화, 그리고 오늘의 상황에 대한 좀 더 심층적인 이해를 통해 우리 자신을 자칫하면 빠져들기 쉬운 위선으로부터 구출해내지 않는 한 진정한 의미에서의 섬김은 불가능할 것이다. 그때 우리는 특히 아시아적 문화가 갖는 차이성과 함께 공통성을 실감함으로써, 그리고 오늘의 한국 문화를 가능케 한 역사 과정에서 그 문화의 공헌 가능성에 대해 감사함으로써 진정한 평화의 문화를 정착시키는 데 기여할 수 있게 될 것이다. 이는 또한 과거의 아시아적 문화전통이 지녀온 친환경적·친생태계적 특성을 오늘의 문명 상태에서 어떻게 되살릴 수 있을 것인지에 대한 심도 깊은 논의를 가능케 할 수도 있을 것이다. 이와 같은 자세가 외국 사람에 대해서만 요구되지 않는다는 것은 두말할 여지가 없을 것이다.

성서, 어떻게 읽을까

민영진
대한성서공회, 세계성서공회연합회 번역 컨설턴트

1. 독서방법의 문제를 제기함

성서 본문의 해석이나 실생활에의 적용에 앞서1 성서 본문 자체에 대한 정확한 이해가 문제가 되고 있다. 이는 성서 공부에서 반드시 해결되어야 할 문제이다. 한 평신도가 제기한 두 가지 성서 오독의 예를 중심으로 우리가 얼마나 쉽게 오독을 할 수 있는지 그 환경을 보고, 성서를 바로 읽기 위한 기초적 접근에 대해 구약과 신약의 본문을 예로 살펴보자.

1) 목사와 평신도의 본문 서로 달리 읽기

(1) 시편 81장 15절의 해석 문제[2]

얼마 전(2월 말경) 우리 교회에서 부흥회가 있었습니다. 부흥회를 인

---

1 신반포교회의 '21세기 성경 읽기'는 독서방법의 문제가 아니라 새로운 시대에 성서에서 새로운 메시지를 듣는 방법에 관심을 두는 접근으로 보인다. 필자는 이에 앞서서 '정확한 독서의 문제'를 서론적으로 제기한다. 정확하게 읽고 나서야 변하는 세대에 주어진 새로운 메시지를 올바로 발견할 수 있을 것이다.

도하시는 목사님께서 시편 81편 16절의 말씀을 읽으셨습니다. "여호와를 한하는 자는 저에게 복종하는 체할지라도 저희 시대는 영원하리라."3 이 본문을 가지고 목사님께서는 이런 말씀을 하셨습니다. "우리가 신앙생활을 하는 동안 하나님의 말씀대로 전적으로 순종하지 못하나 하는 체만 할지라도 복을 받을 수 있습니다. 그러니 전도를 못하면 전도하는 체, 기도를 못하면 기도하는 체, 등 억지로 그 흉내라도 내보십시오. 그리하면 하나님께서 저희의 시대를 복되게 하며 영원히 보살펴 주실 것입니다."

부흥회가 지나고 우리 교회 담임 목사님께서도 주일 낮 예배 때에 설교를 하시면서 부흥강사 목사님의 설교를 회상하시면서 이런 말씀을 하셨습니다. "새롭게 들은 이 말씀에 나도 은혜를 받았습니다.… 저도 성서에 이런 말씀이 있는 줄 잘 몰랐는데 새롭게 알게 되었습니다. …그러니 우리도 전폭적으로 못하지만 다 순종하지 못하면 체라도 합시다."

이렇게 우리 담임 목사님께서도 설교를 통해서 부흥강사 목사님의 성서 해석을 다시 한 번 되새기게 하셨습니다. 물론 많은 성도들은 "아멘"으로 화답하였습니다. 좀 이상한 풀이다 싶어서 주석을 찾아보았습니다. 그랬더니, 그 말씀의 해석이 전혀 다르게 되어 있었습니다. 오히려 "여호와를 한하는 자"는 곧 "여호와를 원망하고 불평하고 탓하는 자"로 해석하고 있었습니다. 그래서 그런 자는 비록 "하나님에게 순종하는 체할지라도 하나님께서 그 진심을 아시고 그 중심을 보시므로 그를 긍휼히 여기지 않으시므로 그의 나머지 일생이 영원히 하나

---

2 CBS 라디오 <크리스천 매거진>의 '청취자 세상'에 올라온 글(글쓴이 joom13/ 날짜 2002-03-19).

3 히브리어 본문과 영어 번역 일부에는 15절로 되어 있고 우리말 번역에서는 16절로 되어 있다.

님의 긍휼하심 아래 있지 못하다"라는 뜻으로 해석하고 있었습니다.

목사님의 해석과 주석의 해석이 서로 다를 정도가 아니라 완전히 반대가 된다는 사실을 확인하였습니다. 완전히 서로 반대되는 해석입니다. 하나님의 말씀을 보면 일관되게 "진심으로 전심으로 여호와를 섬기고 순종할 것"을 말씀하고 있는 것으로 볼 때, 그리고 81편의 시 전체 내용을 볼 때에도, 전자 부흥강사나 저희 목사님의 해석이 잘못되었지 않나 개인적인 견해를 말해봅니다. 아울러 민 박사님에게 여쭤보고 싶습니다. 답변을 기다리며. 샬롬.

이에 대해서 다음과 같이 답변했습니다.

우리말 『개역』의 번역을 보면 다음과 같이 되어 있습니다. 그리고 이것은 히브리어 본문을 문자 그대로 반영한 것입니다.

YLT Psalm 81:15 Those hating Jehovah feign obedience to Him, But their time is — to the age.

"여호와를 한(恨)하는 자는 저에게 복종하는 체할지라도 저희 시대는 영원히 계속하리라"(『개역』 시 81:16).

"여호와를 미워하는 자는 그에게 복종하는 체할지라도 그들의 시대는 영원히 계속되리라"(『개역개정판』 시 81:16).

문제는 '저희 시대' 곧 '그들의 시대가 영원히 계속할 것'이라는 말의 뜻이 모호하다는 데 있습니다. 다른 번역들을 보면 '그들의 시대'를 "그들이 형벌을 받는 때(their time of punishment)"라고 번역하여, 그 형벌 받는 때가 영원히 지속될 것이라고 번역하고 있습니다.

NAS Psalm 81:15 Those who hate the LORD would pretend obedience to Him; And their time of punishment would be forever.

혹은 달리 '그들의 시대'를 '그들의 운명(their fate)', '그들의 파멸의 운명(their doom)'이 영원히 지속될 것이라는 뜻으로 번역하고 있습니다.

RSV Psalm 81:15 Those who hate the LORD would cringe toward him, and their fate would last for ever.

NRS Psalm 81:15 Those who hate the LORD would cringe before him, and their doom would last forever.

NKJ Psalm 81:15 The haters of the LORD would pretend submission to Him, But their fate would endure forever.

2) 애가 4:16의 해석 문제[4]

…전략…

부흥강사의 말씀 내용 중에 의문이 나는 말씀이 있어서 여쭙습니다. 부흥강사님이 예레미아애가 4장 16절을 읽으셨습니다. "여호와께서 노하여 흩으시고 다시 권고(眷顧)치 아니하시리니, 저희가 제사장들을 높이지 아니하였으며 장로들을 대접하지 아니하였음이로다." 이 본문을 인용하시고 풀어서 말씀하셨습니다.

"이 말씀은 교회에서 교회의 지도자들을 존경하고 지도에 순종치 아니하거나 대적하면 하나님께서 불순종하는 그들에게 화를 내리신다는 말씀입니다. 그러니 성도 여러분 교회에서 목회자들을 잘 모시고 순종하시기 바랍니다. 성도들이 목회자들을 잘 모시지 못했을 때는 하나님께서 그들을 흩어버리고 다시 권고치 아니한단 말입니다. 이 말씀을 명심하시기 바랍니다."

좀 이상한 말씀이다 싶어서 관련된 본문의 주석을 찾아보았습니다.

---

4 CBS 라디오 <크리스천 매거진>의 '청취자 세상'에 올라온 글(글쓴이 joom13/ 날짜 2002-03-22).

주석에서는 "14절~16절 말씀은 거짓 지도자들(거짓 선지자들과 제사장들)과 그들의 인도를 받는 민중이 받을 화를 예언한 말씀으로 특히 16절은 제사장들이나 장로들이 이방 사람들 앞에서 멸시를 당하게 됨을 말하는 것이다. 이를 확대적용하면 하나님의 백성이 범죄하고 회개치 않을 때에는 하나님께서 불신자들의 손을 통하여 그들을 벌하신다."는 내용으로 풀이하고 있었습니다.

전자 부흥강사의 적용과 후자 주석의 풀이는 어찌 보면 정반대의 뜻으로 보입니다. 성도를 유익하게 한다는 이유로 혹은 교회에 유익을 끼치게 한다는 이유로 성서의 원 뜻과 의도와 다르게 적용되어도 무방한 것입니까? 이 말씀이 부흥강사가 적용하는 식으로 적용이 되어도 괜찮은 것입니까?

이에 대해 다음과 같이 답변했습니다.

귀하께서는 애가 4장 16절과 관련된 문제점을 잘 지적하셨고, 주석이 말한 올바른 이해도 잘 포착하셨습니다. 문맥만 잘 읽어도, 그리고 몇 가지 번역만 비교해서 읽으시면 구태여 주석까지 보시지 않더라도 정확한 본문 이해에 도달할 수 있습니다.

문제의 애가 4장 16절은, 그 전체 문맥인 4장 12~16절에서 보아야 합니다. 이스라엘 사람들은 예루살렘이 안전한 요새(要塞)라고 생각하였습니다. 당시에 그 막강한 바빌로니아 군대도 예루살렘을 점령하는 데 일 년 반이나 걸렸을 정도입니다. 그런데 그런 예루살렘이, 하나님이 지켜주신다고 믿었던 그 도성이, 결국은 이방사람에게 함락되어버린 것입니다. 지금 예레미야는 그 까닭이 어디 있는지를 말하고 있습니다. 소위 백성의 지도자들이라고 하는 선지자들과 제사장들의 죄가 예루살렘 파멸의 직접적인 원인이라고 보고 있습니다. 13절의 말이 바로 그것입니다.

> 그 선지자들의 죄와 제사장들의 죄악을 인함이니
> 저희가 성읍 중에서 의인의 피를 흘렸도다(『개역』애 4:13).

어쩌면 선지자들은, 백성 앞에 파멸이 다가오는데도 "안전하다" "안전하다" 하고 거짓 평화를 예언했는지도 모릅니다. 말하자면, 거짓 예언을 한 셈이지요. 애가 2장 4절이 바로 거짓 선지자들의 엉터리 예언이 백성을 미혹하게 하였음을 말하고 있습니다.

> 네 선지자들이 네게 대하여
> 헛되고 어리석은 묵시를 보았으므로
> 네 죄악을 드러내어서
> 네 사로잡힌 것을 돌이키지 못하였도다.
> 저희가 거짓 경고와 미혹케 할 것만 보았도다(『개역』애 2:14).

또 한편 제사장들은 엄연히 율법이 살아 있음에도 불구하고 그 법을 어겨가면서까지 죄 없는 사람들에게 사형 판결을 내렸습니다. 선지자와 제사장이 "성읍 중에서 의인의 피를 흘렸다"(애 4:13b)는 말이 바로 이것을 두고 한 말입니다.

그래서 하나님께서는 예루살렘을 이방인의 손에 함락되게 하신 것입니다. 그렇게 예루살렘이 함락되자 선지자들과 제사장들은 목숨을 건지려고 달아났는데 마치 그 처량한 모습을 가리켜 "저희가 (즉, 선지자와 제사장들이) 거리에서 소경 같이 방황함이여, 그 옷이 피에 더러웠으므로, 사람이 만질 수 없도다"(애 4:14)라고 말하고 있습니다.

침략자의 칼에 맞아 죽은 사람들의 피가 그 지도자들의 옷에 묻어

부정(不淨)하게 되었으므로, 마치 그 제사장들과 선지자들이 악성피부병에 걸린 환자라도 된 것처럼 사람마다 그들을 외면하고 피합니다. 15절은 쫓기는 제사장들과 선지자들의 처지를 묘사한 것입니다.

사람이 저희에게 외쳐 이르기를,
부정하다 가라, 가라, 가라, 만지지 말라, 하였음이여,
저희가 도망하여 방황할 때에,
이방인이 이르기를,
저희가 다시는 여기 거하지 못하리라 하였도다(애 4:15).

이제 그 제사장들과 선지자들이 사로잡혀서 이방인들 가운데서 사로잡혀 살 때에도 아무도 그들과 사귀려 하지 않는다는 것입니다. 아무도 그들을 제사장이라고 해서 혹은 선지자라고 해서 그 직무나 나이에 걸맞게 존중해 주지 않는다는 것입니다. 왜냐하면 이미 하나님께서 제사장들과 선지자들이 그렇게 천대를 받도록 만드셨기 때문이라는 것입니다. 하나님께서 친히 당신의 공의로운 진노로 제사장들과 선지자들을 버리셨기 때문이라는 것입니다. 문제의 16절은 바로 이것을 말하고 있는 것입니다. 16절의 내용을 하나하나 분리해보면 다음과 같습니다.

여호와께서 노하여 흩으시고: 여호와께서 그 악한 지도자들인 제사장들과 선지자들을 이방의 포로가 되게 하셨다는 말입니다.

다시 권고(眷顧)치 아니하시리니: 하나님께서 다시는 제사장들과 선지자들을 돌보아 주시지 않는다는 말입니다. 권할 권, 고할 고의 권고(勸告)가 아니라 돌아볼 권, 돌아볼 고의 권고(眷顧)입니다. 은혜로 돌본다는 뜻입니다. 돌아볼 권(眷)에는 '은혜'의 뜻도 들어 있고, 돌아볼 고(顧)에는 돌본다, 마음에 둔다는 뜻도 들어 있습니다.

저희가 제사장들을 높이지 아니하였으며 장로들을 대접지 아니하였음 이로다: 여기서 말하는 '저희는' 이스라엘을 포로로 사로잡은 이방 사람들입니다. 그들이 이스라엘의 제사장들과 선지자들을 그들의 직함이나 나이에 맞게 존경하지 않았다는 말입니다.

2) 말씀과의 효과적 만남을 위한 성서 읽기

(1) 문맥을 따라 읽는다

성서 본문이 주어질 때 흔히 교재에서는 요절(要節)의 형식으로 주어진다. 그것은 이미 문맥을 떠난 것이어서, 그것만 읽고 명상하다가는 때로는 엉뚱한 곳으로 빠져버릴 수도 있다. 요절의 뜻을 잘 파악하기 위해서는 본문이 들어 있는 본래의 자리로 가서 앞뒤의 문맥을 따라 그 요절이 지닌 뜻을 알아보는 것이 필요하다.

기존의 우리말 번역 성서는 문단 구분이 되어 있었다. 그러나 요즘에 우리나라에서 출판되는 우리말 번역 성서는 일반적으로 성서의 본문이 문단별로 편집되어 있지 않고 매 절마다 독립된 채 절별로 편집이 되어 있어서 문단을 구분하기가 어렵다. 다만, 편집 형태에 따라서 옛 편집의 문단 구분 표시인 각설표(却說標) O를 절 머리에 그대로 살려두어서 그것이 새로운 문단의 시작임을 알 수는 있으나, 시각적으로 문단 구분에 별 도움이 되지 못한다. 편집에 따라서는 소제목을 붙여놓은 것이 있어서 그것을 보고 문단을 확인할 수 있는 편집이 있다.

때때로 구약에서 인용된 본문일 경우에는 구약의 출처를 펼쳐 그 문맥 안에서 그 말이 어떤 의미로 쓰이고 어떤 기능을 가지고 있는가 하는 것을 파악하여야 한다. 이런 경우에는 관주(貫珠) 성서나 관주를 해설한 성서가 큰 도움이 된다.

문맥을 떠나서 읽는 본문이 때로 얼마나 독자를 오도하는가를, 여기에서는 아주 대표적인 예 하나만을 들어 제시해본다. 이사야서 34장 16절을 『성서전서개역한글판』(1956)에서 찾아 읽어보면 다음과 같다.

> 너희는 여호와의 책(冊)을 자세히 읽어 보라
> 이것들이 하나도 빠진 것이 없고
> 하나도 그 짝이 없는 것이 없으리니
> 이는 여호와의 입이 이를 명하셨고
> 그의 신(神)이 이것들을 모으셨음이라

우리나라에서 적지 않은 신도들이 이 구절을 성서영감설의 근거 구절로 오해하고 있는 것 같다. "여호와의 책을 자세히 읽어 보라"고 했을 때 '여호와의 책'은 곧 '성서 책'이라는 것이다. "이것들이 하나도 빠진 것이 없다"고 할 때 '이것들'은 성서에 들어 있는 하나님의 말씀을 가리키는 것으로서 '성서에는 하나님의 말씀이 빠진 것이 없이 다 들어 있다'는 것을 가리킨다는 것이다. "하나도 그 짝이 없는 것이 없다"는 것은 구약과 신약의 말씀이 다 짝을 이루는 것을 말한 것이라고 생각한다. "여호와의 입이 이를 명하셨고"는 성서에 적힌 말씀은 바로 여호와께서 입으로 직접 명령하신 것을 사람이 받아 쓴 것을 말한다는 것이다. 또 "그의 신(神)이 이것들을 모으셨음이라"고 한 것은 성서의 말씀들이 하나님의 영감으로 수집된 것을 말한다는 것이다.

그러나 이러한 오해는 어디까지나 『개역』 번역 본문을 문맥과는 무관하게 읽는 데서 비롯된 것이다. 16절을 1~17절의 전체 맥락 속에서 읽지 않고 16절만 뚝 떼어내서 문맥과는 무관하게 그것만 읽는 데서 오해가 생긴다. 그리고 '그것들'이라고 하는 지시대명사를, 그 선행하는 실명사(實名詞)는 알아봄이 없이 곧바로 '하나님의 말씀'이라고 생각하는 성급함이 이런 엉뚱한 오해를 불러일으킨다.

조금만 사려 깊은 독자라면, 적어도 하나님의 말씀을 일컬어 '이것들' 혹은 '그것들'이라고 하지 않는다는 것쯤은 알아차릴 수 있을 것이다. 개역 성서 안에서는 말씀을 일컬어 '그것들' 혹은 '이것들'이라고 부른 예가 없기 때문이다.

이사야 34장은 여호와께서 만국을 향하여 진노하시며 만군을 향하여 분을 내시어 그들을 진멸하신다는 내용이다. 만군이 모두 살육을 당하여, 땅이 피로 흠뻑 젖고, 드디어 불모지가 되면(사 34:1-10), 사람 대신에 당아(사다새), 고슴도치, 부엉이, 까마귀, 시랑(승냥이), 타조, 이름 모를 들짐승, 이리, 숫염소, 올빼미, 독사, 솔개와 같은 짐승들이 그 땅을 차지하고 살게 된다는 것이다(사 34:11-15). 그러면서 16절에서 "너희는 여호와의 책을 자세히 읽어 보라 이것들이 하나도 빠진 것이 없고…"라고 말이 이어진다. 여기에서 '이것들'이 11~15절에 언급된 '짐승들'을 가리킨다는 것은 문맥에서 명확하게 드러난다. 외국어 번역의 예를 보면, 영어 복음성서(GNB)는 개역의 '이것들'을 '이 피조물(these creatures)'이라고 번역했고, 델리치의 주석 역시 '피조물(the creatures)'이라고 번역했다. 독일어 공동번역은 '이 짐승들(dieser Tiere)'이라고 번역했다.

(2) 여러 번역을 비교하여 읽는다

번역은 주석의 꽃이다. 그러나 어떤 번역이든지 완전한 번역은 없다. 번역마다 다른 본문 이해를 반영한다. 원문 자체가 지닌 의미가 복합적일 때 번역자는 여러 의미 중 어느 하나를 선택할 수도 있다. 이러한 세 가지 이유로 여러 가지 번역이 나오게 된다. 여기에 더해, 번역에서의 오역이 있을 수도 있고 번역된 지 오래되어 표현이 낡고 뜻이 달라진 말이 많을 수도 있기 때문에 여러 가지 번역을 비교해가면서 읽어야 할 필요가 생기는 것이다. 그뿐만 아니라 성서 사본의 발견과 원문 연구의 발전은 원문이 지닌 여러 가지 모호한 뜻을 분명하게 밝혀주기도 한다. 이러한 사정은 우리가 성서를 읽을 때 왜 여러 번역을 비교해가면서 읽어야 하는지를 말해준다.

우리나라 교회에서 아직 널리 사용되고 있는 『성서전서개역한글판』 (1961)은 개화기에 번역되었고 그 후 여러 차례 부분적인 개정을 가해 오늘에 이른 것이다. 이제 이 번역을 젊은이가 이해하기 어렵게 되었다. 개화기에 번역된 것이므로 어투나 문체가 지금 우리가 쓰는 것과는 여러 가지로 다르다.

현대어로 번역되고 쉬운 말로 번역된 성서들이 있다. 『공동번역성서』 (1977)와 『성서전서 새번역』(1993, 2004)이다. 특별히 『공동번역성서』는 가톨릭과 개신교가 공동으로 번역한 것이다. 북한에서는 조선기독교도연맹이 공동번역을 부분적으로 수정·출판해 사용하고 있다. 2002년 현재 『개역』과 『공동번역』과 『표준새번역』은 모두 개정판이 나와 있다.

번역 비교가 우리에게 의미 파악에 도움이 되는 예를 하나 들어보자. "여호와는 나의 목자시니 내게 부족함이 없으리로다"로 시작되는 시편 23편은 기독교인이 애송하는 시이다. 많은 이들이 이것을 암기하고 있다. 그러나 다음의 구절은 이해하기가 어렵다.

> 주께서 내 원수의 목전에
> 내게 상을 베푸시고
> 기름으로 내 머리에 바르셨으니
> 내 잔이 넘치나이다(시 23:5).

이 구절은 잘못하면 엉뚱한 뜻으로 오해하기도 쉽다. 여기에 "머리에 기름을 바르다"와 "잔이 넘친다"라는 표현이 나오는데, 『개역』은 두 가지 문제를 지니고 있다. 하나는 "머리에 기름을 바르다"라는 말과 "내 잔이 넘친다"라는 말이 문자적 의미의 차원에서 논리적으로 연결이 안 된다는 점이다. 다른 하나는 "머리에 기름을 바른다"는 것과 "잔이 넘친 다"라는 이 두 표현이 지니고 있는 실제의 뜻이 무엇이냐 하는 것이다. 머리에 기름을 바른다는 것은 우리에게는 쉽게 머리 손질을 연상시킨 다. 그리고 이런 의미로 머리에 기름을 바른다는 것은 우리에게 친숙한 표현이다. 그러나 시편 23편 5절에 나오는 '머리에 기름을 바른다'는 우 리의 이러한 이해와는 무관한 것이다. 이러한 번역은 히브리어 본문을 글자대로 번역하였을 때 우리말이 되긴 하나 전혀 다른 뜻을 전달한다 는 문제를 제기한다.

5절 전체는 잔치 분위기를 묘사한 것이다. 고대 근동에서는 손님이 집으로 들어올 때 주인이 입구에 서서 그의 머리에 기름을 발라주며 정 중하게 맞아들이는 풍속이 있었다. 때로는 들어오는 손님에게 향수를 뿌려주기도 했다. 예수께서는 시몬이라는 바리새파 사람의 집에 손님 으로 초대받아 가셨을 때 시몬이 상은 잘 차렸는지 몰라도 예수님의 머 리에 기름을 발라 드리지 않아 예수께서 "너는 내 머리에 감람유도 붓 지 아니하였으되"(눅 7:46)라고 하시면서 시몬을 나무라신 적이 있다. 이 때의 영어 번역은 "You did not anoint my head with oil"(NRSV)이다.

이 본문을 오해하는 사람이 더러 있다. "기름으로 내 머리에 바르셨 다"는 표현을 메시아 임직 의식으로 오해하는 것이다. '시편 23편은 다 윗이 지은 시다. 다윗이 머리에 기름부음을 받았다는 것은 메시아로 임 명된 것을 말하는 것이다'라고 생각하는 것이다. 그러나 머리에 기름을 부어 메시아의 직무를 줄 경우에는 히브리어 동사 '마샤크'를 쓴다. 여 기에서 '메시아'라는 말이 나왔다. 그런데 여기 사용된 히브리어는 '다 샨'이라는 동사이다. 메시아 임직과는 무관한 것이다. 이때의 영어 번역 은 "You anoint my head with oil"(NRSV)이다. 누가복음서 7장 46절과 시편 23편 5절의 영어 번역을 비교해볼 때, 전자는 부정문이고 후자는 긍정문 이라는 차이밖에 없다. 누가복음의 것이 메시아 임직의 기름부음이 아나라 손님 접대와 관계된 것이듯이, 시편 23편 5절의 것도 그러하다.

시편 23편 5절에서 시인은 지금 하나님의 손님이 되어 하나님의 식탁에 초대받고 있다. 그리고 하나님은 그를 정중한 손님으로 맞이하신 것이다. "내 잔이 넘친다"라는 표현은 아쉬움이 없는 풍성한 접대를 뜻한다. 이렇게 히브리어의 의미를 되찾아서 읽음으로써 하나님에게 식사 초대를 받아본 또는 하나님의 집에 귀한 손님으로 정중하게 초대받아본 감격을 경험한 시인의 감격에 우리도 참여할 수 있다.

『새번역』은 문자적 번역("내 머리에 기름 부으시어")과 의미 번역("나를 귀한 손님으로 맞아주시니")을 둘 다 시도한 이중 번역으로 되어 있고, 『복음성서』(GNB)는 "나를 귀한 손님으로 맞아주셨다(you welcome me as an honored guest)"라고, 생활성서(LB)는 "나를 주님의 손님으로 환영해주셨다(You have welcomed me as your guest)"라고 번역했다.

(3) 전문가의 도움을 받는다

성서를 읽는 일반 독자가 성서 주석을 만난다는 것은 그리 쉬운 일만은 아니다. 성서 연구를 좀 더 깊게 하려 하면 주석을 참고해야 한다. 그러나 어느 한 종류의 주석만 참고할 경우에는 우리가 만나는 여러 형태의 문제에 만족한 대답을 얻지 못한다. 그러므로 주석을 볼 때에는 여러 종류의 주석이 모여 있는 자료실이나 도서실을 찾는 것이 편리하다. 시중에서 흔히 볼 수 있는 해설 성서나 주석 성서를 참고할 수도 있을 것이다. 그러나 그러한 자료는 대부분 일반 독자가 제시하는 문제에 대한 해답보다는 필자나 편집자의 관심을 일차적으로 취급하기 때문에 단순한 독자를 실망할 수도 있다. 다행히 요즘에는 성서를 전공하는 학자들이 고맙게도 개인 홈페이지를 열고 성서 독자의 질의에 응답하고 있는 사이트가 적지 않다. 교회 중에도 성서 독자를 위한 전문 사이트를 개설하고 있는 곳이 있다. 독자는 이런 곳을 찾아서 주석적 도움을 요청할 수 있을 것이다. 난해한 구절 하나를 예로 들어보자. 로마서 11장 11~24절이다.

> 또한 가지 얼마가 꺾여졌는데, 돌감람나무인 네가 그들 중에 접붙임이 되어 참감람나무 뿌리의 진액을 함께 받는 자 되었은즉 그 가지들을 향하여 자긍하지 말라(『개역』 롬 11:17-18).

바울은 이방 사람의 구원에 관해 말하면서 돌감람나무가 참감람나무에 접붙여 참감람나무가 된다는 비유를 사용하고 있다. 하나님이 일찍이 선택하셨던 이스라엘은 참감람나무이고 선택에서 제외된 이방은 돌감람나무이다. 돌감람나무에 참감람나무를 접붙여 참감람나무가 될 때 그 접이 붙은 돌감람나무 가지가 본래부터 참감람나무였던 가지들을 보고 우쭐대는 일이 없어야 한다는 것이다. 돌감람나무가 참감람나무가 되었다고 교만한 마음을 품고 두려워하는 마음이 없다면, 그 본래의 참감람나무 가지를 잘라내시고 돌감람나무 가지를 접붙이신 하나님께서는, 자신이 접붙이신 그 가지라 하더라도 그 교만한 돌감람나무 가지를 가차 없이 다시 잘라 내버리실 수도 있다고, 바울은 경고한다. 비록 지금은 참감람나무 가지였던 이스라엘 사람 가운데 얼마가 본래의 제 나무에서 잘리어 있지만, 전혀 다른 나무였던 돌감람나무 가지도 제 본성에 거슬러 참감람나무에 접 붙을 수 있었는데, 하물며 그 잘려나간 본래의 가지들이 회개할 때 제 본래의 참감람나무에 다시 접 붙을 수 있게 된다는 것은, 돌감람나무의 경우보다 훨씬 더 쉬울 것이라고 말한다.
여기에서 보듯이, 이 본문이 의도하는 바를 이해하기란 일반 독자에게 그리 어렵지는 않다. 그런데 문제는 접붙이는 것에 관한 일반적 상식을 가지고 있는 독자는 이 비유의 의도는 이해하면서도, 접붙이는 것에 관한 상식에 배치되는 이런 응용에 관해서는 문제를 제기하게 된다. 접을 붙인다고 할 때에는, 바울이 이해한 것처럼 참감람나무에 돌감람나무 가지를 접붙여 돌감람나무가 참 감람나무가 되게 하는 것이 아니라고 한다. 정반대로, 돌감람나무가 좋은 열매를 맺지는 못해도 그 나무에 좋은 열매를 맺는 참감람나무의 가지를 접붙이면 그 좋은 가지에서 좋은 열매가 맺는다고 한다.

이런 원리에서 본다면, 참감람나무에 돌감람나무 가지를 접붙인다고 해서 그 가지가 참감람나무의 열매를 맺는 것은 아니다. 그러니 이런 비유를 어떻게 이해할 수 있겠는가? 오히려 돌감람나무에 참감람나무 가지가 붙어 참감람나무 열매를 맺는 것이므로, 참 이스라엘이 이방 사람에게 접이 붙어 이방을 참 이스라엘 되게 했다고 한다면 모를까. 그렇다고 본문이 이렇게 되어 있는데 본문 내용을 고쳐가면서까지 번역할 수는 없다. 번역은 본문대로 번역한다. 그러나 주석은 이 본문의 배경을 설명한다.

바울이 말한 것은 원예기술상 불가능한 비유이다. 도시 출신인 바울이 원예의 한 방법인 접붙이기에 관해서 구체적인 지식이 없었던 것 같다. 주석마다 바울이 의도한 바를 이해하고 그 의도를 설명하기는 하면서도, 바울의 이 비유가 원예기술상으로는 불가능한 비유임을 지적한다. 한 권의 예를 들어보면 다음과 같다.

바울이 여기에서 말하고 있는 접붙임에 관한 비유는 이미 오리겐 때부터 문제가 있다고 지적되어왔다. 서로 다른 두 나무를 접을 붙이는 일반적인 상식과는 정반대의 경우이기 때문이다. 바울은 농촌 출신이 아니고 도시 출신이므로 이런 원예기술을 비유로 사용하다가 자신의 지식의 한계를 나타낸 것이라고 본다(Joseph A. Fitzmyer, *Romans, The Anchor Bible*, New York, 1993, p.614).

신약성서, 우리에게 오기까지[*]

민경식
연세대학교, 신약학

1. 들어가는 말

오늘날 우리가 보는 우리말 신약성서는 그리스어 신약성서를 번역한 것인데, NTG 27판(또는 GNT 4판)이 번역 대본으로 사용된다. 그런데 이 대본에 실린 본문은 결코 신약성서 '원문'이 아니다. 이 그리스어 신약성서의 본문은 수많은 사본을 해독하고 분석하고 판단한 연구결과를 토대로 재구성된 것이다. 신약성서의 사본 수는 정확히 집계되어 있지 않다. 다만 2008년 12월 15일 현재 공식적으로 등록된 그리스어 신약성서 사본은 파피루스 사본 124개, 대문자 사본 318개, 소문자 사본 2,882개, 성구집 2,436개로 총 5,760개이다.

물론 이 수치는 변동한다. 오늘날에도 사본이 계속 발견되기 때문이다. 이 외에도 라틴어, 시리아어, 콥트어 등 고대 번역본 사본까지 합치면 사본의 수는 대략 2만 5천 개가 넘는 것으로 추정된다. 그런데 이 많은 사본 가운데 어느 하나도 다른 하나와 정확하게 일치하는 것이 없다. 어떤 사본에든 고의적이든 우발적이든 이문(異文), 즉 변개된 독법이 있

---

* 민경식, 『신약성서, 우리에게 오기까지』(서울: 대한기독교서회, 2008) 참조.

기 때문이다. 오늘날 그리스어 신약성서의 본문이 어떻게 재구성되는 지를 이해하기 위해서 사본과 인쇄본의 전승에 대해 그리고 본문비평이라는 학문분야에 대해 간략히 살펴보도록 하겠다.

2. 사본의 역사

15세기 중엽 유럽에서 구텐베르크가 인쇄술을 발명하기 전까지 성서를 포함한 모든 문서는 손으로 필사되었다. 이러한 형태의 책을 사본이라고 하는데, 15세기까지 모든 신약성서는 사본의 형태로 전승되었다.

오늘날 우리는 그리스어 신약성서 사본을 크게 4종류로 구분하는데, 파피루스 사본, 대문자 사본, 소문자 사본, 성구집이다. 파피루스 사본이란 파피루스 용지에 대문자로 기록된 사본이며, 대문자 사본은 양피지에 대문자로, 소문자 사본은 양피지에 소문자로 쓰인 사본이다. 반면 성구집이란 선택된 성서 본문이 날짜별로 기록된 책이다.

4세기경 양피지가 서서히 파피루스를 대신하게 되었고, 8세기경에 자연발생적으로 생긴 소문자가 대문자를 대신하게 되었다. 따라서 파피루스 사본은 대개 2~4세기, 대문자 사본은 4~8세기, 소문자 사본은 9세기 이후의 사본이다. 물론 7세기까지도 파피루스 사본이 있었으며, 간헐적으로 3세기 이전의 대문자 사본도 있다. 일반적으로 사본의 용지 (파피루스, 양피지)와 문자 모양(대문자, 소문자)만 보고서도 대략적인 사본의 연대를 추정할 수 있다. 더 나아가 사본학자들은 사본에 사용된 문체를 더욱 자세히 연구해 특정 시대에 사용된 특정 문체를 밝혀냈다. 그래서 오늘날에는 무엇보다도 문체를 보고 사본의 연대를 측정한다.

1) 파피루스 사본

19세기 말에서 20세기 초 영국의 그렌펠(B. P. Grenfell)과 헌트(A. S. Hunt)가 이집트 나일 강 상류의 옥시링쿠스에서 대량의 파피루스 사본 조각을 발견해 영국의 옥스퍼드로 가지고 갔다. 이때 처음으로 3세기 이전의 본문이 실린 사본이 발견되었으며(P1), 이후로 많은 초기 사본이 발표되었다. 당시 옥스퍼드로 가져간 사본들이 100년이 지난 오늘날까지도 아직 다 발표되지 않고 있다. 여기서 발견된 사본은 거의 일반 문서(계약서, 서신, 요리책 등)인데, 이따금 신약 구절이 기록된 사본이 발견된다(약 1%). 그런데 옥시링쿠스 사본은 모두 단편(斷片)이라 성서의 극히 일부만 증거할 수 있다는 한계를 지니고 있다.

그러다가 1930년대 체스터 비티(Chester Beatty) 파피루스(P45, P46, P47)와 1950년대 보드메르(Bodmer) 파피루스(P66, P72, P75)가 발표되면서 신약성서 사본 연구에 새로운 장이 열렸다. 이 사본들은 고대의 초기 사본임에도 불구하고 파편이 아니라 책의 형태를 유지하고 있다. 이들 사본에 대한 연구는 초기 본문 전승에 대한 많은 지식을 전해주었다. 하지만 오늘날 124개의 파피루스 사본 가운데 위의 여섯 개 사본을 제외한 대다수의 사본이 충분히 연구되지 않은 채 남아 있다.

하나의 파피루스 단편도 코덱스 하나를 대표한다고 가정할 때 이 단편 사본에 대한 세심한 연구가 절실히 요구되고 있으며, 새로운 연구 가능성이 제시되기도 했다. 무엇보다도 파피루스 사본의 가치는 4세기 이후의 사본을 자료로 만들어진 19세기 말의 본문이 2~3세기의 초기 본문을 잘 복원하였음을 증명한다는 데 있다.

2) 대문자 사본

19세기 말까지만 해도 파피루스 사본이 알려지지 않았다. 당시 가장 오래된 사본은 4세기의 대문자 사본들이었다. 물론 몇몇 대문자 사본은 파피루스 사본 못지않게 순수한 본문을 보존하고 있다. 대표적으로 시내 사본(01)과 바티칸 사본(03)이 그러하다. 시내 사본은 4세기의 사본으로 독일 라이프치히 대학교의 티셴도르프(Constantin von Tischendorf)가 시내산 중턱에 있는 성 캐서린 수도원에서 발견한 사본인데, 1844년 구약성서의 일부 낱장 43장을 발견했고, 15년 뒤 1859년의 3차 방문 때 신약성서 부분을 포함한 이 사본의 대부분을 발견했다. 그로부터 100년 이상이 지난 1975년 시내 사본에 속하는 15개의 낱장이 더 발견되었다.

시내 사본과 더불어 가장 훌륭한 대문자 사본으로 알려진 바티칸 사본 역시 4세기의 것이다. 이 사본은 1475년 바티칸 도서관에서 우연히 발견되었다. 그러나 학자들에게 공개되지 않다가, 19세기 들어 웨스트코트(Brooke Foss Westcott)와 호트(Fenton John Anthony Hort)가 이 사본의 진가를 인식하고는 이 사본을 토대로 매우 우수한 고대의 본문을 재구성할 수 있었다. 바티칸 사본에 장식이 거의 없는 것으로 보아서 이 사본이 시내 사본보다 조금 더 이른 것으로 추정된다.

알렉산드리아 사본(02)도 흥미로운 대문자 사본이다. 일반적으로 비잔틴 계열의 열등한 본문을 가지고 있는 것으로 알려져 있지만, 요한계시록에서만큼은 매우 우수한 본문을 증거하고 있다. 고대 사본에서 흔히 일어날 수 있는데, 신약 문서들이 초기에는 낱권으로 유통된 것에 기인한다. 1세기 말 내지 2세기 초에 이르러 바울의 서신들이 수집되기 시작했고, 2세기 후반부에야 네 개의 복음서가 하나의 '묶음'으로 정착되기 시작했다. 그 이전까지만 해도 복음서들은 일반적으로 독립적으로 유통되었다. 그런데 신약성서 문서가 수집되는 과정에서 우수한 사본과 그렇지 못한 사본이 묶이는 경우가 생겼던 것이다.

에브라임 재생 사본(04)은 특이한 사본이다. 5세기의 본문이 지워지고 12세기에 새로운 내용(시리아의 교부인 에브라임의 설교문)이 기록된 사본이다. 말하자면, 더 이상 쓰지 않는 대문자 사본의 내용을 지우고 양피지를 재활용한 것이다. 에브라임 사본 같은 재생 사본이 있는 이유는 9세기 이후로는 소문자가 대문자를 완전히 대신하게 되었기 때문이다.

대문자 사본 가운데서 학자들의 관심을 가장 많이 받은 것은 현재 캠브리지 대학교에 있는 5세기의 베자 사본(05)인데, 본문이 매우 특이하기 때문이다. 사도행전의 경우 정경 사도행전보다 약 8% 정도 더 길다. 물론 네 복음서에도 후대에 첨가된 이차적인 본문이 상당히 많다. 이 사본의 본문에 나타나는 특징은 매우 자유롭다는 것이다. 앞뒤 문맥이 자연스럽지 않을 때 문맥을 맞추기 위해 본문에 많은 변경을 가했다.

대문자 사본은 오늘날에도 여전히 중요한 본문비평 자료이다. 신약성서의 본문을 재구성하는 데 대문자 사본이 차지하는 비중이 가장 높다고 할 수 있을 것이다. 대문자 사본은 초기의 것일 뿐만 아니라 신약성서 27권의 범위를 충분히 포괄하고 있기 때문이다. 더군다나 19세기 말까지 파피루스 사본에 대한 지식이 없었으니, 오늘날 우리가 보는 신약성서 본문은 대문자 사본에 가장 많이 의존하고 있다고도 할 수 있다.

3) 소문자 사본

대다수의 소문자 사본은 그 방대한 양 때문에 충분히 연구되지 못했다. 더군다나 소문자 사본에는 본문비평적으로 후대의 열등한 본문이 기록되어 있을 것이라는 예측에 대문자 사본이나 파피루스 사본에 비해 연구대상에서 소외되었다. 하지만 소문자 사본도 성서 본문을 재구성하는 데 매우 중요한 자료가 된다.

최근 들어 소문자 사본 가운데서도 매우 우수한 본문을 가지고 있는 사본이 있음이 밝혀지면서, 소문자 사본에 대한 연구가 부분적으로 주목받고 있다. 또한 컴퓨터 프로그램의 도움으로 소문자 사본에 대한 포괄적인 비교 연구가 충분히 가능해졌다. 그러나 방대한 양 때문에 한 사람의 개인적인 노력보다는 연구소 차원의 공동 작업이 필요하다.

소문자 사본의 가치 가운데 하나는, 직접적인 관계를 가진 것으로 보이는 사본들이 있다는 것이다. 초기의 파피루스 사본이나 대문자 사본의 경우 거의 대다수가 사라졌기 때문에 계보적으로 매우 밀접한 사본을 발견하는 것이 불가능한 반면, 소문자 사본의 경우에는 특정 사본의 직접적인 대본으로 보이는 사본이 발견되기도 한다. 이것은 필사자들의 필사 습관을 연구하는 데 매우 가치 있는 자료가 된다. 소문자 1번 사본 계열의 사본(f1)과 소문자 13번 계열의 사본(f13)이 좋은 예가 된다. 이러한 밀접한 관계를 가진 사본을 밝혀내는 작업이 독일 뮌스터의 신약성서본문연구소에서 진행 중에 있다. 필사자들의 필사 습관에 대한 연구가 중요한 이유는, 여러 독법 가운데 어떤 것이 필사자의 작품이고 또 어떤 것이 원래의 독법인지를 밝혀내는 데 결정적인 역할을 하기 때문이다. 따라서 소문자 사본에 대한 연구가 앞으로도 지속적으로 이어지리라 기대한다.

4) 성구집

성구집은 앞에서 소개한 사본들과는 달리 연속된 본문이 기록되어 있지 않다. 성구집은 연중 특정한 날에 읽을 성서 본문을 날짜별로 실은 책으로, 매일 또는 주말마다 읽어야 할 선택된 본문을 기록했다. 성구집은 크게 유동적인 교회력에 따라 부활절부터 읽기 시작하는 시낙사리온(synaxarion)과 역년(曆年)에 따라 9월 1일부터 읽기 시작하는 메놀로기

온(menologion), 두 종류로 나눌 수 있다. 대다수의 성구집이 소문자로 기록되어 있고 약 20% 미만이 대문자로 기록되어 있다. 성구집도 신약성서의 본문을 재구성하는 데 소중한 자료가 된다.

5) 고대번역본과 교부인용문

아주 오래전인 2세기부터 이미 신약성서는 각 지역에서 그 지역의 언어로 번역되기 시작했다. 라틴어 번역본과 콥트어 번역본과 시리아어 번역본이 귀한 자료로 사용되고 있으며, 그 외에도 고딕어, 아르메니아어, 게오르기아어, 에티오피아어, 고대 슬라브어 번역본 등이 있다. 번역본 신약성서 사본의 수는 정확히 집계되지 않았으나, 대략 2만 개가량 될 것으로 추정된다. 초기 기독교 저술가의 글에 인용되어 있는 신약성서 구절도 본문비평의 중요한 자료가 된다. 고대번역본과 교부인용문은 특정한 이문의 기원과 시기에 대한 정보를 제공한다.

3. 출판본의 역사

구텐베르크가 인쇄술을 발명하고 처음 출판한 책이 바로 라틴어 성경책이다(42행성서, 1450~1455년경). 금속활자를 이용한 최초의 그리스어 신약성서 출판본은 약 60년 뒤인 1516년 3월 1일 나왔다. 네덜란드의 인문학자 에라스무스가 12세기의 열등한 소문자 사본 몇 개를 근거로 반년 만에 허술하게 재구성한 본문이 실린 그리스어 신약성서이다. 물론 히메네스가 1501년 연구를 시작해 1514년 그리스어 신약성서를 처음으로 '인쇄'하는 데까지는 성공했지만, 스페인의 주교였던 그는 그리스어 신약성서를 정식으로 출판하기 위해서는 교황의 재가를 받아야만 했다.

그가 약 6년 동안 교황의 재가를 기다리는 사이에 에라스무스가 최초의 출판본을 졸속으로 만들어냈다. 그 후로 많은 그리스어 신약성서가 출판되어 나왔는데, 모두 에라스무스의 본문을 거의 그래도 받아들였다. 그 가운데 우리의 주목을 끌만한 것은 16세기 중엽 스테파누스의 그리스어 신약성서 4판과 17세기 엘제비어의 그리스어 신약성서이다. 전자에서 처음으로 오늘날 우리가 쓰는 것과 같은 장절 구분이 이루어졌으며, 후자에서 처음으로 텍스투스 레켑투스(textus receptus), 즉 수용본문 또는 공인본문이라는 용어가 사용되었다.

에라스무스의 신약성서 본문을 거의 그대로 받아들이는 관행은 19세기 말까지 이어졌다. 물론 17세기 이후로 사본을 연구하는 학자들은 텍스투스 레켑투스가 결코 고대의 본문 형태가 아니라는 것을 알게 되었으며, 초기의 우수한 본문에 대한 지식을 늘려나갔지만, 강력한 교권에 저항하지 못하고 교회의 공식본문이었던 텍스투스 레켑투스를 받아들였던 것이다.

그러다가 결정적으로 1881년 웨스트코트와 호트가 학문적으로 탁월한 방법론을 사용해 고대의 본문을 재구성했는데, 이것이 학계에서 텍스투스 레켑투스를 극복하게 된 전환점이 되었다. 오늘날 가장 권위 있는 그리스어 신약성서인 네스틀레-알란트(Nestle-Aland) 판의 전신인 네스틀레 신약성서가 1898년 나오면서 교계에서도 텍스투스 레켑투스를 극복하고 고대의 우수한 본문을 받아들이게 되었다. 물론 오늘날 일부에서 다시 텍스투스 레켑투스로 돌아가자는 목소리가 있기는 하지만, 그들은 학문적인 진보를 다시 돌이킬 만한 설득력 있는 이유를 제시하지는 못한다. 그들이 주장하는 것은, 오로지 『킹제임스성경』만이 유일하게 하나님의 말씀을 순수하게 잘 보존하고 있으며 『개역』이나 『새번역』을 포함한 사탄이 변개시킨 성경은 하나님의 말씀을 많이 삭제했다는 것이다. 그런데 이러한 도전은 그리스어 신약성서 출판본의 역사에 대한 이해로 극복할 수 있는 것이다.

1611년 나온 『킹제임스성경』은 당시 중세에 유행했던 열등한 그리스어 본문을 영어로 번역한 것이다. 이 성서의 대본으로 사용된 것은 베자(Theodore Beza)의 그리스어 신약성서로 알려져 있는데, 이것은 에라스무스에서부터 이어진 텍스투스 레켑투스 전통의 본문을 이어받은 것이다. 그런데 오늘날의 성서에서 절 표시만 있고 그 내용이 없는 것을 이따금 볼 수 있는데, 이러한 현상이 나타나는 이유는 역시 텍스투스 레켑투스 전통의 본문을 이어받은 스테파누스의 그리스어 신약성서 4판에서 처음으로 독자의 편의를 위해 장절 표시가 붙었기 때문이다. 이후로 스테파네스가 구분한 장절 시스템이 널리 받아들여졌다. 그런데 본문비평 연구의 결과로 간헐적으로 절이 빠지는 일이 생겼다. 그 부분이 후대의 추가된 이차적인 본문으로 밝혀졌기 때문이다. 이럴 경우 절 표시만 남고, 절의 내용은 사라진다. 따라서 『킹제임스성경』에는 절이 빠진 것을 볼 수 없는 반면에, 오늘날 우리 신약성서에서는 절 표시만 있고 내용이 빠져 있는 부분이 종종 나타나는 것이다. 말하자면, '절 없음' 현상은 하나님의 말씀을 삭제한 것이 아니라 하나님의 말씀의 원래 형태를 회복한 것이라고 할 수 있다. 달리 표현하면, '절 없음' 현상은 신약성서 본문에 대한 학문적 노력의 결과이다.

4. 본문비평 방법론

본문비평이라는 학문은 서로 다른 사본을 연구하여 '원문'에 가까운 본문을 재구성하고 그 본문의 역사를 탐구하는 학문이다. 웨스트코트와 호트 이후 현대적 본문비평의 시대가 열렸다. 19세기 말 그들은 계보적 연구방법을 이용해 고대의 본문을 훌륭하게 재구성하는 데 성공했다. 계보적 방법이란 사본을 연구하고 또 본문 전승의 역사를 연구함으로써 사본 사이의 관계를 규정하고 원문에 가까운 순수한 본문을 잘 보존하는 사본을 중심으로 고대의 본문을 회복하려는 것이다. 그들은 시내 사본과 바티칸 사본이 순수한 형태의 본문을 가장 잘 보존하는 '중립 본문'이라고 인식하고 두 사본을 기초로 매우 우수한 초기 본문을 재구성할 수 있었다. 하지만 계보적 방법의 한계를 인식한 20세기 초반의 본문비평학자들은 절충주의적 방법을 고안했다. '철저한 절충주의'는 사본 자체에 대한 평가를 유보하고 동일한 조건에서 각 독법을 판단한다. 다시 말하면, 계보적 방법은 외적 판단기준을 강조하며, 철저한 절충주의는 내적 판단기준을 강조하는 방법이다. 오늘날에는 이 둘의 균형을 중요하게 여긴다.

외적 판단 기준(외증)은 각 사본의 본문비평적 가치에 관심을 둔다. 어떤 사본이 얼마나 믿을 만한지, 또 어떤 사본의 특징은 무엇인지 등을 이해하고 신뢰할 만한 사본의 독법을 선택하는 것이다. 이때 중요한 것은 어떤 독법이 산술적으로 많은 사본의 지지를 받는다고 해서 그 독법이 원독법으로 선택될 수는 없다는 점이다. 경우에 따라서는 매우 우수한 사본 하나가 열등한 수백 아니 수천 개의 사본에 대해 우선권을 가지기도 하기 때문이다.

반면 내적 판단 기준(내증)은 사본의 본문비평적 가치에는 별 관심을 두지 않는다. 오히려 성서 기자나 필사자의 습관이라든지 그들의 신학과 사회적 정황에 관심을 둔다. 내적 판단 기준에서는 일반적으로 다른 독법의 발생을 가장 잘 설명하는 독법이 원독법일 가능성이 가장 크다. 물론 오늘날 대다수의 학자들은 외증과 내증의 균형을 주장한다. 또한 내적 판단 기준에 따라 원독법일 가능성이 큰 독법은 다행히도 일반적으로 외적 판단 기준에 따라서도 원독법으로 보이는 경우가 많다. 하지만 항상 그런 것은 아니다. 어떤 경우에는 외증과 내증이 서로 다른 독법을 지지한다. 이러한 상황에서 원독법으로 보이는 독법을 선택하고자 할 때 대다수의 학자들은 외증과 내증의 균형을 강조하면서도 실제로는 외증이나 내증 둘 가운데 한쪽으로 치우치는 경향을 보이기 마련이다. 이 두 가지 방법을 합리적으로 사용하는 것이 힘들기는 하지만, 그럼에도 둘 모두를 적절하게 고려해야 할 것이다.

오늘날 우리가 보는 신약성서는 16세기의 신약성서와는 상당한 차이가 있다. 따라서 16세기나 17세기의 신약성서를 번역한 독일어 번역『루터성경』(1522)이나 영어 번역『킹제임스역』(1611)은 그리스어 신약성서를 대본으로 현대어로 번역된 성경『개역개정판』과『새번역』같은 우리말 성경이나 NRSV, NIV, CEV 같은 영어 성경과도 상당한 차이가 날 수밖에 없다.

신약성서 본문비평은 19세기 이후의 현대적 방법을 통해 후대의 열등한 본문 전통인 텍스투스 레켑투스를 극복했고, 매우 초기의 본문을 회복했다. 그것이 오늘날 우리가 읽는 신약성서이다. 하지만 이것은 결코 '완성'이 아니다. 앞으로도 성서 본문은 지속적으로 변할 것이다. 왜냐하면 오늘날에도 여전히 많은 사본이 새롭게 발표되고 있으며, 본문비평이라는 학문도 지속적으로 발전을 거듭하고 있기 때문이다. 이러한 과정을 통해 신약성서 본문은 '원문'에 가까운 본문을 조금씩 더 정확하게 회복할 것으로 기대된다.

5. 한글 성서

한글 성서의 역사는 1882년으로 거슬러 올라간다. 중국에 머물던 스코틀랜드 선교사 로스(John Ross)는 매킨타이어(John Macintyre), 이응찬, 백홍준, 서상륜 등과 함께 누가복음을 번역해『예수셩교누가복음젼셔』

(1882)를 출판했다. 이것이 우리말로 된 최초의 성경이다. 같은 해에 요한복음을 번역·출판했고, 1887년에 이르러서는 신약 전체를 번역해『예수성교젼셔』로 출판했다.『예수성교젼셔』는 당시의 서북 방언을 고스란히 담고 있어 국문학 자료로서의 가치도 지니고 있다.

국내에서도 외국 선교사들의 도움으로 성서가 번역되기 시작했다. 상설성경실행위원회 산하의 성경번역자회에서 성서를 낱권으로 번역하기 시작했는데, 1900년『신약젼셔』를, 1911년『구약젼셔』를 각각 출판했다. 이로써 최초의 우리말 완역성서가 탄생했다. 흔히 '구역'이라고 부르는 이 성서에는 표준어에 준하는 언어가 사용되었으며, 오늘날 한국 교회가 가장 널리 읽는『성경전서개역개정판』의 기원이기도 한다.

1938년 구역 성서의 고어체를 개정해『성경개역』으로 출판되었고, 1956년「한글맞춤법통일안」에 따라 개정된 성서가 1961년『성경전서개역한글판』으로 출판되었다. 최근까지 한국 교회의 대다수가 이 성서를 예배용으로 사용했으나, 이것을 1998년 다시 한 번 대폭 개정해『성경전서개역개정판』이 출판되자 많은 교회가 이것을 사용하기 시작했다. 1900년으로부터 시작된 이 번역 전통은 문자적 번역 또는 형식일치 번역이라는 특징을 가지고 있다.

그 밖에도 또 다른 한글 성서 전통이 있다. 한국의 개신교와 가톨릭이 공동으로 성서를 번역·출판했는데, 1977년에 출판된『공동번역성서』이다. 이것은 1999년에 개정되었다. 이 번역 전통은 기능적 번역 또는 내용 동등성 번역이라는 특징을 지니고 있다.

또 하나의 중요한 한글 성서는『새번역』또는『표준새번역』이다. 1980년대에 들어서자 개역 전통의 고어체를 극복한 미래의 한국 교회를 위해 현대어로 된 새로운 번역의 필요성이 제기되었고, 이에『표준새번역』(1993)이 출판되었다. 이것이 개정되어『새번역』(2001)이라고 불린다.『새번역』은 형식일치 번역을 원칙으로 하되, 문자적으로 번역하면 오해의 여지가 있거나 뜻이 바뀔 경우 내용동등성 번역 원칙에 따라 번역되었다. 외국에 거주하는 한인은 이 번역을 선호하는 경향을 보이며, 오늘날 한국 교회에서는 교회학교를 중심으로 점차 사용이 확대되고 있다.

6. 성서는 어떤 책인가

성서에는 윤리적인 요소도 있고 과학적인 요소도 있으며 역사적인 요소도 있다. 그러나 이것이 성서의 속성을 단적으로 드러내지 않는다. 성서는 과학적 지식을 전해주기 위해 기록된 과학책이 아니며, 실증적이고 객관적인 역사적 사실을 열거하려는 목적을 가진 역사책도 아니다. 또한 성서는 도덕적 가치를 가르치려는 목적으로 기록된 윤리책도 아니다. 또한 성서는 미래의 사건을 예언하는 신비한 암호책도 아니다.

성서는 특정한 사람이 골방이나 산 속에서 신비한 체험을 통해 하나님의 음성을 받아 초자연적인 방식으로 기록한 책이 아니다. 철저하게 인간의 손으로 인간의 언어로 기록된 책이 성서이며, 따라서 성서 안에는 성서 저자들을 둘러싸고 있던 문화와 세계가 들어 있다. 또한 그들의 제한된 과학적 지식과 역사관이 반영되어 있는 것도 부정할 수 없다. 그렇다면 성서가 어떤 의미에서 하나님의 말씀인가?

우리는 성서에서 저자들의 하나님 체험을 발견할 수 있다. 성서는 하나님과의 인격적인 만남을 통해 하나님을 체험하고 하나님께 사로잡힌 사람들이 기록한 책이기에, 그 안에서 우리도 하나님을 만날 수 있다. 인류 역사에 개입하시고 우주만물을 통해 자신을 계시하시는 하나님을 체험한 사람들이 하나님의 그 뜻을 기록하였기에, 성서는 하나님의 말씀이다.

그러나 무엇보다도 하나님께서 당신의 뜻뿐만 아니라 당신 스스로를 계시하신 결정적인 사건은 예수 그리스도 사건이다. 예수 그리스도야 말로 하나님의 가장 생생한 계시이며 "말씀"(요 1:1)이다. 그러므로 생명의 말씀인 예수 그리스도를 증언하는 성서는 하나님의 말씀이다. 성서는 우리를 향한 하나님의 변함없는 사랑과 신실하심을 알게 하며, 그분의 위대하심을 깨닫게 하며, 예수 그리스도를 통한 하나님의 구원의 경륜을 밝혀준다. 그러므로 성서는 "하나님의 영감으로 된"(딤전 3:16) 권위 있는 하나님의 말씀이다.

하지만 이러한 성서의 문자를 우상화하면 성서는 더 이상 복음이 아니라 율법이 되어버리고 만다. 문자란 원래 의미를 전달하기 위한 상징에 불과하기 때문이다. 성서의 문자를 절대화한다고 해서 성서의 권위가 살아나고 상대화한다고 해서 그 권위가 떨어지는 것이 아니다. 성서의 권위는 성서가 우리에게 예수 그리스도를 전해주는 근원적인 자료가 된다는 점에서 두드러진다. 성서 없이 우리가 어찌 하나님의 자기 계시인 예수 그리스도를 알겠는가? 오실 그리스도를 예언적으로 증언하는 구약성서와 오신 예수를 경험적으로 증언하는 신약성서는 우리의 믿음의 근거가 된다는 점에서 우리의 성서는 권위가 있는 책이다. 성서는 생명을 주는 책이다!

> 예수께서는 제자들 앞에서 이 책에 기록하지 않은 다른 표징도 많이 행하셨다. 그런데 여기에 이것이나마 기록한 목적은, 여러분으로 하여금 예수가 그리스도요 하나님의 아들이심을 믿게 하고, 또 그렇게 믿어서 그의 이름으로 생명을 얻게 하려는 것이다(『새번역』요한복음 20:30-31).

기독교와 미술[*]

이정구
성공회대학교, 교회사/교회건출과 예술

1. 기독교에서의 이미지 담론

기독교(그리스도교)에서의 미술(시각이미지)에 관한 담론은 구약 십계명 율법으로 인해 금기시되어오다가 726년 레오 3세에 의해 주도된 성화상(Icon)에 관한 논쟁부터 본격화되었다고 할 수 있다. 이미지 중에서도 신(하나님과 예수 그리스도)에 대한 이미지 제작은 금지되었지만, 성인이나 성서 내용을 주제로 한 이미지(종교화, 제단화)는 주로 수도원을 통해 제작되었고 이러한 작품은 교회와 일부 부유층에게 보급되었다. 특히 동방교회에서 성인의 이미지(아이콘)에 기적사화를 부가시켜 보급한 이미지들은 부적과 같은 기능으로 일반 대중에게 크게 숭배받기에 이르렀다.

기독교에서 미술에 관한 담론 논쟁의 명분은 성 화상에 관한 신학이었다. 이 논쟁은 크게 두 가지 입장으로 대립했다. 하나는 이미지 숭배의 끝은 물질과 물성 자체까지 숭배할 수밖에 없다는 우상타파적인 주장이었고, 다른 하나는 이미지 숭배란 물질 자체에 숭배하는 것이 아니

---

[*] 이정구, 「한국 현대기독교 미술과 옥션」(《신학사상》, 2007년 겨울호) 부분요약.

80 | 제1부 성서와 문화

라 이미지를 통해 성인의 발자취를 환유함으로써 이를 바라보는 신자의 신앙과 교육에 도움이 된다는 주장이었다. 성 화상 논쟁은 결국 기독론 논쟁으로 이어졌는데 예수 그리스도야말로 하나님의 살아 있는 성화상이라는 성 화상 지지자들의 주장이 그 시작이었다고 할 수 있다. 이 논쟁은 11세기까지 이어지면서 동방교회에서는 이미지 자체를 숭배하는 것이 아니라 성인의 영성과 예수의 말씀 같은 성서 내용을 신앙적으로 환유하는 매체로 수용했다.

개신교회는 16세기 종교개혁을 통해 말씀 중심의 교리를 이유로 이미지를 우상 숭배이며 말씀을 흩뜨리는 반기독교적인 매체로 규정짓고 교회 안에서의 사용을 전면적으로 금지했다. 그러나 정작 루터는 자신의 종교개혁을 효과적으로 수행하기 위해 크라나흐를 통해 자신의 초상화를 유포시켰으며 시각예술에 대해 어느 정도 우호적이었다. 반면에 칼뱅은 교회 안에서 이미지 사용을 금지했고, 급진주의자였던 카를스타트는 교회 안에 있던 모든 이미지를 파괴하기까지 했다. 이 전통은 현대 개신교회에까지 이르렀는데 소수 진보적인 한국 개신교회는 말씀 중심의 교리와 성화 교리를 크게 방해하지 않는 한 신앙과 교육에 도움이 될 수 있는 종교화에 우호적인 신학적 입장을 취하고 있으며 교회 안에 설치하기도 한다.

2. 기독교 미술과 교회 미술

넓게 정의한다면 교회에서 사용하지 않더라도 기독교를 내용으로 담은 미술을 기독교 미술이라고 할 수 있으며, 교회에서 사용하는 미술, 즉 색유리, 제단화, 십사처, 십자가, 성모상 등 전례와 교육을 위한 것을 교회 미술이라고 할 수 있다. 이런 점에서 교회 미술은 기독교 미술 안에 포함될 수 있다. 기독교 신앙인이 아닌 작가가 기독교를 주제로 한 작품을 제작했을 때 이것을 기독교 미술이라고 할 수 있는지에 관한 논의도 있다. 비록 비신앙인의 작품이라고 할지라도 관객이 그 작품을 통해 기독교적 감흥을 받는다면 그것은 기독교 미술이라고 할 수 있다. 작가가 신심이 깊은 기독교 신자면서 기독교를 주제로 한 미술을 제작했을지라도 그 작품이 관객에게 어떤 기독교적 감흥을 주지 못한다면 작가가 제도 안에서 활동하면서 신념으로 전시한다고 할지라도 그것은 토론할 여지도 없이 기독교 작품 범주에 들지 않을 것이다.

초기 기독교 박해 시대에 기독교를 상징하는 여러 기호가 등장하기 시작했는데 이들 기호에 의미층이 두터워지면서 상징을 부여한 도상이 되기도 했다. 기독교를 상징하는 물고기 형태나 마리아를 상징하는 백합, 영혼불멸을 상징하는 공작새 등과 같은 다양한 이미지에 기독교적인 의미를 부여하고 제작해 이것을 기호 혹은 상징화해 예배와 교육을 위한 매체나 장식이나 표지로 사용해왔다. 가톨릭이나 개신교에 관계없이 현대 교회는 전통적으로 내려오고 있는 이러한 상징적 도상을 큰 교리적 검열 없이 다양한 용도로 사용하고 있다.

그러나 도상학자들에 의해 이미 밝혀진 이미지 외에 현대에 와서 새롭게 창작해 사용하는 상징 도상은 없다. 이러한 도상을 원형으로 한 다양한 형태로 디자인해 사용하고 있을 뿐이다. 새로운 기독교 도상을 창조한다는 것에는 여러 가지 어려움이 뒤따른다. 우선 누군가에 의해 새롭게 창작된 도상에 의미를 부여하고 그것을 통해 상징적인 공감대를 창출해 권위를 부여할 것인지는 쉽지 않다. 많은 교회와 신자가 새롭게 창출된 도상을 일정 기간 연속적인 사용하면서 시간이 지남에 따라 기독교 안에서 자연스럽게 공감대를 형성해야 그것은 가까스로 유사한 도상으로 자리하게 된다. 이것도 일정 기간 사용이 단절되면 이러한 도상은 사멸되기 쉽다. 최근 해방신학과 민중신학에 힘입어 정치적으로 불안정한 국가에서 체 게바라 이미지와 유사한 혁명가 청년 예수 이미지가 창작되어 교회운동권에서 사용하고 있다.

도상도 시대의 산물인 만큼 오늘날에도 창조될 수 있으며 이러한 창출을 통해 기독교의 선교 진흥은 물론 기독교에 대한 다양한 시각적 표현으로 신앙과 영성, 교육을 보다 심도 있게 할 수 있으며 기독교인의 미적 안목도 고양시킬 수 있는 것이다. 천문학적인 금액의 거대한 교회 건물을 축조할지라도 값싼 미술품(키치)이 그 공간에 자리하게 된다면 그 예배는 싸구려 예배가 되기 십상이다.

3. 문자 이미지와 시각 이미지

이미지는 소통되는 언어 중 하나이며, 시각 이미지는 문자언어의 한계를 극복하거나 상상력과 감성을 문자보다 한층 더 환기시킬 수 있는 매체일 수 있다. 말씀중심이란 문자언어만을 의미하지 않는다. 시각 이미지가 우상이라고 한다면 문자도 우상일 수 있다. 무한한 하나님을 한정적인 언어에 가두거나 무한함을 문자매체만으로 표현할 수는 없는 것이다. 찬양과 경배를 위해 문자와 음악을 활용하면서도 시각 이미지에 인색한 기독교는 처음부터 문맹이 많았던 시대에 읽고 듣는 것보다 본다는 것에 더 민감했다고 할 수 있다.

1521~1522년 카를스타트는 비텐베르크를 중심으로 성 화상을 파괴했다. 그는 교회 안에 성상을 비치하는 것은 십계명의 제1계명을 위배하는 것이며 제단에 새겨진 우상도 유해하고 사악한 것이기 때문에 이것의 파괴는 선하며 합당하고 찬양받을 일이라고 했다. 루터의 육화교리는 영성이란 물질과 분리할 수 없으며 은총의 수단으로서 시각예술은 복음을 실어 나르는 도구였다. 즉, 그림과 말씀을 상호 보완함으로써

더 효과적으로 복음을 선포하고자 했다. 종교개혁 시기 이미지에 대한 담론은 신학적이기보다는 중세 말엽에 극심했던 성인 숭배와 유골 숭배, 성 화상 숭배를 비롯한 성지순례까지 미신적이며 기복적으로 왜곡시킨 가톨릭교회에 대한 비판과 믿음을 바로 세우고자 했던 저항이었다고 할 수 있다. 이미지에 관한 종교개혁자들의 말씀중심 신학은 오늘날까지 개신교회가 시각 이미지에 관해 신학적으로 불편한 전통을 갖고 있는 것으로 이어지고 있다.

4. 기독교와 현대 미술

감각적인 것을 그다지 바람직하게 여기지 않았던 기독교의 사상적 전통에서 볼 때 시각 이미지(예술)는 종교를 세속화하고 본질을 왜곡시키는 것이며 우상 숭배와 기복주의로 흐르게 한 주범으로 간주되었다. 무한한 하나님에게 어떻게 명사를 붙일 수 있는지에 대한 보편논쟁은 아름다움(예술)과 성스러움(종교)을 분리시켰다. 예술이란 매체로는 하나님의 인성밖에는 표현할 수 없다는 것이다.

현대에 이르러 종교화 제작만을 고집하는 특별한 작가들을 제외하면, 고갱, 고흐, 루오, 피카소 등의 종교적인 주제를 담은 작품에서도 볼 수 있듯이 세속적인 화가와 종교적인 화가의 구분은 사라졌다. 말레비치 같은 러시아 아이콘 전통을 기반으로 작품 활동을 하는 작가도 있지만 현대 미술에서는 기독교 도상적인 영향은 약화되었지만 기독교를 내용으로 한 종교화는 꾸준히 제작되고 있다.

현대 미술은 세기 말과 초 전쟁의 혼란 속에서 다다이즘을 태동시켰고, 고갱이나 피카소 같은 작가는 서구 문명의 영향을 가장 적게 받아 원시적이라고 일컫는 원시미술에서 자신의 작품을 착안하기도 했으며,

민중미술작가는 한 국가나 사회의 정치경제적 상황을 그림으로 고발했다. 백남준은 현대의 기술문명을 최대한 활용하는 작품을 제작했다.

기독교 신학에서는 신의 죽음과 세속화 신학, 해방신학, 민중신학, 최근에는 포스트모던 신학, 탈식민주의 신학까지 경험하고 있다. 이 많은 경험에도 불구하고 아직도 기독교 신학은 이미지에 관해 신학적인 정리를 하지 못하고 있는데, 십계명이 사멸하지 않고 문자주의에 매어 있는 교단일수록 시각 이미지에 관해 아주 쉽게 정리하고 부동한 입장을 취하고 있는 듯하다. 그러나 교회 안에 십자가를 비롯한 기타 도상과 상징물을 설치하지 않을 뿐 정작 이런 교단일수록 교회 안에 스크린을 설치하고 자신의 전도와 선교를 위한 목적으로 시각 이미지를 취사선택해 활용하고 있다. 기독교에서의 시각 이미지에 관한 담론은 반복적인 진행만 있을 뿐 영원히 정리될 수 없는 주제가 되고 말았다.

5. 키치화된 종교 미술을 벗어나려면

특별한 경우가 아니면 교회는 사실화보다는 덜 형태적인 추상화를 거의 요구하지 않는다. 색유리조차 형태가 분명하기를 원한다. 가장 흔하게 공급되어 많은 교회와 신자의 집에 한 점씩 있는 '겟세마네에서 기도하시는 예수님' 그림이 대표적이다. 이것을 주제로 한 그림은 헤아릴 수 없이 많지만 대부분 사실주의적 표현이며 그 배경과 예수 이미지, 작품의 색감이나 질감이 키치(kitsch)를 벗어나지 않는다. 종교화를 통해 영적인 감흥을 받기보다는 그 안에 그려진 내용을 더 중시한다.

특히 한국 개신교회와 신자가 이런 종류의 그림을 선호하는 듯하다. 미술에 관한 지식이 부족해서 미술은 난해한 것이라는 편견이 강하고 또 어려우니 이해하려는 노력을 하지 않으며, 미술관은 이와 관련된 작가와 평론가, 수집가와 투기하는 사람들이 다니는 특별한 장소로 오해한다. 여기에는 국내의 입시 위주의 초·중·고 교과와 교육방법에 문제가 있다. 교육수준이 높아졌을지라도 이 영향이 종교미술을 감상하는 것까지 미치려면 더 많은 시간이 필요할 것이다.

그 대표적인 것이 교회 달력 그림이다. 해마다 발행되는 다양한 달력 그림의 질이 향상되고는 있지만 여전히 키치 수준이다. 종교 자체가 키치는 아니지만 전례를 포함해 기복적이며 미신적인 종교행위는 자칫 키치로 전락할 위험이 있다. 여기에 키치적인 종교 미술은 이러한 종교행위를 더 키치화한다.

한국 가톨릭의 경우 우리 정서에 잘 맞지 않는 스페인이나 이탈리아 등지에서 직수입해온 성모 마리아 상 같은 키치 성물이 오늘 한국 교회와 신자의 집 안을 장식하고 있다. 성물의 미적 가치 여부를 넘어서서 교회 제단이나 구내에 안치된 성물과 사제로부터 축성 받은 성물은 거의 미신에 가까우리만큼 신자에게 힘 있는 이미지로 작용한다.

교회 안에 한층 고양된 좋은 성물과 종교화를 안치하기 위해서는 신자들에 성실한 지적 설득이 필요하며 이미지에 대한 교회법에 가까운 고정관념의 수정이 필요하다. 교회 미술을 포함한 기독교 미술의 향상을 위해서 교회가 먼저 질적인 향상을 해야 한다. 이를 위해 교회에 가장 영향력이 있는 성직자와 교회임직(위원, 장로 집사)의 종교 이미지에 대한 바른 이해와 미적 안목을 고취시킬 수 있는 방안이 필요하다.

교회가 자기증식을 위한 부흥회보다 이러한 교양 프로그램을 운영하는 것도 한 방안이다. 기업이 작가를 후원하는 메세나 운동같이 교회 기관이 기독교 작가를 후원할 수도 있으며, 소장가나 작가가 교회에 작품을 기증할 때는 이 작품이 교회에 적절한지에 대한 검열은 물론 기증받은 작품이 교회에서 더 이상 불필요할 경우 교회에서 철거할 수 있다는 조건도 이행되어야 한다. 한편 민중미술이 판화 같은 매체를 활용해 작

품을 대중화하고 누구나 작품을 제작할 수 있는 운동을 펼쳤듯이 교회
도 종교화를 대중화하고 신자가 체험하고 느낀 것을 쉽게 표현할 수 있
는 운동을 펼쳐나가면 좋을 것이다.

하나님의 멋진 삶의 이야기를 읽으며 사는 길[*]

김학철
연세대학교, 신약학

1. 출구 없는 현대와 성경

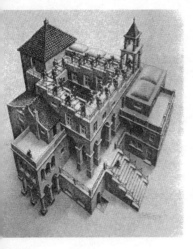

그림 1

한 시대를 알려면 그 시대의 예술가와 그의 작품을 보는 길이 가장 빠르다. 예술가의 캔버스는 학자의 책상보다 훨씬 더 날렵하고 흥미로우며 자극적이다. 오늘날 우리가 처한 상황 역시 학자의 번쇄한 글보다 말 없는 그림 한 점에 더욱 명확히 반영되기 쉽다.

'그림 1'은 시대의 자화상 가운데 하나인 에셔[1]의 석판화<오르락내리락(Ascending-Descending)>(1960)이다. 이 석판화를 보는 관람자는 제목에 따라 으레 번듯하게 지어진 집에서 계단을 오르고 있는 사람들과 반대로 계단을 내려오는 사람들에 주목

---

* 김학철, <렘브란트, 성서를 그리다> (서울: 대한기독교서회, 2010), 30-45쪽에 수록.
1 모리츠 코르넬리스 에셔(Maurits Cornelis Escher, 1898~1972)는 네덜란드의 화가로 수학적 원리를 이용해 지적인 작업을 많이 했다.

하게 된다. 그들은 지금 두 패로 나뉘어 한쪽은 올라가고 다른 쪽은 내려온다. 그들의 '오르락내리락'을 좀 더 자세히 살펴보자. 그 '오르락내리락'이 무한 반복되고 있음을 알게 된다. 출구가 없다! 오르든지 내리든지 그것을 택할 권리만 사람들에게 있다. 그러나 선택은 거기까지다. 번듯한 집 맨 꼭대기에서 그들은 무한히 돌 뿐이다. 그런데 재미있는 것은 그렇게 오르고 내리는 이들이 질서정연하다 못해 마치 기계와 같이 느껴진다. 개성은 사라지고 마치 태엽을 감은 로봇처럼 그들은 주어진 자신의 '선택' 안에서 무한히 돌고 돌 뿐이다.

'출구가 없는' 이 저택의 모습이 완전히 낯선 것은 아니다. 우리는 제2차 세계대전 중 초연된 사르트르의 연극 <출구는 없다>[2]를 알고 있다. 그 연극은 거대한 호텔의 한 방에서 일어난 일, 곧 문이 하나 있을 뿐 창문도 거울도 없는 방에서 서로가 서로를 고문하도록 되어 있는 '지옥'을 연출한다. 단지 차이가 있다면 에셔가 그린 이들이 감정마저 제거당한 양 체제에 순응한다면, 사르트르 연극의 등장인물은 아직 격정 같은 감정을 내보인다는 점이다. 1944년과 1960년, 채 20년도 안 되는 기간 동안 서구 사회가 앞으로 직면해야 할 모습이 에셔의 그림에서 미리 예언되었다.[3]

예술가의 작품에는 한 시대의 자화상이 들어 있는 동시에 그 시대의 소망이 들어 있다. '그림 2'는 에셔의 <낮과 밤(Day and Night)>(1938)이다. 이 작품에는 두 종류의 새가 있다. 하나는 낮의 하늘에서 밤의 하늘로

---

2 사르트르(Jean-Paul Sartre) 연극 <출구는 없다>의 프랑스어 제목은 'Huis Clos'이며, 그 의미는 '카메라 안에서' 혹은 '닫힌 문들 뒤에'이다. 영어 제목도 'In Camera,' 'No Way Out,' 'Dead End' 등 다양하게 붙여졌다. 이 연극은 제2차 세계대전 중 파리가 해방되기 바로 전인 1944년에 처음 공연되었다.

3 이러한 감정적 제거는 이후 두 가지 반대되는 미술 흐름에서 나타난다. 하나는 감정을 제거한 추상표현주의이고, 다른 하나는 감정을 평면화하거나 비우려 한 앤디 워홀의 팝아트이다. 앤디 워홀은 사람들이 모두 기계가 되기를 바란다고 말했다.

날아가는 흰색의 새 떼이고, 다른 하나는 밤의 하늘에서 낮의 하늘로 날아가는 검은색의 새 무리이다. 서로 얽혀 있다. 이것도 순환을 말하는 것일까? 그럴 수 있다. 아마도 '그림 1'이 오르기도 내리기도 별반 차이 없음을 말했듯 '그림 2'도 낮과 밤의 구분이 모호함

그림 2

을 나타낼지도 모른다. 그러나 나는 이 그림을 볼 때 땅 역시 보아야 한다고 생각한다. 새들은 어디서 생겨나는가? 그 새들은 반듯하게 구획된 땅에서 점점 형체를 얻더니 마침내 하늘 속에서 새의 꼴을 완전히 갖추게 된다. 매우 중요한 상징적 표현이다. 에셔가 즐겨 그리는 무한반복이나 양극적 존재의 서로 섞임 주제와 별도로 이곳에서는 '벗어남', '탈출', '비상'이 암시되어 있다. '대지' 곧 '땅'은 잡아당기는 것이다. 땅은 중력을 뜻한다. 땅은 무엇이든 놓아주지 않는다. 그런데 땅, 그것도 구획된 땅에서 한 무리의 새들이 탄생한다. 대지의 중력으로부터 비상!

에셔의 그림에서 속박으로부터 벗어나 날아보려는 의지와 소망이 가장 직접적으로 표현된 작품 중 하나는 '그림 3' <해방(Liberation)>(1955)이다. 두루마리는 무엇일까? 돌돌 말려 펴지지 않는 억압적 전통을 상징할까? 아니면 폐쇄된 이데올로기에 대한 은유일 수도 있다. 혹은 하늘을 나는 새들을 낳는 두루마리 문서일 수도 있다. 이 마지막 선택안을 성경에 대입해보면 어떨까? 성경은 대지로부터 벗어나 하늘을 나는 해방된 존재를 낳는 두루마리라고 말이다. 그곳으로부터 나오는 존재는 처음에는 규격화된 형태를 띠다가 성경으로부터 저 멀리 비상하는, 성경으로부터 탈출하는 게 아니라 성경으로부터 태어난 존재의 자유로운

비행, 그러한 의미로 에셔의 <해방>을 읽어도 그 해석이 '틀린' 것은 아닐 것이다.

2. 성경의 세 차원: 역사, 신학, 문학

에셔의 <해방>을 통해 성경에서 태어나 비상하는 존재를 상상해보았지만 그토록 오래된 성경이 지금 지식정보사회에도 읽을 만한 가치가 있을까? 구술문화에서 문자문화로, 다시 문자문화에서 디지털영상문화로 인류의 미학적 감성마저 변하는 이때 그토록 오래된 이야기가 인류에게 어떤 의미가 있는가? 인류의 고전이자 기독교의 정경인 성경의 세 차원을 지적하고, 이를 은유로 나타냄으로써 이에 대답할 수 있다.

먼저 성경은 역사적 차원을 갖는다. 이를 '거울'과 '사색의 그림 3
길'이라는 은유로 표현할 수 있다. 곧 성경은 거울이고 또한 사색의 길이다. 거울로서 성경은 성경의 저자와 그가 속한 공동체, 그리고 그 시대의 문화와 사회상을 반영한다. 거울로서 성경은 인류의 자화상을 보여준다. 이를 통해 인류는 자신의 모습을 성찰하고, 추한 모습을 수정하고, 가능성을 발견하며 격려를 받는다('그림 4' 참조). 이러한 성경의 차원을 찾아 발굴하는 것은 '사색의 길'을 걷는 것이다('그림 5' 참조). 성찰과 반성, 긍정과 부정을 오고가면서 성경의 독자는 성경의 세계에서 유익을 얻는다.

성경은 또한 종교적·신학적 차원을 갖는다. 이를 '창(窓)'과 '초월로 이어지는 길'로 은유할 수 있다. 성경은 창으로 이 세상 너머의 세상을 보여준다. 한마디로 새로운 삶의 가능성을 모색하는 것을 넘어서 새 삶의

그림 4. 마그리트(René Magritte), <재현되지 않는다 (La Reproduction Interdit)>, 1937. 이 그림의 거울은 좋은 거울이 아니다. 이 거울을 통해 사람은 자신이 보고픈 것을 보지 못한다. 그러나 성경은 좋은 거울이다. 그 거울은 보는 이를 비춘다.

그림 5. 성경을 읽는다는 것은 성찰과 사색의 길을 걷는 것이다. 이 길을 따라 걷는 이들은 반성과 새로운 삶의 가능성을 타진한다.

실재를 보여준다. 성경은 이 세상과는 다른 세상, 우리 '눈에 보이는 것이 나타난 것으로만 된 것이 아님'을 확연히 보여준다. 이는 초월로 이어지는 길이다('그림 7' 참조). 초월로 이어지는 길을 걷는 이들은 용기와 확신과 소망, 그리고 나아가 사랑의 삶을 살게 된다. 성경을 읽는 이들은 성경의 '신학적 혹은 종교적 차원'을 발견하고 이에 감격한다. 초월을 통한 감격만이 인간을 인간답게 만드는 조건이 된다('그림 6'을 참조).

마지막으로 성경은 문학적·미학적 차원을 갖는다. 이를 두고 성경은 '스테인드글라스'이자 '아름다운 길'이라고 표현할 수 있다. 성경은 하나님 편에서는 하나님이 인간을 찾은 이야기이고, 인간 편에서는 인간이 하나님을 찾는 이야기이다. 이를 공정하게 말하면 성경은 하나님과 인간이 만나고 헤어진 이야기를 다뤘다. 사람 사이의 만남과 헤어짐을 두고서도 그토록 많은 예술이 탄생했는데, 하물며 하나님과 사람 사이의

그림 6. 마그리트, <인간의 조건(The Human Condition)>, 1933. 인간은 창밖의 세상을 창을 통해 볼 수 있어야 인간됨의 조건을 충족할 수 있다. 나아가 인간됨은 창밖 세상을 창 안의 세상에 들여 놓는 것이다. 그림의 캔버스에는 창밖의 풍경이 그대로 묘사되어 있다.(왼쪽) 그림 7. 어둑어둑하지만 길을 걷다보면 어느새 저 하늘의 엄청난 별의 무리에 가 닿을 듯하다. 성경을 읽는다는 것은 인간이 어두운 길을 걷다가 그 길이 저 하늘의 별들 세상으로 이어짐을 발견하는 것이다. 초월로 인도하는 길을 걷는 것이 바로 성경을 읽는 것이다.(오른쪽)

이야기에 그러한 예술이 없을 리 없다. 하나님과 사람이 서로를 찾고 또 헤어지는 희비극의 장강(長江) 변(邊)에는 아름다움이 처처에 숨어 있다. 성경을 읽는다는 것은 스테인드글라스 앞에 선 것이다. 밖으로부터 들어오는 은총의 빛은 인간이 만든 색유리를 통과한다. 빛과 색유리가 만든 아름다움 앞에서 사람들은 잠시 넋을 잃는다('그림 8' 참조). 아름다움에 취한다. 잠시 자신을 잃고, 몰입하며 삶의 즐거움에 행복해 한다. 성경을 읽는다는 것은 성경의 이야기를 즐긴다는 것과 다르지 않다. 성경을 즐긴다는 것은 성경에 대한 불경한 태도가 아니라 오래 전부터 성경을 대하는 모든 '경건한' 이들의 근본적 자세였다. 성경을 읽는 그 길은 아름다운 정원의 한 작은 길을 걷는 것과 다를 바 없다('그림 9' 참조).

성경의 역사적, 종교·신학적, 문학·미학적 차원을 발견한 이들, 곧 성

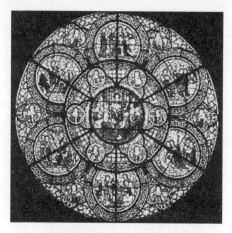
그림 8. 영국 링컨 대성당의 스테인드글라스

그림 9. 모네, <정원의 길(Gartenweg)>, 1902.

경의 거울·사색의 길, 창· 초월의 길, 스테인드글라스·아름다움의 길을
발견한 이들은 여전히 그 멋진 삶의 이야기에 참여하고 싶어 한다. 이것
은 우리가 고백하는 바이기도 하다.

3. 성경, 멋진 삶의 이야기를 읽는 법: 손으로 읽는 성경

　성경의 세 차원이 쉽게 드러날 리 없다. 어느 한 순간 마법처럼 성경
의 처음과 끝이 꿰뚫어지지 않는다. 갱에 내려간 광부가 그가 얻고자 하
는 것을 위해 온갖 오물을 뒤집어쓰듯 고단한 과정이 없으면 성경의 뜻
이 현현할 리 없다. 그리고 그와 같이 고투 가운데 성경을 대하는 태도
가 바로 프로테스탄트의 태도였다.

그림 10. 렘브란트, <마태와 천사>, 1661

그림 11. 카라바조, <마태와 천사>, 1602. ▶

1) 마태와 천사[4]

렘브란트는 17세기 네덜란드에서 프로테스탄트의 분위기 아래 활동하던 화가였다. 그의 그림에는 정교하게 프로테스탄트의 이념이 드러나 있다. '마태와 천사'에 관한 렘브란트와 카라바조의 그림을 비교해보면 그 차이는 이내 드러난다.

서양 회화 전통에서 마태는 '천사'를 동반한다. 렘브란트의 작품과 그보다 선배이자 렘브란트가 의식적으로 경쟁하고자 했던 카라바조의 작품을 비교해보자. 렘브란트의 그림을 볼 때 무엇보다 중요한 것은 그가 빛을 처리하는 방식이다. 그는 빛과 어둠을 극적으로 대비하는 미술 기법, 이른바 키아로스쿠로(chiaroscuro)를 효과적으로 사용한 화가였다. 키

---

4 94~105쪽은 김학철, 『렘브란트, 성서를 그리다』(서울: 대한기독교서회, 2010), 30~45쪽에 해당하는 내용이다.

아로스쿠로는 빛과 어둠의 강한 명암 대비를 가리키는데 화면의 특정 부분은 밝고 선명하게 나머지 부분은 짙은 그림자 안에 처리하는 기법이다. 이를 통해 화가는 자신이 강조하고픈 바를 도드라지게 나타내면서 동시에 그림을 보는 사람에게 극적인 정서를 유발하도록 한다.

이를 근거로 우리는 렘브란트가 그림에서 마태의 머리와 이마, 그가 무엇인가를 쓰고 있는 책을 강조하고자 했음을 알 수 있다. 더불어 관객은 그림 중앙에 자리 잡은 마태의 턱수염과 그 속으로 살며시 넣은 왼손에 자연스레 눈길이 닿게 된다. 마태의 빛난 이마, 그가 쓰고 있는 글, 그 사이에 턱수염과 그것을 만지는 손가락, 이 세 요소는 마태가 지금 숙고하며 글을 쓰고 있음을 강조한다. 반면 성서를 기록하는 데서 천사의 역할은 대폭 줄어들었다. 렘브란트는 천사의 작게 벌린 입과 코, 마태를 접촉하는 오른손에만 빛의 한 조각을 던질 뿐이다. 렘브란트의 마태는 한 뼘의 빛을 받고 있는, 아니 더 정확하게 말해서 몸의 대부분이 그림자 속에 숨어 있는 천사를 전혀 의식하지 못한다. 마태의 눈은 깊은 사색에 잠겨 앞을 응시한다. 렘브란트의 마태는 천사의 소리를 듣고 글을 적는다기보다 자신의 지적 고투를 글로 옮기고 있다. 물론 마태가 의식하지 못하더라도 천사는 분명 존재하며 그는 마태에게 하나님의 말씀을 계시한다. 렘브란트의 <마태와 천사>는 바로크 시대의 위대한 화가이자 렘브란트가 의식적으로 경쟁하던 선배 화가 카라바조의 그림과 대조해볼 때 그 특징이 더욱 선명하게 드러난다.

카라바조는 <마태와 천사>에서 천사를 '위'에, 마태를 '아래'에 둔다. 이런 수직적 인물 배치는 렘브란트의 수평적, 더 정확하게 말하면 마태 뒤에 숨어 있는 듯한 마태와 천사의 관계와는 사뭇 다르다. 카라바조의 천사는 마태에게 손을 대지도 않고 속삭이지도 않는다. 천사는 '위'에서 '아래' 있는 마태에게 무엇을 써야 할지 알려준다. 아마도 이 그림에서 마태가 천사에게 할 수 있는 유일한 말은 "조금 천천히 말해주시오" 말고는 없을 듯하다. 카라바조의 마태는 생각하거나 골똘할 필요가 없다. 그는 발을 의자에 얹고 듣는 말을 지체 없이 받아쓰기만 하면 된다.

반면 렘브란트의 마태는 은밀한 계시를 받고 골몰히 자신이 써야 할 것을 숙고한다. 곧 그는 요란하지 않은 계시와 자신의 지적 노력 사이에 있다. 반면 카라바조의 마태는 천상의 계시에 직접 노출되어 있다. 렘브란트가 이해한 성서의 영감은 바로 이런 것이었다. 렘브란트는 하나님의 계시라 할지라도 그것이 인간의 지성과 무관하지 않다고 판단했다. 렘브란트의 마태와 카라바조의 마태 사이에 우리의 경험과 더 친숙한 쪽은 아무래도 렘브란트 쪽이다. 물론 다급하게 하나님의 말씀을 듣고 싶을 때 우리는 카라바조의 마태처럼 되고 싶지만, 대다수의 사람은 렘브란트의 마태와 유사한 상황에 놓여 있다.

나아가 렘브란트는 카라바조의 마태 머리 위에 있던 사도의 후광(aura) 마저 제거한다. 종교적 후광이 사라진 마태의 머리에는 이마를 드러나게 하는 일종의 끈, 곧 숙고와 명상의 상징만이 남아 있을 뿐이다. 이는 없는 듯 있는 신적 영역을 모를 듯 아는 여느 인간과 다를 바 없는 사도 마태를 표현한 것이다. 이로써 렘브란트는 사도 마태와 신적 후광이 없는 일반인의 접촉점을 만들어냈다.

2) 손으로 읽는 성서

독자는 계시와 숙고 사이에서 탄생한 성서를 어떻게 대해야 할까? 성서를 기록하는 마태가 그의 지성을 한껏 사용해야 했듯 성서를 대하는 사람이라면 누구나 지적 고투의 과정을 거치지 않으면 안 된다. 지적 태도로 성서를 대한다는 것은 무엇을 의미하는가? 그것은 한마디로 성서를 '읽는' 것이다. 더 정확하게 말하면, 렘브란트는 성서란 '손을 대고' 곧 그것을 이해하며 읽을 책이라고 생각했다. 이런 생각이 명확히 드러난

그림 12. 렘브란트, <예언자 안나>, 1631.

그림이 바로 <예언자 안나>이다(그림 12).

누가복음서 2장 36~38절은 예수를 기다리던 여성 예언자 안나를 소개한다. 안나는 일찍 과부가 되었지만 84살이 되도록 예루살렘의 구원자를 기다리며 밤낮으로 금식과 기도로 하나님을 섬겨왔던 예언자였다. 마침내 그는 성전에서 예수를 만나 그가 이스라엘이 기다리던 메시아임을 공개적으로 선포했다. 전통적으로 서양 회화는 안나를 마리아와 요셉, 그리고 아기 예수와 함께 그렸다. 흔히 안나는 손을 들어 예수를 가리키며 그를 그리스도로 선포하거나, 그가 예언자였기 때문에 정교회 도상학에서는 종종 두루마리와 함께 나타난다. 따라서 렘브란트가 성서를 읽고 있는 예언자 안나를 그린 것은 정교회 전통의 도상에서 완전히 벗어난 것은 아니다.

그러나 렘브란트는 특유의 빛 처리와 예언자 안나의 특정 부분을 매우 섬세하게 그려서 그림에 담긴 자신의 의도를 강조했다. 빛은 안나의 뒤로부터 와서 그가 머리에 두른 천을 금색과 갈색으로 빛나게 한다. 렘브란트의 안나는 빛이 자신의 뒤로부터 와서 자신의 머리 부분을 비치고 있음을 깨닫지 못한다. 마치 렘브란트의 마태가 천사의 존재를 깨닫지 못하듯이 말이다. 이 빛은 성서의 뜻을 밝혀주는 진리의 빛처럼 보인다. 그러나 그 빛은 자신을 적극적으로 드러내지 않은 채 비친다. 그리고 그 빛이 가 닿은 곳, 곧 안나의 손은 렘브란트의 믿기지 않을 만큼 정교한 붓질로 관객의 눈길을 사로잡는다. 히브리 글자 밑에 놓인 안나의 손, 곧 주름진 피부와 혈관이 뚜렷이 보이는 손은 마치 눈 대신 성서를 읽는 듯하다. 렘브란트는 안나가 손으로 성서를 읽는 장면을 그려내는 것이다.

<예언자 안나>는 렘브란트가 자신의 어머니를 모델로 그린 그림으

로 알려져 있다. 몇몇은 그의 천재성을 이미 알아본 상태였지만, 그는 아직 무명이었고 경제적으로 모델을 쓸 여유는 없었을 것이다. 그러한 이유와 더불어 렘브란트는 가톨릭 신자였던 어머니를 프로테스탄트적 예언자 안나로 '거듭나게' 하고 싶었는지도 모른다. 자신을 낳아준 어머니를 그림 속에서 태어나게 하면서 렘브란트는 어떤 감상을 가졌을까?

그림 13. 도우, <예언자 안나>

렘브란트의 안나가 보여주는 특징을 더욱 잘 이해하려면 렘브란트의 첫 제자이자 이후 렘브란트보다 비싼 값에 그림을 팔기도 했던 도우(Gerrit Dou)의 <예언자 안나>와 비교할 필요가 있다. 도우 역시 렘브란트의 어머니를 모델로 했다(그림 13). 도우는 렘브란트의 제자였지만 이후 렘브란트의 화풍에서 다소 멀어지기도 했다. 여하튼 도우의 그림에서 안나 역시 성서를 갖고 있다. 나는 일부러 '읽고 있다'라는 표현을 사용하지 않았다. 도우의 그림을 보라. 도우의 안나는 성서를 읽고 있는 것일까? 렘브란트가 그린 안나의 특징을 살피기 위해서 그의 손을 보았듯이 도우가 그린 안나의 손을 보자. 다우가 그린 안나의 손은 성서를 읽고 이해하는 손이 아니라 기도하는 손이다. 기도하는 손에 들린 성서는 읽고 이해하는 성서가 아니라 낭송되는 성서이다. 낭송하기 위해 기도하듯 모은 손은 성서의 뜻을 해명하는 데 관심이 있지 않다. 성서 본문을 낭송함은 이해와는 다른 차원에 속한 종교적 행위이다.

렘브란트에게 성서는 자신도 모르는 사이 계시의 빛을 받아 손을 대고 읽고 이해해야 할 대상이었다. 더 나아가 렘브란트는 성서의 뜻이 해석의 경쟁, 곧 토론과 논증을 통해 밝혀진다고 생각했다. 이를 단적으로 보여주는 특징적인 그림이 바로 <논쟁하는 두 노인(베드로와 바울)>(그림 14)이다.

그림 14. 렘브란트, <논쟁하는
두 노인(베드로와 바울)>, 1628.

이 그림의 첫 번째 소유자(Jacques de Gheyn)는 그림의 두 주인공을 베드로와 바울이라고 부르지 않고 그저 두 노인이라고 했다. 베드로나 바울의 도상인 열쇠 혹은 검이 없기에 두 노인이 베드로와 바울이라고 완전히 단정할 수 없으나 몇 가지 특징은 두 노인이 대표적인 두 사도임을 알려준다. 등을 보이고 있는 노인, 곧 다소 작고 단단해 보이는 몸, 머리 중앙에 적은 숱, 비교적 짧고 각진 수염의 주인공은 베드로이다. 반면 그림에서 바울은 긴 수염, 넓고 빛나는 이마, 빛나고 동그랗지만 다소 파인 눈을 가지고 베드로를 바라본다. 이러한 특징은 비슷한 시기 렘브란트가 그린 베드로와 바울에 공통된다. 그런데 이 둘은 지금 무엇을 하고 있을까? 두 사람의 만남을 다룬 이 그림의 배경으로 선택할 수 있는 이야기는 갈라디아서 1장 18절과 2장 11~14절이다.

바울은 예수 추종자를 박해하다가 급작스럽게 변화해 예수를 위한 이방인의 사도라는 자의식을 갖게 되었다. 엄격한 바리새파 출신인 그는 부활한 예수를 만나고 자신이 그때껏 쌓아왔던 지식과 사고방식을 근본에서부터 재점검해야 했다. 바울은 자신의 이전 유대인 동료와 상의하지 않고 아라비아로 갔다가 다마스쿠스로 되돌아왔다. 바울이 삶의 전환 후 아라비아로 간 것에 대해 통상적인 해석은 그가 그곳에서 사색과 묵상의 시간을 보냈다는 것이었다. 그러나 바울이 간 '아라비아'는 다마스쿠스 동남쪽에 있는 나바태아 왕국을 가리키고, 그곳에서 바울은 선교를 행했던 것으로 보인다. 자신이 변화된 지 얼마 지나지 않아 선교에 임했다고 말하는 바울의 의도는 자신의 복음과 사도직이 하나님으로부터 왔음을 강조하기 위함이었다.

그로부터 3년 후 드디어 바울은 예루살렘으로 올라가 게바 곧 베드로를 만난다. 그 기간은 길지도 짧지도 않은 15일 정도였다. 그때 무슨 말을 했을까? 이에 대해 한 유명한 신약학자는 이렇게 말했다. "아마, 그 둘이 만나서 날씨 얘기를 하지는 않았을 것이다." 그러한 추정의 근거는 분명하다. 갈라디아서 1장 18절에서 바울은 자신이 게바를 '만나려고 (i`storh/sai, 히스토레사이)' 했다는데, 바울이 사용한 단어는 '자세히 질문하다', '질문을 통해 조사하다', '질문이나 조사를 통해 알아내다 혹은 배우다', '방문해서 지식을 얻다' 등을 뜻한다. 이 만남에서 바울은 주로 묻고 베드로는 대답했을 것이다. 그렇다면 우리가 살피는 <논쟁하는 두 노인>의 배경 본문으로는 다소 어긋나는 면이 있다. 그림에서 무엇인가를 말하는 사람, 그리고 보다 주목을 끄는 사람은 베드로가 아니라 바울이기 때문이다. 그렇다면 2장 11~14절을 그림의 배경으로 놓고 이해를 시도해볼 수 있다.

바울과 베드로의 만남을 다룬 본문은 이방교회의 대표자격인 안디옥 교회에서 발생한 일이었다. 따라서 그것은 '안디옥 사건'이라 부르는데, 바울은 그곳에서 베드로를 심하게 비판했다. 이방 신자들과 거리낌 없이 식탁 교제를 나누던 베드로가 야고보로부터 사람들이 온다는 소식을 듣고 이방인과의 식탁 교제를 그만두게 된다. 바울은 베드로의 이런 행동이 복음의 진리에 따라 살지 않고 두려움과 위선에서 비롯된 것이라고 격렬하게 베드로를 비판했다. 이에 대한 베드로의 응답이 무엇인지는 알려져 있지 않다. 그러나 베드로의 응답이 없었을 리도 없고, 이 사건에서 바울이 일방적인 승리를 거두었다고 추정하기도 어렵다. 바울과 베드로 사이에 벌어진 일을 두고 안디옥의 유대인 크리스천은 베드로를 따라 행동했고, 안디옥 교회의 대표적 인물인 바나바 역시 베드로의 행동에 동참했다(1:13). 지지자의 확보를 기준으로 갈등의 승패가 갈린다고 가정하면 이 사건의 승자는 베드로였다.

바울이 예수의 대표적 제자인 베드로를 향해 격한 말을 쏟아내는 이 이야기가 우리가 보는 그림의 배경으로 적당하다고 할 수 있다. 그림에서 바울은 눈을 크게 뜨고 베드로의 얼굴을 본다. 그의 입은 말하고 있고 표정은 베드로가 잘못을 시인하기를 바라는 듯하다. 그런데 흥미로운 것은 바울이 자신의 권위나 체험으로 말하기보다는 책, 곧 성서를 권위의 근거로 채택하는 데 있다. 바울은 오른손 검지로 자신의 주장의 근거가 성서에 있음을 베드로에게 알리려 한다. 렘브란트가 그린 베드로는 이 장면에서 바울보다 수세적 자세를 취하고 있다. 예수를 만나지 않았다면, 예수의 사도로 부름을 받지 않았더라면 감히 어부 베드로가 바리새파 중에서도 뛰어났다는 바울에게 맞서지 못했을 것이다. 그러나 사도 베드로는 바울의 날카로운 힐난이 끝나기를 기다리고 있다. 베드로는 바울의 말에 순순히 고개를 숙일 것으로 보이지 않는데, 베드로의 오른 손가락이 이를 나타낸다. 베드로는 바울이 가리키는 성서 사이에 손가락을 끼워 자신의 행동 역시 성서에 근거해 있다고 반박할 태세이다. 베드로는 왼손으로 성서의 왼쪽 면 위쪽을 단단히 붙잡고 있는데, 이는 베드로 자신도 '성서를 꼭 쥐고' 있음을 강조하는 자세이다.

물론 베드로와 바울 당시 이런 코덱스 형태의 책이 있었을 가능성은 없지만 렘브란트가 이 그림을 통해 암시하는 바는 분명하다. 바울이나 베드로 모두 성서에 근거해 있으며 그들은 성서의 뜻을 두고 논쟁했다. 이 논쟁을 통해 그들은 어느 것이 옳은 행동이었는지를 분별하고 변증하려 한다. 성서에 실린 13편 편지의 저자인 바울과 2편의 저자인 베드로, 하나님의 계시를 받아 사도가 된 바울과 하늘 아버지를 통해 예수가 그리스도임을 알게 되고 이를 고백해 교회의 반석이 된 베드로, 특별한 계시와 영감과 체험을 한 대표적 두 사도라도 성서의 뜻을 알기 위해서는, 그 의미를 선명하게 하기 위해서는 토론하고 논증하고 변증해야 한다! 성서의 뜻은 이런 과정을 통해 드러난다.

그림 15, 렘브란트, <메노나이트 설교자 앙슬로와 그의 부인 초상화>, 1641.

3) 성서로 인도하는 손

렘브란트는 <마태와 천사>, <예언자 안나>, <논쟁하는 두 노인(베드로와 바울)>에서 성서에 관한 그의 이념을 빛의 처리와 등장인물의 '손'을 통해 표현했다. 턱수염을 만지는 마태의 손, 성서 본문을 짚고 읽는 예언자 안나의 손, 권위의 성서를 가리키는 바울의 손과 성서 속에 손가락을 끼워 넣은 베드로의 손 등은 렘브란트의 성서관을 드러낸다. 렘브란트가 성서와 관련해서 그린 손 하나를 더 소개하고자 한다. 바로 성공한 상인이자 메노나이트 교회의 평신도 설교자가 주인공인 <메노나이트 설교자 앙슬로와 그의 부인 초상화>이다(그림 15).

메노나이트는 급진적인 종교개혁 분파 중 하나였다. 그들은 유아 세례를 부정하고 회심한 성인의 세례를 주장했다. 또한 메노나이트는 가톨릭과 같은 위계적 성직 질서에 반대했다. 유아 세례라는 출생과 관련된 제의와 성직제도를 부정한 그들이 가톨릭이나 그와 경쟁하던 공식적인 칼뱅주의적 개혁교회에서 환영받았을 리 없었다. 그러나 이 그림에 나타난 메노나이트 설교자 앙슬로는 네덜란드에서 주도적이었던 두 교파의 모든 성직자가 따라야 할 모범으로 등장한다.

네덜란드의 시인 폰델(Joost van den Vondel)은 앙슬로를 그리려던 렘브란트에게 다음과 같은 4행시를 썼다.

> 오 렘브란트, 코르넬리스[앙슬로]의 목소리를 그리시오.
> 우리 눈에 보이는 것은 그의 가장 작은 파편뿐,
> 오직 들을 때에야 그의 보이지 않는 부분을 알 수 있다오.
> ….

렘브란트는 시인의 충고를 따르지 않았다. 분명 그림의 앙슬로는 입을 열어 자신의 부인에게 무언가를 설명한다. 그러나 렘브란트가 그 특유의 빛으로 강조한 대상은 앙슬로의 입이 아니라 왼편에 놓인 성서와 앙슬로의 왼손, 그리고 앙슬로 부인이다. 전체적으로 어두운 배경이지만 왼편에 놓인 성서는 밖으로부터 빛을 받아 빛난다. 성서에 비친 빛은 성서 뒤편에 성서보다 높게 위치한 초와 대비된다. 초는 꺼져 있다. 촛불이 아니라 빛이 성서를 비친다. 이제 그림 가운데 튀어나온, 그러나 성서보다 아래 놓여 있고 성서를 보는 부인의 시선을 방해하지 않는 앙슬로의 왼손을 보자. 이 손은 성서로 자신의 부인을 안내한다. 렘브란트는 앙슬로가 그의 왼편으로 고개를 돌려 부인의 얼굴을 바라보게 함으로써 부인을 안내하는 앙슬로 손의 방향을, 그리고 그 손의 방향에 담긴 뜻을 감상자가 어렵지 않게 파악하도록 돕는다. 귀로는 남편의 애기를 듣지만, 그보다는 앙슬로 손의 인도에 따라 성서를 응시하는 부인의 얼굴과 모은 손이 빛을 받는다. 부인은 성서를 비추는 그 빛을 함께 받으며 그곳에 몰입해 있다.

렘브란트는 시인의 조언과는 달리 앙슬로의 목소리를 그리지 않고 성서로 안내하는 그의 겸손한 손을 그렸다. 감상자가 주목할 대상은 촛불 없이 빛을 받는 성서와 그에 심취한 앙슬로 부인이다. 렘브란트는 단지 한 인간 앙슬로와 그 부인의 초상화를 그리지 않았다. 그는 설교자 앙슬로와 설교를 듣는 앙슬로 부인이 누구인지를 그렸다. 설교자는 누구인가? 설교자는 청중을 성서로 안내하는 중개자이다. 그의 손은, 아니 설교자 자신은 성서 아래에 있어 청중이 성서에 다가가는 것을 방해해서는 안 된다. 성서는 하늘로부터 오는 빛을 받기 때문이다. 그렇다면 청중은 누구인가? 귀는 설교자의 말에 열려 있지만, 그것은 단지 참고 사항일 뿐이다. 청중은 직접 성서를 보고 거기에 몰입하는 사람이다. 그때 그는 성서를 비춘 그 빛을 받는다. 물론 렘브란트의 이전 그림을 참조했을 때 이 설교자의 말과 청중의 몰입에 지적 노력이 함께 있음은 당연하다. 이로써 렘브란트는 성서와 설교자, 그리고 청중의 이상적 관계를 그려냈다.

4. 하나님의 멋진 삶의 이야기를 읽으며 산다는 것

우리는 하나님의 말씀인 성경이 오늘날에도 여전히 유효하며, 그 유효성을 설명하기 위해 성경을 거울·사색의 길, 창·초월의 길, 스테인드글라스·아름다움의 길로 은유했다. 이후 성경의 말씀이 드러나는 하나의 길이 '손으로 읽는 것'임을 말했다. 나는 이 모든 과정을 설명하기 위해 미술이라는 예술을 사용했다. 이것은 숨겨진 메시지이다. 성경의 뜻이 온전히 드러나려면 진과 선의 추구와 함께 미가 항상 동반되어야 한다. '미'는 상상력으로 추동되는 경우가 많다. 성경의 풍성한 읽기와 올바른 의미에서 성공적 신앙 모두 신학적·신앙적 상상력을 기반으로 한다. 얼마나 다채롭고 풍부한 상상력을 발휘하느냐가 성경 읽기와 신앙의 현장 모두에 절실한 때이다. 예수의 제자들은 하나님의 멋진 삶의 이야기를 읽고 들으며 그것을 다른 이들에게 과감히 전달하는 하나님 나라의 이야기꾼으로 부름을 받았다. 그것은 진지하고 결연한 의지로 걸어가야 할 길이지만 동시에 흥겹고 멋진 춤사위가 함께해야 할 길이기도 하다.

제2부

과학과 종교

21세기 과학과 기독교 신앙

김용준
고려대학교 명예교수

1.

2004년 6월 22일, 가나무역회사 직원 김선일 씨가 '알 타후히드 알 지하드(유일신과 성전)'라는 이라크 무장단체에 의해 참수된 채 인근 도로에 버려져 있었다는 보도에 나는 약 20년 전의 장면이 머리에 떠올랐다. 철학자 하이데거의 수제자로 널리 알려져 있는 페겔러(Otto Pöggeler) 교수의 환영 리셉션 자리에서 "나는 여러 종교가 평화스럽게 공존하고 있는 이 나라를 살펴보고자 왔습니다. 초대해주신 여러분께 진심으로 감사드립니다"라는 그의 답사는 나에게는 충격적이었다. 그러나 김선일 씨의 참수된 시체 유기 사실은 페겔러 교수의 말을 다시 연상시키는 충격적인 사건이 아닐 수 없었다. "이라크에서 기독교를 전파하려는 이교도를 우리는 죽였다"라는 것이 그들의 홈페이지에 실린 글의 제목이다.

2.

"하나님을 믿는다는 사실은 단순히 하나의 환상일 뿐만 아니라 하나의 해악이다"라는 구절로 시작되는 도킨스의 『만들어진 신』[1]에 대한

21세기 과학과 기독교 신앙 | *109*

서평이 2006년 10월 22일자 ≪뉴욕 타임스≫ 서평지의 첫 면을 「믿음을 넘어서(Beyond Belief)」라는 초대문자의 제목으로 장식했다. 그리고 2007년 4월 8일자 ≪뉴욕 타임스≫ 서평지 베스트셀러란 비소설 분야 13위에 도킨스의 이 책이 올랐고 27주간 계속 베스트셀러란에 있었다. ≪뉴욕 타임스≫와 그 주말잡지의 고정 필자인 홀트(Jim Holt)는 "현재 옥스퍼드 대학교에서 '자연과학의 대중이해를 위한 차알스 시모니(Charles Simonyi Professor of the Public understanding of Science)'의 석좌교수인 리처드 도킨스가 자신의 전공인 진화생물학에 관한 내용을 이 책에서 다루고 있다면 그것은 너무나 당연한 말이 되겠지만, 가장 최신작이라고 할 수 있는 이 저서에서 그는 자연과학을 말하고 있는 것이 아니라 전혀 새로운 의식을 고취시키고 있다.…도킨스가 불러일으키고자 하는 메시지의 요점은 무신론자가 된다는 것은 참으로 용감하고 신나는 일이라는 것이다. 하나님을 믿는다는 것은 하나의 환상에 넘치는 것이 아니라 도리어 하나의 해악이 된다고 그는 외치고 있다"라는 글을 썼다.

'과학과 종교 사이'를 논한다는 것은 2007년에는 도킨스를 논하는 일이 되고 말았다. 만약에 하나에서 일곱까지 차등을 매겨 1은 하나님이 절대로 존재하신다고 표시하고 7은 하나님은 결코 존재하지 않는다는 척도의 표시라고 한다면 자기는 6이라는 위치에 속할 것이라고 자리매김하고 있는 도킨스는 절대로 하나님은 존재하지 않는다고 단언하기는 주저스럽지만 하나님의 존재란 거의 가망 없는 일이라고 단언하고 있다.

'도킨스' 하면 많은 사람이 그의 첫 저서 『이기적 유전자(The Selfish Gene)』(1976)[2]와 연관해 그 이름을 기억하고 있다. 『이기적 유전자』의 출

---

1 리처드 도킨스, 『만들어진 신』, 이한음 옮김, 김영사, 2007(Richard Dawkins, *The God Delusion*, Houton Mifflin Co, 2006).
2 리처드 도킨스, 『이기적 유전자』, 홍영남 옮김, 을유문화사, 2006.

간 30년을 기념해『리처드 도킨스: 우리의 사고를 바꾼 과학자』라는 책이 출판되었는데 이 책을 편집한 그래편과 리들리는「머리말」에서 도킨스를 다음과 같이 소개하고 있다.

1976년 옥스퍼드 대학교의 한 젊은 생물학자가『이기적 유전자』라는 책을 펴냈다. 저자인 리처드 도킨스조차 놀라고, 이따금 경계심을 가질 정도로 그 책은 세간의 화제가 되었고, 널리 논의되고 한편으로 오해를 불러일으키면서 대단한 영향력을 미치게 되었다.『이기적 유전자』는 이제 학자와 일반 독자 모두에게 진화 개념을 설명하는 고전으로 자리를 잡았다.

도킨스는『이기적 유전자』의 명성에 힘입어 해석 솜씨뿐만 아니라 문학적 능력의 폭과 깊이를 보여주는 베스트셀러를 잇달아 내놓았다.『확장된 표현형』(동료 생물학자들을 주요 독자로 삼은 책),『눈먼 시계공』,『에덴의 강』,『불가능한 산 오르기』,『풀리는 무지개』,『조상 이야기』가 그렇다. 그리고 그가 쓴 짧은 글들을 모은『악마의 사도』도 출간되었다. 도킨스는 과학과 합리주의를 주제로 한 대중 논쟁에 점점 더 참여하면서 언론 매체에서 자주 만나는 친숙한 인물이 되었고 무신론을 설파하는 대변인이 되었다. 학계 과학자 중에서 과학 이외의 현안에 대해 그만큼 열정적으로 참여한 인물이 있다면, 영국의 J. B. S. 할데인과 더 앞선 시대의 인물인 T. H. 헉슬리 그리고 아마도 미국의 아인슈타인을 꼽을 수 있을 것이다 1995년 찰스 시모니 박사는 옥스퍼드 대학교의 대중과학 이해 석좌교수직을 도킨스에게 물려주었다. 그 덕분에 도킨스는 마음껏 저술에 몰두할 수 있게 되었다.[3]

---

3 앨런 그래편, 마크 리들리 엮음,『리처드 도킨스: 우리의 사고를 바꾼 과학자』, 이한음 옮김, 을유문화사, 2007, 8-9쪽

그리고 이 책의 초판 개정판 그리고 30주년 기념판을 꾸준히 번역한 서울대학교 생물학과 홍영남 교수는 도킨스의『이기적 유전자』를 다음과 같이 소개하고 있다.

『이기적 유전자』가 1976년 출판되면서 지식사회에 끼친 영향은 마치 1859년 다윈이『종의 기원』을 출판했을 때와 흡사하다. 다른 점이 있다면 1976년에 다시 등장한 다윈은『종의 기원』을 쓴 50세의 다윈이 아니라 35세에『이기적 유전자』를 들고 나타난 도킨스였다. 또 한 가지 다른 점은 다윈의『종의 기원』은 6판을 거듭하면서 계속 내용을 수정했기 때문에 초판과 상당히 다르다. 그러나『이기적 유전자』는 30주년을 맞는 지금까지 책의 내용을 조금도 수정하지 않았다. 이처럼 도킨스는 놀라울 정도의 완벽성을 보여준다.

도킨스는 이 책에서 인간을 포함한 동물행동에 대한 난해했던 문제들을 간결하고 적절한 생물학적 비유로 풀어갔으며, 사람의 마음을 휘어잡는 뛰어난 문장력은 당대 최고의 고전으로 자리매김하기에 충분하다. 이제 '이기적 유전자론'은 정설이 되었으며, 30년이 지난 지금까지도 신선한 바람을 불러일으키고 있다. 이 책에서 그는 자연계에서 인간의 지위와 생명관을 재조명하도록 인도하고 있다.4

≪스켑틱(Sceptic)≫의 발행인이며 ≪사이언티픽 아메리칸(Scientific American)≫의 객원 편집자인 셔머(Michael Shermer)는 2001년 8월 '인류 3000'이라는 모임에서 만난 도킨스을 다음과 같이 묘사하고 있다.

의지가 강한 자기 중심주의자라는 평판과 달리, 사실 그는 다소 숫

---

4 도킨스,『이기적 유전자』, 5쪽.

기 없고 과묵한 편이며, 남의 말에 귀를 잘 기울이며, 자신이 하고자 하는 말을 곰곰이 생각했다가 논설위원이 되고자 하는 사람이라면 모범으로 삼아도 될 만큼 경제적으로 단어를 절약하여 말을 한다.[5]

3.

도킨스는 『이기적 유전자』 개정판(1989년) 서문에서 다음과 같이 말하고 있다.

내가 과학과 과학의 대중화를 명확히 구분하는 것을 좋아하지 않는 이유도 이 때문이다. 전문 문헌에만 나타나 있는 관념들을 누구나 알기 쉽게 설명하는 것은 매우 어려운 기술이다. 여기에는 통찰력 있는 언어 구사와 적절한 은유를 찾아내는 것이 필요하다. 참신한 언어와 은유를 끝까지 파고든다면 새로운 시각을 갖게 되고 앞서 주장한 것처럼 새로운 시각이야말로 과학 분야에 독창적인 공헌을 할 수 있다. 아인슈타인 자신은 별 볼일 없는 대중화 논자라고 생각했을지 몰라도 결과적으로는 매우 훌륭한 대중화를 달성했다. 때대로 그의 생생한 은유들이 단지 우리에게 도움을 주는 것 이상의 역할을 하지 않았을까라고 생각하는 이유도 여기에 있다. 이 은유들은 그의 뛰어난 창조성과 천재성에 그 원동력을 제공하지 않았을까?[6]

이 같은 도킨스의 글을 보면서 나는 브로노프스키(Jacob Bronowski)의

---

5 그래편, 리들리 엮음, 『리처드 도킨스: 우리의 사고를 바꾼 과학자』, 311쪽.
6 도킨스, 『이기적 유전자』, 23쪽.

주장을 떠올렸다. 브로노프스키는『인간을 묻는다』[7] 제3장에서 모든 생물은 같은 종 사이에 서로 교통할 수 있는 수단, 즉 언어를 가지고 있으며, 사람이라는 생물 종은 이와 같은 언어 이외에 또 하나의 언어를 가지고 있는데, 그것은 사고(思考)를 위한 언어이며 사고를 위한 언어가 바로 과학이라고 말했다. 나는 이와 같은 브로노프스키의 주장을 수많은 과학에 대한 정의 중에서 과학을 가장 적절하게 해석한 정의라고 생각하고 있다.

여하튼 도킨스는『만들어진 신』제5장「종교의 뿌리」에서 진화론적 차원에서 서술된 최근의 수많은 과학과 종교에 관한 저서를 섭렵하면서 '어떤 것의 부산물로서의 종교'를 논한다. 그 '어떤 것'을 자신이『이기적 유전자』에서 처음으로 제안한 '밈(meme)'에 귀착시킨다. 즉, '종교의 밈 이론(memetic theory of religion)'을 최종적으로 결론으로 내세우고 있다.

도킨스가 의도하는 결론은 종교가 문화적 부산물이라는 데 있는 것으로 해석된다. 흔히 도덕성이 종교의 뿌리라는 주장에 대해서도 도킨스는 일침을 놓는다. 6장에서 그는 2006년에 출간된 마크 하우저의『도덕적 마음』[8]을 집중적으로 논하면서, 수백만 년에 걸쳐서 진화되어온 우리 의식 안의 '보편적 도덕률(universal moral grammar)'에 귀를 기울이지 않는다. 여러 가지 사례들을 들어 그는 선과 악의 판단을 내리는 데 신의 존재가 반드시 필요한 것은 아니라는 주장에 손을 든다.

---

7 제이콥 브로노프스키,『인간을 묻는다』, 김용준 옮김, 개마고원, 2007. 특히 145~155쪽 참조(Jacob Bronowski, *The Identity of Man*, Revised edition, American Museum Science Books, 1971).

8 Marc D. Hauser, *Moral Minds: How nature designed our universal sense of right and wrong*, Haper, Colins, 2006.

4.

2005년에 출판된 『종교의 미래』9에서 미국 스탠퍼드 대학 석좌교수이며 네오프래그머티즘 철학의 주창자로 널리 알려진 리처드 로티는 「반교권주의와 무신론(Anticlericalism and Atheism)」이라는 논문을 다음과 같은 글로 마무리하고 있다.

어떻든 나와 바티모(Gianni Vattimo) 사이에는 큰 차이가 있는 사실을 부인하기는 어렵다. 그는 가톨릭 신도로 성장해왔지만 나는 종교와는 전혀 관계없는 환경에서 자라왔다. 그러나 이것은 놀랄 만한 일이 아니다. 만약에 어떤 사람이 종교적 열망이란 인간문화 형성 이전에 인간의 본성에 선천적으로 부여되어 있는 것이라고 생각하고 있다면 그 사람은 보편타당성 앞에서 완전히 종교가 좌지우지되는 것을 보고만 있을 수는 없을 것이다. 그러나 만약에 진리 또는 신에 대한 문제의식이 인간의 모든 생체조직 안에 이미 하드웨어로 선천적으로 자리 잡고 있다는 생각을 포기하고 진리라던가 신에 관한 문제의식은 인간문화 형성과정에서 처리될 수 있는 것이라는 생각을 포용한다면 종교에 대한 자유로운 접근은 매우 자연스럽고 적절한 일이라고 너그럽게 받아들일 수 있게 될 것이다. 바티모 같은 사람들이 나같이 종교에 대해 무관심한 사람들을 한낱 비천한 상징 정도로 과소평가하는 생각을 멈추고, 나 같은 사람들이 종교에 대한 철저한 느낌을 가지고 있는 사람들은 그저 무식한 고집통이에 불과하다는 생각을 접고 다 같이 고리도 전서 13장 사랑의 노래를 부른다면 무엇이 잘못됐다고 말할 수

9 Richard Rorty, Gianni Vattimo, *The Future of Religion*, edited by Santiago Zabala, Columbia Univ. Press, 2005.

없지 않을까?

내가 바티모와 다른 점은 바티모는 과거의 사건들이 거룩한 것으로 생각하는데 반해서 나는 거룩은 이상적인 미래에 비로소 깃들 수 있다고 보는 것이다. 바티모는 현재 우리가 전적으로 의지하고 있는 결정적인 사건으로서 우리의 주(主)가 되시는 자리에서 우리의 친구가 되시는 자리로 섭리하시는 하나님의 결단을 생각하고 있고 그의 거룩한 느낌은 그 거룩이 구체적으로 체현되고 있는 사람과 사건의 회상과 결부되어 있다면 나의 거룩에 대한 의미는 수천 년이 걸리더라도 먼 훗날에 우리들의 수많은 후손들이 사랑만이 오로지 법으로써 역동하는 전 지구적인 문명사회에 살게 될 것이라는 바람과 결부되어 있는 것이다. 우리는 의사소통은 그 어떤 계급이나 신분의 차등을 완전히 넘어선 어떠한 지배도 있을 수 없는 그 시대의 교양인과 충분한 교육을 받은 유권자들의 자유의지가 충분히 반영된 완전 합의체로 구성된 이상적 사회를 꿈꾸게 된다. 나는 이러한 사회가 과연 어떻게 도래할 것인지 현재로서는 그 어떤 아이디어도 가지고 있지 않지만 어찌보면 그것은 하나의 신비일지도 모른다. 이 신비야말로 고린도 전서 13장에 나타난 사랑의 성육 신화일지도 모른다. 그곳에서는 베터(better)가 베스트(best)를 넘어서는 이상향일 수밖에 없고 그곳에서는 유신론자도 무신론자도 있을 수 없는 이상향일 것이다.

이 글은 로티의 글을 내 나름대로 재구성한 의역 문장이지만 로티가 꿈꾸는 네오프라그마티즘이 지배하는 종교의 미래상이라고 보아서 대과는 없을 것 같다.

2007년에 출판된 『철학논문집』 제4권10에 수록되어 있는 「문화정치

---

10 Ricard Rorty, *Philosophy as Cultural Politics, Philosophical Papers*, Vol.4, Cambridge

학과 신 존재의 문제(Cultural Politics and the question of the existence of God)」
라는 논문에서 로티는 대체로 다음과 같은 요지의 주장을 피력하고 있다.

우선 우리가 살고 있는 오늘이라는 이 시대는 신이 있느냐 없느냐라
는 문제를 논하거나 사람에게 영혼 불멸성 따위의 문제를 따지는 일이
필요한 것이 아니라 사람의 행복을 위해서 우리가 사는 이 세상이 보다
나은 세상이 되는 길이 무엇이냐라는 문제가 더 중요하다는 것이다. 그
래서 로티는 윌리엄 제임스의 종교관을 논한다. 제임스는 대표적 저작
『종교적 경험의 다양성』[11]에서 "종교는 그것이 무엇이든지 간에 삶에
대한 총체적 반응"이라고 밝히고 있다. 사람이 살아가는 방식이 바로
종교라는 뜻으로 해석된다. 진리(truth)든 실체(reality)든 간에 모든 것이
삶의 현장, 즉 사회적 실제(social practice)를 위해 존재한다는 것이다. 안
식일은 사람을 위해서 있는 것이지 사람이 안식일을 위해 있는 것은 아
니라는 말이다.

로티는 자기가 생각하고 있는 제임스의 프래그머티즘을 단적으로 잘
변론하고 있는 사람이 브랜덤(Robert Brandom)이라고 지목한다. 그는 존
스튜어트 밀에서 제임스로 이어지는 공리주의적 색채보다는 칸트에서
헤겔로 이어지는 비공리주의적 색채가 짙은, 말하자면 현대의 네오헤
겔리언으로 간주되는 철학자이다. 그러나 그의 주장이 세계(world)라든
가 진리 같은 그 어떤 객체보다는 자기가 속해 있는 공동체의 멤버에 대
한 책임에 더 강조점이 주어져 있기 때문에 브랜덤이 제임스와 같은 계
열에 참여할 수도 있게 된다는 것이다.

로티는 브랜덤의 사상은 초기 논문[12]에 그 요점이 잘 나타나 있다고

Univ. Press, 2007.

11 윌리엄 제임스, 『종교적 경험의 다양성』, 김재영 옮김, 한길사, 1999(William
James, *The Varieties of Religions Experience: A Study in Human Nature*, Being the
Gifford Lectures on Natural Religion Delivered at Edinburgh in 1901-1902.

말한다. '손에 잡히는 존재(Zuhanden Sein)'를 '현존(Vorhanden Sein)'보다 우위에 둔 유사 프래그머티스트의 시도를 높이 사서 인식적 전거가 객관적 사실에 있는 것이 아니라 사회적 실제에 있다는 사실을 부각시키고 있다고 말한다. 이 같은 문제는 브랜덤의 2002년 저서13에서도 상세히 논의되고 있다. 브랜덤은 그의 스승이기도 한 셀라스(Wilfred Sellars)와 더불어 "모든 앎은 언어의 일이다(all awareness is a linguistic affair)"라는 말에 동의한다. 즉, 사람은 언어를 사용하는 동물이라는 것이다. 따라서 같은 언어를 사용하는 공동체가 허락하는 권위가 매우 중요하다는 것을 전제로 한다. 환언하면 내가 무슨 말을 하더라도 내가 속해 있는 공동체가 허락할 때 비로소 나의 말은 효력을 발생하게 된다는 뜻이다.

그래서 로티는 다음과 같이 말하고 있다. 아무리 하나님에 대해서 이야기하더라도 그 하나님 이야기가 내가 속한 공동체에서 받아들여질 때에만 비로소 효능이 발휘된다. 빈 무덤이나 들추면서 바로 하나님은 성육화하여 그리스도가 되셨다고 호들갑을 떠는 예수님의 제자들보다는 사도 바울의 각 지역에 따라 그 공동체에 적합하게 보낸 서신의 메시지가 훨씬 더 효력이 있다. 아무리 내 자신의 경험에다 근거를 둔 경험주의도 내가 속해 있는 공동체에서 받아들여지지 않으면 그것은 아무 효과도 발휘되지 않는다. 이것이 로티가 말하는 '사회적 실제'의 내용이다.

브랜덤의 언어는 언뜻 보기에 생소한 것이 사실이다. 브랜덤은 1994년 『명시적으로 만들기』14라는 700페이지가 넘는 대작을 발표함으로써

---

12 Robert Brandom, "Heidegger's Categories in Being and Time," *The Monist*, 66, 1983, pp.389-390.

13 Rogert Brandom, *Tales of Mighty Dead: Historical Essays in the Metaphysics of Intentionality*, Harvard Univ. Press, 2002.

14 Robert Brandom, *Making It Explicit: Reasoning, Representing, and Discursive Commitment*, Harvard Univ. Press, 1994.

일약 주목을 받게 된 철학자이다. 로티는 브랜덤이 이 책에서 말하는 'Canonical Designator'라는 말을 원용한다. 문자대로 번역하면 '표준적 지시체'가 되는데 원래는 수학에서 유래된 용어로 이해된다. 어떻든 로티는 브랜덤의 '표준적 지시체' 개념을 원용하면서 하나님 이야기를 종래의 우리 삶 자체와 떨어져 저 하늘에 계신 하나님이 아니라 내 삶 속에서 작동하는 '표준적 지시체'로서, 문화신학자 틸리히가 제안한 '궁극적 관심(Ultimate Concern)'[15]이라든가 『존재에의 용기』[16] 같은 저서를 해석하고 있는 점은 매우 흥미롭다.

5.

다음은 슬라보이 지젝이 쓴 『죽은 신을 위하여: 기독교 비판 및 유물론과 신학의 문제』[17]의 머리말 「신학이라는 꼭두각시」 중 한 구절이다.

바울 서신(書信)의 독자는 사도 바울이 실존 인물로서의 예수(그리스도가 되기 전의 예수, 부활절 이전의 예수, 복음서의 예수)에 대해서 얼마나 철저하게 그리고 얼마나 무섭게 무관심한지를 금방 알 수 있다. 사도 바울은 예수의 구체적 행위, 설교, 우화 등을 거의 완벽하게 무시한다(헤겔은 후일 이러한 구체적인 것들을 동화 내러티브 내지 개념이 되지

15 D. Mackenzie Brown, *Ultimate Concern: Tillich in Dialogue*, Harper&Row, Publishers, 1965.
16 폴 틸리히, 『存在에의 勇氣』, 현영학 옮김, 전망사, 1978(Paul Tillich, *The Courage to Be*, Yale Univ. Press, 1952).
17 슬라보이 지젝, 『죽은 신을 위하여: 기독교 비판 및 유물론과 신학의 문제』, 김정하 옮김, 도서출판 길, 2007.

못한 재현[Vorstellung]에 포함된 신비적 요소라 칭했다). 사도 바울의 글에서는 해석학에 대한 관심이 전혀 보이지 않는다. 예수가 말한 구체적인 우화나 예수가 했던 구체적인 행위의 '깊은 의미'를 사도 바울은 한 번도 파헤치지 않았다. 그에게 중요한 것은 역사적 인물로서의 예수가 아니라 예수가 십자가에 못 박혀 죽었고 죽은 자들 가운데 다시 살아났다는 사실뿐이다. 예수의 죽음과 부활을 확인한 후 바울은 그야말로 레닌주의적인 과업, 즉 기독교 공동체라는 신당(新黨)을 조직하는 과업을 떠맡는다. 바울은 레닌주의자가 아닌가? 레닌 같은 위대한 '제도 설립자'였고 그로 인해 '원조' 마르크스주의-기독교 열성분자들로부터 마치 레닌처럼 욕을 먹지 않았는가?

다음은 알랭 바디우이 쓴 『사도바울: '제국'에 맞서는 보편주의 원리를 찾아서』18 제4장 「담론들의 이론」의 한 부분이다.

바울에게 아들이라는 심급의 출현은 본질적으로 '그리스도교 담론'이 절대적으로 새로운 것이라는 확신과 결부되어 있다. 신이 우리에게 당신의 아들을 보냈다는 도식은 기본적으로는 역사 속에서의 개입을 의미하는데, 그러한 개입에 의해 역사는 더 이상 시대의 법칙들에 따른 초월적 예정에 의해 지배되기보다는 니체의 말대로 '두 동강 난다.' 아들을 보내는 것(탄생)이 이러한 단절에 이름을 부여하고 있다. 기준이 되는 것은 아들이지 아버지가 아니라는 것은 우리에게 더 이상 지배 형태를 주장하는 어떤 담론도 믿지 말 것을 명하고 있다.

---

18 알랭 바디우, 『사도 바울: 제국에 맞서는 보편주의 윤리를 찾아서』, 현성환 옮김, 새물결, 2008(Alain Badiou, *Saint Paul: La fondation de l'universalisme*, Paris, PUF, 1997).

담론이 아들의 담론이어야 한다는 것은 유대인 그리스도인(예언적 지배)도, 그리스 그리스도인(철학적 지배)도, 또 심지어 이 둘의 종합도 되지 말아야 한다는 것을 의미한다. 담론들을 굴절시켜 하나로 종합하는 것에 반대하는 것은 바울의 끊임없는 관심사였다. 로고스를 하나의 원리로 삼음으로써 그리스도교를 그리스적 로고스의 공간에 기입하여 종합하면서 그것을 반유대주의가 되도록 정돈한 것은 바로 요한이다. 그것은 바울의 방식과는 전혀 다르다. 바울에게서 그리스도교 담론은 유대의 예언과 그리스의 로고스에 대한 동일한 거리를 유지하면서 제3의 형상을 그림으로써만 아들에 대한 충실함을 유지할 수 있다.

이상에서 우리는 기독교가 우리가 살고 있는 오늘이라는 시점에서 어떻게 해석되어 오늘을 사는 우리에게 어떠한 메시지를 보내고 있는지를 알 수 있다. 이 모든 것이 하나님의 섭리라고 말한다면 지금까지 언급한 모든 저자에게 거역하는 말이 될 것인가? 나는 도리어 지금까지의 글에서 기독교의 위대성을 다시 한 번 확인하게 되었다.

창조와 진화 사이에서

진화론적 유신론과 케노시스의 하나님

신재식
호남신학대학교, 조직신학

1. 들어가는 말: 기독교 신앙과 진화의 만남

진화론은 자연을 '역동적 과정', 즉 생명체를 포함한 모든 사물이 변화 상태에 있다고 이해한다. 이러한 자연에 대한 새로운 이해는 당시 사람들이 지니고 있었던 뉴턴적인 기계적 세계관과는 아주 다른 세계관을 형성하는 출발점이 되었다. 오늘날 다윈의 진화론은 생물학을 넘어서 자연과학의 여러 분야에 영향을 끼치고, 더 나아가서 정치와 철학, 종교와 경제 등 서구 문화 전반에 깊은 영향을 주었다.

진화론은 그 출발부터 기독교와 아주 밀접한 관계에 있었으며, 기독교와의 지속적인 상호작용 속에서 전개되었다. 다른 한편으로 기독교는 진화론을 배태한 서구 문화의 모반(matrix)이었지만, 동시에 진화론으로부터 긍정적인 의미에서건 부정적인 의미에서건 가장 심각한 충격과 도전·영향을 받으며 대응해왔다. 이 과정에서 때로는 진화론을 부정하고 배격하면서 때로는 진화론을 받아들여 자신의 주장을 갱신하면서 기독교는 다양한 모습으로 진화론에 반응했다.

역사적으로 볼 때 기독교가 진화론을 전적으로 반대했다는 통속적인 '전쟁'이나 '갈등'의 신화와는 달리, 진화론에 대한 기독교의 반응은 '긍

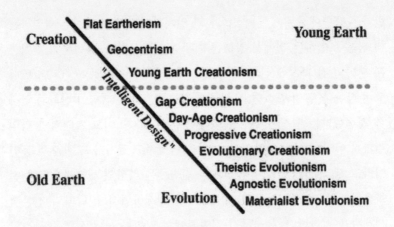

정적인 수용'부터 '부정적이 거부'까지 매우 다양한 모습을 보인다. 위의
그림에서 유물론적 진화론자들을 제외하고, 나머지는 모두 기본적으로
창조론을 전제한다.

2. 진화론적 유신론과 비환원론적 인식론

1) 유신론적 진화론: 진화와 신앙의 만남

유신론적 진화론은 신학적으로 진화론을 수용하는 입장을 지칭하는
데, 다윈이 『종의 기원』을 출판한 직후부터 기독교 안에서 나타났다. 진
화론을 신학적으로 수용하는 입장은 이외에도 '창조적 진화론', '목적론
적 진화론' 또는 '능력으로 충만한 창조'라고 불리기도 한다. 이런 다양
한 명칭과 강조점에서의 부분적인 차이에도 불구하고 그들은 유물론적
자연주의를 거부하고 방법론적 자연주의를 받아들인다는 점에서 일치
한다.

창조-진화 논쟁의 맥락에서 유신론적 진화론을 보면, 진화론의 수용

한다는 측면에서 유물론적 진화론과 일치하며 생명의 과정을 설명하는데 신을 도입하는 점에서 창조론과 관점을 공유한다. 유신론적 진화론은 진화의 전 과정에 신의 목적이나 의도가 전체적으로 관련되어 있다고 주장한다. 달리 말하면, 유신론적 진화론은 비록 생명이 진화의 역사를 경험했다는 입장이지만, 진화 과정은 무의식적이고 자연적인 힘의 결과가 아니며 신이 진화의 전 과정을 관장하고 있거나 그 배후의 동인이라고 생각한다. 이렇게 유신론적 진화론은 하나의 세계관으로서 진화론과 결합된 형이상학적 자연주의를 배제하면서, 진화와 유신론적 세계관을 결합한다. 유신론적 진화론에서 진화는 신이 생명을 창조할 때 사용하는 하나의 방법으로 이해된다.

그런데 유신론적 진화론에서 진화의 개념은 다른 신학 개념과 관련되어 사용된다. 예를 들면, 진화 개념은 신의 활동이나 전능성과 관련된 신론, 창조론 등 다른 신학적 교의나 주제와 함께 논의된다. 유신론적 진화론자의 일차적인 관심은 진화 자체가 아니라 진화를 통한 신학 개념의 재구성에 있다. 그들은 진화과학이 제공하는 세계관의 빛 아래서 '신학적 개념'이나 '종교적 의미'를 다시 생각한다.

이것은 '진화론적 유신론'이라는 큰 흐름에 위치하게 된다. 실제로 유신론적 진화론의 입장을 취하는 진화론적 유신론은, 진화가 과학적으로 논증되는 사실이라거나 진화론이 제시하는 생명의 역사나 자연의 역사가 성서의 증거와 일치하는가 같은 문제에 관심을 갖지 않는다. 그들은 진화라는 개념이 기존의 신학적 설명체계에 어떤 새로운 통찰력을 줄 수 있으며, 신과 세계와 인간에 대한 전통적인 이해를 더욱 강화시켜줄 수 있을 것인가에 초점을 맞추고 있다.

무엇보다도 진화론적 유신론은 종교와 과학을 양자택일의 문제를 보지 않는다. 그들에게 창조와 진화라는 두 개념은 기본적으로 배타적이며 모순되는 것이 아니다. 이 점은 창조-진화 논쟁이 단순히 '창조론적 유신론'과 '진화론적 자연주의' 사이의 양자택일 문제처럼 잘못 인식되고 있는 현실을 지적하는 반 틸(Cornelius Van Til)에 의해 특히 강조된다. 기존의 창조-진화 논쟁에서 문제는, 창조를 '특별창조론'과 동일시하고 진화를 '과학 개념'에 제한하지 않고 '진화론적 자연주의'라는 세계관을 포함한 것으로 이해하는 것이다. 이렇게 개념상 잘못된 이해가 창조와 진화를 양자택일의 문제로 몰고 갔다는 것이다.

진화론적 유신론은 바로 이 점에서 지적 설계론을 포함한 창조론뿐만 아니라 유물론적 진화론을 비판한다. 진화론적 유신론은 '과학'은 '방법론적 자연주의'를 적용한 것으로 가치와 무관하기 때문에 '방법론적 자연주의'와 '형이상학적 자연주의'를 구분해야만 한다고 주장한다. 그런데 기존의 논의에서 창조론은 진화 개념을 방법론적 자연주의 관점에서 이해하는 것이 아니라 형이상학적 자연주의와 동일시하고 있다는 것이다. 다른 한편으로, 유물론적 진화론 역시 생명의 현상에 대해서 진화론적 설명만이 참되며 과학이 제시하는 것이 사물에 대한 모든 설명이라고 주장하는 함으로써 이미 방법론적 자연주의에서 형이상학적 자연주의로 넘어갔다는 것이다.

진화론적 유신론이 창조론과 유물론적 진화론을 모두를 비판하는 근거는, 생명과 존재에서 발견되는 다양한 수준과 가치를 무시하고 창조와 진화 또는 종교와 과학을 동일한 차원에서 같은 수준의 설명을 제시하는 경쟁적인 것으로 파악하는 점이다. 이것은 진화론적 유신론이 환원주의에 반대하면서, 생명현상에서 발견되는 여러 계층의 구조를 포괄적으로 이해할 수 있는 인식틀을 가지고 접근하며, 다양한 수준의 설명을 전제하고 있다는 것을 의미한다. 그렇다면 이제 우리의 관심은 '진화론적 유신론이 신앙과 과학을 어떻게 상호 연결시키고 있는가로 모아진다.

2) 신학과 과학의 만남: 진화론적 유신론의 비환원주의적 인식론

진화론적 유신론이 환원주의와 환원주의적 설명방식을 비판하면서, 존재의 다양한 수준과 가치를 구분할 수 있게 하는 인식론적 틀은 무엇인가? 우리는 종교와 과학이 함께 의미 있게 존재할 수 있게 하는 '설명의 계층구조(hierarchy of explanations)'라는 개념으로 이를 해명한다. 간단한 예를 통해 설명의 계층구조가 무엇인가 알아보자.

당신이 길을 지나가는 차를 보았다고 생각하자. 당신이 "이 차가 왜 움직이고 있지?" 하고 물어본다. "자동차 바퀴가 구르고 있기 때문이다"는 설명은 하나의 수준에서 좋은 대답이다. "엔진에서 연료가 연소해서 피스톤과 구동축을 움직이기 때문이다." 이 역시 다른 수준에서 동일하게 받아들일 만한 좋은 설명이다. "철호가 운전하고 있기 때문이다"도 여전히 다른 수준에서 있을 수 있는 대답이다. 또 다른 수준에서는 "철호가 학교에 가고 있기 때문이다"고 설명할 수도 있다. 지금 언급한 모든 설명은 그 각각의 수준에서 뜻이 잘 통하며, 설명 하나하나는 서로 모순되거나 경쟁하지 않으면서 함께 있을 수 있다. 오히려 이 설명들이 함께 취급할 때 각각 대답이 제공하는 것보다도 더 풍부한 설명을 구성한다.

진화론적 유신론을 받아들이는 사람은 우주 속의 생명은 이런 설명의 계층구조에 의해서만 적절하게 이해될 수 있다고 생각한다. 살아 있는 생명체는 시스템과 여러 개의 내부 시스템으로 이루어진 많은 수준의 계층 질서를 보여준다. 어떤 단위체가 같은 수준 또는 상위나 하위 수준의 다른 단위체들과 상호작용을 하더라도 특정 수준은 비교적 통합되고 안정되어 자기 규제적인 단위체를 인지한다. 그런 수준의 계층 질서는 구조적으로 확인되며, 쿼크, 핵자, 원자, 분자, 거대분자, 세포 내 소기관, 세포, 기관, 생물체, 생태계의 계층구조가 그것이다.

이런 계층구조를 각각의 수준에서 설명하고자 하는 시도는, 우주 속에 존재하는 질서를 이해하려는 여러 학문분야의 계층적 관계구조와 조응관계를 갖는다. 우리는 피콕의 설명을 통해서 이것을 살펴볼 수 있다. 피콕은 학문분야의 계층구조를 4가지 차원으로 나눈다. 학문분야에서 차원1은 물리세계를, 차원2는 생명유기체를, 차원3은 생명유기체의 행동을, 차원4는 인류문화를 대상으로 한다. 이것은 수직적 계층관계를 나타낸 것이며, 각 차원 안에서도 그 학문의 대상영역의 규모에 따라 수평적 계층관계를 형성한다.

이런 학문의 계층구조는 복합성의 정도에 따라서 부분과 전체라는 계층적 차이를 내포하고 있다. 보다 복합적인 '전체'에 초점을 두는 상위 분야와 어느 한 부분에 초점을 두는 하위 분야가 구별되는 일종의 '부분-전체'의 계층구조를 볼 수 있다. 이때 복합성이 높은 차원을 설명하기 위해서는 그 수준에서 필요한 새로운 개념이나 용어나 이론이 필요하다. 그리고 이것은 상위 차원에서 다루는 보다 높은 복합성 전체가 아니라 일부 구성요소에만 초점을 두는 하위 차원에서 사용되는 개념이나 용어나 이론으로 환원되지 않는 경우가 있다. 또한 생명유기체의 행동(차원3)과 인류문화(차원4)에는 차원2에서 관찰되는 유전자의 현상을 설명하는 용어나 개념을 가지고는 설명할 수 없는 실제적인 현상이 있다. 생명 현상에서는 이렇게 하위 수준에서 채용하는 설명으로는 완전하게 해명할 수 없는 새로운 특성이 상위 수준에서 나타나며, 이런 현상을 '창발(emergency)'이라고 부른다.

진화론적 유신론은 설명의 계층구조를 받아들이면서, 생명에 관한 신학적 설명은 생명의 계층구조에서 과학적 설명과는 다른 수준에서 적법한 위치를 가지고 있다고 주장한다. 그렇지만 이들은 신학적 설명이 과학적 설명보다 '더 나은' 설명이며, 다양한 수준에서 제시되는 다른 과학적 설명과 '경쟁하는' 설명이라고 생각하지 않는다. 신학은 다양한 과학 분야의 진정성(integrity)을 어떤 방식으로도 방해하지 않는다고 주장하면서, 진화에 대한 궁극적인 설명을 제시하고 그것을 신의 창조성과 관련시켜 제시한다.

움직이는 자동차의 경우처럼 '철호가 학교에 가려고 한다'는 설명은 '바퀴가 구르는 것'이나 '내연기관의 폭발' 같은 다른 설명에 비해 '보다 높은' 수준의 설명이지만, 이것은 다른 수준에서 제시되는 설명과 경쟁하지도 않고 모순되지도 않는다. 신은 우주가 엄청나게 창조적인 방식으로 전개되기를 원한다는 신학적인 설명은 생명에 대한 화학적·생물학적·유전적·진화적 설명을 폐기하지 않는다.

진화론적 유신론의 이러한 태도는 비환원론적 인식론을 받아들이면서 창조-진화 논쟁에서 유물론적 진화론이 주장하는 환원주의적 인식론을 거부하는 것이다. 비환원론적 인식론은 근대 과학의 특징인 환원주의에서 벗어나 현대 과학이 제시하는 유기적 세계상을 통전적으로 이해하려는 시도와 일관성을 갖는다.

3. 진화론적 유신론의 신 이해

진화론적 유신론은 과학 개념으로서 진화와 신학 개념으로서 창조가 같은 수준의 설명이 아니며, 둘 모두 서로를 배격하지 않는 다른 수준의 설명이라고 주장함으로써 둘이 모순되지 않는다는 것을 보이려고 한다. 여기서 더 나아가 진화론적 유신론은 진화 개념 자체가 우주와 인간과 신에 대한 이해를 더 깊게 할 수 있는 계기를 제공한다고 주장한다. 달리 말하면, 진화는 기독교 핵심적인 메시지를 보다 잘 이해할 수 있도록 도움을 주어 기독교 신학을 강화시킬 뿐만 아니라 더욱 풍요롭게 할 수 있다는 것이다.

1) 자기를 비우는 신(God of Kenosis)

기독교는 예수에 대한 성찰 없이는 신이나 우주에 대해 먼저 논의하지 않는다. 진화와 기독교 신앙의 대화를 시도하는 진화론적 유신론에 근거한 신학에서 가장 중시되는 개념이 신의 '케노시스', 즉 신의 자기 비움이다. 이것은 예수의 성육신과 십자가에서 나타난 자기 비움에서 도출된다. 신의 자기 비움이라는 개념은 예수의 성육신에 뿌리내리고 있으며, 신학적 해석으로는 초대교회에서 그 전거를 가지고 온다.

신의 '자기 비움'이라는 개념은 현대 신학에서 창조와 관련해서 주로 언급되었다. 위르겐 몰트만은 창조의 문제를 다루면서 다른 존재를 위해서 신이 존재론적으로 자기를 비운다는 '침춤(zimzum)' 개념을 유대교 카발라 전통에서 가지고 온다. 종교와 과학의 대화를 집중하고 있는 폴 킹혼도 신과 자연의 관계를 다룰 때 이 개념을 사용한다. 이렇게 최근 신학에서 케노시스 개념은 빌립보서 2장에 성서적 전거를 둔 기독론의 영역을 넘어서 신 이해까지, 특히 신의 창조와 활동을 논의하는 데까지 확장되어 적용되고 있다.

호트는 자연세계를 이해하려는 신학 특히 그 진화론적 특징을 이해하려는 신학은 십자가에 달리고 부활한 그리스도 예수의 신과 관련시켜 이해해야만 한다고 주장한다. 기독교인은 '그리스도 사건'에서 신의 결정적인 자기 비움, 즉 케노시스를 분명히 인식해왔다. 동시에 기독교인은 이 자기 비움의 사건에서 신의 능력을 경험하는데, 그 능력은 세계를 새롭고 예기치 않은 미래를 향해 개방시키는 갱신하는 능력의 형태를 취한다. 그러므로 진화론적 유신론의 신 이해는 신을 '자기를 비우는 사랑(kenotic love)'이자 동시에 '미래의 힘(power of future)'으로 성찰하는 데서 출발한다. 기독교 신학이 세계와 세계의 진화에 대한 신의 관계를 생각할 때마다 그 기준이 되는 것은 바로 케노시스 신의 이미지이다.

우리는 예수의 낮아짐, 자기를 내어줌, 고통 받는 사랑에서 신의 무한한 낮아짐과 자기를 내어줌과 고통 받는 사랑을 희미하게 감지할 수 있다. 이런 속성은 신의 존재에 필수적인 것이며 결코 우연이 아니다. 그러므로 진화론적 유신론에서 전개하는 신학은 진화를 이 세 가지 빛에서 읽는다. 첫째로 진화는 신의 겸손(humility)의 표현이며, 둘째로 진화론적 창조성은 세계에 대한 신의 자기 부여(self-giving)로 이해될 수 있으며, 셋째로 진화는 신 자신의 자기 투쟁과 고통의 이야기이다. 이렇게 볼 때 세계는 훨씬 더 풍성한 의미를 가진 존재로 우리에게 다가온다.

이와 비슷하게 반 틸 역시 신의 자기 비움이라는 관점에서 세계를 볼 때 기독교가 보여주는 세계의 모습은 유물론적 주장보다도 진화가 보여주는 세계상에 더 공명한다고 주장한다. 또한 진화라는 과학 개념은 자연주의적 세계관보다 신의 자기 비움으로서 창조를 바탕으로 한 기독교적 지적 환경에서 더욱 건강해질 수 있다고 확신한다.

2) 내버려두는 신(God of Letting Be)의 사랑

진화하는 세계는 자율성을 갖고 전개하고 있으며, 그 과정에서 우연과 비인격성과 선택 등의 특징을 내보이고 있다. 진화론이 함축하는 특징인 임의성, 투쟁, 맹목적인 자연선택은 인격적이며 피조물에 관심 갖는 신과는 아무런 관련이 없는 것처럼 보인다. 이로 인해 진화는 신의 능력과 섭리와 선함 모두에 의문을 제기한다. 이런 의문은 필연적으로 '신이 물리적 세계의 자율성을 인정하고 이런 특징을 가지고 진화의 과정에 전개되도록 허용하는 이유는 무엇인가'에 대한 신학적 응답을 요청한다. 진화론적 유신론은 이 문제를 우연이나 임의성이나 맹목성 모두 신에 의해 창조된 우주의 고유한 특성이며, 이것은 신의 자기 비움이라는 사랑에 근거한 것이라고 해명한다.

우선 맹목적인 자연선택이 시사하는 비인격성과 신의 섭리라는 문제를 보자. 호트에 따르면, 진화를 고려하는 신학은 자연선택이 맹목적이며 무차별적으로 작용하며 생명의 진화과정에서 우연이 매우 중요한 역할을 한다는 것을 의심하지 않는다. 그렇지만 우연이나 맹목성은 신학에 특별히 중요한 의미를 새롭게 부여하는 것이 아니라 중력이나 다른 자연법칙과 마찬가지로 우주가 가지고 있는 속성으로 간주된다.

더 나아가서 이런 우연이나 맹목성이나 선택의 문제는 진화에서 현실적이지만 신 개념과 모순되지 않는다. 오히려 자기를 비우면서 세계를 사랑하고 세계와 긴밀하게 연결된 신은 자연에서 나타나는 미결정성과 임의성을 당연히 기대해야만 한다. 왜냐하면 사랑이 작용하는 전형적인 방식은 '강제'가 아니라 '설득'이며 '용납'이기 때문이다. 특별히 스스로 자기를 비우는 신의 사랑은 사랑 받는 대상, 즉 창조된 우주 전체에게 자신의 뜻을 강요하지 않고 그 자체로 스스로 머물러 있기를 허용한다. 신이 진정으로 세계를 돌본다면 신은 세계를 신과 다른 무엇이 되도록 해야 한다. 세계를 근본적으로 신이 만들어졌다 하더라도 세계는 일정한 정도의 '자유'나 자율성을 가져야 한다. 왜냐하면 자율성을 갖지 못한 세계는 더 이상 세계가 아니라 신의 연장(extension)일 뿐이기 때문이다. 이런 상대적인 자유를 세계에 허용하고 세계의 타자됨을 용납하는 것이 바로 신의 사랑이기 때문이다. 이것은 신이 세계에 관심을 가지지 않는다는 의미도 아니며 세계를 그대로 방치한다는 것은 더욱 아니다. 그것은 참으로 자기를 비우는 신의 사랑을 드러낸 것이다.

호트는 세계 속에서 신이 활동하는 방식을 설명하면서 『도덕경』에 나오는 무위(無爲) 개념을 신적 자기 비움과 연결시킨다. 이런 무위의 메타포는 비개입주의적으로 신의 활동을 설명하는 유용한 도구로 사용된다. 신은 무위의 방식, 즉 극단적인 자기 낮춤의 방식과 비슷한 방식으로 정보를 부여함으로써 계층적으로 구별되는 특징을 지닌 우주를 형

성할 수 있다는 것이다. 세계가 최대한의 자율성을 갖도록 내어버려두
는 신은 스스로 자기를 비우는 '무위의 신'이다.

3) 비개입주의적인(non-interventionist) 신의 활동

종교와 과학의 대화에서 신의 활동에 관해 논의할 할 때 늘 제기되는
문제 가운데 하나가 '물리적 자연법칙을 위반하지 않으면서 신의 활동
을 어떻게 설명하는가'이다. 진화론적 유신론이 신의 활동에 대해 설명
할 때도 같은 문제에 직면한다. 이것은 '신이 진화의 법칙과 영역을 포
함해서 자연의 일관성을 방해하지 않으면서, 자연과 생명현상에 개입
하는 것을 어떻게 설명해야 하느냐'의 문제이다.

최근의 논의에서 자연법칙을 위반하지 않고 신의 활동을 과학적 개
념으로 설명하는 몇 가지 방식 가운데 대표적인 것이 '불확정성의 결정
자로서 신(God as Determiner of Indeterminacies)'과 '정보 수여자로서 신(God
as Communicator of Information)' 개념이다. 전자는 양자역학의 불확정성
이론을 배경 삼아 신을 양자 수준에서 나타나는 불확정성을 결정하고
지배하는 존재로 이해한다. 후자는 하나님의 행위를 순수하게 정보의
입력으로 본다. 카오스 이론을 배경으로 혼돈 과정에 존재하는 가능성
의 한계 안에서 신에 의한 선택은 상위 수준의 조직 원리를 확정하는 새
로운 구조와 새로운 형태의 질서를 낳게 된다는 주장이다. 이 둘 모두
자연법칙을 위반하지 않으면서 신의 활동을 이해해보려는 시도이다.

진화론적 유신론에서 신을 이해하는 것도 같은 맥락에서 진행된다.
즉, 신이 생명의 창조에서 물리학이나 화학의 법칙을 위반하지 않으면
서 어떻게 개입하거나 활동할 수 있는가를 검토하는 것이다. 호트는 신
의 자기 비움이라는 개념과 관련해서 과학 자체의 영역을 위협하거나
억지로 침입하지 않으면서 신학이 살아 있는 복잡성을 신의 창조성의

자유로운 선물로 생각할 수 있다는 논지를 다음과 같이 제시한다.

물리학과 화학과 다른 분야의 관점에서 보면, 생명이 우주의 무대에 등장할 때 자연법칙을 위반하지 않는다. 그렇지만 DNA가 있는 진핵세포의 갑작스러운 등장은 가장 특별한 어떤 사건이 우주의 역사 속에서 발생한 것이다. 그러므로 진화론적 유신론은 이 사건에서 자연의 일관성을 방해하지 않으면서 생명의 등장에서 신이 어떻게 직접 개입했는지를 표현하는 방식을 발견해야만 한다. 이 경우 생각할 수 있는 한 가지 방식이 정보가 어떻게 작용하는가를 생각하는 것이다.

한 가지 유비를 예로 들어보자. 당신은 이 페이지를 읽을 때 흰 종이 위에 붙어있는 검정 잉크의 반점을 보고 있다. 만약 당신이 글을 읽지 못한다면 당신이 보는 모든 것은 이해할 수 없는 검정색 흔적뿐이다. 이 경우 당신은 여기에 나타난 정보의 내용을 놓치게 될 것이다. 만약 우리가 보다 깊은 수준에서 이해하고자 한다면 정보는 분명하게 드러난다. 그렇지만 이런 정보의 이해는 잉크가 페이지에 붙어있게 하는 화학법칙을 방해하거나 왜곡하지 않는 방식으로 매우 조용하고 조심스럽게 나타난다. 만약 당신이 화학법칙과 결과만 본다면 정보는 관찰되지 않을 것이다.

앞에서 언급했던 설명의 계층구조와 관련시켜 이 유비를 본다면, 여기에는 적어도 세 가지 수준의 설명이 있다. 계층구조에서 가장 낮은 수준은 화학법칙으로 구성되는데, 그 법칙은 잉크가 종이에 붙어 있게 한다. 두 번째로 중간 수준이 있는데, 그것은 단어와 문법, 한글 철자와 그외 다른 것으로 구성된다. 마지막으로 세 번째 가장 높은 수준은 필자가 이 페이지 위에서 구체적인 정보형식이나 의미를 나타내기 위해서 단어와 철자와 문법과 선후를 배열하는 것에 의해 의사소통 하려는 내용으로 구성된다.

화학적 수준의 설명은 어떻게 잉크가 종이 위에 붙어 있는가에 대해 자세히 말할 수 있다. 그러나 이것은 이 페이지에서 나타나게 될 '보다 높은 수준의' 의미를 읽기 위한 준비를 하게 하지는 않는다. 비슷하게 진화과학은 종교가 추구하는 생명에 대한 보다 더 깊은 의미를 식별하지 않으면서 생물학적 현상에 포함된 물리적이며 화학적 사건을 기술할 수 있을 것이다. 그러므로 진화과학은 생명이나 정신을 생명이 없는 물리적 재료로 환원시킨다고 결론 내리는 것은 비논리적이다. 이와 같은 방식으로 신은 물리적 과정에 직접 개입하지 않는 '비개입주의적 (non-interventionist)' 방식으로 진화의 법칙을 위반하지 않으면서 생명이 전개한 전 과정에 참여한다는 것이 호트를 비롯한 진화론적 유신론의 주장이다. 이러한 비개입주의적 설명 방식은 명백히 전체-부분의 인과율과 하향식 인과율을 전제하고 있다.

4. 나가는 글

진화가 기독교 신앙의 여러 가지 측면에서 새로운 문제를 제기한 이래 기독교 신학은 진화에 대해 다양한 모습으로 응답해왔다. 창조-진화 논쟁은 기독교의 그러한 대응을 첨예하게 드러내는 사례이다. 유신론적 진화론은 진화를 수용함으로써 창조과학이나 지적 설계 같은 여타 창조론과는 다른 입장을 취한다. 또한 생명 현상을 이해하기 위해 전통적인 신 개념을 도입함으로써 형이상학적 자연주의 입장에 있는 유물론적 진화론과도 구별된다.

진화론적 유신론은 기독교가 다윈 이전이 아니라 다윈 이후의 세계에 위치하고 있으며 진화하는 우주는 전통적인 신학을 형성해온 세계의 모습과는 많이 다르다는 사실을 정면으로 직시하고 있다. 이것은 진화 개념을 수용함으로써 기독교 전통에서 한동안 간과해온 신의 자기 비움이라는 개념과 관련해서 세계의 창조, 계속 창조, 세계 속에서 지속적으로 활동하는 신, 세계 속에서 신적 창조성 등을 새롭게 바라보도록 한다. 진화론적 유신론에 근거한 신학은 진화를 기독교 신학이 변증해야 하는 도전으로 이해하는 것이 아니라 오히려 진화를 기독교 신 이해를 위해 가장 중요한 맥락으로 삼고 이를 성찰하는 신학이다. 이런 신학적 작업을 통해서 다윈의 유산을 기독교 신학에 반영하고 새로운 신학적 사유를 구성하는 것이다.

오리엔탈리즘과 오리엔탈 르네상스

배철현
서울대학교, 종교학

1. 들어가는 글: 문명의 시작과 '고대 근동'

인간이 고대 문명에 관심을 가지기 시작한 것을 역사적으로 최근의
일이다. 서양인이 자기도취의 세계관에 감금되어 있다가 타자에게 관
심을 가지기 시작한 것은 18세기 영국을 중심으로 유럽에 널리 퍼진 산
업혁명 이후였다. 경제적으로 여유가 생긴 유럽인이 서서히 비유럽국
가에 관심을 가지기 시작했고 그들이 제국주의의 일환으로 정복한 비
유럽적인 문화, 즉 '오리엔트'를 발견했다.

유럽인에게 고대 문명은 그리스나 로마 역사가들, 혹은 성서기자들
이 제공하는 이차적이며 다소 왜곡된 정보가 고작이었다. 그러나 그들
은 '오리엔트'를 식민화하는 도구였던 유물을 연구하는 고고학과 문헌
을 연구하는 고전 문헌학의 노력으로 자신의 정체성이라 할 수 있는 두
가지 사상적인 기둥인 '헬레니즘'과 '헤브라이즘'의 뿌리를 확인할 수 있
었다.

유럽인의 '고대 근동' 발견은 우연이었다. 그들이 '오리엔탈리즘'이라
는 이데올로기를 가지고 접근한 중동 지방에서 뜻하지 않게 자기 모습
을 발견한 것이다. '오리엔트'를 발견하면서 자신의 정체성을 인식하게

되었고, 헬레니즘과 헤브라이즘의 근간을 이루는 '고대 근동 문명'을 발견했다. 인간 문명의 필수 요건인 '도시'와 '문자'가 처음으로 창조된 곳이 바로 '고대 근동'이기 때문이다. 서양인은 '고대 근동'을 문명이 아침의 해처럼 힘차게 떠오르는 곳이라 하여 '(태양이) 뜨는' 혹은 '동쪽의'라는 의미를 가진 오리엔트(orient, 라틴어 oriens)라고 부르기도 한다.

'고대 근동' 혹은 '오리엔트'는 단순히 지형적인 개념은 아니다. 미국에서 '오리엔트' 하면 한국을 포함한 동양을 의미하지만 유럽 전통에서 '오리엔트'는 이집트, 시리아, 팔레스타인, 터키, 이라크, 이란을 포함한 '근동 지방'을 중심으로 일어난 총체적인 문화현상이다. 요즘 학술 잡지에서 '고대 근동'이나 '오리엔트'라는 용어 대신에 아시아 대륙에 서쪽에 위치한다 하여 '서아시아'라고 부르기도 하나, 이 용어는 단순히 지형적인 개념이며 '중동'은 근대 이후 정치, 경제, 그리고 이슬람 문명을 이르는 용어이기에 이 글에서는 사용하지 않겠다.

이 글에서 필자는 '고대 근동'을 이집트, 팔레스티나, 메소포타미아, 이란, 터키를 포함한 기원전 4세기 알렉산드로스 대왕이 페르시아를 멸망시켜 고대 근동 지방에 시작된 헬레니즘 이전의 문명이 태동된 곳을 이르는 용어로 사용하고 '오리엔트'는 보다 문화적이고 포괄적인 개념으로 고대 근동과는 같은 지형을 이르는 용어로 기원후 7세기부터 시작한 이슬람 문명까지 포함한 문명을 이르는 용어로 사용할 것이다.

서양 문명은 헤브라이즘과 헬레니즘으로 구성되어 있다고 말한다. 유럽인은 이 두 개의 사상적인 기반이 개체 문화의 천재들이 일구어낸 개별적인 사상이라고 여겼다. 아니 그렇게 분리하는 것이 인문학의 여러 분야를 설명하는 데 쉬운 도구가 되었을 것이다. 헤브라이즘은 『구약성서』 안에 그 사상적인 본질을 담고 있고, 헬레니즘은 호메로스 시인의 『일리아스』와 『오디세이아』, 그리고 후에 『신약성서』를 통해 그리스도교와 함께 서양의 기둥이 되었다.

『구약성서』의 이미지는 '하나님의 감동'으로 쓰여진 이 세상에서 가장 오래된 책이며, 인간에게 도덕적이며 영혼에 관련된 문제를 해결해 줄 모범 답안지로 여겨졌다. 『일리아스』와 『오디세이아』로 대표되는 헬레니즘은 인간에게 정치·경제·예술 같은 인간이 모여 살기 위한 현실적인 공간을 훌륭히 제공했다. 그러나 이 천재적인 서양 문명 기둥의 개별성이 최근 점점 부식되고 있다.

2. 사이드의 『오리엔탈리즘』이 가져다준 해석의 눈

사이드가 1978년에 발간한 『오리엔탈리즘(Orientalism)』[1]은 아마도 20세기 말 발간된 다른 어떤 책보다 인문학을 접근하는 방식에 근본적인 변화를 가져다준 것 같다. 사이드에 따르면 '유럽'과 '오리엔트'라는 두 개의 상반된 개념은 유럽의 학자, 특히 유럽 제국주의 학자들이 유럽의 강력한 이미지를 부각시키고 비유럽을 정복하기 위한 도구로 만들어낸 것이라 주장했다. 사이드의 『오리엔탈리즘』은 자화자찬의 우물 안에 개구리식의 서양의 학문 담론을 코페르니쿠스적인 문화 해석방법으로 일침을 가했을 뿐만 아니라 그의 새로운 방법론의 파장이 지금도 우리에게 새롭고 다양한 해석의 가능성을 보여주었다.

물론 사이드 이전에도 유럽인이 '오리엔트'를 총괄적인 개념으로 이해하려는 시도는 있었다.[2] 그러나 사이드의 『오리엔탈리즘』은 위의 책

---

1 에드워드 사이드, 『오리엔탈리즘』, 박홍규 옮김, 교보문고, 1991(Edward W. Said, *Orientalism*, New York: Patheon Book, 1978).

2 유럽이 19세기에 경험한 오리엔트를 상세히 기록한 R. Schwab, *La Renaissance orientale*(Paris: Payot, 1950), 유럽의 식민지사를 그린 V. G. Kiernan, *The Lords of Human Kind: Black Man, Yellow Man, and White Man in an Age of Empire*(Boston: Little

들과는 근본적으로 다른 방법으로'오리엔트'를 접근한다. 사이드는 프랑스 철학자인 푸코의 영향을 받아 이전의 오리엔트에 관한 유럽인의 작품을 '담화(discourse)'로 보았다. 다시 말해 유럽인은 르낭, 플로베르, 로렌스의 작품을 통해 그들의 지배대상인 비유럽적인 것을 '오리엔트'라는 추상적인 세계로 정하고 그것을 해석하는 '오리엔탈리즘'이라는 세계관을 상정했고, 여기에 '오리엔트'의 부정적인 개념이 서서히 들어오기 시작했다. 즉, 그들은 비유럽적인 것, 자기와 다른 것을 자기네 기준대로 이해해 식민지적 역사관을 고취시키려고 시도했다. 그러므로 유럽과 오리엔트의 관계는 주객, 더 나아가 주종관계가 서서히 형성될 수밖에 없었다.

푸코가 사이드에게 오리엔트를 이해하는 데 지식과 권력의 관계를 설명해주었다면, 이탈리아 마르크스주의자 그람시는 유럽과 오리엔트의 관계를 '헤게모니'로 설명하게 해주었다. 유럽인의 오리엔트에 관한 사고는 그람시가 주장하듯이 무자비한 강요에 의해 고취되는 것이 아니라 흔히들 아는 상식이나 전통적인 지혜라고 알려진 아주 평범한 사건이나 생각에 대한 무의식적인 동의에서 시작한다고 주장했다. 특히 한 사회의 지식층의 대부분은 기성 사회의 권력의 하수인이 되어 자기도 모르게 '헤게모니'를 형성하기 위해 권력층을 위한 변명을 상식이나 전통 혹은 보수의 이름으로 구축한다. 바로 사이드는 그람시로부터 '헤게모니' 이상의 문화 해석방식을 보았다. 곧 사이드는 그람시를 통해 자신이 팔레스티나 사람으로서 경험한 주관적인 상황을 개념화·객관화하는 시각을 길렀다.

그래서 사이드는 한 문화를 비판하는 가장 효과적인 방법은 작가 자신이 역사 과정의 산물이라는 것을 인식함으로써 시작된다고 주장한다.

Brown, 1969 등이 그것이다.

사이드는 팔레스티나 사람으로서『오리엔탈리즘』을 통해 유럽 오리엔탈리스트에게 빼앗긴 오리엔트를 다시 찾아 해방시키는 작업을 시도했다. 그는 "오리엔탈리즘은 인간 상실과 민족 해체의 역사"(『오리엔탈리즘』, 337쪽)라 했고 "지식인을 오리엔탈리즘과 같은 사고의 사슬에서 해방시키는 것"(『오리엔탈리즘』, 339쪽)이 그가 글을 쓰는 목적이라 했다.

3. 서양인의 오리엔탈리즘의 대상이었던 '오리엔트'는 고대 근동

사이드는 오리엔트를 연구하는 학자인 '오리엔탈리스트'의 가장 중요한 창작물은 오리엔트 그 자체라고 주장하고 '오리엔트'는 대부분의 아시아와 중동 지방을 총괄하여 이르는 용어로 사용했다. 그러므로 수많은 문화와 인종이 모인 오리엔트를 하나의 집단으로 매도하려는 시도는 오리엔탈리스트의 가장 큰 업적 가운데 하나라고 주장했다. 그들에게 전형적인 오리엔탈이란 오리엔트 문화 안에서 생활하는 사람으로 생물학적으로 열성을 타고나 문화적으로 뒤졌음은 물론 진화가 덜 된 인종을 총체적으로 이르는 말이었다.

특히 오리엔탈리즘에 관한 담론과 이미지는 대부분 권력과 성에 관한 은유로 묘사된다. 곧 여성적이고 약한 오리엔트는 유럽의 지배를 기다린다. 그들은 이전에 존재하지 않았던 하나의 창작물로 상정한 오리엔트라는 '타자'는 이전에 표현된 적이 없는 개념의 집합체였다. 오리엔트가 오리엔탈리스트에 의해 만들어졌기 때문에 오리엔트는 오리엔탈리스트의 상상 속에서만 존재한다. 사이드는 오리엔탈리즘을 현대 서양인이 '아랍' 민족에 대한 편견에서 찾을 수 있다고 주장한다.

그러나 필자는 사이드가 가진 오리엔트에 대한 부정적인 시각에 일부 동의하지만, 오리엔트가 가진 긍정적이며 미래지향적인 요소를 부각시키고자 한다. 물론 사이드가 서양인의 오리엔탈리즘 대상으로 아랍에 대한 서양의 삐딱한 시각과 비서양 문화에 대한 편견을 지적한 것은 중요한 우리 시대의 담론이다.

그러나 18세기 말부터 본격적으로 서양인의 연구대상이 되기 시작한 오리엔트는 '아랍'일 뿐만 아니라 고대 근동(수메르, 바빌로니아, 아시리아[지금의 이라크], 이집트, 히타이트[지금의 터키 또는 소아시아], 페르시아[이란])이었다. 지중해를 중심으로 한 그곳은 인류 최초의 문명들이 일어난 이른바 '비옥한 초승달 지역'이었다. 유럽인에게 오리엔트는 명확하게 경계가 그어진 지형적인 개념이 아니었지만 당시 그들의 오리엔트는 '고대 근동'이었다. 사이드는 '오리엔트'가 헤로도토스와 알렉산드로스 대왕에 의해 알려졌고, 알렉산드로스가 정복한 후에 '근동', '극동', '익숙한 오리엔트'(이스라엘과 팔레스티나 지역), '새로운 오리엔트'(아메리카 대륙)로 나누었다고 전한다(『오리엔탈리즘』, 58쪽).

사이드의 '오리엔트'인 아랍은 18세기부터 유럽인의 고고학 발굴로 새로운 학문의 대상된 '오리엔트', 즉 고대 근동 특히 수메르, 바빌로니아, 아시리아와는 적어도 천 년 이상의 차이가 있다.

4. 원래의 오리엔트는 바로 '비옥한 초승달 지역'

'오리엔트'에 관한 연구는 고대 근동이 위치한 메소포타미아('두 강 사이의 지역') 연구에서 비롯되었다. 즉, 유프라테스 강과 티그리스 강 사이에서 시작된 인류 문명의 가장 오래된 발상지 수메르, 바빌로니아, 아시리아 연구에서 시작했다. 현재 이라크의 남부에 자리 잡았던 수메르인은 지금부터 약 5,300년 전인 기원전 3300년부터 문자를 사용하고 도시를 건설했다. 수메르인은 자신을 '키.엔.기(ki.en.gi)'라고 불렀다.

키.엔.기는 나중에 남부 바빌로니아와 북부 아시리아에 그 문화를 넘겨주어, 그 역동적인 문화가 지중해를 중심으로 태어날 그리스의 헬레니즘과 팔레스티나의 헤브라이즘에 근간을 마련했다. 오리엔트를 대상으로 고전문헌학적인 본격적으로 연구한 최초의 오리엔탈리스트는 독일 괴팅겐의 고등학교 라틴어 교사였던 그로테펜트(G. F. Grotefend)이다.

그는 1802년 괴팅겐 대학에 있는 '왕립과학원'에서 고대 페르시아 제국의 수도였던 페르세폴리스에서 발견된 비문(고대 페르시아 비문은 대부분 세 가지 다른 쐐기문자로 쓰여 있다. 인도-유럽어의 일종인 고대 페르시아어, 셈어의 일종인 아카드어, 그리고 세상의 어떤 언어와도 연관이 없는 고립인 엘람어이다)을 연구했다. 특히 그는 중기 이란어(왕에 관한 관용구를 중심으로)를 아베스타어 및 산스크리트어와 비교 연구해 고대 페르시아어 판독에 기여했다.

그는 이들 비문에 쓰인 글자 모양이 '못'과 비슷하다 하여 '쐐기문자(cuneiform)'라 했다. 40여 쪽에 달하는 그로테펜트의 논문은 20년 후인 1823년 샹폴리옹(J. F. Champollion)에 의해 판독된 '성각문자(hieroglyph)'와 더불어 유럽 지식인의 첨예한 학문의 대상, 즉 '오리엔트 연구'가 되었다. 고대 근동에서 발견된 60만 장 이상의 쐐기문자 토판 문서가 처음으로 유럽인 학자에게 소개되면서 오리엔트의 신비를 서서히 드러내기 시작했다.

5. 그로테펜트와 쐐기문자의 판독

오늘날 이라크를 보면 '비옥한 초승달 지역'이라는 이미지가 떠오르지 않는다. 그러나 기원전 3500년경 기후의 급격한 변화로 메소포타미아 지역이 인간이 정착하기에 알맞은 장소가 되었다. 메소포타미아에

농업이 정착되고 새로운 도시, 지역 국가, 그리고 제국이 생겼고 또한 문자가 생겨났다. 우리가 추적할 수 있는 인류 최고의 문자가 그림글자 형태로 기원전 3300년 우루크라는 수메르 도시에서 발견되었다.

그림문자로 시작된 '쐐기문자'는 기원전 2600년경 점차로 간략화·추상화되어 수메르어가 고대 근동 지역의 문자로 자리 잡는다. 그 후 쐐기문자는 바빌로니아 제국, 아시리아 제국, 히타이트 등 고대 근동 전역에서 사용되었고, 기원후 75년까지 3,000년 이상 사용되었다. 쐐기문자는 고대 근동과 인류에게 역사를 선사했다. 바빌론의 함무라비 왕, 라가시의 구데아 왕, 센나헤립의 아시리아 왕이 쐐기문자를 통해 우리에게 다가왔다.

그러나 쐐기문자는 19세기 초 판독될 때까지 1,500년 이상 사람들에게 장식으로만 여겨졌다. 1618년 피구에로아(G. S. Figueroa)가 그리스-로마 저자들이 그들의 작품에서 언급한 고대 페르시아의 다리우스 대왕과 그 후손들의 수도였던 페르세폴리스에서 수많은 유적지의 흔적을 보았다. 그는 이 유적지에서 새로 발견한 알 수 없는 문자에 대해 다음과 같이 언급했다.

> 이 문자들은 아람어, 히브리어, 그리스어 혹은 아랍어도 아니다. 이들은 삼각형으로 피라미드나 오벨리스크 모양으로 보기에는 거의 유사하다.

여기에서 필사한 쐐기문자가 1657년에 처음으로 출판되었다. 그러나 이집트의 성각문자와는 달리 유럽인의 관심을 끌지 못했다. 1700년 영국 옥스퍼드 대학의 히브리어와 아랍어 교수였던 하이드(T. Hyde)는 이 문자들이 쐐기처럼 생겼다 하여 쐐기문자(cuneiform, cuneus '쐐기'+forma '모양')라 불렀다. 1712년 네덜란드의 의사이며 고전학자인 캠퍼(E. Kaempfer)는 자기가 1686년에 방문해서 그린 쐐기문자 문서를 출판했다.

그러나 1770년대까지 쐐기문자 판독에는 진전이 없었다. 덴마크의 여행가였던 니부르(C. Niebuhr)는 페르세폴리스에 써 있는 문자는 모두 세 종류라는 것을 알게 되었다. 이 세 종류의 문자가 후에 언어학적으로 밝혀진 인도-유럽어인 고대 페르시아어, 고립어인 엘람어, 그리고 셈어 인 아카디아어였다. 니부르의 작업은 1800년대부터 본격적으로 시작한 쐐기문자 판독의 기초를 놓은 셈이다.

쐐기문자 판독에 첫 진전을 본 사람은 앞서 언급한 독일의 그로테펜 트였다. 그는 상식과 중기 이란어와 산스크리트어, 그리고 고전문헌 등 에서 반복되는 관용어구를 대입시켜 고대 페르시아를 1802년에 거의 판독하게 된다. 그가 만든 음절표에 실수가 있었고 그가 대학 교수가 아 니었기 때문에 당시에는 인정받지 못했지만, 오늘날에 와서는 그가 쐐 기문자 판독의 선구자였다는 부인할 사람은 아무도 없다.

쐐기문자 판독이 진행되면서 페르세폴리스에 있는 단문보다는 장문 의 쐐기문헌이 필요하게 되었다. 쐐기문자의 '로제타 석비'라고 할 수 있는 '비시툰 비문'이 이란의 자그로스 산맥의 서쪽 비시툰 산에 새겨져 있었다. 지상으로부터 60미터 깎아지른 절벽에 페르세폴리스의 비문처 럼 세 가지 쐐기문자가 적혀 있었다.

영국의 장교이자 외교관인 로린슨(H. C. Rawlinson)은 1826~1833년 인 도에 장교로 머물면서 힌디어, 아랍어, 현대 이란어를 배웠다. 그 후 이 란 국왕 군대를 훈련시키기 위해 비시툰 지역이 속해 있는 케르만자 지 방의 책임자로 부임했다. 그는 탁월한 체력과 동네 양치기 소년의 도움 으로 1,100행 이상이 되는 비시툰 비문을 모두 베끼는 데 성공했다. 1847 년의 일이다. 로린슨이 쐐기문자의 판독자라 알려지긴 했지만 그는 이 집트어를 판독한 샹폴리옹처럼 그 과정에 대해서는 설명하지 않았다. 최근 연구에 의하면 그는 많은 힌트를 아일랜드 신부이자 학자인 힝스

(E. Hicks)의 노트에서 차용한 것처럼 보인다.

6. 오리엔탈리스트의 업적: 문화 패러다임의 변화

1) 도시

문명의 세 가지 기본 요소는 도시, 자금, 문자이다. 그중에서 도시가 가장 중요하다. '문명'이라는 영어 단어 civilization은 civis(시민), civitas(도시국가)라는 라틴어 단어에서 유래한다. 기원전 8000년경 이집트에서 팔레스티나, 그리고 메소포타미아에 이르는 '비옥한 초승달 지역'에서 인간생활의 형태를 바꿀 획기적인 사건이 일어났다. 영국의 고고인류학자 고든 차일드(Gordon V. Childe)의 용어를 빌리면, '신석기혁명'인 농경의 시작으로 인간은 구석기시대에서 신석기시대로 도약했다. 정교한 돌도 만든 농기구의 출현으로 인간은 채집·수렵생활에서 벗어나 처음으로 정착생활을 하게 되었다.

이와 견줄 만한 사건이 약 4,700년 후인 기원전 3300년경 메소포타미아의 남부 지역에서 일어났다. 이 사건은 '도시혁명'으로 무문자시대에서 문자시대로, 전 역사시대에서 역사시대로, 촌락시대에서 도시시대로의 변화였다. 그전에 이스라엘의 사해 근처의 여리고, 아나톨리아(터키의 옛 지명)의 챠탈후육처럼 간헐적·독립적으로 도시가 존재했지만, 유프라테스 강과 티그리스 강 사이의 '메소포타미아'의 남부 지역인 수메르 지역에서 처음으로 여러 도시가 체계적으로 생기기 시작했다.

'도시혁명'은 대개 신탑(神塔)이라고 여겨지는 높이 쌓아올린 '지구라트'와 그 부속 건물을 중심으로 이전의 촌락에서 도시로 탈바꿈한다. 고대 수메르인은 이전까지 해오던 유목생활과 상생의 관계를 유지하면서

도시문화를 형성했다. 도시라는 단어는 쐐기문자의 기록에 의하면, 수메르어로는 '우루(uru)', 시리아 지역의 에블라(현재의 텔마르딕)에서 기원전 24세기경 번창했던 문명의 언어였던 에블라어로는 '에르무(er-mu)', 셈어인 아카드어로는 '알루(alu)', 히타이트어로는 '합피라스(happiras)'로 등장한다. 이 단어들의 원래 의미는 모두 '시장'이다.

기원전 1800년, 그전까지의 수메르 왕들의 행적을 기록한 『수메르 왕조 기록』에 도시의 시작에 대해 다음과 같이 언급되어 있다.

> 88. 왕홀이 하늘에서 내려왔을 때,
> 89. 멋진 왕관과 왕좌가 하늘로부터 내려왔을 때,
> 90. 왕은 규칙적인 의례를 지내려고 부단히 노력했고,
> 91. 정결한 장소 위에 이 도시들의 벽돌을 올려놓았다.
> 92. 이들에게 이름이 주어졌고(건물을 건축할 때 사용할 바구니가 할당되었다.)
> 93. 첫 번째는 '에리두'이다. 닌투 여신이 누딤무드 신에게 주었다.
> 94. 두 번째는 바드티비라이다. 그녀는 왕자이자 성자신에게 주었다.
> 95. 세 번째는 라락이다. 그녀는 파빌삭 신에게 주었다.
> 96. 네 번째는 십파르이다. 그녀는 우투 신에게 주었다.
> 97. 다섯 번째는 슈룹팍이다. 그녀는 수두 신에게 주었다.

이 『수메르 왕조 기록』은 대홍수사건이 일어나기 전의 도시들을 소개하고 있다. 실제로 수메르 지역에서 기원전 2900년의 홍수 지층이 발견되기도 했다. 이러한 인류 최초의 도시를 만든 기록이 『구약성서』 창세기 11장에 나오는 바벨탑 사건이다. 이 사건은 지구라트를 중심으로 도시를 만들려고 하는 메소포타미아인의 기억을 기록했다.

2) 자금

도시를 건설하고 유지하려면 '자금'이 필요하다. 자금이라는 영어 단어인 capital은 원래 '머리'를 의미하는 단어로 메소포타미아 지역에서 부의 척도로 사용되었던 양이나 염소의 머리(capital) 숫자에서 유래했다. 재산을 의미하는 영어 단어 chattel이나 cattle도 '양'에서 온 단어이다. 또한 우리가 알고 있는 동전은 기원전 7세기경 아나톨리아의 리디아 지역에서 처음으로 만들어졌고 그 후 고대 페르시아 제국 시대에 그 영토였던 인도에서 그리스까지, 박트리아에서 이집트까지 널리 유통되었다.

경제학자들에 의하면 '돈'은 다음 세 가지 기능을 가지고 있다. 교환의 수단, 액수의 단위, 가치의 표준이다. 동전이 등장하기 이전 이런 기능을 할 수 있는 '교환 가능한 물건'은 무엇이었나? 메소포타미아에서는 양털, 대추야자, 물고기 기름, 말린 고기, 가죽, 그리고 무엇보다도 곡물(보리와 밀)이 그런 역할을 했다. 특히 보리에 대해서 수메르 시인은 다음과 같이 말했다.

> 금, 은, 양, 염소를 가진 자는 누구든지 보리를 가진 자 문 앞에서 하루 종일 기다릴 것이다.

이것은 「가축과 곡식의 논쟁」이라는 수메르 시의 결론 부분이다. 여기서 보리가 모든 물건의 기준으로 선택된다. 초기시대에는 보리가 '돈'으로 통용되었지만 점차 '은'에게 자리를 내주었다.

3) 문자

문자는 초기 고대 근동의 상업활동을 기록하기 위해 만들어졌다. 도시가 생겨나고 중앙집권적 경제가 자라나면서 왕국이나 신전의 서기관이 신전에 딸린 저장창고에 드나드는 곡식의 수량과 양과 염소의 수를 기록하기 위해 문자를 만들었다. 고대인은 기억의 한계를 믿을 만한 기록을 통해 해결하려는 새로운 방법을 고안해냈다.

기원전 3300년 메소포타미아 남부의 도시 우루크에서 발견된 인류 최초의 문자는 이집트어, 중국어, 마야어 등과 마찬가지로 그림문자이다. 이러한 그림문자는 메소포타미아뿐만 아니라 엘람(지금의 이란 남서부)에서 기원전 3200년, 이집트에서 기원전 3000년에 발견되었다. 아르메니아에서 발원해 페르시아 만으로 유입되는 티그리스 강과 유프라테스 강이 오랜 기간 가져온 침적토가 쌓인 메소포타미아 지역 남부 수메르에서는 널려져 있는 굳지 않은 점토판에 뾰족하게 자른 갈대 줄기 끝으로 그림글자를 그렸다. 이 토판 문서는 태양 밑에서 자연히 구워져 반영구적인 기록이 된다.

초기 문자는 숫자를 나타내던 것으로 그림문자 형태의 물건이 함께 발견되기도 한다. 현재로서는 이 그림문자에 대한 자세한 내용은 알 수 없다. 예를 들어 '수소' 표시는 수소의 머리 모양을 그리고, '날'이나 '태양'은 두 산 사이에 떠오르는 태양 표시이다.

초기 문자가 씌어진 점토판 문서의 85%가 우루크에서 발견되었는데, 그 대부분에는 숫자가 적혀 있다. 아마도 쐐기문자로 쓴 점토판 문서는 수메르 도시들의 늘어가는 경제를 뒷받침하기 위한 수단이었을 것이다. 빙하기 시대 사람들이 자신에게 중요한 그림을 그린 것처럼, 수메르의 도시 거주자는 진흙을 이용해 도시경제에 중요한 사항을 문서로 작성했을 것이다.

7. 새로운 패러다임의 제시

그로테펜트 같은 오리엔탈리스트의 연구로 헬레니즘과 헤브라이즘의 기원을 오리엔트를 통해 새롭게 이해하게 되었다. 오리엔트라는 개념은 페르시아 시대(기원전 6~3세기)에 생겨났다. 당시 그리스는 페르시아와의 전쟁을 치르면서 고대 근동을 대대적으로 경험했다. 그리스인은 오리엔트와는 다른 독립적인 자신만의 자화상을 가지게 되었다. 그러나 중세기, 실제로는 십자군 전쟁에 이르러서야 '오리엔트'라는 단어와 개념이 서양인의 사전에 수록되기 시작했다.

오리엔트에 대한 종속적이며 부정적인 이미지는 아랍이 중동에서 태동되기 900년 전인 기원전 6세기에 그리스와 페르시아의 전쟁에서 이미 형성되었다. 그리스의 역사가 헤로도토스가 쓴 『역사』는 그리스와 오리엔트의 전면적인 대결을 묘사한 그리스-페르시아 전쟁사이다. 미국의 극작가 비달(G. Vidal)은 그의 작품 『창조』에서 고대 그리스인의 오리엔트에 대한 편견을 전하고 있다. 이 작품에서 기원전 5세기 페르시아에서 그리스 대사로 파견된 고레스 스피타마는 헤로도토스의 『역사』의 내용인 '그리스인과 비그리스인의 전쟁'을 묘사하고 다음과 같이 오리엔탈리즘을 비판한다.

> 나는 장님입니다. 그러나 귀머거리는 아닙니다. 내 불행이 불완전하여 어제 여섯 시간 동안 역사가라고 자칭하는 사람(헤로도토스)의 이야기를 들었습니다. 그를 포함한 아테네 사람들이 말하는 '페르시아' 전쟁은 허튼 내용입니다. 나는 (차라리) 원로원 발언석에서 일어나 그를 대면하여 온 아테네 사람들을 혼란에 빠뜨릴 수도 있습니다. 저는 그보다 많이 압니다. 저는 '그리스' 전쟁의 기원을 압니다. 그는 모릅니다. 어떻게 그가 알 수 있습니까? 어떻게 그리스인이 알 수 있습니까?

저는 일생을 페르시아 궁전에서 지냈습니다. 그리고 제 나이 칠십오 세인데, 제 부친이 그랬듯이 저도 '위대한 임금'을 모셔왔습니다. 그 임금은 저의 절친한 친구 크세르크세스와 그리스인에게 '위대한 다리우스'라고 알려진 임금입니다.

고레스 스피마타는 자기가 살았던 페르시아와 헤로도토스가 『역사』에 기록한 페르시아는 다르다는 것을 언급한다. 페르시아가 그리스인인 헤로도토스에 의해 기록된 것처럼 오리엔트가 유럽인에 의해 표현된 가장 대표적인 작품이 바로 『역사』인 것이다.

'서양의 시작이라고 하는 고대 그리스는 당시 페르시아 제국과 전쟁을 치르면서 '페르시아'라는 자기네와 다른 문화를 경험했다. 그 뒤 로마 행정 문서에서 처음으로 '오리엔트'에 대한 대비 개념으로 '옥시덴트'가 나오기 시작했다. 이와 달리 로마인은 스스로를 '옥시덴스', 즉 '해가 지는 곳, 서쪽, 서양'이라고 불렀다. 양극적인 개념인 '오리엔트'와 '옥시덴트'가 11세기 십자군 전쟁을 계기로 본격적으로 유럽인의 사전에 등장했다. 당시 예루살렘에 사는 오리엔트, 곧 '아랍'인을 종교라는 이름으로 무참히 학살했다. 그들은 또한 보기에 낯설고, 알 수 없고, 때로는 신비하고 색정적인 것에다 '오리엔트'라는 이름을 붙였다.

'카드모스'는 그리스에 글자를 가져다주어 서양인의 바이블인 호메로스의 『일리아스』와 『오디세이아』를 문자화하도록 한 장본인인데 그 이름은 '오리엔트'의 언어인 셈어 어근 q-d-m(동쪽)에서 유래했고, 페니키아의 왕 '아게노르'의 딸로 황소로 변장한 '제우스'에게 납치당한 '유로파(Europa)'의 어원은 셈어 어근 '-r-b/p', 곧 '해가 지는 곳, 서쪽'에서 유래했다. 여기에서 '유럽'이란 단어가 그들이 오리엔탈리즘으로 식민지화한 '아랍' 같은 어원이라는 사실은 역설적이다.

오리엔트의 일부분이던 페르시아의 만남은 고대 그리스인에게 '자기

정체성'을 찾게 해주었을 뿐만 아니라 18세기 말부터 시작된 오리엔탈 르네상스의 주역으로서 '옥시덴탈'에게 '문자'와 '이름'을 제공해주었다. 오리엔탈 르네상스는 오리엔트를 '옥시덴트'의 눈으로 해석하기보다는 오리엔트의 눈으로 해석하는 것이며, 동·서양의 벽인 서양인의 '오리엔탈리즘'을 불식시키고 동서화합의 가능성을 제시했다.

8. 오리엔탈리즘의 아이러니: 오리엔탈 르네상스의 탄생

오리엔트와 옥시덴트의 대립은 200년간 독일을 중심으로 일어난 학문 발전의 결과였다. 이념적인 보호주의를 목적으로 한 점차 전문화하는 학문체계가 '순수하고 고전적인' 그리스를 투사해 다른 문화의 영향을 받지 않는 완전한 독립체로 묘사했다. 18세기 전까지만 해도 고전문헌학과 신학은 서로 연관을 맺으며 히브리 성서(그리스도교의 구약성서)와 그리스 고전은 인류 문명사의 두 기둥인 헤브라이즘과 헬레니즘의 대표로 여겨졌다.

이야페투스는 땅의 신 가이야와 하늘의 신 우라노스 사이에 태어난 아들이다. 성서의 야벳과 '이야페투스'는 모두 셈어 어근 y-p-t('아름답다')에서 나왔다. 19세기 전까지만 해도 유럽인은 자신의 언어를 '야벳어'라고 불렀다. 즉, 18세기까지만 해도 다음 도식처럼 '오리엔트'와 '유럽'은 서로 같은 문화 벨트를 조성했다.

> 　　　　　1. 함 이집트 문명
> 노아 → 　2. 셈 고대 근동·아시아 → 헤브라이즘
> 　　　　　3. 야벳 유럽 → 헬레니즘

이와 같은 사실은 성서에 셈(고대 근동·오리엔트)과 야벳이 한 형제로 묘사됨으로써 드러난다. 히브리 성서 창세기 5장 32절은 다음과 같이 기록하고 있다.

노아는 오백 세가 되어 셈과 함과 야벳을 낳았다.

이 같은 고대 근동과 유럽의 구조는 18세기 이후 다음과 같은 세 가지 변화로 동-서양의 맥을 단절시켰다. 첫째, 고전문헌학이 신학과 결별을 선언했다. 1777년 볼프(F. A. Wolf)에 의해 고전문헌학이 독립을 선언했다. 비슷한 시기에 빈켈만(J. J. Winckelmann)이 독립적인 고전문헌학의 장을 열었다.

둘째, 헤르더(J. G. Herder)가 낭만적인 민족주의를 개진했다. 그에 따르면 문학과 정신문화가 한 국가, 한 종족, 한 인종마다 있으며, 다른 문화의 영향보다는 각 문화의 기원에서 유기적이며 독자적으로 발전한다. 그러므로 한 문화의 정체성은 다른 문화와의 비교에서 얻어지는 것이 아니라 자기 문화의 자화상에서 이해할 수 있다고 주장했다. 보편적인 유형보다는 뮐러(K. O. Mueller)의 '그리스 부족문화'가 영향력을 지니게 되었다. 이것을 다른 모든 문화를 파생시키는 '근간문화(Stammeskultur)'라고 단어로 정의했다. 그 당시 우연히도 유대인이 유럽에서 동등한 법적인 권리를 주장해, 역으로 독일의 낭만적인 민족주의와 불화를 일으켜 '오리엔탈리즘'의 한 분파인 '안티세미티즘(anti-Semitism)'의 불씨가 지펴졌다.

셋째, 고전문헌학자들이 인도-유럽 문화를 발견하기 위해 원인도유럽어와 그 문화를 재구성하기 시작했다. 1796년 인도의 대법관이며 영국과 아일랜드의 국립아시아학회를 만든 존스(W. Johns)는 옥스퍼드대학에서 고전문헌학을 전공한 학자이기도 했다. 그는 인도에 정착한 뒤

산스크리트어를 배우고 나서 인도 문화에 대한 중요한 논문을 발표했다. 존스는 이 논문에서 산스크리트어가 페르시아어와 함께 그리스어, 라틴어를 포함한 대부분의 유럽어와 같은 어군이라고 다음과 같이 주장했다.

산스크리트어는 얼마나 오래된 언어인지 알 수 없으나 놀라운 구조를 가지고 있다: 그리스어보다 완벽하고 라틴어보다 어휘가 풍부하다. 동시에 이들과 동사의 어근과 문법의 형태에서 아주 유사하여 우연이라고 볼 수 없다. 어느 고전학자도 이들이 지금은 존재하지 않는 공동의 (언어) 자료에서 유래했다는 것을 인정하지 않을 수가 없다. 이와 같은 이유로 약간의 다른 숙어를 사용하기는 했으나 고딕어(고대 독일어), 셀트어(아일랜드어)가 산스크리트어와 페르시아어와 함께 동일한 어군에 속하는 것 같다.

그때부터 유럽학자들은 산스크리트어가 유럽어에서 파생되었다는 것을 증명하기 위해 안간힘을 썼다. 유럽학자들의 원인도유럽어에 관한 관심이 고조되면서 그 밖의 언어들, 특히 셈어와 이집트어를 하등한 문화의 언어라고 공격하기에 이르렀다. 1884년 빌라모비츠 묄렌도르프(Ulrich von Wilamowitz-Moellendorff)는 "셈인과 이집트인의 민족과 국가는 오랜 기간 동안 쇠퇴해 그들의 문화가 오래되었음에도 그리스-인도 문화에 아무런 공헌도 하지 못했다"고 증언했다. 그는 오히려 나중에 '오리엔트'에서 오는 모든 문화가 헬레니즘적이라고 주장했다.

특히 지금의 터키 지방에 있었던 소아시아에서 인도-유럽어 가운데 가장 오래된 히타이트어가 발견되었기 때문에 그들은 더욱더 헬레니즘의 우위를 주장했다. 히타이트는 메소포타미아 문화를 여과해 그리스로 전해주는 역할을 했다. 특히 제1차 세계대전과 제2차 세계대전 사이에 독일에서 새로운 해석방법이 나오기 시작했다. 그들은 문화의 업적을 평가하는 데 독립적이고 자기 해석적인 형태를 발전시켜 보편적인 문화유형보다는 헬레니즘적인 것을 강조했다.

유럽인의 '헬레니즘' 지상주의는 20세기에 들어와 히틀러를 중심으로 한 나치주의에 의해 변질되었는데, 그들은 인도와 페르시아를 중심으로 사용되었던 문화적인 개념인 '아르야(Arya)'를 인종 개념으로 변질시켰던 것이다. 19세기부터 유럽에서 본격적으로 개진된 과학주의는 이전의 윤리나 도덕의 기준을 형이상학적인 방법이나 유대-기독교 전통이 아닌 경험적인 과학에 바탕을 두어 설명했다. 또한 과학은 유럽인의 업적이며 인간 업적 가운데 최고라고 주장했다.

그리하여 그들은 비유럽 인종과 섞이지 않는 순수한 유럽인을 재구성하기 위해 그들의 고향을 찾는 시도를 시작했다. 그들은 그전까지 구약성서에서 말하는 노아의 아들 '야벳' 계열에 속한다고 믿어오다가, 이 인종 개념을 버리고 그들의 조상이 될 만한 새로운 종족을 찾아 나섰다. 18세기 말 새롭게 발견된 산스크리트 문헌을 중심으로 한 인도 문명을, 기원 전 15세기경 인도를 침입해 고도의 문명을 건설한 '아리야'인이 곧 '유럽인'이라고 억지 주장했다. 나치와 히틀러는 다리우스 대왕과 크세르크세스가 세계 제국을 건설하기 위해서 사용한 '평화와 조화의 상징'인 '아리야'를 전쟁과 파괴의 상징으로 전락시켰다. 그 결과가 20세기 인류 최대의 비극인 유대인 대학살사건이다.

그러나 최근 고대 근동 문헌이 판독되고 유럽이나 미주 학자들에게 알려지기 시작하자 이전의 패러다임에서 벗어나 새로운 방향을 제시하기 시작했다. 볼(F. Boll)과 베졸트(K. Bezold)는 점성학 분야에서 그리스 점성술의 고대 근동 기원에 대해 저술했고, 노이게바우어(O. Neugebauer)는 '피타고라스 정리'가 나오기 1,000년 전에 이미 메소포타미아에서 이 이론을 증명한 토판 문서를 발표했다.

그리스 신화와 유사한 신화들이 고대 근동의 쐐기문헌들에서 알려지면서 서서히 그리스 문화를 이해하는 새로운 지평이 열렸다. 도른사이프(A. Jolles Dornseiff)는 고대 근동의 그리스 영향에 대한 연구를 신화에서 찾았다. 히타이트어의 판독으로 히타이트 신화 '일루얀카와 타이폰' 이야기는 처음에는 고전학자의 관심을 끌지 못했다. 그러나 1946년에 판독된 「하늘의 왕권」이란 토판 문서에서 쿠마르비가 하늘 신에 의해 거세당하는 신화가 알려지고 이 신화는 헤시오도스의 저술에 나오는 우라노스와 크로노스 신화와 대비를 이룬다. 쿠마르비-크로노스의 대비가 기정사실로 받아들여지고 히타이트 신화가 어느 정도 그리스 신화에 영향을 주었다는 것이 받아들여졌다. 또한 헤시오도스의 『신통기』는 기원전 14세기경 지금의 아르메니아와 터키에서 발견되는 후리아어·히타이트어 신화, 메소포타미아 특히 바빌론 신화와의 유사점이 수없이 논의되어왔다.

문학적·신화적인 주제를 빌려온 것 이외에 종교적·제의적 영향은 아프로디테에서 찾을 수 있다. 고전 문헌학자들은 아프로디테 신에 대한 제의가 메소포타미아의 이시타르 여신의 제의와 유사하다는 점을 알게 되었다. 이 신화의 인도-유럽적인 기원조차 이 메소포타미아의 여신에게서 유래했다. 또한 프로메테우스신화가 메소포타미아의 엔키 신화의 유사점이 논의되기도 했다.

호메로스의 『일리아스』에서 오케아노스와 그의 아내인 테티스는 모든 신의 기원 신으로 등장한다. 그들은 아마도 메소포타미아의 창조신화인 '에누마 엘리시'에 나오는 모든 신의 조상이며 지하수를 상징하는 '압수'와 바닷물을 상징하는 '티아마트'와 대비된다.[3]

---

3 이 같은 시도는 M. L. West, *The East Face of Helicon: West Asiatic Elements in Greek Poetry and Myth*(Oxford, 1997)에서 찾을 수 있다.

이와 같은 시도는 최근 옥스퍼드의 고전학자 웨스트(M. L. West)의 『헬리콘 산의 동쪽 모습(The East Face of Helicon: West Asiatic Elements in Greek Poetry and Myth)』(Oxford, 1997)에서 찾을 수 있다. 그러므로 이제 다음과 같은 구조를 제안하고자 한다.

고대 근동 그리스 문명(헬레니즘)
셈족 문명(헤브라이즘)

9. 나가는 글

서양 문화는 고대 근동과 많은 공통점을 가지고 있을 뿐만 아니라 그 모체를 고대 근동에서 찾을 수 있다. 21세기의 현대인은 모든 문명의 최고를 서로 받아들이고 공유해 인간 가치를 강조하는 한편 보호주의나 인종주의는 타파해야 한다. 물론 문명이나 문화 간의 차이는 공통가치의 예외로서 각 문화가 소중히 지켜나가야 한다.

한국 지식인의 서양 따라잡기는 그들의 근원에서 시작되어야 한다. 서양이 고대 근동의 문명을 자기 나름대로 해석·창조해 헬레니즘이라는 독특한 문명을 만들었고 고대 셈족이 유대교, 그리스도교, 이슬람교를 중심으로 유일신 종교를 만든 것처럼, 우리도 한 번 걸러진 헬레니즘과 헤브라이즘을 연구함과 동시에 그들의 발생을 연구해야 할 것이다.

18세기부터 일어난 '오리엔탈리즘'은 부정적인 역할을 한 것도 사실이지만, 오리엔트 곧 지중해를 중심으로 태어난 인류 최초의 문명은 헬레니즘의 소유도 헤브라이즘의 소유도 아니었다. '오리엔탈 르네상스' 덕분에 어느 시대보다도 우리에게 더 가까이 온 고대 근동의 문화유산은 헬레니즘과 헤브라이즘을 태동시킨 문명의 자궁으로서 21세기의 첨예한 연구대상이 되어야 할 것이다.

문화는 독립적으로 그 씨앗으로부터 싹이 트는 식물이 아니다. 문화는 자기 문화의 부족한 점을 절실히 필요로 하고 과감히 받아들이고 다른 문화를 관심과 호기심을 가지고 계속 배우는 과정 속에서 형성된다. 특별히 문화는 '나와 다른 것, 이상하고 외국적인 것', 즉 타자를 배우려는 의지로부터 출발한다. 우리가 서양을 깊이 알기 위해서는 서양의 두 사상, 즉 헬레니즘과 헤브라이즘의 뿌리인 '고대 근동 문명'을 제대로 이해해야 한다. 그것은 우리에게 새로운 해석의 틀을 제공할 것이다.

죽음이란 무엇인가*

우리의 전통적인 죽음 이해와 오늘의 과제를 중심으로

정진홍
이화여자대학교 석좌교수, 종교학

1. 왜 죽음을 새삼 물어야 하나

죽음을 예상하지 않는 인간은 없다. 자기가 죽으리라는 것을 모르는
사람도 없다. 두렵고, 피하고 싶고, 아예 죽지 않았으면 좋겠다는 생각도
하고, 경우에 따라서는 어서 죽었으면 좋겠다는 희구를 가지는 차이는
있어도 삶이 죽음에 이른다는 것을 부정할 수 있는 인간은 없다. 그래서
그렇겠지만 인류의 문화는 죽음 담론으로 가득하다. 종교에서도, 철학
에서도, 문학에서도, 예술에서도 죽음이라는 주제는 다른 주제를 압도
한다. 그래서 죽음이란 어떤 것이라든지, 죽음을 어떻게 견뎌야 한다든
지, 죽음의 의미는 무엇이라든지, 죽음 이후는 어떠하다든지 하는 죽음
이해가 무성하다.

그런데 죽음은 '사물에 대한 이해'처럼 그렇게 투명하고 분명하지 않
다. '죽어본 사람의 증언'이 없기 때문이다. 그래서 죽음 이해란 어쩔 수
없이 '미루어 짐작하기'나 '상상하기'에 의해 이루어진다. 물론 우리는

---

* 정진홍, 『정직한 인식과 열린 상상력: 종교담론의 지성적 공간을 위하여』(청년사,
  2010)에 실린 글을 재수록.

죽음이 무언지 분명하게 말할 수 있다. '숨이 끊어진 몸'이라는 묘사가 죽음에 대한 우리의 보편적인 인식의 내용이 되어 있고, 이러한 죽음 서술은 지속적이고 보편적이다. 철학적으로도 '존재의 비존재화'란 개념으로 죽음을 다듬을 수 있다. 그렇다면 우리는 죽음을 새삼 물을 필요가 없다. 죽음이 무언지 다 알 뿐만 아니라 내가 죽는다는 사실도 분명하게 알고 있기 때문이다.

하지만 죽음은 우리의 실제 경험 속에서 늘 이러한 지평을 넘어선다. 이를테면 우리는 '나의 죽음'을 대체로 '설명 불가능한 당혹' 속에서 직면한다. 그러므로 죽음 이해는 그 죽음 주체의 정황이나 그가 관심을 기울이는 죽음 현상이 무어냐에 따라 상당한 차이를 드러낸다. 죽음에 대한 보편적인 이해 안에 내 죽음 이해를 다 용해해버려도 괜찮다고 할 수 없는 실존적인 긴장이 내재해 있는 것이다.

그뿐만 아니라 우리가 주목해야 할 것은 당연하다고 생각되는 죽음 이해도 시대나 문화에 따라 변화한다는 사실이다. 물론 언제 어디서나 불변하는 기본적인 죽음 이해가 없는 것은 아니다. 죽음이란 생명이 지닌 자연스러운 귀결이라는 이해가 그것이다. 적어도 개체의 소멸이라는 뜻에서 그러하다. 오늘날에도 많은 사람이 그러한 견해에 공감한다. 그러나 현대인은 이전에 비해 이러한 죽음 이해에 상당히 저항적이다. 생명이란 결국 소멸한다는 죽음 이해를 '운명 순응적인 죽음관'으로 여긴다. 상대적으로 현대인은 이전과 달리 생명에 대해 더 적극적이고 죽음에 대해 더 도전적이다. 살려고 하면 더 살 수 있다는 전제 아래 죽음을 마치 '관리할 수 있는 현상'으로 이해하고 있는 것이다. 죽음관의 이러한 시대적 변화는 일정한 죽음 이해가 지속된다 하더라도 당대의 죽음 문화를 새롭게 이해하지 않으면 안 되게 하고 있다. 죽음을 새삼 묻지 않으면 안 되는 것이다.

구체적인 예를 들어보자. 현대 의학은 기존의 죽음 정의를 뿌리부터 흔들어놓고 있다. 최근까지만 해도 우리는 죽음을 '호흡이 정지'하거나 '심장이 멎는 것'을 준거로 판단했다. 그러나 오늘 우리는 '뇌사(腦死)'를 죽음을 결정하는 새로운 준거로 삼고 있다. 그런데 이러한 판단이 전통적인 죽음 이해의 자리에서는 '살아 있는데 죽었다'고 하는 낯설고 두려운 사태로 받아들여진다. 죽음이 무엇인지 되묻지 않을 수 없는 것이다. 뿐만 아니라 우리는 앞에서 언급한 이른바 '죽음 관리'가 가능한 현실에서 살고 있다. 장기이식이 그 예다. 이 일은 '살아 있는데 죽었다'고 판단된 사람의 부분을 '죽어가는데 살아 있는' 다른 사람에게 옮겨 그를 살게 하는 것이다. 이것은 질병의 치유와 건강한 장수(長壽)를 기대해온 인류의 꿈이 실현되는 것이기도 하다. 또한 '살신성인(殺身成仁)'의 구현이기도 하다. 그러나 이 일은 상상하지 못한 심각한 문제를 빚기도 한다. 이른바 의학적인 살인의 가능성이 일컬어지고 있는 것이다. 인공적인 생명의 연장, 곧 죽음의 유예도 다르지 않다. 기계 의존적 생명의 '살아 있음'에 대한 논의는 새로운 문제로 등장하고 있다.

따라서 우리는 죽음에 대한 어떤 논의도 이제까지 상식적으로 판단한 것처럼 단순화할 수 없다. 이러한 문제는 오늘 우리가 직면한 새로운 짐이다. 다시 말하면 우리는 죽음이 무언지 또는 그 이전에 삶이 무언지 알 수 없는 채 살고 또 죽고 있는 것이다. 어디까지가 삶이고 어디서부터 죽음인지를 확인할 수 있는 어떤 준거도 불확실하기 때문이다.

그렇다면 죽음조차 '민주적으로 결정된다'는 말은 부적절한 진술이 아니다. 의사는 죽음을 판정하는 절대적인 권위를 가지고 있었다. 그러나 이제는 그렇지 않다. 우리는 죽음을 결정하기 위해 의사, 법률가, 성직자, 보호자, 때로는 환자 자신까지 포함한 '집단'이 작동하는 것을 본다. 죽음에 대한 객관적인 준거가 아니라 관계자들의 논의를 거쳐 죽음 여부를 판결하는 것이다. 안락사나 존엄사라는 개념도 죽음이 무엇인지 되물을 수밖에 없는 현실을 보여주고 있다.

그러한 것들은 그저 죽음이 아니다. 죽음 양태를 지칭한다. 그런데 그것은 인위적으로 이루어지는 일이다. 다시 말하면 의학의 발전이 이제는 인간이 스스로 어떻게 죽을 것인가 또는 어떻게 죽일 것인가를 선택할 수 있다는 것을 전제하면서 제기된 문제인 것이다. 아직 갈등하는 논의들이 일고 있지만 이러한 사실 자체가 인간은 이미 자신의 죽음이나 타인의 죽음을 '합리적이고 합법적으로 관리하는 단계'에 이르렀음을 보여주고 있다.

이전에는 죽음이 필연적인 것이지만 미지의 것이었고, 그래서 신비였고, 그러한 이유 때문에 아울러 금기의 울 안에 있었다. 그래서 죽음은 개인이든 공동체든 죽음 주체에 의하여 '의미가 부여되는 실체'이기도 했다. 그러나 오늘의 삶의 현실에서는 죽음은 신비나 금기의 차원에서 벗어난다. 죽음은 완전히 그 실체를 노출하고 있는 것으로 보인다. 죽음에 대해서 모르는 것이 없게 된 것이다. 그런데 이러한 사실이 우리에게는 예상하지 못한 문제로 등장한다. 신비를 탈색해버린 죽음은 투명한 죽음이 아니라 오히려 더 많은 갈등을 경험하게 한다. 죽음이 그 의미를 확인할 수 없는 현상이 되고 말았기 때문이다. 죽음은 그저 죽음일 뿐이다.

이에 더해 생태학도 새로운 문제를 제시하면서 죽음을 되생각하게 한다. 생태계의 파괴는 불원간 인간의 소멸을 초래할지도 모른다는 우울한 진단을 하고 있다. 지구 온난화 현상이나 AI 같은 질병의 창궐을 그 예로 들 수 있다. 이러한 사태는 단순한 자연재해가 아니라 '재앙'으로 묘사되고 있다. 이러한 예상은 기존의 죽음관으로는 설명할 수 없는 새로운 죽음 인식을 요청한다. 개인이나 공동체만이 아니라 지구를 단위로 한 죽음 서술을 해야 하기 때문이다. 전쟁의 양상도 달라졌다. 언제 어디 누구를 가리지 않고 '아무나' 죽이고 죽는다. 테러가 그것이다. 테러에서는 개개인의 죽음은 물론 무엇을 위한 죽음이나 죽임인지조차 불분명하게 죽음 현상 자체가 긴박하게 요청된다. 죽음과 죽임이 자족적인 현상이 되고 있는 것이다.

죽음이 물화(物化)되고 양화(量化)되는 사태도 심화되고 있다. 예를 들면 죽음이 지체되는 고령사회의 도래를 심각한 위기로 묘사하는 풍토가 그렇다. 사망률의 감소가 출생률 감소와 더불어 문제가 되고 있다. 달리 말하면 죽지 않는 것이 문제다. 매우 역설적인 '죽음 희구의 문화'를 우리는 살고 있다. 매장을 화장으로 바꾸도록 하는 일도 국토관리라는 경제적인 이유가 그 논거가 되고 있다. 죽음은 살아 있는 자를 위한 복지의 논의 과정에서 다만 부수적인 사항으로 다루어지고 있다. 삶을 위해 처리해야 하는 쓰레기 관리의 문제와 조금도 다르지 않다. 구조적으로 그러하다. 우리는 그러한 일을 무감각하게 실천하고 있다. 그러다가 스스로 죽음과 직면하게 되면 비로소 그러한 죽음 문화에 대한 물음을 묻는다.

죽음 담론은 오늘날 종교에서조차 중요한 일들의 우선순위에서 최우선적인 것이 되지 못하고 있다. 이전에는 죽음에 대한 해답이 곧 종교라고 해도 좋을 만큼 종교는 죽음 담론의 정화였다. 그러나 이제는 인권이나 정의나 기복에 밀려 죽음은 주변적인 것으로 물러나 있다. 이제 죽음을 금기로 여기던 정서마저 사라지고 말았다. 죽음을 말하는 것은 저어해야 할 일이라는 감각조차 사라졌다. 다만 언제 어디서나 있고 또 있을 현실적인 사건으로 간주되고 있다. 주검은 위생학적으로 다루어야 할 쓰레기가 되었다. 죽음은 누구나 해체하고 분석하고 자기 뜻대로 개념화할 수 있는 것이 되어버린 것이다.

죽음은 더 이상 거추장스러운 것일 필요가 없다. 그런데도 우리의 죽음 이해는 여전히 암울하고 불투명하다. 당혹스럽고 초조하다. 자신의 죽음을 눈앞에 두고 있는 노년에 이르면 사람들은 그러한 죽음 풍토가 얼마나 황량한 것인지 스스로 느끼게 된다. 자신의 죽음이 존중받지 못하고 있고, 그래서 결국 살아온 자신의 삶이 무시되고 무화되어버린다는 절망감을 느끼게 되는 것이다. 다시 말하면 현대의 죽음 이해가 '무언지 매우 중요한 어떤 것'을 현실적인 인간의 죽음 경험에서 간과하든가 망각하든가 아니면 잃어버리고 있다고 느끼는 것이다. 우리가 직면한 죽음 문화의 현실이 이렇다면 우리는 죽음이 무엇인지 되물을 필요가 있다.

2. 이 상황 속에서 우리는 죽음을 어떻게 정의할 것인가

하나의 사물을 정의한다는 것은 실은 불가능한 작업이다. 그러나 우리는 사물의 본질을 드러내는 '진리의 진술' 차원이 아니라면 언제나 작업가설적인 정의는 얼마든지 할 수 있다. 죽음 서술이 이전과 달라졌다 할지라도 그러한 정의를 좇아 우리는 지금 여기에서의 죽음 논의를 위한 죽음 정의를 마련할 수는 있는 것이다.

이를 위해 우리는 '몸의 현실'에 대해 성찰할 필요가 있다. 우리는 흔히 몸과 정신을 이원적인 것으로 분류한다. 그리고 정신의 우월성을 주장하면서 몸의 열등함이나 정신 예속성을 주장한다. 몸의 한계는 언제나 정신을 통해 보완되고 완성되는 경우를 실제로 경험하고 있기 때문이다. 본능의 극복은 이러한 주장을 지탱하는 가장 구체적인 예이기도 하다.

그러나 우리는 몸이 있어 비로소 존재한다. 정신도 몸에 깃든 현상이다. 몸 없이 이루어지는 삶은 없다. 초월적이고 신비한 것을 상상하고 신앙하고 경험하는 것도 몸이 없으면 불가능하다. 몸은 곧 사람이고 삶이다. 삶이 곧 사람이고 몸인 것이다. 그런데 죽음이란 몸이 더 이상 현존하지 않는 계기를 일컫는다. 몸의 부재, 그것이 곧 죽음이다. 주검은 이미 몸이 아니다. 몸이었던 주검은 죽음을 계기로 매장되거나 연소되거나 소멸된다. 죽음은 몸의 지속을 거절한다. 따라서 몸이 있어 맺었던 관계도 더 이상 지탱하지 않는다. 몸을 통해 이루어지는 꿈도 사라진다. 몸으로 실현한 삶의 흔적은 남아도 그 주체였던 몸은 이제 없다. 그것이 죽음이다.

죽음에 대한 의학적인 설명도 그 전문적인 용어를 유보한다면 몸의 부재를 선언하는 것과 다르지 않다. 언제 어떻게 그 몸의 지속을 거부하는 사태가 발생하는가 하는 것은 다만 죽음 발생을 서술하는 기술적인 문제이다. 어떻게든 일어나는 죽음은 결과적으로 몸의 거절이다. 사회학적인 죽음 설명도 마찬가지다. 그 관점에서는 사회적 실체인 개체의 소멸이 곧 죽음이다. 그런데 그것은 그 개체의 몸의 소멸을 뜻한다. 종교가 죽음을 논의하기 시작하는 것도 바로 그 몸이 소멸하는 사건을 기점으로 한다. 영혼은 몸과 분리된 실재에 대한 개념이다. 그렇다면 죽음을 정의하는 것은 전혀 어렵지 않다. 몸이 더 이상 몸이지 않아 생기는 일체의 삶의 정지가 죽음이다. 몸의 현실성을 간과한 어떤 죽음 논의도 관념적이고 비실제적인 것은 이 때문이다.

죽음에 대한 이해 또는 죽음 정의란 죽음이라는 사건의 상태에 대한 서술이 아니다. 자신의 미래에 일어날 몸의 부재라는 사건에 대해 자신이 어떤 의미를 부여하고 있는가 하는 것이 죽음관이고 죽음 이해이다. 그것만이 자신에게 적합성을 가지는 죽음 정의인 것이다. 무릇 사물에 대한 인식이란 그 사물을 의미 있는 것으로 승인하고 수용할 때 비로소 완성되는 것이다. 죽음도 다르지 않다. 우리는 분명하게 죽음을 몸의 소멸이라고 서술할 수 있다. 그러나 거기에서 멈춘다면 그것은 죽음 이해에 도달한 것이 아니다. 다만 죽음 현상에 대한 묘사일 뿐이다. 중요한 것은 몸의 소멸이 지금 여기에서 몸으로 살아 있고 그 소멸을 향해 가는 몸으로 있는 나에게 어떤 의미를 지닌 것인가를 물어 그 해답을 지니지 않으면 죽음은 어떻게 서술되더라도 나와 관계없는 것이 되고 만다고 하는 사실이다.

물론 우리는 마치 진공상태와 같은 처지에서 죽음을 응시하고 있는 것은 아니다. 우리는 이러저러한 경험을 통해 이미 수많은 죽음과 만났고 나름대로 죽음에 대한 이해와 의미부여를 하고 있다. 겪지 않은 것은 다만 '나의 죽음'뿐이다. 그래서 죽음에 대한 불안과 공포를 내 안에 상당히 내장하고 있다. 내 죽음을 만나며 겪어야 할 몸의 고통, 사랑하는 사람과의 별리, 꿈의 소멸이 분명하게 보인다. 우리는 그러한 죽음 이해를 하고 있다. 당연히 회피하고 싶고 부정하고 싶은 욕망도 지닌다. 그런데 의미란 바로 그러한 정황에서 추구되고 확보되는 삶의 내용이다. 우리는 죽음, 몸의 소멸을 그렇게 의미화해야 하는 것이다. 그것이 죽음관이다.

그런데 더 중요한 것은 죽음에 어떤 의미를 부여하는가에 따라 삶이 달라진다는 사실이다. 생각해보면 우리의 삶이란 '출생과 죽음 사이'의 기간이다. 그러므로 '살려면' 출생과 죽음의 지표가 한눈에 보여야 옳다. 그런데 우리는 대체로 죽음을 간과하거나 의도적으로 눈감아버리는 태도로 삶을 영위하고 있다. 이것은 정직한 태도일 수 없다. '몸의 소멸'의 현실성에 대한 분명한 인식을 결한 몸의 영위는 근원적으로 비현실적이고 불안한 삶이다.

그러므로 죽음 자리에서 삶을 관조할 수 있는 '지혜'가 필요하다. 삶을 위해 가장 현실적인 것은 삶의 자리에서 죽음을 조망하는 것이 아니라 죽음의 자리에서 삶을 성찰하는 것이다. 그것은 삶이 소멸 지향적인 것이 아니라 완성 지향적인 것임을 터득하게 하는 첩경이라고 생각해도 좋을 것이다. 죽음관은 삶을 결정하는 종국적인 요인이 되고 있다. 우리는 누구나 그것을 경험하고 있다. 그러므로 우리는 죽음을 의미 있는 것으로 만드는 것이 삶의 바탕이어야 하고 동시에 어떤 의미를 죽음에 부여하는가 하는 것이 삶의 내용이어야 한다고 말할 수 있다.

우리는 다행히 죽음을 맞는 최초의 사람들이 아니다. 우리보다 앞서 삶을 살다 죽음을 맞은 선인들이 있다. 비록 그들이 되살아와 죽음을 증언하지 않는다 할지라도 그들은 삶의 경험, 더 구체적으로는 죽음을 향해 다가간 경험을 통해 마르지 않는 지혜의 샘을 우리에게 남겨주고 있다. 사상으로, 종교로, 의례로, 문학으로, 미술로, 춤으로, 음악으로 그들은 죽음에 어떤 의미를 부여하는 것이 삶을 삶답게 하고 죽음을 죽음답게 하는 것인지를 우리에게 가르쳐주고 있는 것이다. '죽음을 어떻게 살 것인가 하는 것을 보여주고 있는 것이다.

무릇 삶의 태도가 마땅히 그러해야 하듯이 죽음이 무엇인가고 묻는 물음에 대한 해답을 진정으로 원한다면 우리는 모든 지혜를 향해 자신을 열어놓는 태도가 필요하다. 겸손하게 지혜의 발언을 경청해야 하는 것이다. 물론 그러한 지혜는 역사·문화적인 맥락을 지닌다. 그래서 어떤 죽음관은 그 언어와 비유와 묘사가 우리의 맥락에서는 부적합한 것일 수도 있다. 그러나 그렇다고 하는 것을 유념한다면 우리는 그 모든 가르침 저변에 흐르는 인간으로서 공유할 수 있는 동질적인 문제와 만나려는 더 적극적인 태도를 취하면 될 것이다. 뿐만 아니라 살아 있는 선배과 동료, 그리고 당대의 지혜와 만나는 것도 당연히 요구되는 일이다. 당대를 함께 살아가기 때문에 지니는 공감하는 문제의식은 자신을 성찰하는 데 효과적인 계기를 마련해준다. 가족의 전통, 가정의 분위기도 간과할 수 없는 중요한 지혜의 샘이다.

그러나 무엇보다 강한 영향을 주는 것은 종교의 가르침이다. 비록 그 영향력이 주변적인 것이 되어버렸다는 평가에도 불구하고 여전히 인류의 문화 속에서 종교라고 일컫는 현상보다 더 구체적으로 죽음을, 그래서 삶을 규범적으로 가르치는 것은 없기 때문이다. 때로 종교의 가르침은 자신의 절대성을 주장하면서 다른 종교의 가르침을 폄하하기도 하고, 그 때문에 개인은 그 사이에서 갈등을 겪기도 한다. 더구나 자신이 선택한 해답을 절대화하는 것이 해답을 향유하기 위해 불가피하다면 문제는 더욱 심각해진다. 하지만 그러한 불가피성을 존중하면서 어떻게 다양한 해답을 승인할 것인가 하는 것도 진지하게 고려하지 않으면 안 된다. 오늘의 종교 다원 현상 속에서는 더 그러하다. 그러나 사정이 어떻든 그러한 어려움에도 불구하고 종교는 죽음을 정의하고 죽음에 의미를 부여하는 직접적이고 현실적인 문화임에는 틀림없다.

우리는 어떤 죽음 정의가 또는 죽음관이 옳은지 그른지 판단하는 일을 서둘기보다 자신이 얼마나 진지하고 정직하게 죽음을, 그래서 삶을 고뇌하고 또 그 완성을 위해 노력하는지 돌아보는 일을 우선해야 한다. 사람이 얼마나 사람다운가 하는 것은 자신을 얼마나 분명하게 살펴 아느냐 또는 자신에게 얼마나 정직한가 하는 것과 다르지 않다. 바로 그러한 자리에서 우리는 내가 이해하는 죽음이 어떤 것인지 스스로 기술하고 그것을 다른 사람들과 공유하면서 더 나은 것으로 다듬어 나아갈 때 비로소 나의 죽음 정의와 이해, 나의 죽음관을 가질 수 있게 될 것이다.

3. 우리의 전통적인 죽음 이해와 종교의 죽음 이해

1) 전통적인 죽음 이해

전통적인 죽음 이해라는 주제가 무척 막연하지만 이 글에서 살피려는 것은 특정한 종교나 권위 있는 가르침과 상관없이 평범하게 태어나 살다 죽는 우리 삶 속에 지하수처럼 흐르는 죽음에 대한 태도이다. 그것을 우리네 죽음 의식(意識)의 기층이라든지 원형이라는 개념으로 서술할 수도 있을 것이고, 잠재된 죽음 의식이라고 표현해도 좋을 것이다. 더 나아가 민중의 삶이라든지 민간신앙이라든지 하는 현상 속에서 발견되는 죽음 인식을 내용으로 해도 좋을 것이다. 하지만 이러한 묘사는 계층적 담론으로 오해될 수도 있어 조심스럽다. 또 무속신앙의 독특한 구조를 통해 살펴볼 수도 있겠지만 무속문화라고 할 만한 것의 외연이 쉽게 금이 그어지지 않는 것을 고려하면 무속을 통한 죽음 이해를 살펴보는 일은 불가피하게 개념적인 도식 안에 죽음 논의를 한정짓는듯해서 그러한 접근도 삼가고자 한다. 그러나 실은 이 모든 것을 다 포괄하면서 얻어지는 죽음 이해를 다듬어보는 것이 전통적인 죽음 이해를 살피는 길일 것이다.

이러한 견지에서 보면 우리의 전통적인 죽음 이해 또는 죽음관은 다음의 몇 가지로 묘사해도 좋을 듯하다. 당연히 일관된 내용이지만 마디를 주어 서술하도록 하겠다.

첫째, 우리는 죽음을 불가사의한 현상이라든지, 예상하지 않았던 일이라든지, 갑작스러운 변고라든지 하는 것으로 여기지 않았다. 죽음은 살아 있는 모든 존재가 겪는 자연스러운 것으로 여겼다. 그러므로 죽음을 의도적으로 피하려는 태도는 뚜렷하지 않다. 물론 오래 살고 싶은 욕심이 없던 것도 아니고 편하게 죽고 싶은 희구가 없었던 것도 아니다. 죽음 이후를 그리는 상상도 초라하지 않았다. 하지만 죽음 자체를 회의하거나 거부하거나 부정하려는 태도는 찾아보기 힘들다. 뿐만 아니라 죽음이 온전한 소멸이라는 관념도 뚜렷하지 않다. 죽음은 삶이 지닌 자연스러운 어떤 '고비'였다.

둘째, 그렇다고 해서 죽음에 대한 두려움이 없었던 것은 아니다. 우리는 음습한 죽음 이야기를 수도 없이 듣는다. 죽음은 공포이고 저주이기도 하다. 살아 있음은 그것 자체로 죽음과 견줄 수 없는 축복이다. 그러니 어떻게 해서든 죽지 않아야 그것이 삶다운 삶을 영위하는 일이다.

그러나 주목할 것은 이러한 사실이 죽음 자체에 대한 부정이 아니라는 사실이다. 우리의 전통적인 죽음관은 사람이 '어떤 죽음을 죽는가' 하는 것을 죽음 이해의 준거로 삼고 있다. 그래서 두려운 죽음과 그렇지 않은 죽음이 나뉜다. 예를 들면 요사(夭死), 횡사(橫死), 원사(冤死) 등을 무척 저어했다. 그렇게 죽어서는 안 되고 그렇게 죽을 수는 없다는 태도가 강하게 부각되어 있다. 따라서 암울하고 음습한, 두렵고 칙칙한 죽음이야기들은 한결같이 앞에 든 그러한 죽음의 경우에 한한다. 병사(病死)도 두려운 죽음의 범주에 넣을 수 있다. 그러나 그것이 앞의 죽음에 들지 않은 경우에는 오히려 죽음에 이르는 자연스러운 과정으로 여겼다. 병사에 대한 이러한 이해 때문에 '늙어 앓다가 고이 목숨을 거두는 것'은 당연하고 자연스러울 뿐만 아니라 누구나 그렇기를 바라는 것이었고, 그래서 노환은 아예 축복이었다.

셋째, 그렇기 때문에 실은 죽음 이후에 대한 잘 다듬어진 그림이 거의 없다. 이승과 저승의 구분이 없지 않고 몸과 혼의 구분이 또한 없지 않지만 그것이 절대적이지는 않았다. 다만 두려운 죽음의 경우에는 그러한 구분이 꽤 선명하게 드러나고 그러한 구분에서 비롯하는 '기대'가 더 짙어지곤 했지만 '사람은 죽는다'는 죽음 이해의 맥락에서는 뚜렷하지 않다. 그래서 저승은 '동구 밖'이고 혼조차 잊혀 더 이상 존재하지 않는다. 저승도 혼도 한 맺힌 경우나 자손을 저리게 아끼는 등 별리를 현실적으로 승인할 수 없는 지극한 경우를 빼고는 흔히 일컬어지는 것이 아니었다. 잘잘못에 따른 죽음 이후의 보상에 대한 기대도 없지 않지만 그것을 바라는 것이 삶을 규범적으로 제어할 만큼 강하지는 않다.

결국 우리의 전통적인 죽음관은 '자연스럽다.' 죽음을 맞는 태도에 억지가 없다. 심각한 두려움도 없고, 고통의 절규도 심하지 않으며, 절망의 체념도 두드러지지 않다. 그렇다고 희망에 들뜬 환희도 없다. 분명히 죽음이 삶의 고비인 듯하지만 그 고비 앞뒤를 묘사하기에는 아는 것이 너무 없다. 그러니 실은 고비라는 의식도 분명하지 않은 셈이다. 그저 물

흐르듯 바람 불듯 그렇게 죽음을 살아가는 것이다. 죽음을 이야기하는 '돌아가셨다'는 표현은 이러한 죽음관을 가장 잘 드러낸다. 그러니 죽음이 심각하게 두려울 까닭이 없다.

이러한 우리의 전통적인 '자연주의적 죽음관'은 연대기적으로는 외래종교의 전래 이전이고, 의식의 차원에서는 심층에서 잠재적인 구조를 이루고 있다. 따라서 이러한 죽음관은 그것이 현존하는 문화·역사 속에서 언제나 역사·문화적 변용의 바탕이 된다. 따라서 지금 우리의 문화 안에 현존하는 이른바 '한국인의 죽음관'이라고 묘사할 수 있는 것이 있다면 그것을 새삼 성찰하기 위해서는 이러한 바탕에 첩첩이 놓여 있는 여러 종교의 죽음 이해에 주목하지 않으면 안 된다. 이러한 사실은 개개인이 어떤 특정한 종교인이라거나 그렇지 않다거나 하는 것과 상관없는 일이다. 누구도 이러한 '에토스'에서 자유롭지 않기 때문이다.

종교는 인간이 만든 문화의 한 양상이다. 그러므로 그것은 스스로 흥망성쇠의 역사를 지닌다. 우리는 비록 특정 종교가 차지한 '자리'와 그것이 현존해온 '길이'의 차이에도 불구하고 유교·불교·그리스도교를 죽음 이해의 에토스를 이룬 기본적인 요소로 전제하지 않으면 안 된다. 나열식으로 말하면 도교도 당연히 포함해야겠지만 그것이 지닌 '자연주의적 태도'는 언제나 자신의 경계를 짓기보다 다른 여러 주장에 스며드는 것으로 특징지을 수 있다는 사실을 유념하면서 의도적으로 간과하기로 한다. 그러므로 이 글에서는 우리의 죽음 이해를 뚜렷하게 채색했다고 여겨지는 종교들의 기본적인 죽음 이해만 살펴보도록 한다.

2) 유교의 죽음 이해

우리는 대체로 유교가 죽음에 대한 분명한 이해를 개진하지 않고 있다고 생각한다. 사실 그렇다. 『논어』를 보면 공자님은 계로가 "감히 죽음에 대하여 여쭙겠습니다(敢問死)"라고 하자 "아직 삶도 모르는데 어찌 죽음을 알리요(日 未知生 焉知死)"라고 말씀하신다. 답변의 회피거나 겸손이라고 여길 수도 있다. 하지만 공자님의 근원적인 입장은 아예 죽음물음을 차단하려는 데 있는 것으로 보인다.

이러한 그의 태도는 충분히 이해할 수 있다. 그는 인간의 문제란 온전하지 못한 인간관계에서 비롯하는 것으로 보았다. 그리고 그 관계란 구체적이고 직접적인 실천을 통해 이루어지는 현실적인 것이었다. 질서란 그런 것이다. 현실성을 결한 어떤 질서도 무의미하다. 죽음에 대한 논의는 자칫 비현실적인 관념의 유희가 될 수 있다. 따라서 이러한 죽음 논의의 차단은 그가 가르치려는 질서의 현실성과는 다른 맥락에서 죽음이 '경험'되고 '터득'되기를 바란 것으로 이해할 수 있다.

이러한 사실을 유교의 의례에서 확인할 수 있다. 모든 종교에서 주목해야 하는 것은 경전의 가르침 못지않게 중요한 것이 그 종교가 지닌 제의라는 사실이다. 우리는 유교의 경전에서 아무런 죽음 논의도 발견하지 못한다. 그러나 유교의 제사에서 그 종교가 지닌 죽음관의 구체적인 모습을 발견한다. 교의를 통해 죽음관을 밝히고 있는 것이 아니라 의례를 통해 죽음관을 다듬고 있는 것이다. 그것이 다름 아닌 제사이다.

유교에 의하면 제사는 산 자와 죽은 자가 만나는 의례이다. 여기에서 주목할 것은 '사자의 생존'이라고 할 수 있을 현상에 대한 승인이다. 사자는 생자의 영역에서 배제되지 않는다. 제사는 지금 여기 없는 망자의 회귀의례라고 할 수 있다. 망자는 제사를 통해 삶의 현실 속에 참여하고 이를 통해 생자는 망자와 삶을 공유한다. 제사는 삶과 죽음이 이어지는 공간이고 시간에서 이루어지는 몸짓이다. 이렇게 본다면 죽음은 영원한 별리도 아니고 삶의 냉혹한 단절도 아니다. 망자가 어떤 공간 어떤 시간에 현존하고 있는지는 분명하지 않다. 하지만 그보다 중요한 것은 삶 자체가 생자와 망자가 공존하는 것이라는 이해이다.

그러므로 조상이란 지금 이곳에는 없지만 영원히 있는 분들이다. 점차 잊힐 수 있지만 소멸하지는 않는다. 영육의 분리를 일컫는 많은 개념이 발전해 망자의 현존을 논리적으로 설명하려는 노력의 흔적이 뚜렷하지만 제사에 참사해 망자와 만나는 경험은 망자의 현존을 그러한 논리와 상관없이 직접적인 현실로 받아들이게 한다. 망자와의 관계는 살아 있는 자들 간의 관계와 다르지 않다. 망자에게 결례가 되는 일을 해서는 안 되고, 망자에게 삶을 아뢰어야 하고, 망자의 간섭을 겸허하게 수용해야 하고, 그것을 간청해야 한다는 등의 실천적인 규범이 강조되는 것도 이를 보여준다.

유교적인 죽음관은 두 가지 모습으로 구체화한다. 하나는 자식을 통한 생명의 지속이 죽음을 무의미하게 한다는 믿음이다. 혈연을 축으로 한 '가족주의'가 바로 이러한 믿음을 현실화한다. 다른 하나는 생활공동체를 생자만의 것으로 여기지 않고 사자와 더불어 이루는 공동체로 여기는 태도이다. 제사를 절대적인 사회규범으로 전제하는 것은 삶의 공동체가 어떠해야 하는지 보여주는 전범이다.

결국 유교는 죽음을 존재의 소멸이라고 이해하지 않는다. 그것은 끝이 아니다. 그 이후에 대한 구체적인 서술은 없다. 그러한 서술이 불필요할 만큼 망자의 현실은 생자의 현실과 이어져 있다. 따라서 제사에서 드러나는 것은 죽음이 끝이 아니라는 분명한 선언이다. 망자와 생자의 공존에서 죽음은 다만 존재양태의 변화를 획하는 계기일 뿐이다.

이러한 유교의 죽음 이해는 특히 지난 반 천 년 동안 우리의 죽음관을 짙게 채색했다. 죽음은 두렵지 않지만 제사를 받을 수 없는 것이 두렵다는 의식도 그러한 표징 중 하나다. 이제는 꽤 흐려진 것들이지만 우리의 무의식 속에는 아직 뚜렷하게 남아 있는 깊은 의식의 무늬다.

3) 불교의 죽음 이해

불교는 인간의 고통을 문제로 삼아 그 해답을 추구한 전형적인 모습을 보여주고 있다. 무엇보다도 죽음은 고통의 정점에 위치한 물음이었다. 부처님은 죽음이 모든 것의 종말이고 삶을 허무하게 하는 계기라는 사실을 직시하고 있었다. 그래서 허무한 종말에 이르는 것이 삶이라는 사실을 견딜 수 없었다. 태어남과 늙음과 병듦은 다만 죽음의 전조일 뿐이었다. 불교는 아예 죽음을 고뇌한 또는 고뇌하는 종교라고 해도 지나치지 않다. 따라서 불교는 우리의 문화 속에서 죽음을 가장 진지하게 사색하고 탐구하게 한 문화이다. 그러나 죽음에 대한 해답은 그리 소박하지 않다. 비록 가장 강한 축이 되는 보편적인 죽음 이해가 크게 변하지 않고 전승되고 있다 할지라도 모든 사상이나 종교적인 가르침이 그러하듯 불교의 죽음관도 상황에 따라 다양한 주장과 해석이 이어지기 때문이다.

오랜 불교 전통은 두 가지의 다른 죽음 이해를 우리에게 전해주고 있다. 하나는 죽음을 죽음 주체가 다른 존재로 탈바꿈할 수 있는 계기로 여기는 것이다. 전생(轉生) 또는 윤회(輪廻, samsara)가 그것이다. 지금 여기에서의 삶이 죽음을 계기로 다른 삶과 이어진다고 하는 주장은 죽음을 그저 삶의 종말로 여기지 않는다. 오히려 죽음을 하나의 과정으로 본다. 죽음은 죽음을 계기로 인간을 다른 존재이게 하는 것이다.

중요한 것은 죽음 이전의 삶이 원인이 되고 죽음 이후의 삶이 그 결과라는 사실이다. 따라서 고통의 까닭을 깨달아 스스로 욕망에서 자유롭게 된 존재는 다시 사람이 되거나 더 이상 윤회의 사슬에 얽매이지 않는 자유로운 존재가 되지만 그렇지 못하면 깨달음을 얻을 때까지 이어지는 순환의 고리에서 사람 아닌 존재로도 무수히 되태어나지 않으면 안 된다.

그러므로 죽음은 삶을 완성시키는 '도덕적인 계기'가 된다. 다시 말하면 죽음은 고통을 벗어나는 계기가 될 수도 있고, 다시 이어지는 고통을 견뎌야 하는 비극의 처음 계기가 될 수도 있다. 따라서 불교의 죽음관은 죽음 주체가 죽어 다른 존재로 되살아난다는 사실을 전제하면서 지금 여기에서의 삶을 더 진실하게 살아갈 수 있도록 한다. 자연히 죽음 이후의 공간에 대한 논의도 구체적으로 기술하고 있다. 극락과 지옥, 정토나 열반 등은 비록 그 개념이 공간에 한한 것은 아니지만 공간을 기반으로 유추되는 것들이다. 그리고 이 모든 것은 죽음 주체의 삶과 불가분리의 관계 속에서 현실화한다.

그러나 불교는 이와 전현 다른 죽음 이해도 가르치고 있다. 아예 삶과 죽음을 구분하지 않으려는 태도가 그것이다. 현실적으로 몸에 일어나는 죽음이 없다고 주장하는 것은 아니다. 하지만 마치 죽음이란 실재하지 않는 것인 듯 가르친다. 이러한 주장은 여기에서 머물지 않는다. 오히려 이러한 주장은 삶이 실은 실재가 아니라는 것에 근거한다고 말한다. 따라서 죽음만이 실재이지 않은 것이 아니라 삶도 실재가 아니라고 주장한다.

어떤 실재하는 것도 실재성 자체가 확인될 수 있는 것이 아니며, 따라서 사물을 구분하는 것조차 무모하고 무의미하다고 주장하는 이러한 태도는 '모든 것이 없다'는 주장이기도 하다. 따라서 이러한 주장은 있음을 주장하는 어떤 논거도 부정한다. 그러나 모든 것이 없다는 주장은 있음을 전제하지 않으면 주장될 수 없는 선언이다. 결국 이러한 논의의 논리는 이원적인 사유의 비현실성을 지적하는 데서 비롯한 것이다. 상빈하는 둘이 있는 것이 아니라 하나의 사물을 상반하는 둘로 여기는 데서부터 문제가 비롯한다고 보는 것이다. 그러므로 몸이 있다는 것을 전제하면 죽음을 몸의 소멸로 받아들이면서 별리와 단절과 소멸을 두려워하고 고통스러워하지만 몸이 아예 없다고 전제한다면 죽음도 있을 수 없고 죽음 때문에 일어나는 고통도 있을 수 없다. 바로 그러한 이유 때문에 실은 삶도 삶이라고 일컬을 것이 못 되고 죽음도 죽음이라고 일 컬을 것이 못 된다.

이러한 논의는 상식을 벗어난다. 그래서 이해하기도 힘들다. 하지만 비록 불교도가 아니라 할지라도 알아듣지 못할 주장은 아니다. 사실 생 각해보면 죽음은 삶 밖에 있는 것이 아니다. 삶이 있어 겪는 삶의 현실 이다. 당연히 삶이 없다면 죽음도 없다. 그렇다면 이미 태어날 때 우리 는 죽음을 그 생명 안에 잉태하고 있었는지도 모른다. 따라서 죽음은 내 게 다가오는 밖의 실재가 아니라 내 안에서 자라다가 마침내 온전히 성 숙할 때 내 삶을 차지해 죽음이게 하는 삶의 다른 모습이기도 하다. 따 라서 삶과 죽음을 분별해 서로 상반하고 갈등하고 투쟁하는 것으로 여 겨 죽음을 저주하고 죽음 때문에 절망하고 죽음을 두려워하는 것은 바 른 태도가 아니다.

문제는 삶과 죽음을 분별하는 데서 시작된다. 그러므로 가장 중요한 것은 죽음도 없고 삶도 없다는 터득, 더 실제적으로 말하면 '죽음도 삶 도 다르지 않고 하나(生死一如)'라는 터득에서 죽음이 다듬어져야 한다는 것이다. 그것은 삶의 포기가 아니라 삶의 완성이다. 죽음은 그 완성을 지향하는 관점에서 수용해야 할 사건이다.

죽음에 대한 불교의 두 가르침은 서로 갈등하는 것으로 비치기도 한 다. 하지만 삶의 주체가 처한 상황 속에서는 얼마든지 동시적으로 또는 택일적으로 그 둘은 죽음에 대한 해답으로 기능한다. 인과응보의 도덕 적 규범으로 죽음과 삶을 아울러 넘어서는 초연한 신비의 경지에서 죽 음을 맞도록 가르치고 있는 것이다. 이러한 죽음관은 우리의 죽음 이해 의 내용을 이루면서 삶 속 구석구석에 스며들어 있다.

4) 그리스도교의 죽음 이해

그리스도교는 죽음에 대해 거의 강박적인 두려움을 담고 있다. 삶 속에 결코 있어서는 안 될 현상이 죽음이다. 그리스도교의 죽음 이해를 보면 그럴 수밖에 없다. 죽음은 인간이 자신을 창조한 신에게 복종하지 않은 죄의 결과로 얻은 저주이기 때문이다. 따라서 신에게 순종했다면 전혀 있지 않았을 것이 죽음이다. 다시 말하면 인간은 영원히 사는 존재, 단절이나 소멸을 예상할 수 없는 그러한 존재인데 불행하게도 불순종이라는 범죄 때문에 신으로부터 죽음이라는 형벌을 받게 된 것이다. '죄의 값은 사망이다'라고 한 성서 구절은 그리스도교 죽음관의 정수를 그대로 보여주고 있다. 그러므로 죽음은 두렵고 고통스러운 일이다. 죽음은 악이 초래하는 극도로 부정적인 상황이 현실화된 것이기 때문이다. 그러므로 인간이 죽을 수밖에 없다고 하는 것은 자연스러운 현상이 아니다. 그것은 매우 부자연스러운 일이기 때문에 소박하게 승인하거나 수용할 일이 아니다.

죽음은 삶과 상반하는 것이다. 죽음이 삶에 대한 징벌이라면 그 죽음은 삶을 배척하고 파괴하고 저주하는 것이다. 당연히 삶과 죽음은 서로 적대적이다. 삶의 자리에서 보면 죽음은 피할 수 없는, 그러면서도 피해야 하는 '악 또는 어둠의 세력'일 수밖에 없다. 그러므로 죽음의 그늘에서 벗어나는 것은 '영원히 죽지 않는 삶'을 누리는 일뿐이다. 그리스도교의 용어를 그대로 사용한다면 죽음에 대한 해답은 영생이다. 그런데 영생을 얻을 수 있는 길, 곧 죽음을 죽지 않을 수 있는 길이 있다. 그것은 자신의 과오에 대해 신의 용서를 받는 일이다. 그렇다면 저주도 징벌도 풀리고 그 사슬에서 자유로워질 수 있다.

그런데 이러한 희구는 몸의 현실 때문에 쉽게 이루어지지 않는다. 죽음이라는 저주를 받게 된 것도 실은 몸 때문이었다. 그렇다면 몸의 현존은 끝내 죽음으로부터 자유로울 수 있는 계기를 차단한다. 따라서 신에게 비는 용서는 몸의 소멸과 함께 하지 않으면 현실적으로 구현될 수 없다. 사실상 이 맥락에서 그리스도교의 죽음 이해는 상당히 복잡하게 펼쳐진다. 몸과 영의 이원론적 구조와 죽음이 얽히기 때문이다. 그러나 심판과 보상과 영원한 세계의 묘사가 이에 뒤따르는 것은 어떤 그리스도교 죽음 이해에서도 전혀 배제된 적이 없다.

소박하게 말하면 바로 이 계기에서 그리스도교는 삶의 주체에게 죽음을 권유한다. 어서 죽어 몸의 현실에서 벗어나야 죽음으로부터 오는 온갖 부정적인 삶의 정황에서 풀려난다는 것이다. 이 주장의 논리는 간단하다. '죽어야 산다'는 것이다. 죽음을 공포와 저주로 마주했다면 이 계기에서 인간은 죽음을 오히려 '선취해야 할 것'으로 여기고 '마땅히 죽어야 하는 삶'을 다진다. 이렇게 해서 죽음은 두렵지 않은 것이 되고 피해서는 안 될 것이 된다. 죽음은 삶의 완성을 위한 전제이기 때문이다. 역설적으로 말하면 바야흐로 죽음 그것 자체가 저주에서 축복이 되는 것이다. 저주받을 수밖에 없이 신으로부터 일탈한 몸을 적극적으로 소멸하도록 함으로써 더 이상 다시 죽지 않을 새로운 몸으로 바꾸어야 할 것을 가르치고 있다. 영원한 생명을 얻는 길은 낡은 삶이 사라지지 않으면 안 되는데 그 사라짐을 가능하게 하는 것이 죽음이라는 것이다.

그리스도교의 이러한 죽음 이해가 몸의 현실적인 현존을 지속하면서 이루어지는 것인지 아니면 다만 정신적인 것의 차원 또는 영적인 차원에서 이루어지는 것인지 판별할 수 있는 선은 명확하지 않다. 역사적으로 많은 신학적인 논의가 있었다는 자료들을 만날 수 있을 뿐이다. 그러나 분명한 것은 죽음이 단순한 저주가 아니라 지극한 '의미의 계기'로 읽혀지고 있다는 사실이다. 죽음은 존재의 변화를 가능하게 하는 구체적이고 현실적인 계기이다. 따라서 죽음은 회피하거나 두려워할 것이 아니라 오히려 축복으로 받아들여야 한다. 그리스도교가 기리는 '부활'

은 바로 이러한 죽음 이해가 의미의 실체로 드러난 극적인 사건에 대한 이름이다. 죽음은 부활하기 위한 것이다. 죽음이 있어 비로소 부활이 현실화한다.

비록 그리스도교는 우리의 문화 속에서 다른 종교에 비해 짧은 전통을 지니고 있다 할지라도 이러한 죽음관은 상당한 정도 우리의 죽음관에 영향을 미치고 있다. 죽음을 닫힌 종말이 아니라 열린 종말로 승인하고 수용하는 풍토를 조성하는 데 크게 기여하고 있는 것이다.

4. 오늘 우리의 죽음 문화

이제까지 왜 죽음이 무언지 물어야 하는지를 살펴보았다. 그리고 죽음을 어떻게 정의할 수 있을 것인가 하는 물음도 제기해보았다. 죽음에 대한 전통적인 이해와 몇몇 종교가 진술하는 죽음 이해도 살펴보았다. 이러한 서술 내용이 한결같은 흐름으로 다듬어지지는 않았다. 처음에는 매우 우울하고 답답한 현실과 직면하고 있음을 기술하면서 죽음 물음의 불가피성을 역설했다. 그러나 우리의 전통적인 죽음 이해나 여러 종교의 죽음관과 만나면서는 그래도 우리의 죽음관이 건강할 수 있는 역사·문화적인 터전은 분명하게 건재하고 있는 것은 아닌가 하는 밝은 기대를 할 수도 있었다.

전통적인 죽음 이해와 각 종교의 죽음관이 서로 상충하고 갈등하기도 한다. 또 우리 문화에서 차지하고 있는 개별 종교의 현실적인 영향력 때문에 그 죽음관의 분포도 다르게 묘사할 수 있다. 분명히 각 종교의 죽음관 자체도 변화하고 있다. 그러나 이 모든 죽음관은 그 어떤 것도 우리의 죽음 의식을 비켜가지 않았다. 그리고 이러한 현상은 지금도 지속하고 있다.

하지만 정직하게 말하면 이러한 묘사는 다만 '사라져가는 현상'을 그리는 것과 다르지 않다. 자연주의적인 죽음관도 각 종교의 죽음관도 서서히 퇴색하고 있다. 우리가 만나는 것은 전혀 다른 죽음 이해이다. 그것이 어떤 것인지 개념적인 서술을 하기는 어렵다. 그러나 '다른 죽음 이해'가 드러내는 현상은 묘사할 수 있다. 이를테면 억지로 어떻게 해서든 죽지 않는 것만이 참된 가치라고 여기는 반자연주의적인 욕망, 쓰레기처럼 버려지는 주검, 망자를 아예 배제해버린 살아 있는 자만의 생활 세계, 죽음을 끝이라고 여기는 데서 말미암는 '죽어버림'과 '죽여버림'의 난무, 죽음과 관련한 금기나 신비마저 간과하는 상상력의 고갈 등이 우리의 죽음 문화를 이루고 있다.

이러한 현실은 죽음 이해도 아니고 죽음관도 아니다. 삶을 총체적으로 투시하면서 그 삶이 이를 종국으로서의 삶이 죽음을 그 삶 안에 어떻게 담아야 하는가 하는 것을 정리한 것이 곧 죽음관이라고 하는 이해의 자리에서 보면 그렇다. 그것에 견주어 말하면 오늘 우리가 만나는 죽음 현상은 죽음에 대한 '기계적인 반응'일 뿐이라고 해도 좋을 것이다. 왜냐하면 본능조차 거론하기 어려운 거의 '관성적인 반응'만이 죽음에 대해 이루어지고 있는 것이 오늘의 현실이기 때문이다. 죽음에 대한 두려움이라고 했지만 그 두려움을 살펴보아도 그렇다. 우리는 인류의 죽음을 고뇌하지 않는다. 그들의 죽음도 너희의 죽음도 네 죽음도 두려워하지 않는다. 피하고 싶고 두려운 죽음은 오직 '나의 죽음'일 뿐인데 그것도 그리 심각하지 않다. '죽어버리면 그만이기' 때문이다. 그리고 보면 오늘 우리의 죽음 이해는 몹시 불안하다. 죽음에 대한 본능적인 저항과 삶에 대한 본능적인 집착만 넘치고 있다.

서두에서 언급한 내용을 다시 상기해보자. 죽음 문화의 상실, 죽음관의 부재, 아니면 건강한 죽음 이해의 소멸은 곧 생명에 대한 존엄의 상실, 생명에 대한 외경의 포기, 그리고 알게 모르게 자신에 대한 끝없는 자학으로 이어진다. 우리가 저어해야 할 것은 죽음 자체가 아니라 죽음관을 지니지 못해 엉망이 되어가는 삶의 현실이다.

그러나 아무래도 좋다. 죽음은 끝이고 망자는 이제 살아 있지 않다. 생명이 생명을 잃으면 그것은 쓰레기일 뿐이다. 이 상황에서 남은 윤리가 있다면 그것은 죽음을 청결의 원리로 처리하는 일이다. 문화권에 따라 시대에 따라 죽음 문화도 불가피하게 변해왔다. 지금 우리의 죽음 문화도 그러한 변화 속에서 그 나름의 새로운 준거를 좇아 잘 정착하고 있다고 보면 그뿐이다.

그러나 되풀이해서 말하고 싶다. 문제는 다른 곳에서 솟는다. 죽음 문화의 상실과 부재는 생명 문화의 상실과 부재로 이어지고 있다는 사실이 그것이다. 주검이 쓰레기로 치워지는 정황에서는 삶도 쓰레기로 인식될 수밖에 없다. 죽음이 값싸지는 시장에서는 삶도 또한 그렇게 헐값일 수밖에 없다. 죽음이 신비를 잃으면 삶도 그렇게 메마른다. 죽음 앞에서 옷깃을 여미지 못하면 삶 앞에서도 겸손할 수 없다. 죽음이 경제논리로만 서술되면 삶도 그렇게 관리된다. 문제는 죽음과 삶이 두 개의 다른 사물이나 사태나 현실이 아니라는 데 있다.

사정이 이렇다면 우리가 할 수 있는 일, 해야 할 일은 다른 것이 아니다. 내 정황에서 나 자신이 스스로 정직하게 묻고 정직하게 답변하면서 기존의 죽음 이해를 천착할 수 있어야 한다. 우리는 성숙해야 한다. 보이지 않는 것을 볼 수 있게 되는 것이 성숙이라면, 보이는 것에 가려 보이지 않던 것을 보이는 것을 꿰뚫어보게 되는 것이 성숙이라면, 어제 못 보던 것을 오늘 보게 되는 것이 성숙이라면, 삶에 갇혀 볼 수 없었던 죽음을 보게 되는 것이 성숙이라고 우리는 말할 수 있다. 그리고 성숙한 인간은 산문만을 쓰고 읽지 않는다. 때로 시를 쓰고 읽는다. 그것이 죽음을 이해하고 정의할 수 있는 성숙한 삶의 자세이다. 결국 죽음은 인식의 문제가 아니라 '고백'의 문제이다.

삶을 따듯하게 살고자 한다면 죽음도 따듯하게 죽을 수 있다는 것을 발언해야 할 것 같다. 삶을 바르게 살고자 한다면 죽음도 바르게 죽을 수 있다는 것을 진술해야 할 것 같다. 삶이 부끄럽지 않기를 바란다면 죽음도 부끄럼 없기를 기원해야 할 것 같고, 삶을 완성하고 싶다면 그리고 그렇게 살고 있다면 죽음도 완성하고 싶은 소원을 지녀야 하며, 삶을 두려워하지 않는다면 죽음도 두려워하지 않아야 한다고 말하고 싶다. 삶을 간과하지 않는다면 죽음도 간과하지 말아야 하고, 환한 삶을 누리고 싶다면 환한 죽음을 안을 수 있어야 하며, 마침내 삶을 사랑한다면 죽음도 사랑한다고 고백해야 할 것 같다. 이러한 고백이 문화화할 때 우리는 비로소 생명이 자존(自尊)을 확보할 수 있는 '좋은 세상'에서 잘 살다가 잘 죽을 수 있을 것이다.

제3부

역사적 예수 연구와 여성신학

역사적 예수에 관한 새로운 패러다임과
마커스 보그의 예수 이해

정승우
연세대학교 인문예술대학 교수, 신약학

1. 들어가는 말

'예수는 누구였는가(who was Jesus)'라는 역사적 질문은 지금 '우리에게 예수가 누구인가(who is Jesus to us)'라는 신앙·실존적 질문과 밀접한 연관을 지녀야 한다. 전자의 질문이 생략된 후자의 물음은 자칫 신앙을 역사로부터 유리시키는 우를 범하게 한다. 또한 후자의 질문을 의식하지 못한 예수에 관한 역사적 질문은 단순한 고고학적 취미에 머무르고 말 것이다. 역사란 "과거와 현재의 대화"라는 카(E. H. Carr)의 오래된 주장처럼, 과거의 역사를 현재화하는 작업은 필연적으로 해석자의 현재적 삶의 자리가 개입될 수밖에 없다는 사실을 명심할 필요가 있다. 따라서 우리는 역사적 예수에 관한 연구 담론이 수반할 수밖에 없는 역사가의 재현방식을 비판적으로 바라볼 수밖에 없다.

이 글은 이러한 문제의식에 터하여 북미의 역사적 예수 연구의 최전선에 서 있는 마커스 보그(Marcus J. Borg)의 연구를 1980년대부터 시작된 북미의 역사적 예수 연구의 전망 속에서 살펴볼 것이다. 또한 그의 예수 이해가 지니는 문제점과 한계를 비판적으로 간략하게 검토할 것이다.

2. 역사적 예수 연구의 새로운 패러다임[1]

역사적 예수 연구가 새로운 방법론과 질문으로 무장하고 서구 성서 학계의 가장 첨예한 이슈로 등장한 것은 1980년대 중반부터이다. 학자들은 이 시기의 연구경향을 역사적 예수에 관한 세 번째 질문 시기(Third Quest)라고 부르며, 이전 시기 연구와의 차별성을 강조한다.[2] '제3시기'의 연구가 지니는 특징으로 학자들은 세 가지를 꼽는다.

첫째, 나사렛 인근의 세포리스의 발굴 같은 팔레스타인 고고학의 발전, 쿰란 문서[3]와 나그함마디 문서[4]의 발견으로 보다 입체적으로 예수가 살았던 1세기 팔레스타인 사회사를 재구성할 수 있다는 점이다. 세밀히 복원된 배경에서 예수의 가르침과 행동이 지닌 역사·사회적 의미를 보다 생생히 살필 수 있다는 장점이 있다. 가령 홀슬리(R. A. Horsley)

---

1 역사적 예수 연구의 현대적 흐름에 관한 간단한 소개는 정승우, 『예수, 역사인가 신화인가』(서울: 책세상, 2005) 참조.

2 계몽주의 이후 전개된 역사적 예수 연구의 다양한 흐름에 대해서는 김진호 편, 『예수 르네상스』(서울: 한국신학연구소, 1996), 14-41쪽 참조.

3 1947년 이스라엘 사해 근처에 있는 쿰란(Qumran) 동굴에서 발견된 사본을 지칭한다. 현재까지 11개의 동굴에서 구약성서의 사본들과 다양한 외경 문서가 발견되었다. 이 문서들을 보존했던 유대 종파는 예수 시대에 존재했던 엣세네파라고 추정된다. 그들은 반예루살렘적 태도를 고수하며 사막에 은둔했던 수도원적 금욕주의 단체였다. 그들의 엄격한 공동체 규율은 그들이 남긴 다메섹 문서(CD)와 공동체의 규율집(1QS)에서 확인된다. 많은 부분 예수의 사상과 공유되는 부분이 있어 학자들의 주목을 받아왔다.

4 1945년 이집트의 나그함마디(Nag Hammadi)에서 대량으로 출토된 영지주의 계열의 기독교인이 남긴 문서이다. 대표적인 것으로 예수의 어록만으로 구성된 도마복음서를 들 수 있다. 최근의 역사적 예수 연구자들은 도마복음서에 기록된 예수의 어록 중에 진정한 예수의 말씀으로 간주할 만한 것이 많다고 주장하기도 한다. 나그함마디에서 발굴된 영지주의 복음서에 대해서는 일레인 페이젤, 『성서 밖의 예수』, 방건웅·박희순 옮김(서울: 정신세계사, 1989) 참조.

는 예수 시대의 대중적 메시야 운동의 사회사를 철저히 복원해 당시의 맥락에서 예수 운동이 지니는 사회사적 의미를 추적하고 있다.[5]

둘째, 학제 간 연구의 관심과 발전으로 비교인류학, 갈등이론, 고대 세계에 대한 사회구성체이론 같은 다양한 사회과학적 방법을 신약학에 채택함으로써 기존 자료를 보다 새로운 시각에서 다채롭게 해석할 수 있다는 점이다.[6] 예를 들어 최근 역사적 예수 연구에서 가장 주목받는 크로산(J. D. Crossan)은 교차문화적인 인류학의 방법을 동원한다.[7] 이는 현대 인류학의 통찰에 터하여 고대 지중해 문화권에 속한 1세기 팔레스타인 사회를 다른 사회의 문화와 비교해 차이점과 공통점에 주목하는 것이다.

셋째, 도마복음서 같은 비정경적 자료를 적극적으로 활용한다는 점이다. 도마 복음서는 2~3세기경 기독교 영지주의자들이 남긴 문서로서, Q자료와 마찬가지로 114개의 예수 어록만으로 구성된 문서이다. 크로산이나 쾨스터(H. Koester) 등은 도마복음서가 공관복음서와는 확연히 다른 전승 계보를 지니고 있다고 주장한다. 이것은 도마복음서가 공관복음서보다 이른 시기의 예수 어록을 담고 있을 수 있다는 가정을 가능케 한다.

---

5 R. A. Horsley, *Jesus and the Spiral of Violence: Popular Jewish Resistance in Roman Palestine* (Philadelphia: Fortress Press, 1987). 관심 있는 독자는 이 책을 부분적으로 번역한 F. 벨로, A. 홀슬리, 『예수시대의 민중운동』, 최형묵 옮김(서울: 한국신학연구소, 1990) 참조.

6 최근 역사적 예수 연구에 새로운 사회과학적 방법론이 도입된 과정과 원인에 대해서는 김진호, 『예수역사학: 예수로 예수를 넘기 위하여』(서울: 다산글방, 2000), 34-43쪽 참조.

7 J. D. Crossan, *The Historical Jesus: The Life of a Mediterranean Jewish Peasant*(New York: Harper San Francisco, 1991). 이 책은 우리말로 번역되어 출간되었다(존 도미닉 크로산, 『역사적 예수』, 김준우 옮김, 한국기독교연구소, 2000).

새로운 역사적 예수 연구 경향의 최선두에 서 있는 연구자 그룹이 마커스 보그, 펑크(Robert Funk), 크로산 등이 중심이 된 북미의 '예수 세미나(Jesus Seminar)'이다. 이 연구 그룹은 1980년대 중반부터 자유주의적인 신학적 입장을 지닌 74명의 학자들이 웨스타 연구소(Westar Institute)의 후원 아래 역사적 예수의 말씀을 연구하기 시작했다. 그들은 복음서에 기록된 예수의 어록을 후대 교회의 가필과 역사적 예수의 것으로 구별하기 위해 다음의 7가지 학문적 전제에서 연구를 진행했다. ①역사적 예수(Historical Jesus)와 신앙의 그리스도(Christ of Faith)는 구분되어야 한다. ②요한복음서는 지나치게 신학화된 예수를 그리고 있기 때문의 역사적 예수를 재구성하는 자료로 적절하지 않다. ③마가복음서는 마태와 누가복음서보다 이른 시기에 기록되었고, 마태와 누가는 마가를 참조로 그들의 복음서를 기록했다. ④마태와 누가는 마가복음서 외에 Q(예수의 어록집)를 참고해 자신들의 복음서를 기록했다. ⑤역사적 예수는 종말론적 인물이 아니었고, 예수는 역사적 의미의 종말을 가르치지 않았다. ⑥예수는 구전문화 내에서 살았고, 그의 가르침은 짧고 혁신적이었으며 강한 인상을 남겼다. ⑦공관복음서에 기록된 일이 역사적이라고 주장하는 사람들은 이것이 역사적인지 증명해야 할 책임이 있다.[8]

이러한 학문적 전제에서 예수 세미나는 독특한 투표방식을 통해 역사적 예수에게 소급시킬 수 있는 복음서 내의 예수 어록을 결정하는 것으로 미국 대중 언론의 주목을 받아왔다. '예수 세미나'의 회원은 예수의 비유, 산상수훈, 주기도문 같은 특정한 예수의 말씀을 연구 의제로 채택한 후 집중 토론을 거쳐 그 말씀의 진정성을 최종 투표로 결정한다. 그때 회원들이 토론에 상정된 말씀이 역사적 예수의 것으로 소급될 수 있

---

8 R. W. Funk, R. W. Hoover and The Jesus Seminar, *The Five Gospels: What Did Jesus Really Say?*(New York: Harper San Francisco, 1993), pp.1-38.

는 것인지에 대해 다섯 가지 색깔의 공으로 의견을 표명할 수 있다. 가령 검은색 공은 예수의 진정한 말씀으로 결코 간주될 수 없는 것을 의미하고, 회색공은 개연성은 있으나 예수의 직접적인 말씀으로 보기 어려운 것을 뜻한다. 핑크색 공은 예수의 것으로 추정되는 말씀을 의미하며, 마지막 빨간색 공은 의심할 여지없이 예수의 말씀으로 인정되는 될 때 사용한다. 이러한 투표방식을 통해 '예수 세미나'는 복음서의 기록된 예수 어록의 진정성을 판별한 결과를 1993년 『다섯 권의 복음서: 예수의 진정한 말씀에 대한 탐구(The Five Gospels: The Search for the Authentic Words of Jesus)』라는 책으로 출판했다.

예수 세미나가 펴낸 책은 기존 학계는 물론 일반 기독교 신자에게 커다란 반향과 충격을 몰고 왔다. 그들은 정경복음서에 기록된 예수의 말씀 중에서 18%만 역사적 예수의 것으로 간주했다. 예를 들어, 마가복음서에서 역사적 예수의 진정한 말씀으로 빨간색 공에 해당하는 것은 고작 12장 17절의 "가이사의 것은 가이사에게, 하나님의 것은 하나님에게 바쳐라"라는 구절뿐이었다. 또한 마태복음서 6장에 등장하는 주기도문에서 빨간색 공에 해당하는 것은 "아버지"라는 호칭뿐이었다.

또한 『다섯 권의 복음서』는 기존의 기독교인에게 익숙한 여러 용어를 전혀 다르게 번역해 주목을 끌었다. 가령 '하나님의 나라(kingdom of God)'은 이에 해당하는 헬라어 '바실레이아(Basileia)'의 원뜻을 살려 '하나님의 통치(God's domain)'로 번역했고, '인자(Son of Man)'라는 기독론적 호칭을 '아담의 아들(son of Adam)'이라는 일반적 호칭으로 번역했다.

예수 세미나의 연구와 관련해 또 하나 특기할 만한 것은 인자의 도래, 종말, 최후의 심판과 관련된 예수의 종말론적 말씀 등이 거의 검정색으로 평가될 만큼 그 역사적 진정성이 의심되었다는 사실이다. 예수 세미나의 중심 회원인 보그,9 크로산,10 펑크11 등은 바이스(J. Weiss)와 슈바이처(A. Schweitzer) 이래로 서구 신약학계의 통념이었던 종말론적 예수상을 부인하고 유대 사회의 전통적 가치를 전복한 지혜교사로서의 예수 상을 주창했다.

그러나 그들은 예수가 처한 삶의 문맥을 지나치게 헬라적인 것으로 만 상정해 예수의 유대적 콘텍스트를 무시했다. 사실 예수의 '하나님 나라'는 유대의 묵시사상적 종말론의 문맥에서 이해되어야 하지, 크로산이 말한 대로 '병자치유와 식탁교제'라는 종교적·경제적 평등주의의 현세적 차원으로만 이해될 수 있는 것이 아니다. 한편 '예수 세미나'는 예수의 어록에만 연구를 집중함으로써 식탁교제나 병자치유, 기적과 예

---

9 보그는 역사적 예수의 4가지 특징적인 모습을 다음과 같이 지적한다. 첫째, 예수는 당시 유대의 사회적 경계선(social boundaries)에 도전한 재활성 운동(revitalization movement)의 창시자였다. 둘째, 예수는 고대 이스라엘의 예언자처럼 당대의 권력층을 비판하고 대안적 사회를 제시했던 비종말론적·사회적 예언자였다. 셋째, 예수는 전통적인 지혜에 도전하고 전복시킨 지혜교사(wisdom teacher)였다. 넷째, 예수는 영적인 카리스마적 치유자였다. 보그의 대중적인 저서 두 권이 우리말로 깔끔하게 번역되어 있다. 마커스 보그, 『미팅지저스』, 구자명 역(서울: 홍성사, 1995); 마커스 보그, 『예수 새로보기』, 김기석 옮김(천안: 한국신학연구소, 1997). 2009년에 출간된 『기독교의 심장(The Heart of Christianity)』에서 보그는 예수에 대한 자신의 견해를 다시 한 번 강조하고 있는데, 이전의 주장과는 다소 다르게 예수를 유대교 신비주의자로 간주한다(마커스 보그, 『기독교의 심장』, 김준우 옮김 서울: 한국기독교연구소, 2009, 147-150쪽 참조).

10 크로산이 재구성한 역사적 예수는 갈릴리 소작농을 주된 청중으로 했던 유대인 견유철학자이다(존 도미닉 크로산, 『역사적 예수』, 참조).

11 펑크의 역사적 예수는 다음과 같다: "예수는 세례자 요한의 제자로 출발했으나, 곧 그로부터 독립하여 독자적인 길을 걸었으며, 묵시적 하나님의 나라를 거부하고, 하나님 나라의 현재성을 강조했다. 예수는 사회적 소외자들과 형제처럼 지냈으며, 일상적인 가치체계를 거부하는 역설적인 격언을 말했으며, 사회적 인습에 도전하는 말과 행동을 했다. 그는 사회비평가였지만 사회혁명가는 아니었다. 예수는 심신 상관적인 치유를 행했고, 축제 기간에 예루살렘에 올라가 성전 숙청으로 체포되어 재판 없이 십자가에 처형되었다"(김명수, 「예수 세미나 운동과 역사적 예수 탐구사」, 《신약논단》, 제10권 제3호, 2003년 가을, 547쪽에서 재인용).

수의 행동이 지니는 독특성에 주목하고 있지 않다. 그 때문에 학자들은 '예수 세미나'의 예수는 입만 달렸을 뿐 행동하는 '몸'이 없다고 비판하기도 한다.12

3. 마커스 보그의 예수 이해

마커스 보그는 '부활절 이전 예수(pre-Easter Jesus)'와 '부활절 이후 예수(post-Easter Jesus)'의 차이점을 주장한다.13 전자는 1세기의 갈릴리 지방의 유대인인 나사렛 예수를 지칭하는 것이고, 후자는 부활절 이후의 예수로서 그리스도교적 전승과 경험의 예수이다. 보그는 부활절 이전의 예수와 부활절 이후의 예수를 다음과 같이 구분한다.

부활절 이전의 예수	부활절 이후의 예수
기원전 4년부터 기원후 30년까지	기원후 30년부터 현재까지
과거의 인물	현재의 인물
육체적(살과 피)	영적·비물질적
유한, 죽을 존재	무한, 영원한 존재
인간적	신적

---

12 예수 세미나에 대한 비판은 조태연, 「학자들이 나를 누구라 하더냐?」, ≪신학사상≫, 95(1996, 겨울), 179쪽 참조. 예수 세미나에 대한 보다 보수주의적 학자들의 비판은 M. J. Wilkins & J. P. Moreland(eds.), *Jesus under Fire: Modern Scholarship Reinvents the Historical Jesus*(Grand Rapids: ZondervanPublishingHouse, 1995); L. T. Johnson, *The Real Jesus: The Misguided Quest for the Historical Jesus and the Truth of the Traditional Gospels*(New York: Haper San Francisco, 1997) 참조.

13 마커스 보그, 『예수 2000년』, 남정우 옮김(서울: 대한기독교서회), 24-40쪽 참조.

유대인 농부	왕 중의 왕, 주 중의 주
나사렛의 예수	예수 그리스도[14]

보그에 따르면 부활절 이전의 예수는 역사적 인물로서 기원전 4년경에 탄생해 갈릴리에서 가르치고 활동하다가 기원후 30년경 로마인에 의해 처형되었던 유대인이다.[15] 이에 반해 부활절 이후의 예수는 신적인 인물, 영적인 존재로서 1세기 예수 추종자들로부터 현재까지 살아서 신자들에게 기억되고 경험되는 '그리스도'로서 예수이다.

부활절 이후의 예수를 가장 집약적으로 잘 표현하고 있는 것이 기독교인이 예배 시 낭독하는 사도신경(Apostles' Creed)이다. 이는 325년 콘스탄티누 황제의 의해 소집된 니케아 회의에서 선택된 부활한 그리스도에 대한 신앙고백문이다.

우리는 유일하신 주 예수 그리스도를 믿습니다. 그는 아버지 하나님으로부터 영원하게 태어나신 하나님의 독생자이며, 하나님 가운데 하나님이시며, 빛 가운데 빛이시며, 참 하나님 가운데 참 하나님이시며, 지으심을 받지 않으시고 태어나셨으며, 아버지와 같은 존재(본체)이십니다. 그를 통하여 만물이 지으심을 받았습니다. 그는 우리를 위해서 그리고 우리의 구원을 위해서 하늘로부터 내려오셨습니다. 그는 성령의 권능으로 동정녀 마리아에게 성육신하셨으며, 인간이 되셨습니다. 그는 우리를 위하여 동정녀 마리아에게서 성육신하셨으며, 인간이 되셨습니다. 그는 우리를 위하여 본디오 빌라도에게 십자가에 달리셨습니다. 그는 죽음을 당하셨고 매장되셨습니다. 제3일에 그는 성서에 따

---

14 같은 책, 25쪽.
15 마커스 보그, 『기독교의 심장』, 134쪽.

라 다시 살아나셨습니다. 그는 하늘로 올라가셔서 아버지의 오른편에 앉으셨습니다. 그는 산 자와 죽은 자를 심판하러 다시 오실 것입니다. 그리고 그의 나라가 영원무궁하심을 믿습니다.16

사도신경은 예수를 삼위일체의 2격으로 고백한다. 이러한 예수 이해는 부활절 이후 예수를 따르던 제자들이 그를 살아 있는 실재로 경험하면서 그리스도로서 예수에 관한 새로운 경험을 은유적 표현과 종교적 개념으로 발전시켰다는 사실을 의미한다. 보그에 따르면, 부활절 이후 시간이 지나면서 예수에 관한 다양한 표상과 은유와 상징이 예수 전승을 담지한 초기 크리스천 공동체의 새로운 신앙 경험과 맞물려 발전하게 되었다는 것이다.

이러한 사실을 우리는 복음서를 통해 확인할 수 있다. 가장 이른 시기에 기록된 마가복음서는 예수의 탄생 이야기와 유년기 이야기가 생략되어 있으며, 성년기 활동만 보도된다. 그러나 마태와 누가는 예수의 족보와 탄생 이야기를 보도한다. 한편 요한복음서는 예수가 인간으로 탄생하기 이전에 이미 하나님과 함께한 말씀(logos)이라고 주장한다. 이러한 과정에서 우리는 복음서 기자들이 점차 예수의 정체성을 과거로 소급시켜 인간적 모습에서 신적인 모습으로 그리고자 하는 의도를 발견하게 된다. 신약학에서는 이를 '저기독론(Low Christology)'에서 '고기독론(High Christology)'으로의 발전이라고 말한다. 즉, 저기독론은 예수를 유대의 예언자나 랍비 같은 인간적인 타이틀에 초점을 맞춘 예수 이해이고, 고기독론은 '하나님의 아들', '그리스도' 등의 예수의 신적인 정체와 관련된 예수 이해를 지칭한다.

보그에 따르면, 부활 이후 초기 기독교에서 '하나님의 어린 양', '하나

---

16 마커스 보그, 『예수 2000년』, 31쪽에서 재인용.

님의 종', '세상의 빛', '생명의 떡', '선한 목자', '대제사장', '하나님의 지혜', '하나님의 말씀' 등과 같은 예수에 관한 은유가 진지한 기독교인에 의해 지성적 성찰의 주제가 되었고 개념적 틀로 추상화·체계화되었다는 것이다. 이러한 것 중 어떤 것은 니케아 신조 같은 교리로 체계화되었다. 보그는 복음서와 초대 교회의 신앙 신조에 반영된 예수는 실제 예수라기보다 부활 이후 예수를 그리스도로 고백한 초기 기독교 공동체의 예수에 관한 신학적 사색을 반영한 것이라고 주장한다. 그러면 그가 생각한 부활절 이전의 역사적 예수는 어떠한 인물이었을까? 그는 한 방송 인터뷰에서 짧게 역사적 예수에 관해 말해달라는 요청을 받고 다음과 같이 대답했다고 한다.

예수는 농민이었다. 농민은 예수의 사회계층을 말해주는 것이다. 분명히 그는 명석했다. 그가 사용한 언어는 주목할 만하며, 시적이며, 비유와 이야기들로 가득 차 있다. 예수는 은유적인 인물이었다. 그는 금욕주의자가 아니었다. 예수는 세계를 긍정하는 사람, 삶에 대한 열정을 가진 인물이었다. 그에게는 간디나 마틴 루서 킹과 같은 사회·정치적인 열정이 있었고, 당대의 지배체제에 도전했다. 예수는 종교적 열광주의자, 유대교적 신비주의였으며, 원하기만 한다면, 그에게 하나님은 경험적인 실재였다. 그러한 존재로서 예수는 치유자였다. 성 프란체스코나 오늘날 달라이 라마에 관해서 보도되는 바와 같이, 그의 주위에는 영적인 존재가 있던 것 같다. 나는 역사적 인물로서의 예수가 모호한 인물이었다는 점을 제시한다. 여러분이 그에 대해서 경험하는 바, 그리고 예수의 가족이 그렇게 생각했던 것처럼 예수는 제정신이 아닌 사람, 아니면 예수는 기인(奇人) 또는 위험하고도 위협적인 인물이라고 결론을 내릴 수도 있다. 그렇지 않으면 여러분은 예수가 하나님의 영으로 충만한 사랑이었다고 결론을 내릴 수도 있다.[17]

물론 보그가 재구성한 예수가 역사적 예수의 실체에 완전히 부합하는 것이라고 볼 수 없다. 그는 전통적인 종말론적 예언자로서의 예수상에 이의를 제기한다. 그는 예수의 역사·사회적 환경이 보다 헬라화된 것으로 간주해 예수의 행태를 그레코로만 세계의 견유철학자의 그것과 유사한 패턴을 지닌 지혜교사로 생각한다.[18] 이러한 설정이 과연 예수가 살았던 시대와 부합하는 것인지에 대해서는 논란의 여지가 있다. 왜냐하면 보그는 예수가 처한 삶의 문맥을 지나치게 헬라적인 것으로만 상정해 예수의 유대적 배경을 무시한다. 특히 그는 예수의 가르침에서 종말론적 요소를 제거함으로써 역사적 예수의 활동을 탈정치화시킨다. 그 때문에 홀슬리는 보그가 주도적인 역할을 하는 예수 세미나에 의해 유포된 역사적 예수 담론의 문제점을 다음과 같이 지적한다.

> 이런 역사적 재구성의 타당성이 있든지 없든지 간에, 이런 예수상은 탈정치화된 개인적인 교사, 즉 대항문화적인 개인적 생활방식과만 관련이 있을 뿐 정치경제적 상황과는 관련이 없고 정치적 의미도 없는 개별적 경구만을 선언한 탈정치화된 개인적 교사상이다.[19]

사실 예수의 '하나님 나라'는 유대의 묵시사상적 종말론의 문맥에서 더 적절하게 이해될 수 있는 것이지, 크로산이나 보그가 말한 대로 '병자치유와 식탁교제'라는 종교적·경제적 평등주의의 현세적 차원으로만 이해해서는 곤란하다. 왜냐하면 하나님 나라에 대한 예수의 진술은 거의 모든 초기의 전승 자료에서 발견되기 때문이다(마가 1:1, 10:15, 14:25, 누

---

17 같은 책, 28쪽.
18 마커스 보그, 『기독교의 심장』, 149쪽.
19 리처드 홀슬리, 『예수와 제국』, 김준우 옮김(서울: 한국기독교연구소, 2004), 27쪽.

가 6:20, 11:2, 13:28-29, 도마 51). 따라서 다수의 증거를 통해 하나님의 나라
가 역사적 예수의 중심적 가르침이라는 사실을 확인하게 된다. 또한 제2
성전기(2nd Temple Period)에 등장한 유대 묵시문학의 종말론적 하나님의
주권사상은 예수의 종말론적 가르침의 역사적 전제로 간주될 수 있는
개연성을 충분히 시사해준다.

가령 이사야서 24~27장이나 제3스가랴 12~14장은 이스라엘의 하
나님 야훼가 온 세상의 왕이 될 것이라고 약속한다. 또한 벤시락 48장 10
절에서 엘리야는 야곱의 지파들이 회복될 것이라고 말한다. 강한 종말
론적 비전을 내포한 쿰란 문서 역시 이스라엘의 종말론적 회복을 기대
한다. "이스라엘의 열두 지파가 성전 예배에서 재현될 것이며, 모든 지
파가 군대를 갖추고, 이 군대는 열두 지파의 안내를 받을 것이다"(1QM
2:2-3, 2:7-8절, 3:13, 5:1).

한편 예수가 촉구한 이스라엘의 회개라는 주제는 이스라엘의 종말론
적 회복과 밀접한 관련을 지닌다. 회개를 뜻하는 헬라어 메타노이아(metanoia)
는 히브리어 테슈바흐드(teshubahd)에서 온 것인데, 이 단어는 이스라엘
의 예언자들이 잘못을 범한 이스라엘을 야훼에게 돌아오도록 촉구할
때 자주 쓰던 것이다. 특히 이사야에서 이러한 용례를 자주 볼 수 있다.

나는 너(이스라엘)의 악행을 먹구름처럼 흩어버렸고, 너의 죄를 뜬
구름처럼 날려 보냈다. 나에게 돌아오너라. 내가 너를 구해내었다(이
사야 44:22).

불의한 자는 그 가던 길을 돌이켜라. 허영에 들뜬 자는 생각을 고쳐
라. 야훼께 돌아오너라. 자비롭게 맞아주시리라. 우리의 하나님께 돌
아오너라. 너그럽게 용서해주시리라(이사야 55: 7).

이처럼 제2성전기 이스라엘 민중의 기대는 그들의 곤고한 역사적 경험에 바탕을 두고 있으며, 예수의 하나님 나라는 이러한 이스라엘의 전통적인 야훼의 왕권사상과 긴밀히 연관되어 있다. 이런 점에서 하나님 나라는 여하의 인간적 권력을 인정하지 않는 정치적 성격을 지닌다. 히브리 성서가 반복적으로 보여주고 있는 반왕정의 정신은 하나님만이 이스라엘의 통치자가 될 수 있다는 신정정치의 이상을 여실히 보여준다(사무엘상 8:10-19절 참조). 하나님의 주권만 군림하는 현실은 일차적으로 땅 위의 온갖 군주적 권력의 종언을 의미하는 것이다. "(하나님) 나라가 임하게 하시오며"(누가 11:2, 마태 6:10)라는 예수의 기도는 이러한 이스라엘의 전통적인 야훼의 왕권사상에서만 이해될 수 있는 부분이다.

따라서 예수의 하나님 나라는 이스라엘에 대한 예언자들의 회개 촉구와 보응한다. 마태복음서 3장 2절과 마가복음서 1장 15절에서 예수는 "회개하라, 하나님의 나라가 가까이 왔다"고 선포하며, 하나님의 나라에 합당한 태도로 회개를 강조한다. 이처럼 예수의 하나님 나라 선포가 이스라엘의 회복 신학과 관련 있다는 사실은 그의 운동이 유대교 내부의 갱신운동이었을 뿐 유대교를 벗어난 새로운 종교 운동이 아니었다는 것을 보여준다. 이런 점에서 예수의 하나님 나라 운동은 유대교의 테두리 안에서 이해되어야 한다. 예수는 유대교의 율법이 지향하는 정신을 더욱 철저히 내면화한 유대교 내부의 개혁운동가로 생각할 수 있다.

이러한 맥락에서 예수가 지혜의 말씀만을 가르치는 현자였다는 보그의 견해는 설득력을 잃는다. 그의 주장처럼 예수가 단지 지혜나 설파하는 현인이었다면 왜 그가 십자가 처형이라는 로마의 정치범 처형방식으로 살해당했는지를 설명할 수 없다. 오히려 하나님 나라라는 대안적 질서에 대한 예수의 가르침이 로마 총독과 유대 종교 당국을 긴장시켰고 유월절의 긴장된 분위기 속에서 성전에서 행한 예수의 과격한 행동이 로마 지배자를 자극해 결국 예수를 십자가 처형으로 몰고 갔다고 보는 것이 적절할 것이다.

한편 복음서 속에서 예수의 진정한 말씀을 찾아내려는 예수 세미나의 기획은 지난 시기 역사를 로고스·진리를 향한 목적론적인 것으로 파악하려는 서구적 사유의 강박과 상응한다. 로고스의 역사는 비진리를 의도적으로 생산하고 지배적 체제 아래 재배치해 그것의 존재의의를 박탈함으로써 자신의 제국주의적 욕구를 정당화해간 지식의 역사이다. 따라서 그것은 존재의의를 박탈당한 비진리의 대상에게 진리를 강요하고 강제로 이식시키는 정복주의적이고 식민주의적인 담론의 역사이다. 따라서 다음과 같은 곽푸이란의 문제제기는 설득력을 지닌다.

신약 개론서들은 역사적 예수 연구가 19세기에 시작되었음을 우리에게 말해준다. 그러나 그 책들은 역사적 예수 연구가 유럽에서 시작되었다는 사실은 언급하지 않는다. 그리고 예수에 관한 질문만이 아니라 식민지 정복자들에 관한 질문, 이 두 가지가 함께 있었다는 사실을 밝히지 않는다. 가장 최근의 북미의 역사적 예수 연구가 하필이면 미국이 팍스 아메리카나를 창조하려는 와중에서 일어났다는 것은 단순한 우연에 지나지 않는 것일까?[20]

복음서에서 역사적 예수의 진정한 말씀을 찾을 수 있다는 예수 세미나의 기획은 '증명할 수 있는 것'은 '진정한 것'이라는 후기 계몽주의의 순진한 역사과학적 실재관을 상기시킨다. 포웰은 이러한 예수 세미나의 태도를 다음과 같이 공박한다.

---

20 Kwok Pui-lan, "Discovering the Bible in the Non-Biblical World: The Journey Continues," *Journal of Asian and Asian American Theology*, 1997, p.69.

예수 세미나는 '역사비평적 학문의 확인된 결과물'을 제공한다고 주장하면서, 실증주의적 용어로 자신들의 작업을 서술해왔다. 이것은 성과에 따른 어떠한 이해관계도 갖지 않는 학자들에 의해 증거가 공평하게 검토되는 '객관적' 학문이라는 잘못된 인상을 전해준다. 이것은 사실이 아니다. 펑크가 예수의 말씀에 투표하는 과정이 때로는 그 결과에 대해 갈채하고 때로는 신음하면서, 스포츠 경기처럼 흥분되는 것임을 세미나 회원들이 발견했다고 말한다.21

따라서 예수 세미나의 역사적 예수 탐구는 실증주의적 실재관에 터하고 있다는 점에서 계몽주의 시대의 예수 담론과 그다지 큰 차이를 발견할 수 없다. 다만 차이가 있다면 예수 세미나의 예수 연구가 담론화되어가는 과정이 다를 뿐이다. 그들의 연구가 의제화될 수 있었던 것은 미국 방송과 신문의 선정주의와 맞물리면서 뉴스 상품으로서의 가치를 인정받았기 때문이다. 이런 점에서 예수 세미나의 연구는 자본주의적 이데올로기와 일정 정도 타협한 담론으로 자리 잡게 되었고,22 결과적으로 팍스 아메리카의 패권주의를 방조하는 탈정치적인 지혜자 예수로 축소되어야 했다.

4. 나가는 말

보그의 역사적 예수 연구는 유대의 종말론적 전망에서만 예수의 가

---

21 마크 앨런 포웰, 「예수 세미나」, 《신학사상》, 110권(2000), 184-185쪽.
22 김진호, 「'탈교회적 주체'의 신앙을 향해: '역사적 예수' 담론의 정치성」, 《진보평론》, 2001, 봄, 357쪽.

르침과 사역을 이해해왔던 주류 신약계의 풍토에 신선한 자극을 가져왔다. 예수 세미나의 일원으로 그는 복음서의 예수 말씀 속에서 초대교회와 복음서 저자의 각색을 분리해 예수의 진정한 말씀을 구별함으로써 역사적 예수의 원래적 말씀이 지닌 지혜적 성격을 주장한다. 보그가 예수를 종말론적 예언자라는 신약학계의 오래된 주장을 넘어 지혜교사로 규정하고 있는 것은 이 때문이다. 그러나 보그는 예수를 단순히 전통적인 삶의 지혜를 가르친 체제 유지적인 교사로 보기보다는 하나님 나라라는 전복적 질서를 대망했던 사회적 예언자로 간주한다. 또한 예수는 이러한 자신의 비전을 위해 제자들을 규합하고자 했던 대안운동의 창시자라는 것이다. 예수의 이러한 운동을 가능하게 했던 동력은 그가 하나님과 신비적 교제 속에서 사랑과 정의를 통전적으로 결합시킬 수 있었던 유대교 신비주의자였기 때문이다. 이러한 보그의 역사적 예수에 관한 재구성은 종교에서 신비를 제거하고자 했던 건조한 계몽주의적 예수 이해를 뛰어넘는 동시에 종교적 신비에서 역사와 사회를 소거하려는 보수주의의 예수 이해를 비판한다.

또한 부활절 이전의 예수와 부활절 이후의 그리스도를 명확하게 대조시킨 보그의 설명은 나름대로 설득력을 지닌다. 그러나 아쉬운 것은 그가 전자와 후자의 연속성에 대해서는 명확한 답변을 피하고 있다는 사실이다. 결국 부활절 이후 그리스도로서의 예수가 부활절 이전에 활동했던 역사적 인물로서의 예수와는 전혀 다른 인물이라면 기독교 신앙의 역사적 근거는 어디에서 찾을 수 있을 것인가 하는 의문을 피할 수 없을 것이다. 그리고 마지막으로 지적하고 싶은 것은, 보그의 역사적 예수 연구는 복음서의 말씀을 예수 고유의 말씀과 복음서 저자가 각색한 말씀을 명료하게 분리할 수 있다는 전제에 서 있다. 그러나 이러한 구분의 기준은 임의적인 것이며 학자의 세계관과 학문적 주관에 좌우될 수밖에 없을 것이다. 일찍이 슈바이처는 『역사적 예수 연구(The Quest of the Historical Jesus)』(1906)에서 모든 역사적 예수 연구는 필연적으로 연구자의 시대의식을 반영할 수밖에 없다고 지적했다. 따라서 모든 역사적 예수 연구는 상대적이며 연구자의 학문적 가공물이라는 사실을 명심해야 한다. 중요한 것은 '역사적 예수가 누구인가'라는 물음은 반드시 '누구의 역사적 예수인가'라는 질문과 더불어 진행되어야 한다는 점이다.

바울은 예수의 진정한 계승자인가

정승우
연세대학교 인문예술대학 교수, 신약학

바울에게 예수는 역사적 색신(色身)으로서의 예수가 아니다. 오로지 부활하산·예수일 뿐이다.1

예수가 말한 구체적인 우화나 예수가 했던 구체적인 행위의 '깊은 의미'를 사도 바울은 한 번도 파헤치지 않았다. 그에게 중요한 것은 역사적 인물로서의 예수가 아니라 예수가 십자가에 못 박혀 죽었고 죽은 자들 가운데 다시 살아났다는 사실뿐이다. 예수의 죽음과 부활을 확인한 후 바울은 그야말로 레닌주의적인 과업, 즉 기독교 공동체라는 신당(新黨)을 조직하는 과업을 떠맡는다.2

1. 들어가는 글

바울은 예수의 진정한 계승자인가? 바울의 편지에는 복음서에 등장

---

1 김용옥, 『기독교 성서의 이해』(통나무, 2007), 170쪽.
2 슬라보이 지젝, 『죽은 신을 위하여: 기독교 비판 및 유물론과 신학의 문제』, 김정하 옮김(도서출판 길, 2007), 17쪽.

하는 예수의 가르침과 지상적 활동이 누락되어 있다. 이러한 사실은 그의 편지가 복음서보다 일찍 기록되었다는 점에서 더욱 의구심을 자아내게 한다. 왜 바울의 편지에는 예수의 '하나님 나라'에 관한 말씀이 나타나지 않는 것일까? 복음서에 그토록 빈번이 보도되는 예수의 '하나님 나라(basilei,a tou/qeou)' 비유에 대해서도 바울은 철저히 침묵으로 일관한다. 심지어 바울은 복음서에 그토록 큰 비중을 차지하고 있는 예수의 수난사조차 일절 언급하지 않는다.

이처럼 바울은 '역사적 예수'의 가르침과 행적에는 관심이 없어 보인다. 그는 예수의 십자가 사건과 부활 속에서 계시된 '하나님의 의(dikaiosu,nh qeou)'에만 초점을 맞춘 듯이 보인다. 이런 점에서 바울은 예수의 지상적 사역을 비역사화하고 그의 십자가 수난과 처형을 신학적으로 추상화하고 있다. 다시 말해, 그는 팔레스타인 땅에서 갈릴리 민중과 함께 웃고 울었던 지상적 예수보다 만인의 죄를 씻어준 보편적 '구원자'로서 '그리스도'에 집중한다(롬 1:3, 5:15-17; 고전 1:18-31; 빌 2:6-11). 이런 점에서 바울의 예수 이해는 역사의 예수에 기초해 있기보다는 신앙의 그리스도에 기반하고 있다고 할 수 있다.

바울은 예수의 의미를 과거에 맞추기보다는 끊임없이 자신의 공동체 안에 '현재화'한다. 그는 세례를 통한 그리스도와의 신비적 연합을 강조한다(데전 3:8; 갈 1:22, 2:20; 롬 3:24, 9:1, 16:7, 22; 고전 1:30; 고후 5:19; 빌 4:4). 또한 그의 복음은 유대적 종말사상의 특수성을 반영한 '하나님 나라'에 초점을 두기보다 예수의 십자가와 부활 사건 속에 계시된 유대인과 이방인 모두에게 미치는 포괄적이고 보편적인 '하나님의 의'에 강조점을 두고 있다(롬 1:16-17; 3:21-22. 고후 5:21; 갈 2:16; 3:14, 28, 빌 3:9).

근세 독일의 신학자들은 이러한 예수와 바울 사이의 불연속성을 일찍이 주목해왔다. 신약학 연구에 최초로 헤겔의 변증법과 역사비평적 연구를 도입한 튀빙겐의 신학자 바우르(F. C. Baur, 1792~1860)는 이러한 불연속성을 강조했다. 그는 바울의 메시지가 지니는 헬라적 경향과 보편적 성향에 주목해 팔레스타인의 특수성을 내포하고 있는 역사적 예수의 메시지와의 차이점을 구별해냈다. 그의 후계자 브레데(W. Wrede, 1859~1906)는 바울을 기독교의 두 번째 창시자로 간주한다. 그는 역사적 예수의 가르침과 바울의 선포 사이에는 커다란 심연이 존재하기 때문에 이 둘 사이에는 연관성이 없다는 극단적인 주장을 하게 된다. 이러한 독일의 연구 경향은 후일 니체와 버나드 쇼 같은 무신론자에게 영향을 끼쳐 바울을 오해하는 터전을 제공해주기도 했다.

왜 바울은 예수의 하나님 나라 선포를 언급하지 않는 것일까? 그는 진정으로 역사적 예수에 무관심했던 것일까? 만일 이러한 바울의 침묵이 의도적이라면 무슨 이유 때문일까? 이 글의 목적은 이들 질문에 대한 개연성 있는 답변을 찾으려는 데 있다. 이를 위해 바울 서신에 등장하는 '하나님 나라' 본문에 터하여 바울과 역사적 예수의 연속성과 불연속성을 함께 탐구해보려는 것이다.

따라서 이 글은 바울의 친서로 간주되는 7개의 서신 중 '하나님 나라'가 언급되는 데살로니카 전서(2:12), 갈라디아서(5:21), 고린도 전서(4:20; 6:9, 10; 15:24, 50), 로마서(14:17) 등 4개의 서신으로 연구범위를 한정할 것이다. 먼저, 이들 편지에 간헐적으로 나타나는 '하나님 나라' 본문의 문맥적 특징과 신학적 배경을 분석해볼 것이다. 그리고 예수 선포의 핵심적 주제로 간주되는 '하나님 나라'가 지니는 유대적 특징과 왜 바울이 '하나님의 나라'보다 '하나님의 의'에 초점을 맞추고 있는지를 그가 처해 있던 사회·정치적 환경과 수신자 교회들의 사회적 정황 속에서 살펴볼 것이다.

2. 바울 서신에 나타난 '하나님 나라'

전통적으로 바울 신학 연구에서 하나님 나라는 그다지 주목받는 주제가 아니었다. 지난 시기 서구의 바울 연구는 종교개혁가 루터의 영향으로 의인론(義認論, justification by faith)이 바울 신학의 중심으로 간주되었기 때문에 바울 연구에서 '하나님 나라' 같은 부차적이고 미미한 주제는 관심영역에서 배제되어왔다. 1980년대를 기점으로 샌더스(E. P. Sanders)와 레이제넨(H. Räisänen),[3] 던(J. D. G. Dunn)과 라이트(N. T. Wright) 등이 제기한 바울의 율법을 둘러싼 새로운 전망[4]에서도 바울의 '하나님 나라'는 취급되고 있지 않다. 또한 바울의 윤리에 관한 퍼니시(V. P Furnish)의 연구, 최근의 헤이스(R. B. Hays)와 호렐(D. G. Horrell) 등에 의한 바울의 윤리에 관한 새로운 연구에서도 바울의 '하나님 나라'는 다루어지지 않고 있는 실정이다.[5]

'하나님 나라'는 바울 서신에서 미미하게 언급된다. 그러나 공관복음서는 '하나님 나라'를 예수의 가르침과 선포의 핵심으로 간주한다. 마가는 '하나님 나라(basileia tou theou)'를 14번, '왕국(basileia)'을 6번 언급한다. 한편 마태복음서에는 '하나님 나라'와 동일한 개념으로 '하늘나라'란 어

---

3 바울의 율법 이해에 관한 샌더스와 레이제넨의 주장에 대한 비평적 검토는 서중석, 『바울 서신해석』(서울: 대한기독교서회, 1998), 77-104쪽 참조.

4 E. P. Sanders, *Paul and Palestinian Judaism*(Philadelphia: Fortress Press, 1977); H. Räisänen, *Paul and Law*(Philadelphia: Fortress, 1986); J. D. G. Dunn, *Jesus, Paul and the Law*(Louisville: Westminster John Knox, 1990); N. T. Wright, *The Climax of the Covenant*(Edinburgh: T. & T. Clark, 1991).

5 V. P. Furnish, *The Moral Teaching of Paul*(Nashville: Abingdon, 1985); R. B. Hays, *The Moral Vision of the New Testament*(New York: HarperCollins, 1996); D. G. Horrell, *Solidarity and Difference: A Contemporary Reading of Paul's Ethics*(London: T & T Clark International, 2005).

휘가 38번, '왕국'이 54번 등장한다. 그리고 누가는 46차례나 '왕국'을 말한다. 이에 반해 바울의 7편 서신에는 '하나님 나라'가 고작 7번 등장한다(살전 2:12; 갈 5:21; 고전 4:20, 6:9, 10, 15:24, 50; 롬 14:17). 이러한 수치는 복음서와 비교해볼 때 현저하게 적은 것이다. 더욱이 '하나님 나라'에 관한 바울의 언급은 복음서에 비해 단편적이며 구체성을 상실하고 있다. 복음서들이 빈번하게 비유를 통해 하나님 나라의 성격과 의미를 전달하고 있는데 반해 바울의 편지는 하나님 나라에 관한 상세한 설명이 결여되어 있다. 또한 바울의 '하나님 나라'는 예수의 부활로 인한 하나님의 종말론적 약속과 관련이 있으며, 교인을 위한 윤리적 훈계의 맥락에서 언급된다. 이런 점에서 바울과 그의 수신자 교회들에게 복음의 중심은 예수의 '하나님 나라'보다는 그리스도의 십자가와 부활 속에 계시된 하나님의 보편적인 구원에 있다고 할 수 있다(고전 1:17-31).

최근의 몇몇 학자들이 바울 서신에 간헐적으로 언급되는 '하나님 나라' 단락을 다루었지만, 주로 종말론이라는 특정한 신학적 배경을 확인하는 정도에서 그치고 말았다. 존스톤(G. Johnston)은 바울의 편지에 등장하는 '하나님 나라'에 관한 언급을 임박한 종말론의 빛에서 취급하고 있다. 이러한 텍스트(바울이 '하나님 나라'를 언급한)는 확실히 바울이 새로운 세상에 대한 기대를 최소화하지 않았다는 것과 적어도 그의 활동 초기부터 그가 영광 가운데 올 그리스도의 파루시아에 대한 기대를 종종 강조했다는 사실을 보여준다. 동시에 새로운 삶은 회심과 세례와 함께 시작된다는 것은 분명하다. 그리고 다른 텍스트들이 증명하듯이 하나님 나라의 관점에서 이러한 사실들이 기술되는 것이 가능했다.6

---

6 G. Johnston, "'Kingdom of God' Sayings in Paul's Letters," in Peter Richardson and John C. Hurd(eds.), *From Jesus to Paul: Studies in Honour of Francis Wright Beare* (Ontario: Wilfred Laurier University, 1984).

그러나 바울의 '하나님 나라'에 관한 언급이 주로 수신자 교회의 구성원에 대한 윤리적 훈계 단락에서 발견된다는 사실은 존스톤의 주장을 재고하게 만든다. 예를 들어, 바울은 로마서 14장 17절에서 "하나님의 나라는 먹고 마시는 것이 아니요 오직 성령 안에서 의와 평강과 희락"이라고 주장한다. 이러한 바울의 훈계는 로마 교회에서 유대의 전통과 관습을 둘러싼 '강한 자'와 '약한 자'의 갈등을 상정하지 않고서는 이해하기 힘들다.7 즉, 의와 평강과 희락이라는 덕목은 장차 도래할 종말론적 이상이기보다는 지금 현재 대립하고 있는 로마 교인 사이에서 긴급하게 요청되는 윤리적 현실을 반영하기 때문이다.

한편 크라이저(L. J. Kreitzer)는 바울의 '하나님 나라'는 현재적인 실재와 미래적 희망을 동시에 의미한다고 주장한다.8 그에 따르면, 로마서 14장 17절과 고린도 전서 4장 20절 등은 크리스천 신도에 의해 현재적으로 경험될 수 있는 하나님 나라의 현실을 반영하는 것이고, 데살로니카 전서 2장 12절은 미래적 희망으로서의 하나님 나라를 상정하고 있다고 주장한다. 그러나 그의 주장은 존스톤의 주장과 유사하게, 바울의 '하나님 나라' 본문을 종말론이라는 특정한 신학적 주제 밑에서 이해하려는 시도로 보인다. 따라서 크라이저의 주장은 종말론이라는 특정한 바울 신학에 초점을 맞춤으로써 바울의 수신자 교회가 처한 사회적 경험과 상황이라는 변수를 간과했다.9 때문에 크로이저는 왜 로마서와 고린도

---

7 로마서의 '강한 자'와 '약한 자'의 정체에 대해서는 Sung-Woo Chung, "Reconsideration about the Identity of the 'Weak' and the 'Strong' in Romans," *Korea Journal of Christian Studies*, Vol.39(2005), pp.65-77 참조.

8 L. J. Kreitzer, "Kingdom of God/Christ," G. F. Hawthorne, Ralph P. Martin, Daniel G. Reid(eds.), *Dictionary of Paul and His Letters*(Downers Grove: IVP, 1993), pp.524-526.

9 J. C. Beker, *Paul the Apostle: The Triumph of God in Life and Thought*(Edinburgh: T. & T. Clark, 1980), pp.23-36.

전서 그리고 데살로니카의 본문이 각각 다른 종말론적 분위기를 반영하는지를 설명하지 못하고 있다.

웬함(D. Wenham)은 바울의 '하나님 나라' 본문을 예수와 바울 간의 사상적 연속성을 보여주는 근거로 제시하고 있다.[10] 그는 다음과 같이 주장한다. 첫째, 이러한 본문은 바울이 사전에 '하나님 나라'에 관한 예수의 가르침을 알고 있었다는 사실을 보여준다. 둘째, 예수와 마찬가지로 바울도 '하나님 나라'를 현재적인 것과 동시에 미래적인 것으로 상정하고 있다. 셋째, 바울의 하나님 나라 본문은 주제상 예수의 하나님 나라와 유사하다. 가령 바울이 하나님 나라를 권능과 연결시키는 것은 복음서의 치유이적과 축귀기사와 내용적으로 상응한다. 넷째, 바울은 하나님 나라에 관한 예수 전승을 전제한다. 바울은 자신의 수신자들이 역사적 예수 전승에 익숙한 것으로 전제하고 편지를 쓰고 있다. 예를 들어, 고린도 전서 4장 20절에서 바울은 복음서와 마찬가지로 하나님 나라를 통상적인 방식으로 언급한다. 이러한 웬함의 주장은 바울의 '하나님 나라'를 지나치게 역사적 예수와의 연관성 속에서만 파악하려고 한다. 그러나 바울의 '하나님 나라' 이해가 예수의 것을 그대로 수용했다기보다는 당시 경건한 유대인이면 누구나 공통으로 지니고 있던 1세기 유대적 종말론의 반영이라고 보는 편이 한층 개연성이 있다. 왜냐하면 중간기 문헌 속에서 바울과 예수가 보여준 '하나님 나라' 사상의 단편이 발견되기 때문이다.

기원전 64년경에 형성된 솔로몬의 시편 17장 3절은 "그리고 하나님의 나라는 영원토록 모든 나라를 다스리시고"라고 노래한다. 또한 후반절에서 메시아적 왕으로서 다윗의 아들이 회복된 지상적 왕국을 다스

---

10 D. Wenham, *Follower of Jesus or Founder of Christianity?*(Grand Rapids: William B. Eerdmans Publishing Company, 1995), pp.71-78.

릴 것이라는 예언이 이어진다. 솔로몬의 시편 저자는 하나님 나라의 통치자를 다윗의 후손에서 기대함으로써 유대의 민족주의적인 성격을 드러낸다. 또한 쿰란 문서에서도 빈번하게 하나님의 나라가 언급된다. 그 중에서도 '전쟁 두루마리(War Scroll)'가 하나님 나라에 관해 비교적 상세히 언급하는데, 이 문서에서 하나님을 '명예의 왕' 또는 '왕들의 왕'이라고 부른다(1QM 12:8, 14:6). 또한 전쟁 두루마리에서는 제사장적 왕자에 의해 예루살렘에 수립될 이스라엘의 종말론적 왕국이 묘사된다. 이러한 왕국은 바울의 로마서 14장 17절과 유사하게 '의와 평강'으로 다스려진다.

이처럼 예수와 바울의 '하나님 나라'는 유대 중간기에 나타난 종말론 사상을 함께 보유하고 있는 것이지, 바울이 예수의 것을 일방적으로 답습하고 있다고 보기는 힘들다. 더욱이 바울의 '하나님 나라'는 유대인과 이방인 모두를 포괄하는 보편적인 것인데 반해 예수의 '하나님 나라'는 유대의 회복 신학적 성격을 강하게 내포하고 있다. 또한 바울의 선포의 핵심은 복음서와는 달리 그리스도로서 예수 사건 속에 나타난 '하나님의 의'에 초점이 있지 '하나님 나라'에 있지 않다. 이러한 맥락에서 발터(N. Walter)는 바울이 하나님 나라에 관한 예수 특유의 해석에 영향을 받은 흔적이 드러나지 않는다고 주장한다.

> 바울에게 '바실레이아 투 데우(basileia tou theou, 하나님 나라)'는 영구적으로 존재하는, 하나님의 뜻에 따라 살아가는 생활을 위한 규범 역할을 하는 (천상의) '실체'이다. '하나님 나라'는 여기에서 적절한 번역이다. 반면에 예수의 메시지에서 '하나님의 통치'는 예수의 출현과 더불어 실현되기 시작한 사건이다.[11]

---

11 N. Walter, "Paul and the Early Christian Jesus-Tradition," A. J. M. Wedderburn

따라서 바울의 '하나님 나라' 본문을 복음서에 나타나는 예수의 '하나님 나라'와 내용적으로 동일하다는 웬함의 추정은 지나친 것이다. 또한 그의 연구는 예수와 바울 사이의 연속성을 가능한 한 작게 상정하려는 최소주의와는 달리 그 연속성을 최대한 부각시키려는 최대주의의 입장을 취한다.[12] 최대주의자는 예수와 바울 사이의 조화에 집착함으로써 과도하게 바울의 편지 속에서 예수 전승의 흔적을 찾으려고 시도한다.[13] 따라서 그들은 바울 편지에 나타난 예수 전승의 잔영을 모두 연속성의 근거로 제시한다. 그러나 복음서와 바울 서신의 언어적 병행 구절에만 집착해 바울과 역사적 예수 사이의 사상적 유사성을 입증하려는 태도는 타당한 방법이라고 할 수 없다. 왜냐하면 바울은 유대인으로서

(ed.), *Paul and Jesus*(Sheffield: JSOT, 1991), pp.51-80.

12 최대주의에 관한 좋은 본보기는 김세윤의 입장에서 발견할 수 있다. 그는 바울의 서신 속에서 25개에 이르는 본문을 예수의 가르침과 연결시키고 있다. S. Kim, "Sayings of Jesus," G. F. Hawthorne(eds.), *Dictionary of Paul and His Letters* (Downers Grove: IVP, 1993), pp.474-492.

13 퍼니시는 바울의 편지 속에서 발견되는 역사적 예수의 정보를 다음과 같이 제시한다. 첫째, 예수는 다윗의 계보를 잇는 유대인으로 율법 아래에서 태어났다(롬 1:3; 갈 4:4). 둘째, 예수에게는 하나 이상의 형제가 있었는데, 그중 하나의 이름이 야고보이다(고전 9:5, 15:7; 갈 1:19, 2:9,12). 셋째, 예수에게는 특별한 추종자 열두 명이 있었다. 그중 하나의 이름이 게바이며(갈 2:1-14), 때때로 그는 베드로라고 불렸다(갈 2:7, 8). 이름이 알려진 또 다른 한 명의 제자는 요한이다(갈 2:9). 넷째, 예수는 복음을 선포하는 이들에게 복음을 전하는 일로 살아가라고 지시했다(고전 9:14). 그는 결혼한 사람들은 이혼하지 말라고 가르쳤다(고전 7:10-11). 다섯째, 어느 날 저녁에 있은 만찬에서 예수는 자신의 가장 가까운 추종자들에게 자신의 죽음이 그들에게 유익이 될 것이라고 말했다(고전 11:23-25). 여섯째, 만찬 후에 예수는 체포되었다(고전 11:23). 일곱째, 예수는 십자가 처형으로 죽임을 당했다(고전 1:17-2:5). 여덟째, 예수의 시신은 무덤에 안치되어 있었다(고전 15:4, 롬 6:4). V. P. Furnish, *Jesus According to Paul*(Cambridge: Cambridge University Press, 1993), pp.19-20.

예수와 사상적 공통분모를 지니고 있었으며, 예수 전승을 그대로 답습하기보다는 자신의 입장과 수신자 교회의 정황에 따라 자유롭게 변형시키고 있기 때문이다(고전 7:10-12, 9:14-15).

한편 웬함은 바울의 친저성이 의심되는 골로새서와 데살로니카 후서 그리고 디모데 후서의 '하나님 나라' 본문까지 바울의 것으로 간주하고 있다. 그러나 이러한 서신은 바울의 사후에 그의 사상적 후계자에 의해 편집된 '제2 바울 서신'이라는 것이 최근의 바울 연구자들의 중론이다. 따라서 이러한 문서 속에 등장하는 '하나님 나라' 본문에 터하여 역사적 바울과 예수의 연속성을 입증하려는 시도는 논란의 여지가 있다.

바울의 친필 서신 속에 나타나는 '하나님 나라' 본문은 데살로니카 전서, 갈라디아서, 고린도 전서, 로마서등 4편 서신으로만 한정되어 있다. 아래의 단락은 바울의 진정한 편지에 나타난 '하나님 나라' 본문이다.

> 하나님의 나라는 먹는 것과 마시는 것이 아니요 오직 성령 안에서 의와 평강과 희락이라(롬 14:17).

> 하나님의 나라는 말에 있지 아니하고 오직 능력에 있음이라(고전 4:20).

> 불의한 자가 하나님의 나라를 유업으로 받지 못할 줄을 알지 못하느냐 미혹을 받지 말라 음란한 자나 우상 숭배하는 자나…토색하는 자들은 하나님의 나라를 유업으로 받지 못하리라(고전 6:9, 10).

> 그 후에는 나중이니 저가 모든 정사와 모든 권세와 능력을 멸하시고 나라를 아버지 하나님께 바칠 때나(고전 15:24).

혈과 육은 하나님 나라를 유업으로 받을 수 없고 또한 썩은 것은 썩지 아니한 것을 유업으로 받지 못하느니라(고전 15:50).

전에 너희에게 경계한 것 같이 경계하노니 이런 일을 하는 자들은 하나님의 나라를 유업으로 받지 못할 것이요(갈 5:21).

이는 너희를 부르사 자기 나라와 영광에 이르게 하시는 하나님께 합당히 행하게 하려 함이니라(살전 2:12).

이들 본문은 외견상으로도 예수의 '하나님 나라'와 큰 차이를 보인다. 공관복음서의 예수는 주로 비유를 통해 하나님 나라를 선포한다. 던은, 바울의 '하나님 나라' 본문이 주로 나라를 유업으로 받는다는 정형구와 미래적 종말론의 관점에서 등장한다고 지적한다.[14] 고린도 전서 6장 9절과 15장 50절, 갈라디아서 5장 21절에서 '유업으로 받다'라는 뜻으로 헬라어 κληρονομέω가 사용된다. 이 단어는 칠십인역(LXX), 신명기, 제2이사야(57:13; 60:21; 61:7; 65:9)에서 매우 중요한 개념으로 사용되는데, 바울은 이 단어를 '하나님 나라'와 결합해 사용한다.[15] 이것은 바울이 '하나님 나라'를 예수의 파루시아 때 성도가 받을 종말론적 유산과 연관시킨다는 사실을 보여준다.

바울의 하나님 나라에 관한 본문은 그의 핵심적인 신학사상과는 직접적인 연관이 없는 윤리적 훈계의 맥락에서 단편적으로 언급된다. 그리고 바울의 빈약한 '하나님 나라' 본문은 특별한 예수 전승과는 명백하게 연결되어 있지 않다. 그렇다면 바울의 서신 속에 등장하는 '하나님

---

14 제임스 D. G. 던, 『바울신학』, 박문재 옮김(서울: 크리스천다이제스트, 2003), 285쪽.
15 조경철, 『예수와 하나님 나라의 윤리』(서울: 성서학연구소, 2006), 44쪽.

나라' 본문의 특징은 무엇일까?

무엇보다 바울은 이미 자신의 청중이 예수의 '하나님 나라'에 익숙한 것으로 전제로 편지를 쓴다. 때문에 바울은 복음서와 같이 하나님 나라에 관한 비유적인 묘사를 들려주지 않는다. 바울은 무엇보다 성령을 통해 드러나는 하나님 나라의 현재적 실현에 관심이 있어 보인다. 고린도 전서 4장 20절과 로마서 14장 17절은 이러한 사실을 보여준다. 즉, 하나님 나라의 실현은 성령을 통해 드러난다는 것이다. 그러나 유의해야 할 것은, 고린도 전서와 로마서의 관련 본문 모두가 이들 수신자 교회에서 벌어진 문제를 견책하는 와중에 언급되고 있다는 사실이다. 특기할 만한 것은 '하나님 나라'가 로마서와 갈라디아서 그리고 데살로니카 전서에서는 각각 1번씩 언급되는데 비해 고린도 전서에서는 4차례에 걸쳐 나타난다는 점이다. 이것은 아마도 고린도 교회에 있었던 바울의 대적자들이 예수의 '하나님 나라'를 들먹이며 자신이 그리스도와 더불어 '왕 노릇을'하고 있다고 자만했기 때문으로 추정된다(고전 4:8).16 따라서 바울은 그들이 예수의 '하나님 나라' 가르침을 오용하고 있다는 차원에서 4차례에 걸쳐 '하나님 나라'에 관해 자신의 정의를 내리고 있다.

고린도 전서 4장 18~19절에서도 바울은 교회 내부 분파주의자의 교만한 언행을 경고한다. 20절에서 "하나님의 나라는 말에 있지 아니하고 오직 능력에" 있다는 사실은 이들이 하나님 나라의 질서를 어지럽히고 있다는 사실을 암시한다. 한편 로마서 14장 17절의 본문은 로마 교회 내부에 우상의 제물을 먹는 문제로 야기된 '강한 자'와 '약한 자'의 분란을 훈계하는 맥락에 위치하고 있다. 때문에 바울은 17절에서 "하나님의 나라는 먹고 것과 마시는 것이 아니요 오직 성령 안에서 의와 평강과 희락"이라고 강조한다. 고린도 전서와 로마서의 본문 모두가 '하나님 나라

---

16 D. Wenham, op. cit., p.79.

는 x가 아니라 y다'라는 양식상의 유사성을 보여준다. 이러한 표현은 바울이 공동체 내부에서 벌어지는 문제가 하나님 나라의 현실과는 무관하다는 것을 직접적으로 강조하기 위한 것이다.

한편 갈라디아서 5장 22절에서 바울은 성령의 9가지 열매로 '사랑, 희락, 화평, 오래 참음, 자비, 양선, 충성, 온유, 절제'를 언급한다. 여기서 성령의 열매는 공동체의 일치와 질서를 유지하기 위해 신자에게 요청되는 항목이다. 고린도 전서 13장에 나타나는 사랑의 찬가 역시 공동체의 갈등을 해소하는 첫 번째 덕목으로 사랑의 중요성을 역설하고 있다. 따라서 바울은 성령의 열매를 통한 공동체의 일치를 하나님 나라의 현재적 실현과 연관시킨다. 그러나 바울은 데살로니가 전서 2장 12절에서는 하나님 나라의 실현과 관련해 미래적 종말론의 입장을 취하고 있다. 이것은 데살로니가 교회에서 벌어진 가장 시급한 문제가 예수의 파루시아 전에 죽은 신자의 부활과 예수 재림의 시기에 관한 것이었기 때문이다. 이에 대해 바울은 전통적인 묵시문학의 어투로 이 문제에 답변하고 있다(살전 4:13-17).

이처럼 바울 서신에 나타난 하나님 나라 본문은 각 수신자 공동체의 내부 문제에 대한 바울의 견책과 훈계의 문맥에서 주로 언급된다. 바울에 따르면 하나님 나라는 공동체의 일치를 해치는 교만과 무질서 속에서 결코 이루어질 수 없고, 성령의 열매인 사랑과 의와 평강과 희락 가운데 건설된다는 것이다.

3. 예수의 '하나님 나라'와 바울의 '하나님의 의'

하나님 나라에 관한 예수의 진술은 거의 모든 초기 전승 자료에서 발견된다(막 1:1, 10:15, 14:25, 눅 6:20, 11:2, 13:28-29, 도마 51장). 따라서 이러한 다수의 증거를 통해 하나님 나라가 예수의 중심 가르침이라는 사실을 확인하게 된다. 또한 제2성전기에 등장한 유대 묵시문학의 종말론적 하나님의 주권사상은 예수의 종말론적 가르침의 역사적 전제로 간주될 수 있는 개연성을 충분히 시사해준다. 이사야 24~27장이나 제3스가랴 12~14장은 이스라엘의 하나님 야훼가 온 세상의 왕이 될 것이라고 약속한다. 또한 이사야서와 다니엘서의 다음과 같은 구절은 이방 세력에 대한 승리와 야훼의 주권에 대한 이스라엘 민중의 희망을 잘 전하고 있다.

> 좋은 소식을 전하며 평화를 공포하며 복된 좋은 소식을 가져오며 구원을 공포하며 시온을 향하여 이르기를 네 하나님이 통치하신다 하는 자의 산을 넘는 발이 어찌 그리 아름다운가. 네 파수꾼들의 소리로다 그들이 소리를 높여 일제히 노래하니 이는 여호와께서 시온으로 돌아오실 때에 그들의 눈이 마주 보리로다. 너 예루살렘의 황폐한 곳들아 기쁜 소리를 내어 함께 노래할지어다. 이는 여호와께서 그의 백성을 위로하셨고 예루살렘을 구속하셨음이라. 여호와께서 열방의 목전에서 그의 거룩한 팔을 나타내셨으므로 땅 끝까지도 모두 우리 하나님의 구원을 보았도다. 너희는 떠날지어다. 떠날지어다. 거기서 나오고 부정한 것을 만지지 말지어다. 그 가운데에서 나올지어다. 여호와의 기구를 메는 자들이여 스스로 정결하게 할지어다. 여호와께서 너희 앞에서 행하시며 이스라엘의 하나님이 너희 뒤에서 호위하시리니 너희가 황급히 나오지 아니하며 도망하듯 다니지 아니하리라(사 52:7-12).

느부갓네살 왕아 네게 말하노니 나라의 왕위가 네게서 떠났느니라. 네가 사람에게서 쫓겨나서 들짐승과 함께 살면서 소처럼 풀을 먹을 것이요 이와 같이 일곱 때를 지내서 지극히 높으신 이가 사람의 나라를 다스리시며 자기의 뜻대로 그것을 누구에게든지 주시는 줄을 알기까지 이르리라 하더라(단 4:31-32).

마가복음서 7장 27절은 귀신 들린 딸의 치유를 간청하는 수로보니게 여인의 청을 거절하는 예수의 모습을 보도한다. "자녀로 먼저 배불리 먹게 할지니 자녀의 떡을 취하여 개들에게 던짐이 마땅치 아니하니라." 평소 사회적 소외자를 늘 연민과 사랑으로 대하던 예수의 이러한 발언은 무척이나 생소하게 다가온다. 이러한 예수의 언사에서 당시 유대인의 특수한 구원 이해의 한 단면을 확인할 수 있다. 즉, 예수의 '하나님 나라' 운동은 애초에는 이스라엘로 한정되어 있었다는 사실이다.

이러한 흔적은 마태복음서 10장 5절에서 다시 발견된다. 예수는 열두 제자들에게 선교활동을 명하면서 다음과 같은 당부를 덧붙인다. "이방인의 길로도 가지 말고 사마리아인의 고을에도 들어가지 말고 차라리 이스라엘 집의 잃어버린 양에게로 가라." 이러한 구절에서 예수의 하나님 나라 선포가 바울과 같이 이방인을 포함한 보편적인 구원의 메시지와 관련이 있다기보다는 이스라엘의 복권 및 회복과 관련 있다는 사실을 확인하게 된다. 따라서 예수의 '하나님 나라' 운동은 유대교 내부의 갱신운동이었을 뿐 유대교를 벗어난 새로운 종교운동이 아니었음을 보여준다.

바울은 '하나님 나라'보다 예수 그리스도의 죽음과 부활 속에 나타난 '하나님의 의'에 주목한다. 공관복음서에서 불과 7번 정도 사용되던 '의(dikāiosyne)'란 단어가 바울 서신에서는 무려 57번이나 등장한다. 예를 들어 바울은 로마서 1장 16~17절에서 자신의 선포하는 복음의 주제를 '하나님의 의'라고 표명하고 있다.

내가 복음을 부끄러워하지 아니하노니 이 복음은 모든 믿는 자에게 구원을 주시는 하나님의 능력이 됨이라 먼저는 유대인에게요 그리고 헬라인에게로다. 복음에는 하나님의 의가 나타나서 믿음으로 믿음에 이르게 하나니 기록된 바 오직 의인은 믿음으로 말미암아 살리라 함과 같으니라.

바울에게 '의롭게 된다'는 것은 관계와 관련 있다. 즉, '의인(義認, justification)'은 관계의 회복을 의미하는 것으로, 이를 통해서만 인간은 하나님과 올바른 관계에 들어갈 수 있다. 바울은 의롭게 됨의 근거를 '하나님의 의'에서 찾는다.

김창락에 따르면, 이 용어는 두 가지 의미를 지닌다. 첫째, 추상명사로 사용될 경우에는 하나님의 속성이나 성질을 뜻한다. 즉, 하나님의 속성이 의롭거나 혹은 하나님은 그 존재에서 의로운 분이라는 뜻이다. 둘째, 하나님의 행동이나 활동을 나타내는 동작명사로 사용되는 경우에는 자동사적 의미와 타동사적 의미를 모두 살펴야 한다. 전자는 하나님의 의로우신 처신·태도·행동 등을 뜻하며, 후자는 하나님이 이룩하시는 의로운 활동이나 사건 또는 그러한 활동으로 생긴 사태를 의미한다. 바울이 사용한 '하나님의 의'는 성질·속성의 추상명사로 사용될 수도 있지만, 대체로 행동이나 활동의 자동사적 혹은 타동사적 의미로도 사용된다(롬 4:5, 8:33; 갈 3:8).[17]

피츠마이어(J. A. Fitzmyer)는 구약에서 '하나님의 의' 개념은 하나님의 구원하시려는 강직성을 나타낸다고 주장한다(사 46:13; 51:5, 6, 8; 시 36:7, 11; 단 9:15; 느 9:33; 단 9:7). 그에 따르면 바울도 이 같은 맥락에서 '하나님

---

17 김창락, 『새로운 성서해석과 해방의 실천』(서울: 한국신학연구소, 1990), 381쪽. '하나님의 의'란 어휘가 지니는 다양한 용례에 대해서는 N. T. Wright, *What Saint Paul Really Said*(Oxford: Lion Publishing plc, 1997), pp.100-103 참조.

의 의'란 어휘를 사용한다는 것이다.[18] 그러나 과연 바울이 '하나님의
의'를 반드시 구약적 의미에서만 사용하고 있는지는 의문이다.[19] 왜냐
하면 이방인의 사도로 자임하던 바울에게 예수의 십자가와 부활 사건
속에 드러난 '하나님의 의'는 이스라엘을 대한 하나님의 신실하심을 나
타내는 동시에 이방인 개종자도 약속의 충분한 상속자가 될 수 있다는
것을 보여주기 때문이다.

바울은 로마서 1장 16절에서 하나님의 의가 나타난 복음은 '모든 믿
는 자'에게 구원을 주시는 하나님의 능력이라고 강조하면서 이 복음 안
에서 유대인과 헬라인의 차별이 극복됨을 강조하고 있다. 1장 17절과 3
장 22절에 나타나는 소위 '의인론(義認論)' 단락은 또한 '하나님의 의'의
수혜자가 유대인만이 아닌 헬라인을 포함한 '모든 믿는 자'에게 적용되
는 보편적인 하나님의 구원의 능력을 의미했기 때문이다.[20] 따라서 이
방인의 사도 바울에게 유대적 민족주의 색채가 강하게 내포된 '하나님
나라'보다 이방인과 유대인 모두의 구원을 아우를 수 있는 '하나님의 의'
에 초점을 맞추는 것이 더욱 적절했을 것이다.

---

18 J. A. 피츠마이어, 『바울로의 신학』, 김수복 옮김(왜관: 분도출판사, 1984), 46-47쪽.
19 최근에 블루멘펠트는 바울의 '하나님의 의'를 그레코로만의 문맥에서 이해하려
   고 시도한다. 그에 따르면 바울의 '하나님의 의'는 그리스의 대중 정치철학에서
   나타나는 '신의 정의'와 '신뢰의 정의'를 연결한 정치신학적 함의를 지닌 것으로
   이해될 수 있다는 것이다. Bruno Blumenfeld, *The Political Paul*(Sheffield:
   Sheffield Academic Press, 2001), pp.302-304. 블루멘펠트의 주장에 대한 비판적
   검토는 김덕기, 「로마서의 구속론과 희생제의: 속죄론의 사회적 의미를 중심으
   로」, ≪신약논단≫, 11/2(2004, 여름), 385-427쪽 참조.
20 바울은 특별히 로마서에서 '유대인과 이방인', '유대인과 헬라인', '이스라엘과 이
   방인' 또는 '할례자와 무할례자'라는 한 쌍의 표현을 자주 사용한다(1:16; 2:9; 3:9,
   29; 9:23, 30; 10:12; 11:25; 2:24; 3:1; 4:9; 15:8). 이는 바울이 '하나님의 의'가 함의
   하는 보편적 구원을 강조하기 위한 것으로 보인다.

4. 왜 바울은 '하나님 나라'에 침묵했는가

왜 바울은 '하나님 나라'에 관한 언급을 회피하는가? 역사적 예수의 가르침과 선포를 바울이 과연 알지 못했을까? 그러나 이러한 가정은 그다지 설득력이 없다. 왜냐하면 단편적인 예수 전승이 바울의 편지에서 종종 발견되며, 바울은 분명히 자신이 예수 전승을 전해 받았다는 사실을 언급하기 때문이다.21 고린도 전서 11장 2절에서 바울은 "내가 너희에게 전한(παραδιδωμι) 대로 그 가르침을 너희가 지키므로"라고 말하고 있으며, 같은 장 23절에서는 "내가 너희에게 전한 것은 주께 받은 것이니"라고 말한다. 또한 고린도 전서 15장 3절에서 바울은 부활절 이후의 전승에 관해 언급하면서 11장에서와 동일하게 '파라디도미(παραδιδωμι)'가 사용된다. 따라서 바울이 역사적 예수에 관한 정보를 전혀 몰랐다는 것은 그다지 개연성이 없다. 그렇다면 '하나님 나라'에 관한 바울의 침묵을 어떻게 설명할 수 있을까?

이러한 물음에 대한 답변으로 예수의 '하나님 나라' 선포에 관한 바울의 침묵을 장르적 차이에서 찾으려는 시도가 있었다. 즉, 편지라는 장르의 속성상 수신자의 실제적 문제에 응답하려는 구체적인 목적에 우선하기 때문에,22 바울의 편지에서는 예수의 '하나님 나라' 비유를 찾기 어렵다는 설명이다. 바울은 이미 예수와 그의 선포를 알고 있는 크리스천 공동체에게 편지를 보냈기 때문에 굳이 그들이 이미 알고 있는 예수 이야기를 반복할 필요를 느끼지 못했다는 것이다. 즉, 바울의 편지는 그의 수신자 교회들이 이미 예수 전승을 알고 있다는 전제에서 쓴 것이라는

---

21 바울 서신에 나타난 예수 전승에 관해서는 Furnish, *Jesus According to Paul*, pp.40-65 참조.

22 게리 윌스, 『바울은 그렇게 가르치지 않았다』, 김창락 옮김(서울: 돋을새김, 2007), 71쪽.

설명이다. 이러한 설명은 '하나님 나라'에 관한 바울의 침묵이 의도적이라기 보지 않는다.

그러나 바울은 고린도 후서에서 예수에 대한 자신의 침묵이 의도된 것이라는 인상을 풍기는 말을 남기고 있다. 바울의 말을 들어보자.

> 우리는 이제부터 아무도 육신의 잣대(kata. sa,rka)로 알려고 하지 않습니다. 전에는 우리가 육신의 잣대로 그리스도(kata. sa,rka Cristo,n)를 알았지만, 이제는 그렇지 않습니다(고후 5:16. 강조는 필자).

많은 서구의 학자들이 이 말이 지니는 의미를 설명해왔다. 그러나 그들은 신학적 문제에만 고착되어 있어 이 말 속에 들어 있는 바울의 실제적 고민을 읽지 못했다. 바울은 예수의 직계 제자가 아니었다. 그는 예수를 직접 대면한 일도 없었고, 심지어 그리스도인을 박해한 그의 전력은 선교활동에 부정적인 요인으로 작용한 것이 사실이었다. 바울은 자신의 사도권을 예수와의 역사적 연분에서 찾기보다 다메섹에서의 '계시'에 의존하고 있다. 사실 당시 '예수 운동'의 주도권은 예수와 육적인 친분이 있었던 야고보(예수의 친동생)나 활동 초기부터 그의 제자였던 베드로와 요한에게 있었다.[23] 그들의 사도권은 '역사적 예수'와의 육적인 '친분'에 기초하고 있었다. 그들은 예수를 '육신의 잣대'로 너무나 잘 알고 있었다. 바울은 아마도 이들 직계 사도가 예수의 가르침을 또 하나의

---

23 사도행전 15장과 갈라디아서 2장 9절에 따르면, 예루살렘 교회의 야고보와 베드로 그리고 요한 같은 '기둥 사도'들이 조직의 의사결정권에 큰 영향력을 행사하고 있음을 알 수 있다. 김진호는 예수 운동의 참여자 사이에서 '미시권력'이 작동하고 있었음을 지적했다. 김진호, 『예수 역사학』(서울: 다산글방, 2000), 161쪽 참조. 갈라디아서 2장 12절 이하의 '안디옥 사건'에 관한 바울의 의도적인 폭로는 초기 예수 운동 그룹의 미시권력 사이에서 노정된 갈등을 잘 반영하고 있다.

율법으로 왜곡시킬 위험을 방지하기 위해 예수의 가르침을 자신의 서신에서 누락시키고 있는지도 모른다.[24] 따라서 바울이 자신의 사도권의 기초로 내세운 품목은 '역사적 예수'의 언행에 관한 '목격담'이 아니라 부활한 '그리스도'의 계시와 하나님의 '은총'이었다(갈 1:11-12).[25]

픽슬레이(Georg Pixley)는 '하나님 나라'가 바울의 편지에 자주 언급되지 않는 이유를 변화된 선교적 환경 때문이라고 설명한다. 그는 일차적으로 바울 편지의 청중이 그레코로만의 도시인이라고 지적한다. 즉, 갈릴리 민중에게 정치적 해방의 의미를 지니고 있었던 '하나님 나라'가 바울에 의해서 개인적인 차원의 영적 의미로 축소·후퇴되었다는 것이다. 그들에게 공통된 문제는 단지 영적인 문제와 실향, 그것에 수반된 불확실한 문제뿐이었다. 이러한 상황에서는 갈릴리 사람 메시야 예수가 설교했던 하나님의 복음이란 것이 본래 팔레스타인 예수 운동이 의미했던 것과는 다른 어떤 것이 될 수밖에 없었다.[26]

그러나 픽슬레이의 주장은 다소 성급하다. 왜냐하면 바울의 편지에서 로마 제국을 직접적으로 비판하는 구절을 발견하기 어렵다는 사실이 곧바로 로마 제국에 대한 바울의 순응을 말해주는 것은 아니기 때문이다. 최근의 탈식민지 문화 연구는 제국주의에 대한 저항과 순응을 단순히 둘로 나누는 이분법적 분석틀에 반대한다.[27] 사실 로마 제국의 억압적 현실 속에서 피지배자로서 바울의 전략은 양가적으로 나타난다. 로마서 13장 1~7절에서 바울은 로마 제국의 권세에 대한 무모한 저항보다는 순종을 권장하면서 제국의 폭력으로부터 이제 갓 태어난 로마의

24 R. Scroggs, *Paul for a New Day*(Philadelphia: Fortress Press, 1977), p.66.

25 Joong Suk Suh, *The Gospel of Paul*(New York: Peter Lang, 2003), pp.3-4.

26 조지 V. 픽슬레이, 『하나님 나라』, 정호진 옮김(서울: 한국신학연구소, 1987), 119쪽.

27 안용성, 「문화적·공간적 상상을 통한 성서 해석」, ≪신약논단≫, 13/1(2006년 봄), 195-218쪽.

크리스천 공동체를 보호하려는 현실주의적 태도를 취한다.28 한편 바울은 군사적 폭력으로 확립된 '팍스 로마나'에 대해 '그리스도의 평화'를 강조함으로써 로마 제국의 선전을 간접적으로 해체한다.29 이처럼 바울의 서신을 친로마·반로마의 양자택일로 분석하기보다 두 입장의 복합적 병존으로 이해할 때 바울과 그의 수신자 교회들이 로마 제국과 벌였던 갈등과 힘의 관계를 보다 적절하게 해명할 수 있을 것이다.30

따라서 '하나님 나라'에 대한 바울의 침묵을 픽슬레이의 주장처럼 예수의 가르침에 대한 관념적 후퇴나 퇴행으로 해석하기보다 그가 처한 변화된 여건 속에서 이해하는 것이 더욱 타당해 보인다. 바울은 이방인의 사도답게 팔레스타인의 특수한 풍토 속에서 형성된 '하나님 나라'라는 용어를 회피하고 있다. 사실 바울의 주된 청중이었던 이방 크리스천에게 예수의 '하나님 나라' 가르침은 매우 생소한 것이었다. 비아(F. W. Beare)는 "예수가 자주 말했던 하나님 나라는 헬라인에게는 아무것도 의미하지 않았다. 따라서 바울은 헬라인들에게 글을 쓸 때에는 이 단어를 거의 사용하지 않고 있다"31고 지적하고 있다. 한편 톰슨(M. Thompson)

---

28 닐 엘리엇, 「제국적 선전의 맥락에서 보는 로마서 13:1-7」, 김재성 엮음, 『바울 새로보기』(서울: 한국신학연구소, 2000), 43-75쪽.

29 디이터 게오르기, 「하나님은 높은 자들을 낮은 데로 끌어내리셨다」, 『바울 새로보기』, 91-106쪽.

30 최근 바울의 복음이 지니는 반로마적 성격에 대해 연구가 홀슬리를 중심으로 활발히 진행 중이다. 홀슬리가 편집한 다음의 책들을 참조. R. Horsley(ed.), *Paul and Empire*(Harrisburg: Trinity Press International, 1997); R. Horsley(ed.), *Paul and Politics*(Harrisburg: Trinity Press International, 2000); R. Horsley, *Paul and the Roman Imperial Order*(Harrisburg: Trinity Press International, 2004). 최근 라이트는 바울의 복음이 지니는 반로마적 함의를 주장했다. N. T. Wright, *Paul: Fresh Perspectives*(London: SPCK, 2005), pp.59-79.

31 F. W. Beare, "Jesus and Paul," *CJT*, 5(1959), pp.79-68. 데이비드 웬햄, 『바울: 예수의 추종자인가? 기독교의 창시자인가?』, 박문재 옮김(서울: 크리스천다이제스

에 따르면, '하나님 나라'와 같은 용어는 갈릴리 촌락과는 달리 그레코
로만의 대도시에서는 로마 당국을 자극할 수 있는 민감한 정치적 구호
로 받아들여 질 수 있었기 때문에 바울은 의도적으로 이 단어를 회피했
다는 것이다.32 유대의 왕을 참칭해 십자가에서 처형된 예수의 왕국을
'시이저의 제국'에서 선포하는 것은, 틀림없이 바울에게 정치적으로 부
담감이 되었음은 물론 선교전략적 차원에서도 그다지 현명한 처신이
될 수 없었다.

그러나 예수의 '하나님 나라' 선포에 대한 바울의 침묵을 한 가지 가
설에 입각해 설명해내기는 어려워 보인다. 우리는 바울의 편지로부터
그가 왜 '하나님 나라'에 관한 구체적인 이야기를 누락시키고 있는지 그
명확한 사유를 찾기 힘들다. 따라서 그의 침묵으로부터 가장 개연성 있
는 가설을 세울 수밖에 없다. 그중 가장 설득력 있는 시나리오는 예수
운동의 후발주자로서 바울이 직계 사도들과는 대별되는 가르침과 선교
구역을 취했다는 사실로부터 재구성될 수 있을 것이다. 다시 말해, 바울
은 이방인의 사도로서 로마 당국과 헬라인을 불필요하게 자극하지 않
는 범위에서 복음의 메시지를 선포하여야 했을 것이다(롬 13:1-7).

그럼에도 불구하고 바울의 '복음'은 로마 당국에 의해 불온하게 간주
되었다. 바울의 편지와 사도행전이 보도하는 로마 당국에 의한 바울의
수차례 투옥은 이러한 상황을 반증한다. 따라서 그가 유대의 민족주의
를 내장하고 있는 '하나님의 나라'보다 '하나님의 의'에 초점을 맞추고
있는 것은 선교전략으로서 타당한 것이었다. 그리고 바울이 편지를 보
낸 수신자 교회들이 이미 일정 정도 예수 전승을 알고 있었다는 사실 또

트, 2002), 122쪽에서 재인용.

32 M. Thompson, *Clothed with Christ: The Example and Teaching of Jesus in Romans 12.1-15.13*(Sheffield: JSOT Press, 1991), p.205.

한 하나님 나라에 대한 바울의 침묵을 설명하는 부차적인 근거가 될 수 있을 것이다.

5. 나오는 글

바울은 과거에 고착되기보다 끊임없이 새로운 세계가 요구하는 '보편적 메시지'를 전했다. 그는 과감하게 헬라 세계와 대화하며 이방 선교에 장애가 되는 유대적 '장벽'(할례, 안식일 준수, 정결법)을 과감하게 철폐하고 있다. 바울은 자신의 공동체 내에서 유대인과 이방인 차별의 담을 결코 용납하지 않았다. 그가 '예수 사건'의 의미를 '화해(reconciliation)'라는 메타포를 사용해 묘사하고 있는 것도 이러한 사실을 반증한다. 그리스도 예수는 바울에게 모든 자유를 의미했다. 그 때문에 그는 안디옥에서 이방인과 식사하다가 보수적인 유대 크리스천의 공격이 두려워 식탁에서 물러났던 베드로를 맹공격했던 것이다(갈 2:11-14).

결론적으로 말해, 바울은 예수의 '하나님 나라'에 관한 원시 교회의 전승을 알고 있었다(고전 7:10-11, 9:14, 11:23-25; 고후 12:8-9; 고전 14:37; 데전 4:15-17; 롬 12:14, 14:14, 13:7). 아마도 바울의 예수 전승은 아나니아를 중심으로 한 다마스쿠스나 안디옥의 크리스천 공동체에서 전해 받은 것들이었을 것이다. 그러나 그는 과거에 고착된 예수 이해를 거부했다. 다른 많은 독창적 사상가들이 그렇듯 바울은 계승과 단절, 영향과 배제의 양면성을 아우르며 자신만의 독특한 신학적 어법으로 새로운 시대가 원하는 예수 사건의 보편적 의미를 끊임없이 추구했던 것이다.

바울은 나사렛 예수라는 유대 영웅의 죽음으로부터 신화적이고 원형적인 의미를 그려냈다. 바울의 위대성은 예수를 한때 살아 숨 쉬었던 역사적 인물로 아는 것이 아니라 세례와 성만찬이라는 제의 속에서 영원히 기독교인의 삶 속에 자리할 수 있는 종교적 실재로 만든 것에 있다고 할 수 있다. 이로써 초기 기독교 공동체는 바울의 케리그마가 진실임을 믿었다. 그러나 그것은 바울의 텍스트가 역사적 예수의 존재를 입증했기 때문이 아니라 그들 자신을 변화시켰기 때문이다.

후일의 역사는 바울의 선택이 적절했다는 것을 보여준다. 유대의 사고틀 속에서 예수의 가르침과 활동에 집착한 팔레스타인의 에비온파와 나사렛파는 변화된 지형 속에 적응하지 못하고 역사 속에서 자취를 감추고 말았다.[33] 바울의 예수 이해를 탈역사화시킨 기독교 영지주의 계열은 그 급진성에도 불구하고 지나친 엘리트주의로 인해 콘스탄티누스적 기독교에 의해 역사 속에서 소거되고 말았다.

---

33 이들이 남긴 복음서들은 '에비온의 복음서(Gospel of the Ebionites)'와 '나사렛인의 복음서(Gospel of the Nazareans)'로 알려져 있다. 이들 복음서의 존재는 초대 교부들에 의해서 알려졌다. 주로 예수의 활동에 초점을 맞춘 이야기 복음의 형태를 지니며, 2세기 팔레스타인에 거주하던 유대 크리스천 공동체의 산물로 학자들은 추정한다. 자세한 내용에 대해서는 Bart D. Ehrman, *The New Testament and Other Early Christian Writings*(Oxford: Oxford University Press, 1998), pp.135-139; D. F. Wright, "Ebionites," in Ralph P. Martin(eds.), *Dictionary of the Later New Testament & Its Developments*(Downers Grove: IVP, 1997), pp.313-317 참조.

선포하는 예수, 선포되는 그리스도

박응천
GTU/San Francisco Theological Seminary 교수, 신약학

역사의 탐구에서 과거를 있는 그대로 복원하고자 하는 바람은 매우 기본적이다. 그러나 한편으로 역사의 기록이 다루는 주제의 성격에 따라 정도의 차이는 있지만 지나간 과거를 정확하게 복원하는 것은 이론적으로도 실질적으로도 가능하지 않다. 일찍이 기원전 5세기 그리스의 역사가 투키디데스는 『펠로폰네소스 전쟁사』에서 자신의 역사기술 방법론을 밝히면서 이것을 분명한 언어로 천명했고, 이후 그의 생각은 많은 후대 역사가에게 영향을 미쳤다. 그런데 18세기 유럽의 계몽주의가 인간 이성에 대해 지나칠 정도로 신뢰를 주면서 이성을 통해 도달할 수 있는 것에 대해 전에 없이 큰 기대를 하게 되었다. 이러한 풍조가 역사학에 나타난 것이 바로 19세기 독일의 역사학자 랑케(Leopold von Ranke)로 대표되는 역사적 실증주의이다. 랑케는 역사가의 임무를 과거의 사실 그 자체를 '그 사건이 발생했던 방식 그대로' 복원하는 것이라고 말하면서 그것이 인간의 이성을 바탕으로 한 엄격한 객관성에 의해 가능하다고 보았다.

이런 역사학의 낙관적인 이론은 20세기 중·후반까지 서양 역사학계의 지배적인 패러다임으로 역사학은 물론 역사와 관련된 주변 학문에 막대한 영향을 끼쳤다. 20세기 후반에 들어서면서 계몽주의의 기본 전

제 중에서 많은 부분이 탈근대주의적 사고에 의해 도전을 받으면서 역사 연구에서 역사가의 관점이 역사 해석에 필연적으로 미치는 영향에 대한 인식이 역사학 안에서도 점점 커지게 되었다. 이와 더불어 역사라는 것 자체가 단순히 과거 사실의 객관적인 복원이 아니라 처음부터 근본적으로 과거에 대한 해석의 연속이라는 이론이 점차 자리 잡게 되었다. 이렇듯 객관성을 가장 주된 바탕으로 하는 역사학에서도 해석자의 주관성을 배제할 수 없다는 것이 인정되고 있다는 사실은 21세기 역사학이 19세기 이후의 역사적 실증주의로부터 근본적인 패러다임의 변환을 겪고 있는 것을 보여주는 현상이라고 말할 수 있다.

이러한 역사학의 방법론적인 사고의 변환은 알게 모르게 역사적 예수 탐구에 많은 영향을 미쳤다. 재미있는 사실은 20세기 초 이미 슈바이처(Albert Schweitzer)의 『역사적 예수 연구(The Quest of the Historical Jesus)』에서 18세기에 시작된 역사적 예수 연구의 모든 책이 결국 각각의 저자가 가진 이상적인 예수상을 객관적인 연구결과라는 이름으로 포장해 제시하고 있음을 밝혔다는 것이다. 그 이후 역사적 예수에 대한 제2의 탐구 그리고 최근까지 이어지는 제3의 탐구 모두 이런 역사의 해석적 성격에서 크게 벗어나지 않는다고 볼 수 있다.

역사적 예수의 탐구는 역사자료로서의 복음서가 가지는 특성 때문에 생긴 신약성서학 내부의 문제이지만 또 한편으로 그것은 고대 역사 연구에서 흔히 부딪히는 일반적인 문제이기도 하다. 고대 역사에 이름을 남긴 인물 중에는 많은 저서를 집필한 사람도 있지만 책을 전혀 쓰지 않은 사람도 많다. 전자의 경우는 만일 그 저서가 본인의 글인 것으로 확인된다면 그 사람의 생각이나 주변을 자신의 관점에서 기술한 내용을 일차자료로 후대 역사가에게 제공하게 되는 반면 후자의 경우는 그 사람이 동시대 혹은 후대 사람들에 의해 기억되고 해석된 간접자료만 전해지게 된다. 그리고 그 사람에 대한 기록이 여럿이 있으며 그 기록이 서로 차이를 보인다면 그만큼 그 사람의 역사를 재구성하는 것이 어려워진다.

이런 것의 대표적인 경우가 소크라테스이다. 소크라테스는 학교를 만들지도 않았고 또 저서를 집필하지도 않았다. 따라서 그의 삶과 생각과 가르침에 대한 우리의 지식은 모두 간접자료에서 온 것이다. 그에 대한 대표적인 간접자료는 아리스토파네스의 희극『구름(Nephelai)』, 그의 제자 중 하나인 크세노폰의 회고록,『법률』을 제외한 플라톤의 모든 저서(대화), 이렇게 세 종류로 나눌 수 있다. 이 세 자료들이 그리는 소크라테스의 이미지는 서로 매우 다른 모습을 보인다. 심지어 플라톤의 대화들 속에서의 소크라테스는 초기 대화에서 중기로 또 후기 대화로 가면서 점점 철학자로서의 성격이 변하고 있는 것을 볼 수 있다.

이렇게 각기 다른 소크라테스의 모습 속에서 어떤 것이 기원전 5세기 아테네 거리에서 철학적 담론을 펼치던 원래 소크라테스와 가장 가까운지를 탐구하는 것은 쉬운 일이 아니며, 또한 이론적으로는 어떤 이미지도 원래 소크라테스와 가깝지 않을 가능성도 배제할 수 없다. 따라서 학자들은 서로 다른 자료를 비판적으로 비교 연구하면서 한계를 가진 역사자료가 허용하는 테두리 안에서 역사적으로 개연성이 가장 높은 소크라테스의 모습을 재구성하려고 노력한다. 이것을 고전학에서는 '역사적 소크라테스 연구'라고 부른다. 물론 역사적 소크라테스 연구는 그 자료들이 복음서와는 달리 초자연적인 내용을 담고 있지 않기 때문에 역사적 예수 연구만큼 역사적 진정성이 모호한 부분이 많지는 않다. 그렇지만 역사적 소크라테스 연구도 그 자료가 되는 문헌을 쓴 저자(아리스토파네스, 크세노폰, 플라톤)의 관점이 자료의 주제가 되는 소크라테스의 이미지에 강한 영향을 끼치고 있다는 점에서 역사적 예수 연구와 근본적인 성격을 같이하고 있다고 볼 수 있다.

학자에 따라 견해가 다르지만 신약성서에서 역사적 예수 연구에 의미 있는 자료를 제공하는 문서군은 공관복음서뿐이라고 말할 수 있다. 복음서는 수많은 그리고 다양한 전승 자료가 오랜 기간에 걸쳐서 수집되고 수정되는 과정을 거쳐서 최종적으로 복음서 기자들에 의해 편집된 결과이기 때문에 그 안에는 예수에 대한 다양한 경험과 이해와 해석이 때로는 서로 조화를 이루며 때로는 서로 충돌하는 상태대로 어우러져 있다. 그렇기 때문에 역사적 예수 탐구는 그것이 성취할 수 있는 역사적 개연성에 뚜렷한 한계를 가질 수밖에 없다. 그런 이유로 이 글은 역사적 예수 기술의 상세한 부분보다는 큰 그림에 초점을 맞춰서 이후에 따라올 자세한 역사 기술에 방향성을 제시하는 것을 목표로 삼는다.

복음서가 보여주는 예수상에서 가장 두드러진 것은 무엇보다도 예수가 고대로부터 이스라엘 종교에서 제사장 전승과 평행을 이루며 중요한 두 흐름을 형성해온 예언자 전통에 서 있는 선포자라는 사실이다. 선포자는 누군가로부터 보냄을 받은 사람이며, 보낸 자의 메시지를 전하는 임무를 지닌 사람일 뿐 보낸 자와 일치되거나 동일한 권위를 가진 자는 아니다. 이스라엘 종교에서의 예언자 중에는 궁중예언자도 있었지만 대부분은 제도권을 벗어나서 활동한 재야 종교인이었다. 그들은 왕이나 대제사장 혹은 그들을 대변하는 정치적·종교적 그룹에 의해 정식으로 파송된 사람들이 아니라 내적인 소명의식을 바탕으로 누구로부터도 임명이나 후원을 받지 않고 스스로 사역을 시작했다. 그렇기 때문에 그들은 종종 제도권 안에 있는 사람들이 잘 볼 수 없고 보려고 하지 않는 사회현상을 직시하고 그것에 대해 자기가 이해한 대로의 하나님의 시각에서 비판적이며 동시에 미래지향적인 메시지를 선포했다.

복음서가 제시하는 예수도 이들 예언자처럼 어느 날 유대 광야에서 재야권의 예언자격인 세례 요한으로부터 세례를 받고 곧바로 갈릴리 변방에서 선포자로서의 일을 시작했다. 예수는 구약성서에 나오는 대예언서 속의 예언자들처럼 수십 년에 걸쳐 방대한 양의 다양한 신탁을 선포하기보다는 짧은 기간 동안에 한 가지 선명한 주제의 신탁을 꾸준히 선포하면서 간간히 그 주제를 다양한 장르의 가르침으로 풀어 설명하기도 했다. 그의 선포의 주제는 모든 공관복음서에 동일하게 '하나님의 나라·통치·주권'으로 제시된다. 물론 그 하나님의 나라·통치·주권이 구체적으로 무엇을 의미하는지, 그것이 언제 어떻게 임하는지에 관해서는 이미 복음서 기자들 자신 아니 그보다 앞서 복음서 기자들이 자료로 사용한 전승 안에 서로 매우 다른 내용과 시각으로 해석되어 있다.

이 다양한 해석 중에 어떤 것이 역사적 예수의 생각과 가장 근접한지를 밝히는 일은 매우 어렵고 또 현재 이용 가능한 역사자료의 한계 안에서는 거의 불가능하다고 해도 과언은 아닐 것이다. 따라서 역사적 예수 탐구에서 어느 정도 확신을 가지고 할 수 있는 작업은 이들 사이에 의미 있는 최소한의 공통점을 찾는 일에서 그쳐야 할지 모른다.

필자의 견해로는, 하나님의 나라·통치·주권을 외치는 선포자 예수의 '신학'을 직접 혹은 간접으로 드러내주는 복음서 자료의 핵심적인 공통점은 그것이 철저히 하나님 중심적인 선포라는 사실이다. 그가 선포하는 '하나님 나라·통치·주권'은 바로 로마의 황제나 이스라엘의 종교·정치세력의 집결체가 아닌 하나님이 다스리시는 나라, 하나님의 정의와 평화가 구현되는 현실, 사람들 사이에 하나님의 뜻이 이루어지는 상황을 총체적으로 일컫는 말이다. 그 안에서는 선포자 자신을 포함해 그 어떤 인간도 다스림의 주체나 경배의 대상이 되지 않는다. 다만 선포자와 선포를 듣는 이들이 함께 '하나님 나라·통치·주권'을 위해 부름을 받고 그것을 위해 몸을 던져 일할 뿐이다. 그런 점에서 선포자 예수는 '하나님의 유일하신 독생자'로서 모든 사람의 예배의 대상이 되는 것 같은 일은 꿈에도 생각해보지 않은, 오히려 갈릴리의 청중과 깊은 연대감 속에서 함께 하나님의 뜻을 헤아려보고 나누려고 하는 선각자이며 지혜자로서 그들과 함께하는 사람이다.

그런데 선포자 예수의 사역은 오래가지 않았다. 황제의 통치가 아닌 하나님의 통치를 선포하는 사람, 하나님의 직접 다스리심을 믿기 때문에 성전의 제의 질서를 존중하지 않는 이 광야의 예언자는 로마 제국의 식민정부와 그들에게 협조하는 이스라엘 제도권 종교지도자들에게 비록 크게 위협적인 존재는 아니었을지 몰라도 적어도 그들의 권위에 도전했다는 이유로 눈엣가시 같은 존재였을 것이다. 그래서 그는 당시 정치범이 받는 십자가형으로 처형당하므로 선포자로서의 삶을 마감하게 된다. 그리고 그의 죽음 이후에 그를 부활자로 만난 사람들에 의해 그의 사역은 계속 이어진다. 이것이 바로 '예수 운동'의 시작이었으며, 이것은 초대 그리스도교회 공동체로 이어진다.

이 초대교회 공동체에서는 부활자 예수의 이미지가 너무 강조된 나머지 원래 하나님의 나라를 선포하는 예수의 이미지보다 하나님의 초자연적인 능력으로 죽음의 세력을 이기고 부활하신 하나님의 아들로서의 이미지가 강하게 부각되면서 예수의 신성이 중심이 되는 새로운 기독론을 발전시키게 되었다. 여기에는 영웅이 죽은 뒤에 그를 은유적으로 신격화하는 헬레니즘의 전통도 한몫했을 것으로 추측된다. 그리하여 역사적 예수 시대와 초대교회 시대 사이에는 예수상에서 매우 중요한 차이가 생겨나게 되었다. 즉, 하나님 나라를 선포하던 갈릴리의 예수가 초대교회의 선포 주제가 된 것이다. 이러한 변화를 신학자 불트만 (Rudolph Bultmann)은 "선포자가 선포의 대상이 되었다"라는 말로 규정했다.

그 후 예수의 신성을 강조하는 기독론은 점점 그 강도를 높여갔고 결국 4세기 초반 콘스탄티누스 황제의 후원 아래 열린 니케아 종교회의에서 교회의 공식 신조로 채택된 「니케아 신조(The Nicene Creed)」에서 "예수는 하나님과 동일한 본질(homo-ousios)이시다"라는 교리로 굳어졌다. 이것이 선포자 예수로부터 선포되는 그리스도로, 다시 말해서 역사적 예수로부터 신앙의 그리스도로 변해가는 과정의 절정이었다고 할 수 있을 것이다.

물론 그리스도교 신학이 반드시 역사적 예수의 신학에 국한되거나 그것과 일치해야 하는 것은 아니다. 그리스도교 신학은 역사적 예수로부터 시작해서 초대교회를 거치면서 중세와 근대 그리고 탈근대에 이르기까지의 역사 속에서 변형되고 발전된 모든 신학적 사유를 바탕으로 시대와 상황에 맞는 의미 있는 신학을 만들어내는 것이다. 그런 관점에서 볼 때 선포되는 그리스도가 역사적 예수와 거리가 있다고 해서 반드시 의미와 가치가 절감되는 것은 아니다. 그러나 한편으로 선포되는 그리스도의 이미지가 선포하는 예수의 이미지를 압도해서 역사적 예수가 한결같이 선포했던 하나님 나라와 하나님의 정의가 예수 자신의 신학 속에서와 마찬가지로 지금도 그리스도교 신학의 중심에 서는 것을 어렵게 만든다면 그것은 건강한 신학이라고 할 수 없을 것이다.

선포하는 예수, 그리고 그 선포의 주제인 하나님 나라의 의미에 대한 진지한 학문적인 연구를 통해서 역사적 예수의 신학을 철저히 재구성해보는 것은 그리스도교 신학이 역사에 뿌리를 둔 그래서 역사와 호흡을 같이하는 살아 있는 신학이 되게 하는 중요한 기반을 마련하는 일이다. 나아가서 선포자 예수로 재구성된 역사적 예수의 신학은 그동안 지나치게 그리스도 중심(Christocentric)이 된 기독교의 교리를 바로 역사적 예수의 관점이었던 하나님 중심(Theocentric)의 사고로 다시 변환시키는 원동력이 될 것이다. 역사적 예수의 관점이 철저하게 하나님 중심적이었다는 사실을 생각해보면, 역설적으로 들릴지 몰라도 그리스도 중심주의(Christocentrism)에서 하나님 중심주의(Theocentrism)으로 되돌아가는 신학이야말로 가장 그리스도 중심의 신학이라고 말할 수 있을 것이다.

여성신학의 주요 관심사[*]

김정숙
감리교신학대학교, 여성신학

1. 성차별: 하나님 정의의 문제

신학자 칼 라너가 '20세기 최대의 소요는 두 차례의 세계대전이 아니라 여성이 깨어난 일'이라고 정확하게 지적한 것처럼, 고대 문자가 발명된 이래 현재에 이르기까지 수천 년 동안 인류의 역사는 가부장제의 역사였다. 20세기에 이르러서야 비로소 여성은 참정권을 획득할 수 있었고 고등교육을 받을 수 있는 기회를 얻었으며 경제적 권리도 획득하기 시작했다. 이런 의미에서 가부장제는 인류 역사에서 가장 오래된 종교이며 여성은 가장 다수의 인구가 가장 오랜 시간을 깨어나지 못한 채 가부장제라는 종교를 충직하게 섬겨온 헌신적이고 희생적인 신도였다고 할 수 있다. 가부장제하에서 여성에 대한 차별과 억압의 역사는 노예제도의 역사보다도 인종차별의 역사보다도 훨씬 더 오래되었다. 더욱이 여성 억압의 역사는 인종이나 계급 억압의 역사와는 달리 간헐적으로 저항하거나 반란을 시도한 역사가 없었다는 면에서 항상 남성에게 종

[*] 김정숙, 「21세기 페미니즘/페미니스트 신학의 지형도」,《신학과 세계》, 2010년 여름호, 95-124쪽 일부 발췌·수정.

속되어온 독특한 억압의 역사를 갖는다.[1]

20세기 중반이 되어서야 시작된 여성운동이 가부장제로부터 벗어나고자 하는 몸부림의 시발점이 되었다면 여성이 가부장제를 인식하고 여성해방운동의 첫발을 내딛는 데 수천 년의 세월이 걸렸다는 것을 의미한다. 인류의 절반을 차지하는 여성이 어떻게 그리고 왜 그렇게나 오랜 세월 동안 가부장제로부터 깨어나지 못했는가에 대한 심각한 고려는 여성의 모든 삶의 영역에서 가부장제의 위력과 존재의 무게가 얼마나 크고 무거운지를 보여준다.

현대를 살아가는 여성 가운데 여성주의 혹은 여성인권에 대한 관심 여부를 떠나서 여성해방운동이 얻어낸 성과 이전에 여성이 처했던 상황으로 돌아가고자 하는 사람은 아마도 거의 없을 것이다. 다시 말해서 21세기를 살아가는 어떤 여성도 교육의 기회를 박탈당하고 정치적·경제적 권리도 갖지 못한 채 남성의 소유물로 살았던 시대로 돌아가고 싶지 않다는 것이다. 그런데도 많은 여성은 여성해방운동가들이 편견과 멸시와 핍박을 무릅쓰고 일궈낸 여성해방의 성과와 열매를 누리고 즐기면서도 여성해방운동에 심한 거부반응을 보이거나 심지어는 비난하는 것을 볼 수 있으며 때로 양성평등이라는 목적에는 동의하면서도 양성평등을 이루고자하는 실제적인 노력과 실천에는 극도의 거부반응이나 심지어는 반대하는 모습을 보인다. 인권운동에 몸담고 있는 사람들도 흑인 해방운동이나 마르크스주의 운동과 여성해방운동에 대한 관심과 동의 그리고 연대에서 차별적 성향을 보인다는 것은 여성운동, 양성평등 실천운동에 대해 편파적 편견과 가부장적 논리가 생성한 여성의

---

1 케럴 페이트만, 메어리 린든 쉐인리 엮음, 『페미니즘 정치 사상사』, 이남석 옮김(서울: 이후, 2004), 321쪽. 시몬드 드 보부아르의 사상을 제2의 성을 중심으로 설명하면서 도로시 카우즈만 맥콜은 여성의 억압이 흑인·유대인·노동자의 억압과는 다른 독특한 억압의 역사를 가졌다고 설명한다.

열등성을 얼마나 스스로 내재화되었는가를 보여준다.

성차별은 인간을 차별하고 억압하고 배제시키는 다양한 요소 가운데 서도 가장 근본적으로 인간을 비인간화시키고 차별화시키고 있는 핵심 적인 요소로 작용하고 있다. 성(sex)의 다름, 즉 생물학적 성의 차이를 가 부장적 체제에서 형성된 젠더(gender)2 패러다임의 틀 속에서 공고화하 고 여성을 차별해온 성차별은 다른 차별적 요소와 분리해서 생각할 수 없는 특성을 갖는 차별화의 복합적인 요소인 것이다. 즉, 인종의 다름에 근거해 차별과 억압의 역사를 이뤄온 인종차별, 경제적 소유 유무에 따 른 빈부의 차별, 노인을 차별하는 연령차별 등의 다양한 차별적 요소는 늘 성차별과 맞물려 있다. 같은 인종끼리는 서로 인종차별하지 않음에 도 불구하고 그들 가운데서도 여성을 차별하는 성차별은 일어나고 있 으며, 가난한 사람들 사이에서 소유의 없음을 기준으로 차별하지 않음 에도 불구하고 그들 가운데서도 여전히 성차별이 발생한다.

'흑인도 백인과 동등한 인간'이라고 외치며 흑인 해방운동을 하고 집 에 들어온 흑인 남성이 집에 와서는 흑인 아내를 구타하는 일이 일어나 며, 여성 노숙자는 남성 노숙자에게조차 차별받고 강간당하는 일이 빈 번하게 일어나고 있다. 또한 성차별의 특징은 지위의 고하, 학벌의 유무, 재산의 유무를 막론한 모든 계급과 계층의 여성이 경험한다는 점이다. 또한 다른 차별과는 달리 공적 영역과 사적 영역의 구분 없이 경험되는 차별로 공공기관인 직장이나 학교 등에서뿐만 아니라 가장 친밀한 관 계로 이루어진 가족공동체에서도 빈번히 일어나는 특징을 가지고 있다. 예수께서 가장 낮고 가장 힘없는 자 하나를 지칭하실 때 그 작은 소자는 인종적으로는 흑인이며 계급적으로는 가난한 자며 성별로는 여성이라

---

2 젠더는 사회적으로 만들어지고 변천되어져온 남성다움이나 여성다움을 의미하는, 관습적·문화적으로 구성되어진 성 이해를 말한다.

는 것을 의미한다. 따라서 성차별은 단순히 여성과 남성의 감정적인 대립각으로서의 문제가 아니라 인간을 가장 저변화·차별화하는 가장 근본적인 요소로 이 사회 속에서 작동하고 있다.

인류 역사상 가장 다수의 인구가 가장 오랫동안 차별받고 억압받아온 근거가 자신이 선택하지 않은 '성의 다름'에 기인한 차별이라고 한다면 이는 모든 것을 선하게 창조하시고 심히 기뻐하셨던 하나님의 창조의 뜻에 반한 것으로서 성차별의 문제는 더 이상 인간의 문제가 아닌 하나님의 문제라고 할 수 있다. 하나님께서는 태초에 인간을 여성과 남성으로 자신의 형상에 따라 창조하신 창조주이시며 우리는 하나님의 형상으로 지음 받은 피조물이다. 하나님만이 홀로 이 세상의 창조주라고 고백하는 것은 하나님을 제외한 모든 피조물, 모든 인간은 하나님의 창조물로서 하나님 앞에서 모두가 평등한 존재라는 것을 고백하고 시인하는 것이다. 하나님께서 자신의 이미지로 여성과 남성을 창조하신 목적은 여성과 남성이 동등한 파트너로서, 하나님의 선한 창조의 사역에 함께 동참할 창조의 동역자로서 부르셨음을 의미한다.

따라서 하나님의 동역자요 남성의 동등한 파트너인 기독 여성의 소명은 가부장제라는 인류의 죄 된 역사 속에서 왜곡된 여성과 남성의 관계를 회복하고 동등한 파트너로서 하나님이 지으신 이 세계와 주님의 몸 되신 교회를 돌보고 살피며 하나님의 계속적인 창조 사역에 동참함으로써 하나님의 부르심에 응답하는 것이다. 하나님이 지으신 세계 가운데 양성평등의 사회를 건설하는 것, 특별히 주님의 몸 된 교회를 자매와 형제가 연합하여 동거하는 선하고 아름다운 양성평등 공동체로 변화시키는 것이야 말로 하나님께서 문제로 삼으시는 성차별의 정의에 대한 우리의 응답이라고 할 수 있다.

2. 양성평등 공동체: 하나님 정의를 향한 인간의 응답

1) 여성신학적 성서 해석

하나님의 말씀인 성서의 첫 번째 책 창세기 1장 27절에는 하나님께서 하나님의 형상으로 사람을 창조하시되 남자와 여자를 지으셨다고 선포한다. 이것은 창조의 질서 가운데 인간은 하나님과 자연과의 관계 속에서 살도록 창조되었을 뿐만 아니라 특별히 남성과 여성이 사랑으로 서로 하나가 되는 공동체로 지음 받았다는 것을 의미한다. 여기서 우리는 하나님께서 하나님의 형상으로 여성과 남성을 창조함에 있어 시간적인 우선권이나 기능면에서 우열이나 차별이 없다는 것을 알 수 있다. 즉, 창세기 1장 26~28절의 내용에서 여성은 남성과 함께 하나님의 대리자로서, 하나님을 닮은 자로서, 하나님과 교제할 수 있는 특별한 존재로서, 하나님이 지으신 세계를 지키고 보호할 자로 나타난다.

창세기 2장과 3장에 나오는 인간 창조의 또 다른 이야기는 여성을 돕는 배필로서 말함으로써 여성이 남성보다 열등하며 여성의 존재이유가 단지 남성을 돕는 하인이나 보조자의 역할로 지어졌다는 오해를 낳는다. 그러나 돕는 배필이라는 히브리 원문 '에제르 네게드'는 본래 그에게 일치하는 조력자라는 의미로서 배필을 의미하는 네게드는 '앞에 있다, 마주보다'라는 의미를 지닌 '동등하며 적합한 것'을 일차적으로 가리키는 말이다. 또한 돕는다는 의미의 에제르는 흔히 남성에게 종속되는 종과 같은 입장에서 돕는 것으로 오해되지만 실제로는 힘이 약한 사람을 강한 군대가 도움을 주는 의미, 즉 '위에서부터 은혜의 도움을 준다'는 의미로 쓰이고 있다. 이로써 돕는 배필로서의 여성이란 의미는 남성이 여성의 완전한 배필이듯 여성도 남성의 완전 배필로 남성과 여성이 완전한 짝을 이루어 서로 동등하게 마주보며 적합하게 돕는 파트너라는 의미이다.

창세기 1장과는 달리 2장에서는 여성이 흙으로 만들어진 것이 아니라 남성의 갈비뼈로 만들어졌다고 말씀하고 있다. 이는 창세기 1장의 여성 창조 이야기를 부인하는 것이 아니라 여성이 하나님에 의해 하나님의 형상으로 만들어졌으되 남성과 여성의 관계가 끊으려야 끊을 수 없는 불가분의 관계성임을 나타내는 것으로서 이 같은 관계가 결혼이라는 도덕적 관계의 기초가 된다는 뜻이다. 이것은 더 나아가 '내 뼈 중의 뼈요 내 살 중의 살'이라는 표현을 통해 여성의 근원이 남성이기 때문에 여성이 남성에 종속된다고 오해하는 경우가 있지만, 이와는 달리 뼈와 살은 친인척관계를 나타낼 때 흔히 사용되는 말이며 깊은 언약관계를 맺을 때에도 사용되는 말이다. 아담이 뼈 중의 뼈요 살 중의 살이라고 한 것은 남성과 여성, 즉 아내와 남편의 강한 연대성·친밀성에 대한 최상급의 표현인 것이다.

창세기 3장 16절에서는 남성과 여성의 관계가 달라지는 것을 볼 수 있다. "여자에게 이르시되 내가 네게 잉태하는 고통을 크게 더하리니 네가 수고하고 자식을 낳을 것이며 너는 남편을 사모하고 남편은 너를 다스릴 것이니라 하시고"라고 말씀하심으로써 3장에서는 1장이나 2장과는 달리 여성은 남성보다 열등하고 남성의 다스림을 받아야 하는 것으로 표현된다. 그러나 성서학자의 분석에 따르면 "너는 남편을 (다스리기를) 사모하고 남편은 너를 다스리기를 (사모하리라)"라는 대구절로서 에덴동산에서는 원래 동등하고 서로 돕는 온전한 배필이 되도록 지음받았던 부부 사이가 타락한 후 죄가 들어와 왜곡된 관계가 되었다는 것이다.

에덴동산에서처럼 여성과 남성이 인격적으로 존중하고 이해하고 양보하기보다는 남편이 아내를 지배하고 다스리고자 하며 아내가 남편을 지배하고 다스리고 하는 관계가 됨으로써 죄가 들어온 세상에서는 가장 친밀한 부부 관계에서조차 서로 주도권을 쟁취하고자 하는 힘의 역학 관계가 지배한다는 것이다. 남성이 여성을 지배하고 다스리고 억압하는 차별의 관계는 타락 후에 죄 된 모습으로서 본래적 창조의 질서가 아니라는 것을 의미한다. 여성과 남성이 서로 동등한 파트너로서 지음받았다는 것, 아내와 남편이 서로 은혜로 돕는 배필로서 양성평등의 관계가 바로 하나님이 본래 창조의 질서 가운데서 근본적 관계의 원형을 세우신 것임을 알 수 있다. 따라서 양성평등은 하나님의 창조 질서이며 오늘 성차별의 현실에서 여성과 남성의 왜곡된 관계를 회복해야만 하는 하나님의 명령이라는 것을 알 수 있다.[3]

2) 여성신학의 다양한 주제: 기독론적 관점을 중심으로

인간의 종교적 체험, 즉 초월적·영적 체험을 신학이라는 틀에서 개념화했던 기독교 신학이 오랜 역사 동안 철저하게 무시하고 배제했던 여성의 종교적 체험이 여성신학이라는 범주로 표현되기 시작한 지 약 50년[4] 남짓 되었다. 기독교 전통신학이 오직 남성의 관점으로 남성에 의해 구성되었다는 것을 인식하고 영적 차원, 초월적 차원에서조차 여성을 배제했다는 것을 깨달은 것이 페미니스트 신학의 출발점이 되었다. 페미니스트 신학자들이 남성의 배타적 시각으로 읽은 편파적 성서 해

---

3 하나님의 창조 질서 부분을 여성신학적으로 해석한 가장 대표적인 학자는 필리스 트리블(Phyllis Trible)이다. 필리스 트리블, 『하나님과 성의 수사학』, 유연희 옮김, 서울: 태초, 1996(Phyllis Trible, *God and the Rhetoric of Sexuality*, Philadelphia: Fortress Press, 1978) 참조.

4 페미니스트 신학적 작업이 1960년 후반경부터 시작됨을 고려했다. 물론 그 이전 17세기에도 매우 간헐적으로 마가렛 펠(Margaret Fell) 등 여성에 의한 작품이 있었으나 본격적으로 페미니스트 작품이 나오기 시작한 것을 1960년 후반부터 1970년대 초이다.

석을 근거로 여성을 악의 원인적 존재로 또한 열등한 존재로 규정해 남성에게 종속되는 것을 정당화하고 여성에게 안수를 거부했던 차별과 억압의 역사는 커다란 윤리적 문제이자 심각한 신학적 오류이며 더 나아가 하나님의 정의에 위배되는 신정론적 문제가 된다는 것을 제기하며 여성신학 연구가 활발해졌다.

로즈마리 류터는 페미니스트 신학의 초기 발전 시기를 1세대 페미니스트들을 중심으로 세 단계로 구분한다.[5] 처음은 전통 속에 내재된 가부장제의 남성 중심성과 반여성주의의 유형을 분석·비판하는 단계로 대표적인 작품이 메리 데일리의 초기 작품[6]이 이에 속한다. 다음은 여성신학이 여성됨을 긍정적으로 표현하는 상징이나 가르침을 제공하는 대안적 전통을 찾는 단계다. 이 단계에서 기독교 전통 내에서 여성을 긍정하는 상징이나 전거를 찾고자 하는 페미니스트 그룹[7]과 종교 전통 자체가 가부장제의 종교적 반영으로 기독교 전통은 여성을 긍정하고 양성평등을 지향할 만한 역량이 없다고 보는 그룹으로 나뉜다. 후자의 대표적인 작품은 페미니스트 신학자 메리 데일리의『하나님 아버지를 넘어서』[8]이다. 세 번째 단계는 여성의 경험과 시각을 바탕으로 여성해방을 위한 새로운 신학적 구성과 종교 상징에 대한 재해석이 이루어지는 시기이다.[9]

---

5 http://www.bibliobase.com/history/readerscomp/women/html/wh_013500_ feministtheo. htm.

6 Mary Daly, *The Church and the Second Sex*, New York: Harper and Row, 1968.

7 Elisabeth Schussler Fiorenza, *In Memory of Her: A Feminist Theological Reconstruction of Christian Origins,* Crossroads, 1983.

8 Mary Daly, *Beyond God the Father: Toward a Philosophy of Women's Liberation,* Beacon Press, 1973.

9 대표적인 작품으로는 Rosemary Radford Ruether, *Sexism and God-Talk: Toward a Feminist Theology,* Beacon Press, 1983가 있다. 우리나라에서『성차별과 신학』이란

가부장적 종교 전통과 기독교 신학과 실천에 내재한 성차별적 억압의 경험이 성의 차이뿐만 아니라 인종과 지역과 계급의 다양한 차이로 인해 백인 여성이 시작한 페미니스트 신학은 점차로 다른 경험을 이야기하는 다양한 페미니스트 신학으로 발전되었다. 흑인 페미니스트 신학,10 미국 내에서 차별화당하는 라틴 여성의 종교 체험을 신학화한 뮤헤리스타 신학,11 노예로 끌려와 백인 남성과 흑인 남성뿐만 아니라 백인 여성에게도 차별당한 경험을 신학화한 우머니스트 신학,12 라틴 페미니스트 신학, 아시아 페미니스트 신학,13 토착 아메리칸 인디언 페미

제목으로 번역된 이 책은 페미니스트 관점으로 신학적 주제를 포괄한 최초의 조직신학 책이라고 할 수 있다.

10 미국 내 흑인 여성신학과는 구별되는 아프리카 대륙의 여성해방신학을 말한다. 가장 대표적인 신학자는 Mercy Amba Oduyoye이다. Mercy Amba Oduyoye, *Introducing African Women's Theology,* Cleveland, Ohio: the Pilgrim Press, 2001.

11 뮤헤리스타 신학은 남미 여성해방신학이다. 대표적인 여성신학자는 아다 마리아 이사시 디아즈로 우리나라를 방문해서 여러 신학교와 여성단체에서 강의했다. 뮤헤리스타(mujerista)는 스페인어로 여성을 의미하는데 뮤헤리스타 신학은 남미 여성만의 독특한 경험을 바탕으로 자신의 신학을 정립했다. 로 꼬띠디아노(일상의 삶)에서 정의를 위해 투쟁하여 하나님 가족(king-dom이 아닌 kin-dom)이 되는 실천을 강조한다. Ada Maria Isasi-Diaz, *La Lucha Conyinues: Mujeristia Theology,* Maryknoll, N.Y.: Orbis, 2004.

12 흑인 여성 소설가 엘리스 워커(Alice Walker)의 소설 *In Search of Our Mother*에서 '여자다운'이란 긍정적 의미로 '우머니스트'라는 말을 처음 사용한 이후 흑인 여성신학자들은 백인 페미니스트 신학과 구별해 흑인 여성신학을 Womanist Theology라고 부른다. 대표적인 신학자로는 재클린 그랜트(Jacquelyn Grant), 들로 윌리암스(Delores Williams) 등이 있다. Delores S. Williams, *Sisters in the Wilderness: The Challenge of Womanist God-Talk,* Maryknoll, N.Y.: Orbis Books, 1993.

13 아시아의 공통적인 상황인 다종교 전통의 배경, 식민주의의 경험과 가난 등의 배경으로 아시아 여성의 경험을 바탕으로 한 여성해방신학이다. 대표적인 아시아 신학자로는 곽푸이란, 정현경 등이 있다. Kwok Pui-Lan, *Introducing Asian Feminist Theology,* Cleveland, Ohio: Pilgrim Press, 2000 참조.

니스트 신학 등 더 이상 페미니스트 신학은 여성이란 범주로 하나로 묶을 수 없게 되었다. 지역과 문화와 인종과 계급이 다른 만큼 다양한 페미니스트 신학이 존재하며 앞으로 지금보다 더 많은 여성신학이 생겨날 것이다.

1980년대 후반과 1990년대에 들어서 페미니스트 신학적 작업이 점점 활발해지는 가운데 신론, 기독론과 성령론, 성서 해석학, 창조론, 구원론 등의 전통적인 신학적 명제에 대해 페미니스트 관점으로 재해석하고 재구성한 저술이 출간되었다. 특별히 "남성 예수가 여성을 구원할 수 있는가"14라는 도발적인 질문으로 시작된 여성의 구원론적 관심과 기독론의 관심은 많은 여성신학자가 가부장제와 그리스도의 남성성의 관련성에 대해 도전하며 더불어 이를 페미니스트 시각에서 남성 예수의 성육신에 대한 의미와 해석을 재구성하고자 한다. 가부장적 종교체제에서 하나님 아버지와 남성의 몸으로서 성육한 아들 예수 그리스도의 관계는 여성에게는 친밀감보다는 소외감을 주며 남성의 지배를 더욱 강화한다는 것이 일반적인 페미니스트 신학자들의 의견이다. 피오렌자를 비롯한 여성 성서학자들은 여성을 멸시하는 가부장제의 남성과는 달리 예수는 여성을 해방시키고자 했던 페미니스트였다는 것을 성서적 전거로 증명하고자 시도한다. 엘리자베스 존슨 같은 가톨릭 여성신학자는 소피아 예수로 여성적 상징을 사용함으로써 여성적 그리스도론을 제안한다.

가장 논란이 되는 그리스도의 이미지가 샌디스 애드위나가 조각한 십자가에 못 박힌 크리스타이다.15 십자가에 못 박힌 예수를 여성으로

---

14 Rosemary Radford Ruether, "Can a Male Savior Save Women?" in *Sexism and God-Talk: Toward a Feminist Theology*, Chapter 5.

15 Natalie K. Watson, *Feminist Theology*, William B. Grand Rapids, Michigan: Ferdmans Publishing Company, 2003. 뉴욕의 성 요한 성당에 여성 그리스도가

이미지화하는 것은 여성의 고통과 십자가의 예수를 동일화시킴으로써 위로와 치유와 구원을 경험한다는 의미를 갖는다. 크리스타 예수 기독론을 주장하는 여성신학자로는 카터 헤이워드가 있고, 비록 크리스타와 예수를 동일시하는 것은 아니지만 일본계 미국인 페미니스트 신학자 리타 나카시마 브락(Rita Nakashima Brock)은 크리스타 공동체를 기독론과 연결시킨다. 브락은 기독론이야말로 극단적으로 변모되고 변형되어야 하는 기독교의 핵이라고 주장한다.16 브락에 따르면 우주적 그리스도의 모습은 지금 여기에서 신비적 생명을 주는 관계적 공동체로 되어야 한다. 브락은 가부장적 기독론을 치유를 중심으로 하는 크리스타 공동체로 대체한다. 즉, 차별과 억압으로 인한 상처와 고통을 '에로틱한 힘(erotic power)'으로써 크리스타 공동체 안에서 치유되고 관계를 회복되는 하는 공동체적 기독론의 모습이 브락이 제안하는 독특한 기독론적 표상이다.

흑인 여성신학자 재클린 그랜트는 『백인 여성의 그리스도와 흑인 여성의 예수』17를 통해 백인 페미니스트의 기독론과 구별되는 흑인 여성을 위한 기독론의 차별화를 꾀한다. 노예로서 인종차별과 성차별 그리고 계급차별을 경험한 흑인 여성의 경험은 백인 남성뿐만 아니라 흑인 남성 그리고 심지어는 백인 페미니스트 신학과 함께 동일화시킬 수 없다고 주장한다. 흑인 여성의 경험을 차별화한 신학을 우머니스트 신학(Womanist Theology)라고 부른다. 백인 남성뿐만 아니라 백인 여성도 고난과 희생과 체제 전복적 이미지의 예수보다 추상적 이미지의 천상의 그

못 박힌 십자가가 걸려 있다고 한다.

16 Rita Nakashima Brock, *Journeys By Heart: A Christology of Erotic Power*, Crossroad, 1988.

17 Jacqueline Grant, *White Women's Christ and Black Women's Jesus: Feminist Christology and Womanist Response*, Oxford University Press, USA, 1989.

리스도를 숭배하는 반면에 우머니스트 신학자에게 추상적 그리스도는 더 이상 구원을 주지 못한다고 주장한다. 구체적 주변자로서 노예로서 고통의 한가운데서 하나가 되는 역사적 예수야말로 그들에게 십자가와 부활의 생생한 만남으로 다가온다는 것이다. 그랜트는 구체적 상황을 배제한 그리스도는 더 이상 구세주일 수 없음을 피력한다. 이외에도 헤이워드 카터는 레즈비언 기독론18을 통해 성소수자에게 예수 그리스도의 의미는 무엇인가를 추구한다. 카터는 성서와 기독교 신학에 묘사된 인간의 섹슈얼리티에 대한 태도를 돌아보도록 도전하며 이성애자만큼이나 동성애자도 하나님이 지은 형상으로서의 가치를 인정하는 윤리적 실천과 올바른 관계를 갖도록 격려하는 윤리적 기독론을 제시한다.

페미니스트는 죄를 더 이상 실체론적으로 보거나 남성 신학자가 주장하는 것처럼 추상적인 소외의 개념이나 교만, 휴브리스적인 개념으로 보지 않는다. 로즈메리 류터는 죄라는 개념을 사용하지 않고 이를 죄의식이라는 개념으로 대체한다. 악이란 실체도 아니며 선의 결핍도 아닌 관계의 왜곡이라고 주장하며 왜곡된 관계를 회복시키는 것이 바로 회개이며 메타노이아라고 말한다.19 인간과 인간의 관계, 특히 남성과 여성의 관계, 더 나아가 인간과 자연의 왜곡된 관계가 회복될 때 악의 문제도 해결될 수 있음을 암시한다.

여성의 종교적 관심은 더 이상 죽음 이후의 내세나 영혼불멸 같은 영원의 세계에 있지 않다. 수렵시대부터 사냥과 전쟁 등 예기치 않은 죽음에 더 많이 노출되었던 남성에게 죽음은 주된 관심사였으며 그래서 더욱 궁극적 종교의 주제가 되지만, 출산을 통해 생명을 잉태하는 여성의

---

18 Carter Heyward, *Speaking of Christ: A Lesbian Feminist Vocie*, Cleveland: Pilgrim, 1989.

19 Rosemary Ruether, *Sexism and God-Talk*, pp.173-174.

관심은 죽음이 아니라 생명이며 종교적 관심은 내세가 아니라 출산과 출산된 생명의 양육이다. 죽음 이후의 영원히 안식하는 내세에 대한 관심은 지금 여기서 태어나고 자라고 있는 생명을 지키는 관심과 비교할 수 없다. 몸의 고통을 통해 잉태한 생명을 가슴과 사랑의 고통으로 양육하는 여성의 심층적 관심은 분신으로 잉태한 생명에게 어떻게 지속 가능한 미래를 제공할 것인가에 초점이 맞춰지며 이 같은 관심은 페미니스트 종말론적 신학의 요점을 이끌어낸다.

3) 페미니스트 이론의 방법론과 여성신학의 적용

최근 새롭게 나타나는 여성신학의 특성은 페미니스트 이론과의 긴밀한 대화 속에서 여성이론의 비판적 담론을 수용해 여성의 관점으로 신학화하는 작업이다. 그동안 여성의 경험을 유일한 신학적 토대로 삼아 신학적 작업을 하는 여성신학자에게 페미니스트 비판 담론은 남성과의 차이에 집중했던 시야를 벗어나 여성 사이의 차이에 더 관심을 가질 수 있도록 도움을 주었다. 레베카 춉(Rebecca Chopp)[20]과 맥클린톡 풀커슨 (McClintock Fulkerson)[21]은 페미니스트 이론과 후기구조주의, 비판이론 등을 여성신학적 방법론에 적용함으로써 가부장적으로 오염된 사회와 주체를 해방하고 변혁을 시도하는 대표적인 페미니스트 신학자들이다.

레베카 춉은 특별히 줄리아 크리스테바의 언어학, 기호학과 주체성

---

20 Rebecca Chopp, *Power to Speak: Feminism, Language, God,* New York: Cressroad, 1989; *Saving Work: Feminist Practices of Theological Education,* Louisville: Westminster John Knox, 1995; *The Praxis of Suffering: An Interpretation of Liberation and Political Theologies,* Maryknoll, NY: Orbis, 1986.

21 McClintock Fulkerson, *Changing the Subject: Women's Discourse and Feminist Theology,* Fortress Press, 1994.

의 이론을 적용해 분석하면서 근대주의 산물의 본질주의적 언어 이해와 개인주의적 자율적 주체로서의 이해는 현재와 같은 가부장적 사회 상징구조만을 만들 뿐이라고 피력한다. 언어는 여성과 주변인을 억압할 수 있는 사회구조를 창출할 수 있는 정치적 힘은 갖고 있는 동시에 그들을 해방할 수 있는 잠재성을 가지고 있으며, 그런 면에서 특별히 여성 신학적 담론은 복음의 언어와 통할 수 있는 가능성을 갖는다고 그녀는 주장한다. 여성신학의 언어가 가부장제에서 고통당하는 여성의 온전한 인간화와 계급과 인종과 성의 위계체제에서 주변부에 속한 사람들을 해방시키는 목적을 갖는다는 사실이 예수가 선포한 복음의 메시지는 함께할 수 있는 전거가 된다고 주장한다.

촙에 의하면 현재의 사회적·상징적·언어적 질서는 깊숙이 뿌리내리고 있는 유일신적 가부장제의 사회체제 고질적인 것을 드러내는 것이라고 주장한다. 하나님 말씀의 선포가 변혁과 해방의 진리의 선포가 되기 위해서 하나님의 말씀을 선포하는 인간의 언어도 해방적이어야 하며 언어를 변혁함으로써 하나님의 변혁적인 말씀을 선포할 수 있다고 말한다. 결국 촙에게 신학적 중심은 하나님 말씀이며 바로 페미니스트 담론이 하나님 말씀을 선포하고 가부장적 상징 질서를 변혁하는 도구가 될 수 있다고 주장한다.

풀커슨도 페미니스트 이론과 언어에 대한 후기구조주의 방법론으로 주체와 주체성의 문제를 다룬다. 풀커슨은 여성신학이 여성이라는 범주로 호소하는 허구적 보편성을 비판하며 가부장제가 여성의 차이를 인정하지 못하고 억압하는 것처럼 페미니즘 자체에 다른 여성을 억압하는 요소가 있음을 지적한다. 경험만을 규범으로 삼아 여성 사이의 차이를 간과하는 페미니즘의 한계를 지적하며 대안적 도구로서 페미니스트적 후기구조주의, 페미니스트 담론을 자신의 신학적 방법론으로 적용한다. 풀커슨은 이와 같은 후기구조주의의 언어 이해에 근거해 젠더에 대한 자연주의적·본질주의적 이해로부터 의미화의 과정에 있는 주체의 위치와 언어적 실천에 대해 주의를 기울여야 함을 자신의 신학적 작업을 통해 보여준다. 그는 삶의 위치가 각기 다른 세 여성이 자신의 생활 속에서 사용하는 언어를 분석했는데, 다른 위치에서 살아가는 여성 각각은 다른 언어를 사용함으로써 각자의 위치에서 저항주체로서 저항담론을 형성하며 살아간다는 것을 관찰과 실례를 통해 보여주었다. 그는 본질주의적 주체 이해에서는 인식할 수 없었던 각 여성의 차이가 담론의 분석을 통해 드러내면서 말하는 주체로서의 여성을 신학적 주체로 만들었다.

그녀를 기억하라

포용적·성찰적 성서 읽기

이영미
한신대학교, 구약학

1. 들어가는 말

어릴 적, 강원도 산골로 전근을 자주 다니셨던 초등학교 교사인 아버님은 따라 온 가족이 여러 번 이사했습니다. 그러다 우리 형제가 중학교에 들어가면서부터 아버님 혼자 시골에서 생활하시고 주말에 집을 오시곤 하셨습니다. 한번은 영월로 전근되어 고립된 생활을 하신 적이 있습니다. 너무 멀어서 집에도 자주 못 오시는 아버님을 위해 저는 정성들여 생일 카드와 작은 선물을 챙겨드렸습니다. 어떤 반응과 칭찬을 기대했던 것은 아니지만 아무 얘기도 안 하시는 아버님이 서운했던 것은 사실입니다. 그러던 세 번째 해 문득 편지를 남동생 이름으로 보내면 더 좋아하실 것 같다는 생각이 들어서 이름만 바꿔 생신 축하 편지를 보냈습니다. 그 다음 날 격앙된 기쁜 목소리로 전화를 하신 아버님. "생일 축하 카드와 선물 고맙다. 선생님들 모두 칭찬이 끊이지 않더라. 고맙다. 고맙다." 아직도 그 음성이 귓가에 그대로 남아 있을 정도로 어릴 적 제 마음은 참 쓸쓸했습니다. 딸부자의 딸들로 자란 분들, 나이 드신 여자분들은 저의 경험이 남의 이야기처럼 들리지만은 않으리라 생각됩니다. 나이가 들어서 목사로, 교수로 살아가면서도 중심에서 밀려난 주변부적 행보는 여전합니다. "가르치는 게 제 직업입니다"라고 말하면 초등학교, 중학교, 고등학교 교사인가 차례로 묻습니다. 모두 아니라고 하면 어리둥절한 표정을 짓고서는 더 이상 묻지 않고 쳐다봅니다. 목사님들과의 모임에 가면 중요한 교계 인사들과 인사하느라 저는 그곳에 없는 투명인간 같은 느낌을 받을 때가 많습니다. 제가 관심의 집중을 받고 공주 대접받고 싶다는 말이 아니라 중심에서 벗어난 주변부적 삶을 살아가는 단면을 설명하고자 합니다. 인간은 관심 받고 사랑받기를 원하는 동물인데 그 관심의 주파수에 잡히지 않는 투명인간으로 살아가는 삶은 그리 즐거운 경험은 아닙니다. 그러나 이 같은 일상에서의 소외보다 더욱 불편한 진실은 세상의 많은 가치기준과 규범, 신앙체계를 설명하는 교리나 기도문에도 여성으로서의 경험과 관점이 배제되어 있는 경우가 많은 것이 현실이란 점입니다.

2. 포용적·성찰적 성서 읽기: 여성주의적 성서 읽기

우리가 성서를 읽을 때도 이처럼 한 중심인물에 초점을 맞춰 읽고 다른 이들의 이름은 기억하지도 않는 경우가 많습니다. 어쩌면 그 주변부 인물이 우리의 모습과 더 가까운 인물일 텐데도 우리는 주인공의 시각에서만 성서를 읽을 때가 대부분입니다. 여성주의적 성서 읽기란 이렇듯 영웅 중심의 목적 지향적 성서 읽기가 아니라 등장하는 각각의 인물을 천천히 살펴보며 그들에게 말을 걸어보기도 하고 그들의 삶과 고뇌를 통해 하나님과 나의 관계를 그리고 나와 이웃의 관계를 성찰해보는 포용적·성찰적 성서 읽기를 뜻합니다.

성서에는 많은 이야기가 실려 있습니다. 예수님은 비유와 이야기를 가르침의 도구로 자주 사용하셨습니다. 이야기(storytelling)가 가지는 독특한 매력은 한 가지 논리를 펴나가는 논문과 달리 중심을 깰 수 있는 다양한 가능성을 내포하고 있다는 점입니다. 드라마나 영화, 책을 읽을 때 우리는 등장인물과 자신을 동일시하게 됩니다. 대부분 주인공과 나를 일치시키곤 합니다. 그런 방법은 감독이나 저자의 의도에 맞게 해석하고 이야기를 받아들이는 방식입니다.

　성서는 성서기자의 특정한 목적에 의해 편집된 글입니다. 저자의 의도를 벗어난 글 읽기가 얼마나 타당한가 하는 질문에는 여러 가지 상반된 의견이 있을 수 있습니다. 저자의 의도가 무엇인가를 아는 것은 중요합니다. 이것은 세계를 바라보는 다양한 시각을 알아가는 과정이기 때문입니다. 그러나 반드시 성서기자의 의도에 따라 세상을 보고 하나님을 이해해야 하는 것은 아닙니다. 성서는 하나님의 말씀이지만, 인간의 언어로 표현된 한계를 지닌 한 그 계시는 성서자의 그릇에 담긴 그분의 하나님 고백입니다. 고대 성서기자의 눈으로만 세계를 바라보는 것이 진실일까요? 그건 여러분의 판단에 맡깁니다.

　나에게 성서는 하나님을 그리고 세계를 바라본 성서기자의 고백을 들여다보며, 그 고백을 자기 세계관의 최고가치로 받아들인 교회 전통의 역사적 고백을 만나는 도구입니다. 그들의 고백은 하나의 범례이지 원형과 유일한 모범은 아닙니다. 특별히 여성의 눈으로 성서를 바라볼 때 성서를 유일한 모범으로 받아들이기 어려운 점이 너무 많습니다. 요즘의 광고 카피는 톡톡 튀는 문구로 우리를 매료시키고 있는데, 그중 "얼음이 녹으면 뭐가 되나요"라는 과학적 질문에 많은 아이들은 "얼음이 녹으면 물이 된다"고 대답하지만 한 아이가 "얼음이 녹으면 봄이 온다"고 대답합니다. '물이 녹으면 봄이 온다'는 대답은 질문자의 의도된 답은 아닐지라도 정답이 아닌 것은 아닙니다. 여성의 관점에서 혹은 소수자의 관점에서 성서를 바라보는 것은 바로 이처럼 전형적인 하나의 정답을 고집하지 않고 다양한 사고와 입장을 고려하면서 성서에 귀를 기울이는 방식입니다. 때로는 성서기자의 의도된 글 읽기를 거슬러서 읽게 되는 경우도 있게 됩니다. 영웅을 중심으로 특정한 목적을 향해 뜻을 배워가는 독서보다 경험을 바탕으로 읽기 과정에서 그 경험과 성서 저자의 경험의 대화를 시도하는 포용적 성찰을 위한 독서가 바로 '여성의 눈으로 성서 읽기'라는 말입니다.

3. 그녀를 기억하라

구약에서 이야기가 가장 풍부하게 등장하는 책이 오경입니다. 그중에서 창세기는 성서 인물의 이야기들로 풍성합니다. 창세기는 모세라는 중심인물의 탄생(출 1장)으로 시작해서 그의 죽음(신 34장)으로 마감되는 사경(출애굽기, 신명기)과 달리 여러 주인공과 등장인물이 나옵니다. 잠시 저자의 의도된 인물 소개를 뒤로하고 성서 이야기 몇 편을 다시 새겨보기 바랍니다.

1) 창세기 3장 1~7절: 최초의 신학자 이브

(1) 성서가 들려주는 이야기(개역개정)
①그런데 뱀은 여호와 하나님이 지으신 들짐승 중에 가장 간교하니라 뱀이 여자에게 물어 이르되 하나님이 참으로 너희에게 동산 모든 나무의 열매를 먹지 말라 하시더냐 ②여자가 뱀에게 말하되 동산 나무의 열매를 우리가 먹을 수 있으나 ③동산 중앙에 있는 나무의 열매는 하나님의 말씀에 너희는 먹지도 말고 만지지도 말라 너희가 죽을까 하노라 하셨느니라 ④뱀이 여자에게 이르되 너희가 결코 죽지 아니하리라 ⑤5 너희가 그것을 먹는 날에는 너희 눈이 밝아져 하나님과 같이 되어 선악

을 알 줄 하나님이 아심이니라 ⑥여자가 그 나무를 본즉 먹음직도 하고 보암직도 하고 지혜롭게 할 만큼 탐스럽기도 한 나무인지라 여자가 그 열매를 따먹고 자기와 함께 있는 남편에게도 주매 그도 먹은지라 ⑦이에 그들의 눈이 밝아져 자기들이 벗은 줄을 알고 무화과나무 잎을 엮어 치마로 삼았더라.

(2) 남성 중심적 읽기

많은 창세기 주석은 3장 1~6절에 대한 반여성적인 혹은 여성비하적인 해석을 제시하고 있습니다. 몇 가지 소개하면 다음과 같습니다.

하와가 먼저 선악과를 먹은 것이 "인성에서는 아담보다 뒤졌지만, 신성에서는 아담보다 앞서기 위한 것"(에프렘, 시리아 교부)이라고 해석한다.

뱀이 남자가 아닌 여자에게 말한 것은 "여자의 상상력이 남자의 그것을 능가하기 때문에 여자가 먼저 유혹을 받았던 것이다"(카수토, 이스라엘 성서학자).

"이스라엘 종교의 역사에서 모호한 점성술적 신앙 경향을 보인 것은 언제나 여자였다.…우리의 제한된 삶에 따라다니는 불명료한 유혹과 신비에 여자가 남자보다 더 직접적으로 부딪히게 된다"(폰라드, 독일 구약학자).

그 밖에도 이 본문은 여자가 남자보다 유혹에 더 약하고, 성적 매력을 지닌 유혹자이고(아담을 꼬드긴 것으로 해석), 먼저 선악과를 먹었기 때문에 원죄의 책임이 여자에게 있고, 여자는 구원받지 못할 존재로 치부하기도 합니다.

(3) 여성의 눈으로 읽기

본문은 뱀이 '간교한' 동물이라고 소개합니다. 번역은 번역자의 시각을 이미 반영하는데 여기서 뱀을 '간교한' 동물이라고 소개하는 것은 창세기 3장에서 뱀의 역할이 악한 것이라는 전제가 깔린 단어 선택입니다. 이 단어에 해당하는 히브리어(아룸)는 잠언 12장 16절, 23절, 13장 16절, 14장 8절, 22장 3절, 27장 12절에 언급되는데, 이 단어를 잠언에서는 모두 '슬기로운'으로 번역합니다(개역개정). 뱀은 이집트와 메소포타미아에서 지혜를 상징합니다. 이렇듯 지각력이 뛰어난 동물이 남자가 아닌 여자에게 말을 걸었다면 그 이유는 무엇일까요? 이에 대한 대답은 각자의 위치와 세계관에 따라 여자가 꼬임에 잘 넘어갈 것 같아서 혹은 자신과 맞수가 될 만큼의 똑똑한 대화상대로 생각되었기 때문이라는 등 다양할 것입니다. 두 가지 모두 가능한 이유입니다. 이 두 가지 가능성 중에 어떤 것인가를 결정하는 것은 질문 내용에서 찾아보아야 합니다.

뱀의 질문은 "하나님이 참으로 너희에게 동산 모든 나무의 열매를 먹지 말라 하시더냐"는 것입니다. 즉, 우리가 너무도 당연히 전제하고 있는 것처럼 뱀이 인간을 죄에 빠뜨리려는 의도로 접근하기보다 지혜의 상징인 뱀이 하와와 논쟁을 벌이는 것입니다. 하나님의 말씀에 관한 논쟁이므로 이 둘의 대화는 신학적 논쟁이라고 할 수 있습니다.

아직도 뱀이 여자에게 말을 건 것은 여자가 유혹에 약하고 악한 존재이기 때문이라고 주장한다면, 6절 "그 여자가 열매를 따먹고, 자기와 함께 있는 남자에게도 주매 그도 먹은지라"는 대목에 주목해봅시다. 아담은 뱀이 여자가 대화하는 것을 함께 듣고 있었지만 대화에 아무런 기여도 하지 않고 있으며, 하와가 선악과를 건넸을 때 아무런 말도 없고 저항도 없이 받아먹었습니다. 남자의 이러한 행동은 유혹에 약한 존재이기 때문입니까? 사리 분별이 없기 때문입니까?

창세기 3장 1~6절의 말씀은 여자가 혹은 남자가 더 악하고 약한 존재임을 따지는 본문이 아닙니다. 이것은 인간의 지혜에 관한 기원과 그에 대한 평가를 내리는 본문입니다. 선악과란 선한 것과 악한 것을 판단하는 능력, 즉 지혜를 상징합니다. 뱀은 이집트와 고대 메소포타미아에서 지혜를 대표하는 동물입니다. 따라서 인간의 지혜가 하나님을 알고자 하고 하나님과 같이 되고자 하는 교만과 욕망을 지닌 존재임을 이야기를 통해 전하는 것입니다.

여기서 여자도 남자도 '하나님과 같이' 되고 싶은 유혹에 공범자가 되어 선악과를 먹게 되었습니다. 끊임없이 신의 영역에 도전하고 불노장생하며 신과 같이 되고 싶어 하는 욕망으로 온갖 노력을 기울이는 인간의 모습은 많은 종교 이야기들에서도 흔히 볼 수 있습니다. 이 본문에서 여자가 먼저 유혹받았기에 인간 타락의 책임을 묻거나, 남자가 여자의 유혹에 넘어가 죄를 짓지 말아야 할 교훈을 얻을 것이 아니라 인간의 지혜가 그 도를 넘어서서 하나님과 '같이' 되고자 할 때 낳게 될 결과를 보면서 자기 성찰의 기회로 삼아야 할 것입니다.

2) 창 16장, 21장: 모가장 사라와 하갈

(1) 성서가 들려주는 이야기

여호와께서 아브람에게 이르시되 너는 너의 고향과 친척과 아버지의 집을 떠나 내가 네게 보여 줄 땅으로 가라. 내가 너로 큰 민족을 이루고 네게 복을 주어 네 이름을 창대하게 하리니 너는 복이 될지라(창 12:1-2).

그[아브람]를 이끌고 밖으로 나가 이르시되 하늘을 우러러 뭇별을 셀 수 있나 보라 또 그에게 이르시되 네 자손이 이와 같으리라(창 15:5).

여호와의 사자가 또 그[하갈]에게 이르되 내가 네 씨를 크게 번성하여 그 수가 많아 셀 수 없게 하리라(창 16:10).

하나님의 사자가 하늘에서부터 하갈을 불러 이르시되 하갈아 무슨 일이냐 두려워하지 말라 하나님이 저기 있는 아이의 소리를 들으셨나니 18 일어나 아이를 일으켜 네 손으로 붙들라 그가 큰 민족을 이루게 하리라 하시니라(창 21: 17-18).

(2) 남성 중심적 읽기

아브라함을 뭇 민족의 복의 근원으로 삼으신 12장의 말씀은 가장 많이 인용되는 성서 본문 중 하나이고 아브라함에게 주신 자손에 대한 축복의 말씀은 구약 전반에 걸친 중요한 언약으로 계속 반복되어 강조되고 있습니다. 반면 하갈에 대한 이야기는 교회에서 거의 듣지 못합니다. 더욱이 하갈이 하나님의 직접적인 계시를 받은 족장시대의 최초 여성이라는 점은 거의 관심을 받지 못합니다. 하갈은 사라나 다른 이스라엘의 모가장보다 하나님과 대면하고 대화를 나눈 여인이라는 점을 지적하는 해석자를 찾아보기 어렵습니다.

(3) 포용적 읽기

하갈은 아브라함처럼 하나님으로부터 후손에 대한 약속을 받았습니다. 아브라함은 하나님의 말씀을 그대로 믿었고 하나님은 이를 의롭게 여기셨습니다(15:6). 다른 한편 하갈은 그러한 하나님을 "감찰하시는 하나님(엘로이)"이란 이름으로 부르고 감사를 드립니다(16:13). 하나님께 이름을 붙인 최초의 인물입니다. 그러나 아브라함이 하나님의 언약을 계시 받은 것은 거듭 강조되면서도 하갈이 언약 받은 사실은 듣지 못하는 경우가 많습니다.

신약에서도 유사한 예가 발견됩니다. 우리는 예수의 그리스도 고백을 베드로만 한 것으로 들어왔습니다. "예수께서 이르시되 너희는 나를 누구라 하느냐 베드로가 대답하여 이르되 하나님의 그리스도시니이다"

(마태 16:16; 마가 8:29; 누가 9: 20)라는 본문은 기억하지만, 마르다가 "주여 그러하외다 주는 그리스도시요 세상에 오시는 하나님의 아들이신 줄 내가 믿나이다"(요한 11:27)라고 예수의 부활에 대한 신앙고백을 하고 있는 점은 간과하고 있습니다.

신앙의 역사에서 여성은 남성과 함께 하나님 계시의 대상이었고 그 내용도 부차적인 것이 아니라 동등한 중요성을 가진 언약과 계시였습니다. 이러한 언약이 회자되고 회상될 때 여성의 이야기는 잊히고 남성의 언약만 기억 속에 회상되고 있는 경우가 많습니다. 나아가 모가장 리브가는 후손에 대한 계시를 남편이 아닌 자신이 직접 받았습니다.

3) 창 22장 20절~28장 9절: 리브가 설화

(1) 성서가 들려주는 이야기

이삭의 이야기는 창세기의 족장 설화 중에서 아브라함과 야곱에 비해 인물 묘사도 미약하고 전승의 분량도 적습니다. 이삭에 관한 보도가 아브라함과 야곱 이야기 일부로 편입되어 이삭 이야기는 아예 없다고 보는 견해까지 있을 정도입니다.

(2) 남성 중심적 읽기

학자들은 이삭 이야기가 다른 족장들에 비해 전승의 분량이 적은 이유는 이삭이 대표하는 족속의 힘이 남쪽 족속(유다)과 북쪽 족속(이스라엘)에 비해 약한 집단이었기 때문이라고 봅니다. 그러나 족보가 남성의 계보로 전승되기 때문에 이삭의 이야기가 파편적으로 읽혀지는 것을 리브가의 이야기로 재해석하는 예는 없습니다.

(3) 여성주의적 읽기

전통적으로 이삭 이야기로 읽어오던 본문을 이삭이 아닌 리브가의 이야기로 읽으면 구성도 짜임새 있고 내용도 좀 더 일관되고 풍성하게 됩니다. 유연희는 리브가의 이야기를 다음과 같이 재구성하고, 창세기의 땅과 후손에 대한 약속을 기술하고 있는 이스라엘 선조의 이야기는 아브라함– 이삭– 야곱이 아닌 아브라함– 리브가– 야곱으로 이어지는 전승의 짜임새로 진행되고 있음을 보여줍니다.[1]

리브가의 이야기

프롤로그	리브가의 등장(창 22:20-24; 23장)
제1막	리브가의 선택(창 24장)
제2막	리브가의 소명(창 25:19-34)
제3막	리브가의 위기(창 26:1-11)
제4막	리브가의 활약(창 26:34-35; 27:1-17, 42-46; 28:8-9)
에필로그	리브가를 기억하며(창 29:12; 35:8; 49:31; 롬 9:10)

하나의 문학 단위를 이루고 있는 리브가 이야기는 자손의 축복에 대한 하나님의 약속의 성취과정을 묘사하는 창세기에서 리브가가 어떤 소명을 받고 위기에 처했다가 이를 극복하는가를 잘 보여줍니다. 첫 번째 모가장 사라는 불임이 후손에 대한 약속 이행에서 위기였지만 리브가는 당시의 관습과 달리 하나님께서 장자가 아닌 차남인 야곱을 상속자로 정하는데, 이를 실현하는 과정에서 위기를 맞이합니다. 장자권과 축복권을 위한 리브가의 활약은 하나님의 소명을 실현하는 계획적이고 주도적인 리브가의 모습을 보여줍니다.

---

1 유연희, 『아브라함과 리브가와 야곱의 하나님』, 대한기독교서회, 2009.

4. 영웅 중심적, 교훈적 성서 읽기에서 포용적·성찰적 성서 읽기로

지금까지 창세기의 몇 본문을 기존의 남성 중심적 관점에서 해석한 내용과 달리 주변부로 밀려나서 잊힌 여성 등장인물의 역할과 위치에서 성서를 다시 풀어보았습니다. 여성주의적 읽기가 본문을 해석하는 유일한 방법이라는 주장을 펼 의도는 전혀 없습니다. 단지 하나의 성서 본문도 읽는 관점에 따라 다르게 해석될 수 있는 대안적 성서 해석의 예를 보여준 것입니다.

이렇듯 다양한 성서 읽기는 우리네 이웃의 다양한 삶과 생각을 성서 본문을 통해 드러내고 서로 나눌 수 있는 포용적 해석의 가능성을 보여주고, 그 다양한 해석을 통해 혹시 내가 놓쳤거나 간과했던 부분은 없었는지를 성찰해보는 기회를 갖게 해줄 것입니다.

제14부

선교와 에큐메니칼

21세기 선교[*]

이계준
연세대 명예교수, 신반포교회 원로목사

1. 서론

21세기라는 정보사회에서 인터넷 강좌를 통해 여러분과 만난다는 것
은 실로 놀라운 축복이 아닐 수 없다. 이 강좌의 주제는 '21세기 선교'이
다. 미래학자들은 21세기를 정보사회 또는 문화시대라고 정의했다. 그
러나 이 말은 그림의 윤곽일 뿐이지 내용을 확실히 예측할 수는 없다.
따라서 21세기는 매우 불확실한 시대라고 규정하는 학자도 있다.

21세기를 살아가는 크리스천은 어쩌면 불확실한 시대 속에서 하나님
을 믿고 그리스도의 구원의 복음을 선포할 사명을 받았다고 할 수 있다.
불확실성 속에 살아가는 동료 인간에게 가장 확실한 삶의 진리를 전해
야 하는 것이 우리의 역할이다. 이 책임을 완수해 하나님께 영광 돌리고
이웃과 세계에 평화의 복음을 전달하려면 확고한 신앙에 기초한 건전한
선교신학이 전제되어야 한다. 바로 여기에 이 강좌의 목적과 의미가 있다.

이 강좌는 12회에 걸쳐 진행되며, 크게 세 부분으로 구분할 수 있다.

[*] 이 글은 2002년 8월부터 2002년 10월까지 총 12회에 걸쳐 신반포감리교회 홈페이지(www.sbp.or.kr)를 통해 진행된 사이버신학강좌의 내용을 편집·수록한 것이다.

첫째, 선교신학의 이론적 근거, 둘째, 지난 2,000년 역사에 나타난 선교의 발자취, 셋째, 21세기 정보 및 문화시대와 다원화사회에서 선교가 나아갈 길이다. 이 강좌는 주로 평신도를 위한 것이므로 난해한 신학이론을 배제하고 평신도의 선교 이해와 실천에 초점을 맞추겠다.

1960년대 이후 소위 근대화 정책으로 경제성장과 함께 한국 교회는 기적적인 성장의 길을 달려왔다. 1970년대의 대부흥집회와 교단마다 선교 100주년 사업을 펼친 결과 한국 개신교는 천문학적 교회, 교인 및 재정의 증가를 가져왔다. 세계 대형 교회 50개 중 그 절반이 한국에 있다.

한국 교회는 1980년대 전후로 해외 선교에도 큰 관심을 가졌다. 이슬람, 불교, 힌두교 국가는 물론이고 심지어 기독교가 지배적인 국가에도 선교사 파송과 재정 지원을 했다. 그 숫자는 확실하지 않으나 각 교단이 파송한 선교사는 약 4,000명으로 추산된다. 여기에 개인적으로 선교 활동을 하는 이들을 합하면 엄청난 수에 이를 것이다. 이것은 이미 18~19세기에 서구 교회가 자기 나라의 식민지 확장운동에 편승해 사용하던 선교방법이었다. 과연 이런 선교가 지구촌이 형성되고 문화와 종교의 다원성이 인정되는 21세기에도 타당한가라는 의문이 든다. 이 문제는 아마도 기독교 선교 역사상 가장 난해하고 복잡한 사안이라고 할 수 있다.

16세기에 마르틴 루터는 평신도를 포함한 '만인 사제직'을 역설했는데 그 실현이 21세기에야 이루어지는 것 같다. 교회는 곧 평신도인 동시에 다원 사회에서 선교의 주역은 평신도이기 때문이다. 전통적이고 교회 중심적 선교 곧 교회·교파·기독교의 확장을 선교로 간주하던 시대는 지나가고 사회 및 역사 중심적 선교 곧 이 땅 위에 하나님 나라를 건설할 평신도의 시대가 다가왔다. 여기에 평신도신학의 중요성이 있다.

미래 교회와 인류의 운명은 선교에 대해 신학적으로 각성되고 훈련된 평신도에 좌우된다고 생각한다. 따라서 이 부과된 사명을 충실히 겸손하게 수행하려는 마음가짐으로 이 강좌에 참여해주기 바란다.

2. 전도와 선교

예수께서 하나님 나라의 복음을 선포하시고 제자들을 훈련시키기 위해 짝을 지어 선교여행을 시켰으며 또한 부활 후 복음을 모든 민족에게 선포하라고 제자들에게 선교적 사명을 주셨다. 예수는 하나님이 세상에 보내신 선교사이고 교회는 예수께서 세상에 보내신 선교사이다. 교회가 존재하는 궁극적 이유는 선교에 있다. 신학자 E. 부르너는 "불이 타므로 존재하는 것과 같이 교회는 선교하므로 존재한다"고 역설했다.

하나님 나라의 복음을 선포하는 두 가지 방법이 있다. 전도와 선교이다. 두 낱말은 서로 다른 뜻을 말하기도 하고 같은 뜻으로 사용되기도 한다. 20세기에는 전도와 선교에 대한 신학적 견해의 차이로 오랫동안 논쟁과 갈등을 빚기도 했다. 먼저 전도와 선교의 뜻과 그 뜻의 변화과정을 알아보는 것이 우리의 이해에 도움이 될 것이다.

1) 전도(evangelism)

전도란 말은 본래 희랍어 성경에 복음 곧 기쁜 소식(euaggelion, good news)을 전한다는 뜻이다. 특이 동일한 언어와 문화권에 속하는 이교도나 무신론자에게 복음을 전해 그들을 믿게 하고 세례를 받아 교회의 일원이 되게 하는 모든 행위를 전도라고 칭한다. 따라서 교회는 전도를 통해 기독교인의 수가 증가하고 교회가 성장해 보다 많은 사람이 하나님의 구원 은총을 입도록 노력한다. 지난 2,000년간 교회는 전도란 수단을 통해 그 명맥을 이어왔음을 부인할 수 없다. 전도란 말은 초대교회에서 오늘에 이르기까지 그 의미의 변화가 없다는 데 특징이 있다.

2) 선교(mission)

선교란 말은 원래 라틴어인 Missio에서 유래된 것으로 파견 또는 임무란 뜻이 있다. 선교란 말은 중세 교회에서 사용되었으나 개신교가 사용하기 시작한 것은 18세기 이후 해외 선교의 막이 오르면서이다. 서구 강대국이 식민지 확장을 일삼을 때 서구 교회는 피식민지국가에 선교사를 파송하고 재정 지원을 통해 전도, 교회건축, 교육 및 의료활동을 개시했다. 즉, 해외의 비기독교 민족에게 기독교의 복음과 서구 문화를 전달하는 행위를 선교라고 했다. 특히 근대 선교신학의 아버지이자 독일 신학자인 F. 슐라이어마허는 기독교의 복음과 서구 문화를 동일시해 선교를 서구 문화를 비서구 세계에 전하는 것으로 생각했다.

20세기에 와서 선교의 뜻은 급변하는 사회와 함께 급속히 변했다. 먼저 기독교 국가라고 자처하던 서구 사회 속에 비기독교적 인구 및 영역이 증가하므로 선교란 말이 '국내 선교'와 '국외 선교'로 이원화되었다. 그리고 해외 선교 초기의 선교 과제가 주로 복음 전파와 문화활동이었다면, 급격한 사회·역사의 변동과 이에 따른 인간·사회의 심각한 요청에 따라 그 과제가 자연히 바뀌었다. 즉, 선교는 사회개혁, 민족해방운동, 인권운동, 반핵운동, 빈곤퇴치, 환경운동. 인간복제문제 등에 이르기까지 관심을 갖고 직간접으로 개입하게 되었다. 이러한 변화는 선교란 교회나 기독교의 발전에 국한된 행위가 아니라 하나님의 통치영역 곧 우주 전체와 인간의 삶의 모든 영역에 하나님의 주권인 사랑, 정의, 평화를 선포하고 실천하는 것이라는 신학적 이해에 근거하고 있다.

3) 전도와 선교의 갈등

20세기 개신교 신학의 줄기는 다양하지만 선교신학에 관한 한 크게 둘로 구분할 수 있다. 하나는 보수주의 또는 복음주의이고, 다른 하나는 진보주의 또는 급진주의라고 할 수 있다. 전자에 속하는 교회나 신학자는 개인 구원을 위한 전도와 교회 성장을 교회의 최고 목적으로 간주하고 선교는 주로 교회와 기독교를 비기독교 민족 내지는 지역에 전파하여 세계를 기독교화하고 구원하는 것에 목적을 둔다. 고로 보수주의는 국내외적으로 가급적 많은 선교사를 파견하고 재정을 지원하는 데 열정을 쏟는다. 그것이 기독교 국가이건 타종교가 지배적인 국가이건 상관없이 또한 합법적이건 비합법적이건 상관없이 선교를 위해 막대한 투자를 한다. 모든 수단을 총동원해 선교적 사명을 수행하므로 세계를 기독교 왕국으로 만들면 된다는 십자군적 신앙의 발로라고 하겠다.

이에 비해 후자에 속한 교회와 신학자는 선교의 궁극적 목적을 교회 증가나 기독교 확장에 두지 않는다. 이 땅 위에 하나님 나라가 건설되도록 사회와 역사 속에 참여해 현실적인 문제 곧 가난, 인권유린, 억압, 인종 및 성차별, 핵과 환경문제 등을 해결해 이 땅을 평화의 세계로 바꾸는 것에 둔다. 세계의 주권은 하나님의 것이고 그는 그리스도인을 통해 자기의 거룩하신 뜻을 이르시기 때문에 우리는 사회·역사적 구원의 책임을 회피할 수 없다는 것이다. 그래서 남미와 아프리카, 미국의 흑인과 한국 등에서 많은 교회 지도자, 신학자, 그리스도인이 반독재시위와 인권운동과 해방운동에 참여했고 많은 고통과 희생을 당하였다.

4) 전도와 선교의 통전적 이해

인간의 복음의 이해나 실천에는 한계가 있다. 따라서 개인의 신앙이나 신학을 극단화하면 아집과 독선에 빠지게 마련이다. 그러므로 가급적 포괄적인 이해와 실천이 요청되는 것이다. 하나님의 말씀은 개인 구원이나 사회·역사 구원 어느 하나에 치우쳐 있는 것이 아니다. 그것은 개인과 역사 모두를 구원하는 통전적인 말씀이다. 하나님의 선교사인 예수께서는 복음의 주제를 '하나님 나라'로 삼고 구체적으로 실천하실 때 전도와 선교를 구분하시고 우열을 가린 적이 없다. 가령 말씀하시고 가르치시는 전도와 병 고치시고 배고픈 자들을 먹이시고 종교 지도자와 권력자를 비판하고 저항하는 선교를 논리적으로나 실제적으로 분리하지 않으셨다. 다만 그 상황과 요구에 따라 다른 방법으로 응답하신 것뿐이다. 예수에게 전도와 선교는 하나님 나라 선포와 실현을 위한 수단에 불과했다.

전도와 선교의 논쟁과 갈등은 거룩을 가장한 인간의 신앙적·신학적 오만의 산물에 불과하다. 전도를 통해 개인의 구원과 교회의 성장은 계속 진행되고 발전되어야 한다. 그렇다고 교회의 예언자적 사명을 망각해서 역사를 악마의 손에 넘겨주는 것을 허용해서는 안 된다. 나치하에서 독일 교회와 군사독재하에서 한국 교회처럼 말이다. 또한 개인의 구원과 교회를 무시하고 오로지 사회 구원을 위해 투쟁하는 것만이 진정한 하나님의 선교에 참여하는 것이라는 극단화도 용납되어서는 안 된다. 전도와 선교는 하나님 나라의 선포를 위해 필요한 두 가지 수단이고 그것들은 상황과 요청에 따라 창조적이고 신축적으로 활용되어야 하는 것이다.

1973년 태국 방콕에서 세계교회협의회 선교 및 전도위원회가 '오늘의 구원(Salvation Today)'이란 주제로 개최되었다. 이때 보수파와 진보파 신학자들이 극심한 논쟁을 벌였다. 전자는 개인 구원, 영혼의 구원, 사후의 구원을 주장한 반면 후자는 사회 구원, 육신의 구원, 현재의 구원을 강조했다. 그들은 끝없는 논쟁 후에 종합적인 성명서에 함께 동의하게 되었다. 즉, "구원은 개인적인 동시에 사회적이고 육적인 동시에 영적인 것이며 현재적인 동시에 미래적인 것이다."

그리스도인이 위임받은 하나님 나라 선포의 수단인 전도와 선교는 분리되고 독단화되어서는 안 된다. 그것은 동전의 양면처럼 불가분리적인 관계를 지니고 상황에 따라 가장 적절하게 활용될 때 궁극의 목적인 하나님 나라는 더욱 가까이 다가올 것이다.

3. 여러 가지 선교신학

신학이란 성경의 근본 뜻을 오늘의 개인적·사회적·역사적 상황에 맞도록 해석하는 학문이다. 성경은 원래 고대의 다양한 문화적·종교적 배경을 지니고 있기 때문에 그 핵심인 진리를 현대의 옷으로 갈아입힘으로써 지금 성경을 읽는 사람들이 이해하는 데 도움을 줄 수 있다. 따라서 신학은 하나일 수 없고 시대·상황·신학자에 따라 여러 가지로 나타날 수밖에 없다. 지난 2,000년 동안 교회는 어떤 교리나 신학만을 유일하고 절대적 진리라고 주장하고 믿도록 강요하며 다른 교리나 신학을 이단시 또는 악마시해 배척하거나 희생시킨 경우가 비일비재하다. 그것은 모든 신학은 그 시대를 위해 사람이 성경을 해석한 상대적 산물이라는 사실을 망각하거나 자기의 이론을 절대시한 교만의 결과라고 할 수 있다. 고로 신학은 항상 변해야 하고 변하는 신학만이 생동적인 의미를 줄 수 있는 것이다.

신학에는 크게 4가지 분야가 있다. 즉, 역사신학, 성서신학, 조직신학, 실천신학 등이다. 모든 신학은 수백 년에서 2천 년의 긴 역사를 자랑하고 있다. 그러나 선교신학은 19세기에 나타나 100년 정도의 짧은 역사를 지니고 있다. 교회가 하는 선교는 극히 당연한 것으로 여기고 그것을 이론적으로 체계화하려고 생각하지 않았기 때문이다. 그러다가 18세기 서구의 식민지 확장과 함께 시작된 서구 교회의 선교가 비서구 민족·문화·종교와 만나고 갈등하면서 선교를 연구하게 된 것이다.

선교신학이 어느 분야에 속하느냐는 문제는 학자에 따라 견해를 달리한다. 왜냐하면 신학의 4가지 분야에 모두 관련되어 있기 때문이다. 그런데 20세기에 일어난 특이한 사실은 모든 신학이 선교 지향적이 되었다는 것이다. 이것은 신학이란 궁극적으로 선교를 위해 있다는 증거라고 볼 수 있다. 선교신학의 학설이 다양하고 유형론도 각양각색이다. 여기서는 이해를 돕기 위해 종합적인 유형론 두 가지만 소개하려고 한다.

1) 마굴의 유형

독일의 신학자인 마굴(H. J. Margull)은 다양한 선교신학을 네 가지로 구분했다.

첫째, 선교란 하나님 나라를 증거하는 일로 보는 입장이다. 선교는 2,000년 전 그리스도의 탄생과 앞으로 올 재림 사이의 기간 동안 교회가 그리스도를 증거하는 것이다. 따라서 교회는 그 자체에 목적을 두지 말고 모든 민족에게 하나님의 자녀가 되어 종말의 심판을 면하도록 복음을 선포해야 한다. 이것은 전도를 강조하는 보수주의의 입장으로 한국 교회의 대부분이 이 유형에 속한다.

둘째, 선교는 복음을 전하고 교회를 설립하는 것이라는 입장이다. 즉, 교회가 없는 집단이나 민족에게 복음을 전하고 교회를 세워주는 것이다. 이 선교를 통해 모든 인류가 하나님 안에서 하나 되고 교회 되신 그리스도의 몸에 함께 모이며 성령의 거룩한 집을 이르는 것이다. 이것은 1961년 바티칸 공의회 이후 가톨릭교회의 보편주의적 입장이라고 할 수 있다.

셋째, 선교란 변형이라는 입장이다. 20세기의 탁월한 신학자 폴 틸리히는 유대교나 휴머니즘에도 밖에서는 보이지 않으나 교회와 흡사한 성격을 지니고 있다고 보고 그것을 선명하게 밝혀서 교회로 변화시키는 것이 선교라고 말한다. 또한 저명한 가톨릭 신학자인 K. 라너는 모든 인간에게는 익명적 크리스천 곧 감추어진 기독교적 요소가 있다고 주장하면서 그들을 기독교인으로 변화시키는 일을 선교라고 한다. 이 두 학자의 주장은 다른 종교인이나 무신론자에게도 구원 받을 소지가 있다는 점에는 보수주의와 다르나 기독교로 개종해야 구원받는다는 보수주의의 입장과는 별 차이가 없다고 하겠다.

넷째, 선교는 '하나님의 선교(Missio Dei)'에 참여해온 인류의 평화를 위해 일하는 것이라는 입장이다. 선교의 주체는 하나님이시고 교회는 선교의 도구이다. 하나님은 민족·성·문화·종교를 초월해 온 인류가 진리와 자유, 사랑과 정의 안에서 잃었던 인간성을 회복하고 서로 협력하는 세계 공동체를 건설하기 원하신다. 따라서 교회는 하나님의 도구로서 인류 평화의 증진을 위해 헌신해야 한다. 이 입장은 1954년 독일 빌링겐에서 열린 세계선교대회에서 처음 나타난 것으로 선교의 주체를 교회로 보던 종래의 입장을 뒤집어놓은 것이다. 이것은 1960년대 이후 공산주의, 군사독재, 미국의 매판자본, 다국적기업 등의 정치적 탄압과 부자유, 경제적 착취와 빈곤으로 고통 받는 사람들의 각성, 저항, 해방과 자유를 위해 기여한 바 크다.

2) 포괄적 유형

앞서 말한 마굴의 유형을 포함해서 대부분의 유형이 1960~1980년 사이에 특히 서구 신학의 영향하에 만들어졌고 또한 새로 등장한 다원 사회의 경험이 없었기 때문에 자연히 새 시대를 위한 선교신학의 유형으로는 부족한 면이 없지 않다. 그래서 다음과 같이 나름의 유형을 만들어 보았다. 마굴의 유형과 유사한 것도 있고 다른 것도 있다는 것을 발견하게 될 것이다.

(1) 복음화(Evangelization)

이 유형은 복음의 전도로 인간의 영혼을 구원하고 교회 성장을 이룩하며 온 세계를 복음화하는 것에 목적을 둔다. 대표적인 신학자는 미국 플러 신학대학원의 교수였던 D. 맥가브란이다. 그는 하나님은 교회 성장을 바라시기 때문에 무조건 교회는 수적으로 성장해야 한다고 주장한다. 질적 성숙은 2차적인 문제라는 것이다. 선교의 최고 목적은 성장일 수밖에 없다. 한국 교회 특히 신흥 대형 교회는 대개 맥가브란의 성장론에 그 근거를 두고 있다. 어떤 신학자는 이러한 유형은 미국 자본주의 기업처럼 영리추구를 제1차적 목적으로 한다고 비판한다. 그러나 복음주의자 가운데도 영국의 J. 스토트는 개인 구원 및 교회 성장과 함께 사회 구원을 역설한다.

(2) 토착화(Indigenization)

기독교의 복음을 민족마다 자기의 문화적·정신적 전통이나 형식으로 이해하고 표현해야 복음을 올바로 이해할 수 있다는 주장이다. 성경은 그 당시의 문화적·종교적 형식으로 기록되었다. 그리고 기독교 2,000년 역사 속에서 성경은 시대마다 여러 사상의 형식으로 이해되고 표현되었다. 서양 선교사들이 우리에게 자기들의 문화적 형식으로 이해하고 해석한 복음을 전해주었다. 그 신학이 근본주의와 보수주의이다. 따라서 문화와 역사를 달리하는 우리는 우리의 정신적 틀을 근거로 해서 복음을 이해하고 우리의 신앙 체험을 우리말과 우리 가락에 맞게 찬송가로 지어 불러야 한다는 것이다. 구체적으로 말하면 우리에게는 무교, 불교, 유교 등 오랜 역사를 지닌 종교가 있다. 그 종교의 형식을 빌려 우리 민족이 추구하고 만들어낸 어떤 정신적 요소가 있을 것이다. 유동식 박사는 이것을 '한, 멋, 삶'이라는 최치원의 사상에서 발견하고 성경의 복음을 그러한 개념에서 이해하고 해석하는 신학 작업을 평생 해왔다. 복음의 토착화는 매우 어려운 일이고 서구 신학에 익숙한 교회의 반발도 크지만 한국인으로서의 신앙과 교회의 주체성 및 선교를 위해 반드시 이루어야 할 중요한 과제이다.

(3) 상황화(Contextualization)

선교는 인간의 다양한 삶의 현장 속으로 들어가는 것이다. 그리스도께서 하나님의 선교사로 인간을 구원하기 위해 세상에 오신 것처럼 교회는 복음 곧 기쁜 소식을 전하기 위해 세상 속으로 들어가야 한다. 이 말은 곧 선교란 세상에서 실패하거나 소외된 죄인을 구원의 방주인 교회로 불러들이는 것이 아니라 오히려 인간의 사회적·역사적 현장인 정치, 경재, 사회, 문화 등의 모든 분야에 직접 들어가서 인간을 비인간화하고 역사를 파괴하는 불의와 싸워 승리하는 것을 뜻한다. 이를 통해 인간과 역사를 구원하는 하나님의 구원 사역에 동참하게 된다. 이와 같은 선교신학은 1960대 이후 남미의 해방신학, 북미의 흑인신학, 한국의 민중신학 등으로 나타나 불의에 저항하고 인권회복과 민주화에 크게 기여했다.

(4) 다원화(Pluralization)

제2차 세계대전 전후로 세계의 문화·종교적 판도는 판이하게 달라졌다. 전쟁이 끝나기 전까지 서구 문화와 기독교가 세계를 지배했으나 전쟁이 끝나자 서구 식민지하에 있던 민족과 나라가 독립하고 자신의 문화와 종교를 부활시키고 존중하기 시작했다. 이에 더해 두 가지 이념에 사로잡혔던 냉전시대의 종식과 함께 이념과 가치의 다양성을 인정하고 받아들이는 풍조가 확산되었다. 여기서 기독교의 신앙과 가치도 그 다양성 속의 하나이고 따라서 상대적이라는 사실을 인정할 수밖에 없는 상황에 이르렀다. 문화·종교적 절대주의는 역사적으로 수많은 전쟁과 인간 살상을 초래했다. 그리고 지금도 대부분의 전쟁은 민족과 함께 종교를 배경으로 하고 있다. 따라서 다원 시대에 기독교가 하나님의 평화의 사도가 되려면 다른 이념이나 종교와 대화·이해·협력을 통해 인류공동체 형성에 기여해야 한다. 다원주의 신학의 한 예로 각 종교의 교주곧 붓다, 무함마드, 공자, 모세, 예수를 그 종교의 중심으로 삼지 말고 유일하신 하나님의 우산 아래 모두 모일 가능성을 찾아 온 인류가 하나님의 자녀로 함께 공존하자는 것이다. 이것을 종교신학 또는 다원주의 신학이라고 부르는데 국내외적으로 매우 활발한 연구와 활동이 전개되고 있고 종교 간의 상호 교류로 열매를 맺기 시작하고 있다.

신학자에 따라 어느 한 유형만 전문적으로 연구하고 주장한다. 이것은 학문의 논리적 체계를 수립하는 데는 도움이 되지만 인간의 현실은 한 가지 유형으로 모든 문제를 다 해결할 수 있을 정도로 단순하지가 않다. 인간의 삶과 요구가 각양각색일 뿐더러 상황에 따라 수시로 변하기 때문에 하나의 방법으로 모든 요구를 만족시킬 수 없다. 따라서 우리는 선교신학 유형을 현장에 적용할 때 부분적이고 또한 전체적인 삶의 자유와 평화를 위해 통전적인 이해와 실천이 필요하다고 생각한다. 즉, 위의 4가지 유형을 시대와 요구와 상황에 따라 신축적으로, 그러면서도 타당하게 적용할 때 책임 있는 하나님의 선교사가 될 수 있는 것이다. 나는 이것을 '통전적 선교신학(Integral Theology of Mission)'이라 부른다.

4. 성서와 선교

우리는 기독교 선교의 사상적 뿌리를 이해하려고 할 때 그것을 성서에서 찾을 수밖에 없다. 그것은 성서가 우리의 신앙생활과 함께 선교활동의 필수적인 교과서이기 때문이다. 물론 성서의 선교에 대한 이해와 해석은 사람에 따라 구구 각각이다. 그러나 무엇보다 중요한 것은 성서의 본래의 뜻을 잘 간파하는 동시에 폭넓게 이해하고 현재 우리의 상황에 적절하게 활용하는 것이다.

1) 구약성서와 선교

구약과 선교의 관계에 대한 연구는 신약과 선교의 관계에 대한 것보다 상대적으로 활발하지 못했다. 그것은 구약성서의 선교적 성격에 의구심을 가진 때문이다. 그런데 근자에 구약과 선교에 대한 연구가 비교적 많이 진행되어 선교신학 발전에 도움을 주고 있다.

종래에는 구약과 선교가 아무런 상관이 없다는 생각이 지배적이었다. 그 이유를 몇 가지로 들 수 있다. 첫째, 구약은 하나님이 이스라엘 민족을 선민으로 택했다는 사실을 강조하는 민족주의 사상으로 가득 차 있다. 둘째, 구약은 대부분 이방 나라와 피나는 전쟁을 말하고 있는 동시에 이스라엘 편에 계시는 하나님은 이방에 자비나 축복을 내려줄 여지가 전혀 없다. 셋째, 구약은 이방 세계를 하나님의 구원의 계시를 드러내는 대상으로 묘사하지 않고 이스라엘 민족을 위협하고 유혹하는 상대로 표현하고 있다.

구약과 선교가 무관하다는 주장에 대해 비판적이고 포괄적인 이해로 접근하려는 시도가 있다. 첫째, 이스라엘 선민사상의 근거는 곧 아브라함의 선택이라고 할 수 있는데 이 선택은 본질적으로 이방인을 축복하기 위한 하나의 수단에 불과하다. 따라서 하나님이 이스라엘을 선민으로 선택하신 것은 그 민족의 특권이 아니라 이방에 대한 책임을 지우기 위함이다. 둘째, 구약에는 선교사상이 없어 보이나 자세히 연구해보면 이방에 대한 하나님의 관심사가 나타나 있다. 즉, 하나님은 우주의 모든 만물과 함께 온 인류를 창조하시고 인간이 타락한 이후에도 모든 인간을 구원의 대상으로 여기셨다. 아래의 말씀은 이 사실을 밝히고 있다. "땅과 그 안에 가득 찬 것이 모두 다 주님의 것. 온 누리와 그 안에 살고 있는 모든 것도 주님의 것이다"(시편 24:1). "주님은 하늘에서 굽어보시며 사람들을 낱낱이 살펴보신다"(시편 33:13). 셋째, 이와 같은 구약의 창조관과 하나님의 섭리 이해는 마태복음 28장 19절에 기록된 예수의 선교적 명령에 직접적인 배경이 된다. 이것은 구약이 하나님의 구원의 우주적 성격을 나타낸다는 사실을 말한다.

구약성서의 선교사상을 새로운 시각에서 본다면 구약의 선교적 기초는 하나님의 성격에서 찾을 수 있다. 하나님은 선교적 하나님이라는 것이다. 그 이유를 한마디로 표현하면 하나님은 모든 민족의 하나님이시기 때문이다. 이와 같은 보편주의적 사상은 구약 전체에 나타나 있는데 특히 그것은 이사야 40~50장과 요나서에서 두드러진다. 그러나 구약에는 신약처럼 이방인을 구원하기 위한 의도적이고 적극적인 선교활동이 없는 것이 사실이다. 그럼에도 불구하고 교회 확장이나 기독교 팽창을 선교로 간주하던 시대는 지나가고 하나님이 선교의 주체라는 인식이 지배적이고 또한 다원주의 시대에 구약성서의 보편주의적 선교사상을 강조하는 것은 극히 타당하다고 말할 수 있다.

2) 신약성서와 선교

독일의 선교신학자 W. 프라이탁은 "기독교는 선교하는 교회 공동체가 되든지 만일 그렇지 않으면 신약성서가 말하는 예수 그리스도의 교회되는 것을 포기해야 한다"고 말한다. 그것은 예수 자신이 하나님의 선교사로 세상에 오셨고 제자들을 선교를 위해 훈련시키셨으며 부활 후 그들에게 주신 선교적 명령이 교회 탄생과 발전에 기초가 되었기 때문이다.

신약성서 특히 복음서는 예수를 '보내심을 받은 자'로 묘사하고 있다. 예수는 자기가 하나님으로부터 세상에 보냄을 받은 선교사라는 의식을 강하게 갖고 있었다. "예수께서 그들에게 말씀하셨다. '나의 양식은 나를 보내신 분의 뜻을 행하고 그분의 일을 이르는 것이다'"(요한 4:34). 그는 자기를 보내신 하나님의 일을 삶과 행동으로 보여주었다. 신약은 예수께서 하나님의 선교적 사명을 어떻게 수행했고 그것이 초대교회에 어떻게 뿌리내렸는지 가르치고 있다.

예수의 선교 모델은 매우 독특하다. 그것을 '성육신(Incarnation)' 모델이라고 한다. "그 말씀은 육신이 되어 우리 가운데 사셨다"(요한 1:14). 이 구절은 예수의 성육신을 표현하는 대표적인 말씀이다. 성육신적 선교란 하나님의 아들이 사람의 육신을 입으시고 세상에 오셔서 사람들과 함께, 사람들 가운데, 그들과 더불어, 그들 중 하나로, 그들의 친구로 살았다는 뜻이다. 그는 자기 자신을 사람들과 차별하거나 권위를 부리거나 지배하려 들지 않고 모든 사람, 심지어 죄인까지도 친구로 삼으셨다. 그는 하나님 나라의 복음을 받아들이고 참여하려는 모든 사람과 함께 먹고 마시고 자며 그들 중 하나로 살아간 것이다. 성육신적 선교란 인간이 인위적으로 만들어놓은 모든 장벽 곧 민족, 계층, 지식, 소유, 성 등을 뛰어넘는 것을 말한다.

예수의 성육신적 선교는 그의 선교적 주제인 하나님 나라의 실현을 위한 구체적 표현으로 볼 수 있다. 그는 비유(씨 뿌리는 사람, 겨자씨, 누룩, 진주)와 가르침 곧 "너희는 먼저 그의 나라와 의를 구하라"(마태 6:33),

"뜻이 하늘에서 이루어진 것과 같이 땅 위에서도 이루어지소서"(마태 6:10) 등은 그의 주제를 분명히 밝혀주고 있다. 하나님 나라는 하나님의 주권 또는 통치를 뜻한다. 하나님은 창조하신 모든 만물과 인류를 그의 정의와 사랑으로 다스리신다. 그의 통치 밖에 있는 존재란 하나도 없다. 그리고 그 나라의 삶의 내용은 사랑과 정의, 자유와 평등, 이해와 용서, 협력과 나눔, 질서와 평화이다. 바로 이것이 예수께서 선포하시고 실천하시며 우리에게 참여하도록 도전하시는 하나님 나라이다.

지금까지 구약과 신약의 선교사상을 약술했다. 매우 복잡한 논의를 지나치게 단순화한 점도 없지 않다. 평신도의 이해와 우리의 상황을 고려해 단순화시켰음을 양해하기 바란다. 구약은 이스라엘 민족의 특수주의의 시각보다는 하나님의 창조와 섭리의 보편성에서 보는 것이 적절하고, 신약은 예수 그리스도의 성육신을 통한 하나님 나라 실현의 시각에서 그 선교사상을 이해하고 실천하는 것이 바람직하다는 말을 결론으로 삼는다.

5. 교회와 선교

교회란 무엇이며 선교와는 어떤 관계가 있는가? 이 질문은 19세기 말 선교신학이 등장하기까지 제기되지 않았다. 교회가 선교의 주체이며 선교는 교회가 그 자체의 발전을 위한 모든 것을 하고 여력이 있을 때 하는 일로 간주되었다. 제2차 세계대전의 종식과 함께 서구 식민주의자와 어울리던 선교사들이 모두 추방당하고 1954년 독일 빌링겐에서 모인 세계선교대회에서 '하나님의 선교' 신학이 떠오르면서 종래의 교회와 선교의 관계에 대한 비판적 논의가 활발하게 전개되었다. 여기에는 여러 가지 사회적·역사적 상황 변화의 자극도 있었다. 제3세계의 독립에 따른 민족, 문화 및 종교의 부활, 지구촌화, 냉전시대 이후 세력의 재편, 정보사회의 출현, 다원주의의 탄생 등이 그것이다. 교회는 세계 안에, 세계와 더불어, 세계를 위해 존재하므로 자연히 선교는 상황 변동에 따라 변해야 하고 변할 수밖에 없는 것이다.

1) 교회란 무엇인가

우리는 흔히 교회를 말할 때 일반적으로 건물, 직제, 제도 등을 연상한다. 그러나 교회라는 희랍어 ekleisia는 '부름 받은 자'를 뜻한다. 즉, 예수 그리스도를 통해 하나님의 부름 받은 백성이 교회다. 따라서 교회란 근본적으로 부름 받은 의식을 지닌 사람들이다.

교회는 기본적으로 몇 가지 일을 한다. 첫째는 예배다. 부름 받은 백성이 함께 모여 예배드린다. 예배란 영어 worship은 worthship 곧 가치 있는 것이란 말을 줄인 것이고, 예전(또는 예식)이란 라틴어 leitorgia는 함께 하는 일이란 뜻이다. 즉, 예배란 주님의 백성이 의미 있는 일에 함께 동참하는 것이라 하겠다. 그들은 하나님의 값없이 주시는 사랑과 은총에 대해 감사, 찬송, 영광을 돌리고 죄의 고백과 요청을 아뢰며 그의 말씀을 듣고 사명을 받은 다음 세상으로 나아가는 것이다. 둘째는 교육이다. 하나님의 신앙은 교육을 통해 발전한다. 우리는 그 근원을 예수의 가르침에서 찾는다. 그는 항상 하나님 나라의 복음을 가르치셨다. 한국 교회는 신앙부흥은 강조하나 교육 발전은 등한시한다. 여기에 교회(평신도)가 성숙하지 못하는 원인이 있다. 철저한 성서 연구와 신학 훈련은 신도의 신앙과 생활을 발전시키고 선교적 사명을 실천케 한다. 셋째는 친교다. 부름 받은 백성은 비록 지식·소유·성격이 각양각색이지만 그리스도의 사랑 안에서 만나고 대화하고 나누는 가운데 하나님 안에서 하나 되는 경험을 한다. 이것은 인간적인 사귐뿐만 아니라 기쁨과 함께 슬픔도 나누므로 위로와 용기를 얻고 건전한 신앙인으로 성장하는 계기가 된다. 넷째는 선교다. 부름 받은 백성의 최고의 목적은 선교다. 그것이 부활하신 주님의 명령이다. 현대적 선교란 선교사 파송하는 데 그치지 않고 인간의 요구에 다차원적으로 응하기 위해 하나님의 백성 전체가 참여해야 하는 총체적 활동이다.

2) 교회의 존재 이유: 선교

교회란 그것이 제도이건, 건물이건, 사람이건 간에 그 자체를 위해 존재하지 않는다. 그것은 선교를 위해 있고 선교만이 교회를 교회되게 한다. 선교 없이도 명목상 교회는 존재할 수 있다. 웅장한 건물과 수천수만의 성도가 모여 날마다 축제를 벌인다. 그러나 이웃의 물질적·정신적 요구에 관심 없이 교회의 세력 확장에만 주력한다. 그것은 교회가 아니라 사교 클럽이나 게토에 불과하다.

교회는 선교 공동체이다. 선교를 위해 모이고 선교를 위해 흩어진다. 모여서 예배·교육·친교를 통해 얻은 영적 에너지를 가지고 세상에 나아가 이웃에게 필요한 것을 공급한다. 특히 이 일을 위해 평신도는 해결되어야 할 세상의 복잡한 문제를 제시하고 목회자는 그것은 성서적·신학적 지식으로 조명해봄으로써 선교정책과 전략을 도출해내야 한다.

교회가 선교에 관심 없을 때 그것은 진정한 의미에서 목적을 잃어버린 것이기 때문에 교인 간에, 목사와 교인 간에 갈등과 분열을 초래한다. 오늘 한국 교회가 외형적으로는 선교에 활발한 듯하나 내용적으로는 물질주의, 권위주의, 세습주의에 멍들고 있다는 현실은 선교 시향석이 아니라는 증거이기도 하다.

3) 교회와 사도 의식

선교 공동체인 하나님의 백성은 사도로서의 의식을 철저히 지녀야 한다. 부활하신 주님께서 제자들에게 선교적 명령을 주신 것과 똑같이 우리를 부르신 주님은 그의 사도로서 선교적 사명을 수행하도록 요청하신다. 사도 바울은 항상 자기 자신을 그리스도의 종 또는 사도라고 불렀다. 사도직이란 자의로 하는 일이 아니다. 주님의 명령에 따라 움직이는 종이다. 종은 주인의 뜻을 따라 일해야 한다. 따라서 사도적 의식 없는 평신도, 사도적 의식 없는 선교는 맹목적인 것이고 하나님의 선교에 참여한다고 말할 수 없다.

선교 공동체가 하는 일은 교회 자체를 제도적·신학적으로 갱신하고 교회의 물량적 성장보다 질적 성숙에 이바지하며 궁극적으로는 하나님 나라 확장에 심혈을 기울이는 것이다. 21세기는 우리의 상상을 초월하는 혁명적 변화를 보이고 있다. 여기에는 인류와 역사에 도움이 되는 변화도 있으나 오히려 하나님의 섭리에 역행하는 위기와 파멸을 몰고 오는 것도 무수하다. 따라서 교회는 변화무상한 상황에 적절한 복음의 해석과 함께 개인적·사회적 요구에 타당하고 겸손하게 섬기는 자세를 확립해야 한이다.

사도적 교회는 열려 있어야 한다. 인종·계층·종교의 벽을 넘어서 누구에게나 관심을 가질 수 있고 누구나 들어올 수 있으며 누구나 껴안을 수 있는 사랑의 공동체가 되어야 한다. 온 인류는 하나님이 창조하신 한 가족이다. 교회는 다양성 속에 일치를 인정하고 또한 성취해야 한다.

4) 선교의 궁극적 목적

선교의 제일 목적은 하나님 나라를 이 땅 위에 건설하는 것이다. 하나님 나라는 하나님의 뜻과 통치가 이루어지는 것을 말한다. 곧 사랑과 정의, 자유와 평화가 모든 인간의 삶 속에 구체적으로 실현되는 것을 의미한다.

18세기 이후 개신교 선교가 서구 문화를 제3세계에 전달하는 일에는 어느 정도 성공했으나 선교 본연의 사명에 실패한 원인은 인류 중심이 아니라 제도적 교회 중심이었기 때문이다. 말로는 선교라고 하면서 교회 확장, 교파 확장, 기독교 확장이 목적이었다. 따라서 비서구권의 민족, 문화, 종교를 무시 또는 말살하고 기독교 왕국을 건설하려고 한 것이다. 선교의 목적인 하나님의 사랑과 평화를 전파하는 데 실패하고 비인간화, 전쟁, 살인의 대행자 구실을 했다.

선교의 주체는 하나님이시고 교회는 선교의 도구에 불과하다. 그리스도인은 각기 선교의 도구인 것이다. 하나님의 백성은 개인적으로나 집단적으로나 하나님의 선교를 성취하기 위해 불철주야 십자가를 지고 가는 주의 종이다. 그러므로 한국 교인은 하루 속히 이기주의적 기복신앙에서 해방되어 하나님의 선교에 참여하는 성숙한 종의 역할을 감당해야 한다. 21세기 지구촌은 인종과 종교의 갈등과 전쟁, 빈곤과 환경 파괴, 인간복제 및 경제와 권력의 독점 등의 문제로 크게 위협받고 있다. 바로 이 지구가 그리스도께서 육신을 입고 오신 곳이고 하나님 나라를 선포하시다가 죄 없이 고난의 십자가에 죽고 부활하신 곳이다. 우리는 이 지구촌에 태어나고 부르심을 받고 하나님과 함께 그 나라를 창건하고 확장하도록 거룩한 사명을 받은 백성인 것이다.

지금까지 교회의 존재이유와 선교가 불가분의 관계에 있음을 논했다. 교회는 본질적으로 하나님의 부름 받은 공동체이고 사도적 의식의 소유지만이 선교에 참여할 의미를 갖는다. 교회는 궁극적으로 하나님의 선교를 위해 있는 집단이고 급변하는 21세기 역사 속에서 가장 적절하고 타당한 선교의 종으로 그 사명을 다해야 한다. 우리 모두 주님의 성실한 교회와 선교자가 되기 바란다.

6. 서구 교회의 선교

1) 초대 교회의 선교

부활하신 예수께서 제자들에게 모든 민족을 향해 선교하라고 명령하셨다. 그리스도의 제자인 교회는 그 명령을 실천함으로써 2천 년 기독교 역사는 곧 선교의 역사가 된 것이다. 베드로와 제자들은 예루살렘을 중심으로 선교하고 직계 제자가 아닌 사도 바울은 로마 세계에 3차례 여행을 통해 복음을 전파했다. 특히 그의 선교방법은 대도시 중심적이었고 설립된 도시 교회에서 지방으로 확산되는 전략을 지녔다.

1세기부터 4세기까지 로마 황제의 기독교 박해는 강도의 차이에도 불구하고 계속되었다. 특히 60년 이후 로마 참화의 책임을 기독교인에게 뒤집어씌우고 모든 유대인을 국외로 추방하는 디아스포라(diaspora)가 시작되면서 기독교의 선교도 약화되는 듯했고 교회는 모두 카타쿰으로 들어가 지하교회가 되었다. 그러나 세계적 선교사학자 라투레트가 지적한 것처럼 박해가 극심하고 이단사상이 난무할수록 선교적 열정은 더욱 가열되었고 기독교는 로마 세계로 계속 전파되었다.

313년 로마의 황제 콘스탄티누스는 밀라노 칙령을 발포하고 종교의 자유를 허용했다. 그리고 자신도 기독교로 개종했다. 당시 로마의 국교는 황제 숭배였다. 그가 개종한 이유는 분명치 않다. 왕후가 몸종에 의해 먼저 개종했고 왕후의 영향으로 황제도 개종했다는 설과 황제 숭배가 퇴조현상을 보였기 때문에 정치적 생명을 위해 기독교를 수용할 수밖에 없었다는 설이 있다. 당시에 로마 시민의 10% 정도가 이미 기독교인이었다고 한다. 콘스탄티누스 대제는 325년 니케야 종교회의를 소집해 당시 정통과 이단의 갈등 문제를 해결하고 니케야 신조를 채택했다. '하나님 아버지와 아들 그리스도는 하나'라는 아타나시우스의 동질설

(同質說)과 아리우스의 이질설(異質說)의 신학적 논쟁에서 전자가 승리한 것이다.

2) 중세 교회의 선교

5세기에 이르러 로마 세계 전체는 기독교화되었고 이제 아시아와 아일랜드로 선교의 방향을 돌리고 있었다. 이렇듯 유대교 분파를 출발한 기독교가 5세기 내에 지중해 연안의 그레코로마 세계를 경유하게 된 원인은 무엇일까? 우선 외적인 원인을 살펴보면 로마 제국이 1세기에 주변 국가들을 하나로 통일했고 완벽한 도로망을 갖추었으며 그리스어를 국어로 사용했다는 점 등이다. 또한 교회의 발전에서 잊어서는 안 될 내적 요인이 있는데, 그것은 성 아우구스투스의 공헌이다. 그의 많은 저서 가운데 『신의 도성(Civitas Dei)』이 있다. 기독교 역사철학서인 이 책은 이렇게 주장한다. 세상에는 두 세력, 즉 선과 악이 있는데 교회는 선을 추구하고 세상은 악을 추구한다. 그리고 지상의 교회는 이 악과 싸워 종말에 승리한다는 것이다. 그런데 중세 교회는 이 학설을 교회는 모든 곳에 교회를 세우고 세상을 기독교화함으로써 승리해야 한다고 해석하기에 이른다. 바로 이 정치적 해석이 선교에 대한 신학적 근거가 된 것이다.

교회 발전의 다른 내적인 원인으로 수도원 운동과 교황 제도를 들 수 있다. 암흑기(500~950년)에 기독교가 쇠퇴의 위기에 처했을 때 수도원 운동이 전개되어 베네딕투스, 프란체스코, 도미니크 등이 수도원을 창설해 부패와 타락으로 생명을 잃은 교회를 개혁하고 선교에 헌신했다. 또한 베네딕트 수도원 출신인 교황 그레고리 1세가 영국 선교에 성공한 다음 서구 세계를 기독교화하는 데 크게 기여했다. 그러나 중세기 후반에 들어오면서 교회는 교황권의 부패와 함께 쇠퇴하면서 계속적으로 분열하게 되었다. 중세 가톨릭교회는 세계의 기독교화라는 광대한 이상을 추구했으나 그 자체의 부패와 분열로 위기에 직면하게 되었고 드디어는 16세기 르네상스 인문주의에 무릎을 꿇게 되었다.

3) 개신교의 선교

16세기 종교개혁 이후 교회의 선교는 정지 상태에 있었다. 특히 루터교의 창시자인 마르틴 루터와 개혁교(장로교)의 창시자인 장 칼뱅에게서 선교사상을 전혀 찾아볼 수 없다. 그것은 그들에게 선교신학이 부재했기 때문이라고 말할 수 있다. 그들은 예수의 선교적 명령인 "너희는 가서 모든 민족을 제자로 삼아서 아버지와 아들과 성령의 이름으로 세례를 주고"(마태 28:19)란 말씀은 모든 세대의 크리스천에게 하신 것이 아니라 자기 직계 제자들에게만 했다고 생각한 것이다. 마가복음 16장 20절 처음에 "그들은 나가서 곳곳에서 복음을 전파했다"고 기록되어 있는데 이미 중세 교회는 모든 곳에 교회를 설립했으니 더 이상 선교할 필요가 없다고 생각했다. 그리고 유대인이나 이방인이 기독교를 거부하는 것은 하나님의 뜻하신 바이고 선교는 교회가 하는 일이 아니라 하나님 자신의 일이라고 간주했다.

선교학자 허버트 케인은 종교개혁 시대에 선교에 무관심한 이유를 몇 가지로 요약하고 있다. ①종교개혁 시대에 하나님의 절대주권을 중요시하는 예정론자가 많았기 때문에 선교는 하나님의 예정에 따라 이루어지는 것이지 교회의 일이 아니라고 생각했다. ②개혁 직후의 개신교는 매우 나약할 뿐만 아니라 개혁자들 사이의 극심한 갈등으로 생존 문제를 놓고 고민했기 때문에 선교에 대한 비전이나 열정을 가질 수 없었다. ③유럽의 국가들이나 개신교는 약소국가의 식민지화나 선교에 관심을 두지 않고 상업에만 치중했다. ④개신교는 가톨릭교회에 비해 질서가 없고 선교사들이 지성적이기보다는 오히려 열광적이고 무식했다.

그리고 가톨릭 선교사는 독신으로 강도 높은 훈련을 받았던 반면 개신교 선교사는 가정을 거느리고 훈련도 미약했다.

　개신교의 선교는 17세기에 들어서면서 시작되었다. 영국에서 북미 인디언 선교를 위한 '영국선교회'와 미국 백인 이주민의 선교를 위한 '기독교지식전파협회'가 생겼다. 이들 단체의 뒤를 이어 수많은 해외 선교집단이 나타났는데 모두 평신도가 주도하는 초교파적 모임이었다. 당시 교회는 계몽주의 사상과 시민혁명의 영향으로 교회 밖에 있는 선교단체를 통제할 능력이 없었다. 그러다가 점차적으로 교회로 흡수되었고 19세기에는 선교가 교회의 전유물이 되었다.

　진정한 의미에서 개신교의 선교운동은 18세기 진젠도르프가 주도한 독일의 모라비안교에서 시작되었다. 경건주의적인 이 교파는 인간 구원을 위한 선교적 열정과 활동이 대단했다. 영국의 개혁자 존 웨슬리는 모라비안교의 지도자 P. 뵐러에게 큰 영향을 받았다. 그는 올더스게이트 거리의 작은 집회에서 그리스도를 주님으로 모시는 뜨거운 신앙체험을 한 다음 생명 잃은 영국 국교인 성공회 개혁에 도전한다. 그러나 그는 악전고투 끝에 성공회에서 추방당하고 강단을 잃는다. 그는 좌절하지 않고 야외, 장터, 광산, 군대, 항구 등 사람이 모이는 곳이면 어디서나 복음을 전했다. 또한 복음을 실천하기 위해 가난한 자들을 위해 공장과 진료소를 마련하고 형무소 개혁, 노동자의 세금 삭감, 노예해방 등 사회선교에 이바지했다. 그리고 그는 미국에 선교사를 파송해 영국과 함께 미국 감리교회의 창시자가 되었다.

　서구 개신교의 해외 선교운동은 식민지 확장과 무관하지 않다. 서구 국가의 정부와 교회는 상부상조했다고 해서 과언은 아니다. 물론 서구 교회는 피선교지의 약소민족에게 기독교를 소개함과 더불어 근대 기술과학과 의료시설과 교육기관 설립 및 발전에 크게 공헌한 사실을 부정할 수 없다. 그러나 원주민의 문화와 종교를 부정 또는 죄악시하고 그들의 인권을 도외시했으며 그들을 자기네의 목적을 위한 수단으로 전락 시켰다. 이것은 엄밀한 의미에서 선교가 아니라 죄악이다. 물론 개중에 는 개인적으로 선교적 사명에 충실하려는 선교사가 없었던 것은 아니 다. 그러나 대부분의 선교사는 자국의 외교정책과 연계된 식민지정책 의 우산 아래서 활동했다. 그 결과 제2차 세계대전의 종식과 함께 서구 교회의 모든 선교사는 추방당하면서 선교의 막을 내릴 수밖에 없었다.

7. 초기 한국 교회와 선교

어떤 교회사가는 한국의 개신교 역사를 발아기(1885~1930), 수난기 (1930~1960), 성장기 등 세 시기로 구분한다. 그러나 여기서는 편의상 19 세기 말에서 8·15 해방까지, 다음 강좌에서는 해방 후부터 오늘날까지 둘로 나누어 한국 교회의 선교를 살펴보고자 한다. 초기 한국 교회는 복 음 전도, 사회참여, 문화운동 등 선교의 통전성(integrity)을 보여줌으로써 오늘과 내일의 선교를 위해 귀한 모델이 되고 있다.

1) 선교의 시작

기독교가 한국에 처음 들어온 것은 1784년 가톨릭교회를 통해서였다. 개신교는 100년 후인 1885년 부활절 아침에 미국의 선교사 아펜젤러와 언더우드가 제물포에 도착하면서 시작되었다. 그러나 그 이전에 이미 매서인(賣書人)인 이수정과 서상윤이 일본과 만주로부터 번역된 복음서 를 비밀리에 반입·배포함으로써 기독교는 전파되었다. 서상윤을 비롯 한 평신도들이 교회도 설립하였는데 1882년에 만주 서간도, 1883년 평 북 의주, 1883년 황해도 소래에 교회가 세워지고 1885년 이전에 300명의 교인이 있었다고 한다. 교회사가인 민경배 교수는 한국 개신교회가 한국인에 의해 설립되었다는 '민족 교회론'을 주장하기도 한다.

미국 선교사들이 한국에 오게 된 간접적 원인은 1882년의 한미수호 조약이었고, 직접적 원인은 한국에 관심을 가진 미국의 가우처 목사가 일본에 온 감리교 선교사 맥클레이에게 한국 선교를 권유한 데서 비롯되었다. 그는 김옥균을 통해 고종 황제를 알현하고 기독교를 전파하지 않는 조건으로 교육 및 의료사업을 시행하는 윤허를 받았다. 이에 따라 두 미국 선교사가 1885년 제물포에 도착하게 되었던 것이다.

2) 선교의 전개

(1) 초기 선교사들의 활동

선교사들은 고종의 윤허를 받고 교육과 의료사업에 중점을 두고 활동하는 동시에 간접으로 전도와 교회 설립을 진행했다. 우선 학교 설립을 살펴보면 다음과 같다. 아펜젤러는 1885년 2명의 학생으로 영어학교를 시작했고 1886년 고종에게 배재학당이란 교명을 하사받았다. 메리 스크랜튼은 1886년 여학생 1명으로 이화학당을 시작했고, 언더우드는 1886년 고아를 모아 언더우드학당(경신학교 전신)을 시작했다. 그리고 애니 엘리스는 1887년 정신여학교를 시작했다.

선교사들은 교회나 병원의 설립도 같이 진행했다. 1887년 아펜젤러는 벧엘교회(현 정동교회)를 설립했고 언더우드는 같은 해 현 예원중학교 자리에 장로교 정동교회(현 새문안교회)를 설립했다. 의료 선교사들은 주로 감리교 소속으로 동대문 부인병원(현 이대부속병원), 상동병원 등을 설립하는 동시에 환자들에게 복음을 전하고 가두 전도도 했다.

1907년은 한국 교회 발전을 위한 축복의 해이다. 원산에 주재하던 캐나다 감리교 선교사인 하디 목사의 요한 1서 강해는 교회부흥운동의 불을 지폈다. 이 운동은 길선주 목사가 뒤를 이었고 전국적으로 확산되어 교회와 신자 수가 급격히 증가했다. 이 운동은 1909년 '백만 명 구령운동'으로 발전했고 1919년 3·1운동까지 전국 방방곡곡에 예배당이 설립되어 교통·통신이 열악한 때 교회는 3·1운동의 연락망으로 큰 역할을 담당했다.

(2) 교회와 사회참여

우리는 흔히 교회와 사회는 관계없다고 생각한다. 그러나 이런 이분법적 사고는 잘못된 것이다. 교회는 사회 안에 있고 서로 영향을 주고받는다. 교회는 사회에서 고립되거나 도피하지 말고 그 속에서 정신적·윤리적 누룩의 역할을 감당해야 한다. 선교란 복음을 말과 행동으로 개인적으로 또한 사회적으로 전파해 인간과 사회를 변화시키고 하나님 나라를 건설하는 것이다.

초기 한국 교회는 이 일을 위해 위대한 업적을 남겼다. 19세기 말 사회의 암적 요소는 성차별과 사회계급이었다. 교회는 하나님 앞에 모든 인간은 평등하므로 남녀 및 계층의 차이를 초월해 예배·친교·봉사 등의 활동을 통해 봉건적 장벽을 무너뜨리는 데 힘썼다. 모든 인간은 하나님의 형상으로 창조되고 그리스도의 고난으로 구원받은 귀한 존재라는 복음의 진리가 인간성 회복과 주체성 확립에 기여한 것이다. 또한 낙후한 농촌의 계몽과 개발을 위한 농촌운동, 가난 속에 무절제한 민족을 깨우치는 절제운동을 전개하면서 의식전환과 사회개발에 공헌했다.

교회가 사회참여에 개입한 대표적 사건은 항일투쟁이다. 1910년 105인 사건은 일제가 한국 교회의 세력 확장을 차단하기 꾸민 음모로, 700명의 신자가 체포되어 105명이 유죄 판결을 받았다. 이로 인해 상동감리교회 전덕기 목사가 순교했는데 독일 신학자 위르겐 몰트만은 그를 한국 교회가 낳은 본회퍼 목사(반나치운동의 희생자)라고 말했다.

1919년 3·1운동은 교회의 사회참여의 백미라고 하겠다. 독립선언 33인 중 기독교 지도자가 16명, 천도교가 16명, 불교가 1명이었다(가톨릭교회는 교황청과 일본의 외교관계 때문에 참여하지 못함). 당시 전국 교회가 연락망이 되는 동시에 수많은 교인이 만세운동에 가담했고 일제는 제암리교회의 학살사건, 많은 교회건물 파괴를 자행했고 많은 교인과 교역자를 체포 및 살해했다. 독립운동 및 독립협회에 참여한 지도자들의 대다수가 기독교인이었다. 일제하에 독립운동은 교회의 참여 없이 불가능할 정도이었다. 당시 2,000만 인구 중 기독교인은 5% 미만에 불과했으나 항일운동의 주도세력이었다는 사실은 실로 놀라운 일이라 하겠다.

(3) 교회와 문화운동

선교사들이 설립한 학교들은 한국의 근대화에 처음으로 공헌했다. 기독교학교를 통해 서양의 과학과 학문이 들어오고 문화가 전달되었다. 1910년 전국에 기독교학교가 50개였다는 사실은 기독교학교가 서구 문명이 들어오는 통로가 되었다는 것을 말한다.

1903년 이후 YMCA와 YWCA가 창설되어 탈봉건주의, 남녀평등, 자주독립 등의 운동을 전개했고 강연회, 토론회, 음악회, 체육활동, 직업교육 등을 통해 근대 문화 발전에 선구자가 되었다. 1890년에 설립한 성서공회는 영국, 미국, 스코틀랜드 선교부의 지원으로 성서 번역과 기독교 문서 발행으로 선교와 함께 우리말 발전에 기여했을 뿐만 아니라 일제의 우리말 말살정책에도 굴복하지 않고 우리말을 지키는 데 크게 공헌했다.

서양 음악의 도입과 보급에는 교회가 절대적인 역할을 했다. 찬송가와 함께 성가대의 찬양은 서구 음악의 수입과 보급의 수단이 되었고 초기 음악가들은 대부분 기독교인이었다. 저명한 음악가들 중에는 목사의 자녀들이 많다.

정동감리교회의 최병헌 목사는 배재학당의 한문 교사로서 후에 신학

공부를 했다. 그는 한국 문화에 지대한 영향을 미친 유교와 기독교를 1920년대에 비교 연구함으로써 1930년대 동서 학문을 비교 연구한 서구의 신학자들보다 앞서갔다.

3) 일제 탄압하의 교회

3·1운동 이후 일제는 독립운동의 주체세력으로 참여한 교회에 대해 극심한 회유와 탄압으로 일관했다. 이로 인해 교회는 위축·침체·분열의 시기로 들어갔다. 일제는 교회에 신사참배를 강요했다. 그것은 종교행위가 아니기 때문에 우상숭배라고 말할 수 없고 단지 국가의식이라는 거짓 명목으로 강요했던 것이다. 1930년대는 신사참배를 강요하다가 1940년 초에는 이에 불복하는 교회 지도자들을 검거·투옥하고 저녁 예배를 폐지하고 교회를 통폐합하고 빈 교회 건물을 군수품공장이나 창고로 사용했다. 그러다 결국 모든 교단을 묶어 '일본기독교조선교단'이란 꼭두각시 단체를 만들었다. 이러한 일제의 탄압에도 불구하고 신사참배 반대운동은 계속되었다. 1940년 주기철 목사가 평양형무소에서 순교했다. 그 뒤를 이어 50여 명의 교역자가 순교했고 2,000여 명의 신도가 투옥되었으며 200여 교회가 폐쇄되었다.

일제의 억압과 교회의 쇠퇴에도 불구하고 새로운 차원의 부흥운동이 일어났다. 그 대표자가 이용도 목사이다. 그는 1928~1935년의 짧은 기간에 무기력한 교회를 부흥시키고 재건하려고 총력을 기울였다. 회개, 기도, 사랑을 강조하면서 열정적인 부흥운동을 전개해 큰 성과를 거두었으나 폐병으로 젊은 나이에 세상을 떠났다. 그는 1901년생으로 한국 교회의 선구자 김재준, 함석헌과 함께 교회 발전에 큰 족적을 남겼다. 한국문화신학회는 이 세 분의 공적을 기리기 위해 연구논문집을 간행한 바 있다.

한국 교회는 강대국의 식민지 확장정책의 영향 아래 서구 교회의 선교와 일제의 식민지라는 아이러니 속에서 탄생하고 발전한 특유한 성격의 교회이다. 실상 정치적 시각에서 보면 서구의 선교와 일제는 모두 식민주의의 이념에 속한다. 미국 선교부는 외교정책과 연관되었기 때문이다. 따라서 대다수의 선교사들은 보수적 신앙의 전달과 정치적 불간섭주의로 일관했고 소수의 지성적 선교사들만이 독립운동에 관심을 보였다. 그럼에도 불구하고 초기 한국 교회는 교회 발전과 부흥, 민족 독립운동, 서구 문화 도입과 우리 문화 고수와 발전 등 삼위일체적인 통전적 선교 모델을 창조했다. 이는 참으로 놀라운 성과라고 아니할 수 없다. 그리고 우리가 기억하고 감사할 것은 일제의 가혹한 탄압으로 많은 순교자와 희생자가 발생했는데, 이러한 개인적인 고난이 후대 한국 교회의 부흥에 없어서는 안 될 거룩한 산 제물이 되었다는 점이다.

8. 한국 교회의 성장과 선교

7절에서는 초기 한국 교회의 발생에서 8·15해방까지 교회 및 선교의 발전에 관해 말했다. 반세기란 짧은 기간에도 불구하고, 더욱이 사회의 폐쇄성과 일제의 탄압에도 불구하고 괄목할 만한 선교의 역사를 전개한 것은 실로 하나님의 은총과 선각자들의 자기희생의 결실이라고 아니할 수 없다. 특히 복음의 씨가 자라 교회 성장뿐만 아니라 역사 참여와 문화 창달에까지 크게 영향을 미친 통전적 선교 모델을 창출한 것은 참으로 놀라운 일이라 하겠다. 우리는 초기 교회의 공적을 기억하면서 해방 이후부터 오늘에 이르기까지 교회와 선교를 생각해보기로 한다.

1) 8·15 해방 후의 교회

해방 후 약 15년간의 교회 상황은 극심한 혼란 그 자체였다. 일제의 신사참배에 가담한 교역자와 이를 거부한 교역자 사이에 갈등과 분열이 발생해 대부분의 교단이 갈라지게 되었다. 더욱이 신사참배에 가담하지 않은 지도자를 중심으로 재건파교회, 고려파교회 등 새로운 교단이 등장했고 정통과 이단의 논쟁과 규탄이 그칠 줄 몰랐다. 이 이단 시비는 교역자는 물론이고 교인과 가족 사이에서도 일어났다. 또한 일제의 강제추방으로 돌아갔던 서양 선교사들이 돌아와서 선교활동을 재개하고 교회도 회복 단계를 맞이했다. 반면에 서구에서 새로운 교파들이 들어오므로 다양한 교파 시대의 문이 열리기도 했다.

6·25 동족상잔은 민족적으로 불행한 사건이지만 교회 변화와 발전에 큰 영향을 미쳤다. 동란 중에 교회는 삶의 터전과 고향을 떠난 사람들의 위로와 희망을 주는 곳이었고 전쟁고아, 과부, 가난한 사람을 지원하는 유일한 단체이기도 했다. 해방 직후 교세가 강한 북한에서 월남한 약 500만 명 중 상당수가 기독교인으로 영락교회, 경동교회, 성도교회 등을 설립하는 밑거름이 되었고, 6·25 당시 월남한 약 500만 명 중 많은 기독교인이 교회를 창립하므로 한국의 교세는 기하급수적으로 확산되었다.

우리가 여기서 짚고 넘어갈 일이 하나 있다. 그것은 교회와 이념 문제이다. 6·25동란 중 기독교는 자유당 정권의 반공 이념을 전적으로 지지했다. 특히 북한에서 공산정권의 탄압으로 월남한 기독교인과 교회 지도자가 반공의 보루 역할을 감당한 것이다. 오늘날 당시의 반공 문제에 관해 비판적인 시각으로 보는 입장도 있다. 그러나 그 당시 공산정권의 가혹한 억압을 겪은 생존자에게는 당연한 선택이었다고 생각한다.

1950년대의 교회는 새로운 갈등을 낳았다. 교권 투쟁이 그것이다. 예수교장로회가 신학 논쟁으로 포장된 교권 투쟁으로 예수교장로회통합과 기독교장로회로 분리되었고(그 당시에 '한국 교회에서는 예수와 그리스도가 싸우고 있다'는 우스갯소리가 떠돌았다) 감리교회는 감독 선거를 위한 개헌 문제로 갈라졌다. 감리교는 추후에 합동되었으나 개헌반대파는 주로 남한 출신 인사로 친일계이고 개헌지지파는 주로 북한 출신으로 친미계통의 인사들이었다. 교회가 교권 투쟁에 휘말리고 사회가 전쟁으로 혼탁할 때 신앙촌과 통일교 등 많은 사이비 종교가 나타나 사회적 혼란을 더욱 가중시켰다. 기성 종교가 자기의 역사적 사명을 충실히 감당하지 못할 때 생기는 정신적·도덕적 아노미 현상이었다.

교회의 혼란기는 4·19혁명과 함께 그 막을 내렸다. 반공의 보루였던 교회는 극도로 부패한 자유당 정권과 깊게 유착해 예언자적 사명 곧 역사비판적 의식을 망각하고 민족의 희망과 역사의 방향을 제시하지 못했다. 따라서 교회는 4·19혁명의 주체세력인 젊은 지성으로부터 비판받을 수밖에 없었다. 빛과 소금의 직분을 다하지 못하는 교회는 역사로부터 저버림을 받게 되는 것이다.

2) 산업사회와 교회 성장

지금 한국 교회는 5만 교회, 1,000만 신도의 교세를 자랑한다. 그리고 세계 50개의 대형교회 중 24개 대형교회가 한국에 있다. 이토록 놀라운 성장에는 여러 가지 원인이 있다. 특정한 시기에 다양한 요인이 혼합되어 교회의 폭발적 성장을 이룩한 것이다.

(1) 열정적 신앙과 헌신

한국인은 남다른 신앙의 열정과 교회생활에 헌신하는 자세를 지니고 있다. 그들은 예배와 수많은 집회에 열심히 참여하고 십일조를 바치며 전도의 열이 강하다. 또한 교역자의 헌신적 목회와 함께 현대 행정 및 조직이론의 적용이 교회 성장을 가져왔다.

(2) 경제성장과 교회

1960년대 이후 군사정권의 산업화정책은 급속한 경제성장을 초래했다. 경제성장은 개인이나 가정뿐만 아니라 교회의 재정적 확충에도 기여했다. 교회의 풍부한 재원은 교회건물은 물론 교육관·수양관을 건립하게 하여 교육과 부흥회에 힘쓰고 버스를 운영하므로 원근에서 교인의 참석을 독려했다. 이로 인해 교회는 점점 대형화되고 조직화되었다.

(3) 도시화와 교회

정부의 산업화정책으로 농어촌인구의 70~80%가 도시로, 산업지대로 이동했다. 여기서 농어촌은 주로 노인 중심의 인구 공동화 현상을 초래했고 도시와 산업지역은 인구 조밀현상을 가져왔다. 도시와 산업지대에 이동한 사람들은 낯선 곳에서 소외와 불안을 느끼게 되었으며 교회가 그들의 안식처가 되었다.

(4) 사회불안과 교회

어느 사회에서나 사회불안과 교회 성장에는 함수관계가 있다고 한다. 급격한 경제발전에도 불구하고 군사독재권력의 남용으로 인한 부자유와 억압, 남북의 긴장관계, 산업사회가 주는 엄청난 스트레스는 사람들로 하여금 종교 문제를 심각하게 생각하고 선택하게 만든다.

(5) 선교 100주년 사업과 교회 성장

1980년대부터 각 교단은 선교 100주년 기념사업을 시작하면서 개척교회설립 및 교인증가운동을 전개했다. 이로 인해 교회와 교인 수는 크게 팽창했다.

지금까지 1960년대 이후 한국 교회의 성장 원인을 몇 가지로 살펴보았다. 교회와 교인이 성장한 것에 비해 신앙과 생활의 성숙성은 크게 미흡한 것이 문제다. 교회에 모이고 바치는 열정에 비해 가정과 사회에서 하나님의 사랑과 정의를 위해 실천하는 면이 약하다. 그것은 한국 교회의 신앙 형태가 주로 개인주의적이기 때문이다. 이로 인해 교회는 사회의 누룩 역할을 못하고 사회에서 소외되고 백안시되는 결과를 자초했다. 기독교 신앙은 전인격적인 것으로 신앙과 생활, 개인과 사회의 일치와 균형을 이루는 것인데 한국인의 신앙은 감정적이고 기복적이며 교회 중심적이다. 열광적이고 축복을 바라며 교회에만 헌신한다는 말이다. 보다 성숙하고 조화로운 신앙으로 발전해야 교회도 제 구실도 하고 선교도 제 궤도에 이르게 될 것이다.

참고로 선교신학자 오를란도 코스타스가 설파한 건전한 교회 성장의 4가지 원리를 소개한다. 교회의 수적 성장, 친교의 성장, 신학의 성장, 역사 참여의 성장이다. 앞으로 한국 교회는 맹목적이고 물량적인 성장을 선교의 목적으로 삼을 것이 아니라 코스타스가 제시한 보다 종합적이고 성숙한 성장을 위해 노력했으면 좋겠다.

3) 해외 선교

한국 교회의 성장은 해외 선교의 열정과 실천으로 연장되었다. 1970년부터 시작된 해외선교는 두 가지로 나눌 수 있다. 해외교포를 위한 선교(교회개척)와 원주민을 위한 선교이다. 그리고 해외 선교의 범주를 이민교회, 교포 2·3세 및 북한 선교 그리고 외국인 선교로 구분할 수 있다.

현재 순수한 외국인을 위한 해외 선교에 참여하고 있는 선교사의 수는 확실한 통계가 없어서 분명히 알 수는 없으나 대략 4,000명으로 추산한다. 여기에 자비로 선교하는 사람과 기업체에서 일하며 선교하는 사람까지 포함하면 그 수는 배 이상 증가할지 모르겠다. 뿐만 아니라 해외 선교를 위해 한국 교회는 엄청난 재정을 지출하고 있다. 해외 선교라면 그 나라의 종교적·문화적 상황과 사회적 요구에 대한 고려 없이 무조건 선교사를 파송하고 재정지원을 아끼지 않는다. 따라서 인적·물적 자원에 비해 선교사업이 얼마나 타당하고 효과적인지 의문을 제기하게 된다. 우리 교회는 이제 선교하려고만 하지 말고 선교란 무엇이고 무엇을 어떻게 해야 할지 깊이 알고 실천하는 성숙한 모습을 갖추어야 할 것이다.

첫째, 해외 선교란 외국에 선교사 파송과 재정지원을 통해 교회나 기독교를 확장하는 것이 아니라 하나님 나라의 복음을 선포하는 것이다. 과거 서구의 선교사가 식민지정책과 함께했던 것처럼 한국 교회가 신식민주의 곧 고유한 종교와 문화를 가지고 있는 국가와 민족에게 돈을 앞세워 불법적으로 은밀하게 선교하는 일을 지양해야 한다. 이것은 서구 기독교 우월주의의 잔해에 불과하다. 지구촌 속에서의 선교는 하나님의 사랑과 정의, 자유와 평화가 확산되도록 힘쓰는 것이다.

둘째, 선교의 구체적인 방법은 해당 지역의 요구에 따라야 한다. 우리 교회의 계획에 준해서는 안 된다는 말이다. 직접적인 전도나 종교행위를 금하는 지역에서는 농업, 교육, 기술 등을 통해 사회발전을 도모할 수 있다. 선교학적으로 전도를 우선순위에 두고 봉사를 전도의 수단으로 여기는 입장도 있다. 그러나 전도나 봉사는 모두 하나님 나라 선포를 위한 선교의 두 가지 방법으로 불가분리적이고 조화를 이루어야 하는 것이다. 상황에 따라 강조점을 둘 수 있으나 분리되어서는 안 된다. 따라서 선교사는 목사에 국한시키지 말고 필요한 전문가를 파견해야 한다.

셋째, 무수한 선교사를 파송하는 것보다 중요한 것은 현지 지도자를 양성하는 데 중점을 두는 것이다. 우리 교회에서 보낸 선교사들이 토착언어와 문화의 장벽을 극복하기란 매우 어려운 일이다. 그렇게 될 때 복음은 한국에서처럼 토착화되지 못하고 그 문화에서 격리되는 현상을 초래한다. 따라서 과거의 서구 선교사들처럼 토착 교회의 교권을 오래 장악하려 들지 말고 가급적 빠른 시일 내에 현지 교역자를 양성해 지도력을 넘겨주는 것이 교회의 자립을 위해 가장 좋은 길이다.

넷째, 현지 교회 지도자 개발은 한국 교회의 재정 부담을 절감하는 면에서 매우 유익하다. 예를 들면 러시아에 선교사 1명 파견하는 비용이면 러시아 교역자 10명을 지원할 수 있다. 이것은 필자가 직접 보고 확인한 것으로 같은 재정적 투자로 10배 이상의 효과를 나타낸다고 말할 수 있다. 물론 선교의 효과를 수리적으로 측정하는 것은 불가능하지만 말이다.

앞에서 해방 이후 한국 교회는 신사참배 문제로 분열되었으나 6·25동란 때 영적 생활과 봉사사업에 적극적이었음을 언급했다. 그러나 교단의 갈등과 분열은 교회 안팎에 큰 충격을 주었고 사이비 종교 발생에 직접적 원인이 되었으며 정치권력과의 유착은 예언자적 기능의 상실과 함께 사회적 지탄의 대상이 되게 했다.

1960년 이후 군사정권의 산업화과정에서 교회는 크게 성장했으나 물량주의, 교권주의, 세습주의로 흘러 극도로 타락한 모습을 보였다. 또한 교회는 인간의 자유와 권리를 말살하는 군사정권에 저항하지 못했고 열광적이고 교회 중심적인 신앙에 비해 양심과 윤리가 허약한 불균형적 인격을 양산했다. 앞으로 한국 교회가 해야 할 과제와 운명은 믿음과 생활, 복음과 역사의 일치에 달려 있지 않나 생각된다.

한국 교회의 해외 선교는 짧은 연조에 비해 양적으로는 크게 팽창했다. 그러나 피선교지의 종교, 문화, 사회, 역사 등의 연구 부족과 함께 서구 교회로부터 100년 전에 물려받은 선교신학과 방법을 그대로 전달하려는 시대착오적인 의식에 사로잡혀 있다. 이로 인해 선교의 오도와 함께 막대한 인적·물적 자원을 낭비하고 있다.

한국 교회의 역사는 겨우 100년을 넘겼으므로 서구 교회에 비해 어리다고 하겠다. 따라서 부족하고 나약한 측면이 많은 것은 어쩔 수 없는 현실이기도 하다. 그러나 우리 교회는 더욱 견고한 신앙 위에 서서 성서 연구와 신학 훈련을 통해 얻은 지혜를 이 땅 위에 하나님 나라가 확장되는 일을 위해 과감하게 활용해야 할 것이다.

9. 새 세기 선교의 새 패러다임

선교는 예수 그리스도의 복음 곧 하나님 나라의 선포를 통해 모든 인류와 자연이 정의와 사랑 안에서 어울려 사는 공동체를 창조하는 것이다. 그리스도의 복음은 영원불변한 것이다. 그러나 그것이 선포되는 상황, 즉 개인적·사회적·역사적 환경은 시간과 공간에 따라 천차만별이다. 따라서 상황의 차이에 따라 복음에 대한 해석과 선교의 방법이 달라질 수밖에 없다. 성서는 약 1,000년이란 시간과 다양한 상황과 무수한 저자와 편집자에 의해 형성되었기 때문에 같은 복음을 전하면서도 각기 시대와 역사적 상황에 따라 그 해석과 선교방법을 달리하고 있다.

21세기는 지난 세기들과는 본질적으로 다른 사회와 문화를 창출할 것이라고 한다. 물론 미래가 어떤 모습으로 나타날지 그 확실한 현상을 아무도 예측할 수는 없다. 그러나 우리는 이미 21세기에 들어섰고 급격한 변화를 경험하고 있다. 그러므로 21세기를 살아가고 책임지는 한 인간으로서, 그리고 충성된 그리스도의 사도로서 우리가 맡은 선교적 사명에 성실하기 위해 앞으로 전개될 미래를 살펴보고 우리의 선교 방향을 설정하는 것이 옳지 않을까 사료된다.

1) 21세기의 특징

미래학자들이 말하는 21세기의 특징을 다음 몇 가지로 종합·요약할
수 있다.

(1) 지구촌화

교통통신의 발달로 세계가 하나의 마을처럼 된다. 국경의 개념이 희
박해지고 인적·물적 및 정보의 교류가 급속히 이루어진다. 또한 지구의
모든 문제 곧 식량, 빈곤, 자원, 핵, 인구, 인간복제 등이 큰 관심과 함께
위협을 불러일으킨다.

(2) 정보화

농경사회의 최고 가치는 토지였고 산업사회에서는 자본이었다면 정
보사회에서는 새로운 지식 곧 정보이다. 인터넷, 디지털, 생명공학, 인간
복제 등에 대한 연구와 지식을 많이 가진 사회가 세계의 강자로 군림할
것이고 미래 문제 해결의 열쇠를 소유하게 될 것이다.

(3) 전문화

앞으로는 상식적 지식인이 아니라 전문적 지식인이 필요하다. 이미
우리 사회는 대학 졸업자의 실업 사태를 직면하고 있다. 그 이유는 고용
의 감소에도 있으나 실상은 기업이 필요로 하는 전문성의 소유자가 빈
곤한 데서 비롯되는 것이다. 따라서 많은 대학과 기업에서는 개방된 세
계에서 경쟁력을 갖추기 위해 외국의 전문가를 채용하는 경우가 급증하
고 있다.

(4) 다원화

20세기가 획일성과 흑백논리가 지배하는 사회였다면 21세기는 다원성과 보편성이 강조되는 시대라고 하겠다. 즉, 가치, 이념, 인종, 문화, 종교 등에서의 다양성을 인정하고 만남·대화·이해·협력으로 대결·갈등·전쟁을 지양하고 지구촌의 모든 인간이 어울려 살 수 있는 평화의 세계를 창조해야 한다.

(5) 차별화

20세기는 서구 계몽주의 이후 발전한 과학적 합리주의와 획일주의의 영향하에 상품의 규격화, 이념 및 가치의 고정화, 권력 및 종교의 권위화가 지배적이었다. 따라서 이념·문화·종교의 차별성을 무시 또는 도외시했다. 그러나 21세기는 삶의 모든 영역에서 개방과 자유와 차별·특성을 창조하고 향유하는 시대이다. 산업사회가 소품종다량생산 문화였다면 21세기는 다품종소량생산 사회이다.

(6) 서비스화

20세기가 서구식 민주주의와 자본주의의 지배 및 착취의 시대였다면 21세기는 섬김과 도움을 주축으로 하는 시대이다. 서비스가 없거나 좋지 못한 정부, 기업, 학교, 병원, 교회는 살아남을 수 없다. 따라서 모든 개인과 기업, 사회기구는 시대착오적 자기중심주의에서 서비스 지향성으로 탈바꿈해야 한다.

2) 21세기 선교의 새 패러다임

앞에서 21세기의 특징을 생각해보았다. 이와 같은 새로운 맥락과 상황을 전제로 선교의 새 패러다임을 그려보기로 한다.

(1) 개인 구원에서 인류 구원으로

종래의 선교는 개인 구원, 교회 성장 및 기독교 확장 위주였다. 그러나 지구가 한 마을처럼 축소된 현실에서 선교는 인류 전체의 구원과 세계 평화에 초점을 맞추어야 한다. 지구촌의 도래는 우주와 인류가 하나님의 창조인 동시에 그의 한 가족이며 예수 그리스도의 십자가와 부활의 진리는 우주와 인류 모두의 자유를 위한 것임을 입증한다. 따라서 기독교 선교는 인종, 문화, 성, 계층, 종교를 초월해 하나님을 중심으로 하는 우주 공동체 형성에 헌신해야 한다. 지구촌 한 구석의 위기는 곧 세계 전체 위기의 불씨가 된다. 우리 크리스천은 모든 피조물의 자유와 평화를 위해 수고하는 선교자가 되어야 한다.

(2) 복음의 윤리적 실천

정보사회는 예측할 수 없는 막강한 창의력과 함께 파괴력을 수반하는 지식을 창조한다. 우리는 이미 핵폭탄에서 그 전조를 보았고 인간복제 문제는 새로운 위험을 내포하고 있다. 미국의 미래학자 피터 드러커는 미래를 위한 교육은 창의성과 함께 윤리성을 강조해야 한다고 예언한 바 있다.

우리의 미래 선교는 자연과 인류를 사랑하고 보존해야 하는 중대한 윤리적 과제를 떠맡게 된다. 따라서 교회는 복음과 윤리적 실천을 가르치는 교육장이 되어야 하고 모든 평신도는 삶의 현장에서 실천적 선교자가 되어야 한다. 정치, 경제, 사회, 문화 등 모든 분야에 참여하는 평신도는 자기의 전문성을 통해 창조적 활동을 전개하며 하나님의 정의와 사랑에 입각한 우주와 인류의 구원에 궁극적 목적을 두어야 한다. 항상 행함이 없는 믿음은 죽은 것임을 명심하면서 자기에게 메워진 십자가를 져야 하는 것이다.

(3) 만남과 대화

종래의 선교방법은 인격적 만남이나 진정한 대화보다는 일방통행적인 것이었다. 상대방의 생각·이념·문화·종교를 무시 또는 이단시하고 기독교 신앙만을 절대시하고 강요하며 개종시키려고 안간힘을 써왔다. 이것은 서구 식민주의 시대에 지배하던 비문화적·독선적 선교방식이다. 이것은 그리스도적인 것이 아닐 뿐더러 오늘의 타 종교인이나 무신론자가 인정하거나 용납하지도 않는 방식이다.

그리스도적 선교는 본질적으로 십자군처럼 적과 싸워 승리하는 것이 아니라 십자가처럼 이웃을 위해 자기를 희생하는 것이다. 따라서 크리스천은 자기 겸손과 사랑으로 이웃의 인격을 존중하고 진지한 대화를 통해 피차의 이해를 증진하며 선한 일을 위해 함께 협력할 때 모든 인위적이고 종교적인 장벽을 넘어서 하나님의 현존을 감지하게 되고 공동체 창조에 이바지하게 되는 것이다.

(4) 포용성

20세기 선교는 배타성이 강했다. 교회가 설정한 원칙에 맞는 사람만 교인이 될 수 있고 구원받을 수 있었다. 그래서 중산층에 속한 사람은 선교의 대상이 될 수 있었으나 소외계층 곧 가난한 자, 고아, 무의탁 노인, 창녀 같은 하층구조에 속한 사람은 구제의 대상은 되었으나 구원의 대상으로 삼지 않았다.

21세기는 개성을 중요시하는 시대이다. 새로운 지식계급 특히 출퇴근 시간의 구애가 없는 직업인, 개성 위주 스타일의 청소년, 주 5일제 근무로 인해 주말에 도시를 떠나는 근로자, 기성 교회의 신앙 패러다임이 맞지 않아 떠나는 지식인 등이 급속히 증가하고 있다. 이제 선교는 라디오, TV, 인터넷 등의 매체 이용에 국한하지 말고 새로운 종류의 문화인이 접근하고 받아들일 수 있는 신앙의 새롭고 폭 넓은 패러다임을 창출하는 데 힘써야 할 것이다.

(5) 섬기는 일

미래의 선교에서 섬기는 일은 매우 중요하다. 20세기의 교회는 마치 그것을 구원의 방주처럼 착각하고 대형화를 통한 물량주의와 교역자의 권위주의를 초래하며 교회 본연의 역할도 하지 못하고 사회의 지탄의 대상이 되었다. 21세기에는 그런 종류의 종교 집단은 매력도 없고 필요치도 않는다. 그것은 세상을 섬기러 오셨다는 그리스도의 정신에도 위배된다.

서비스를 요청하는 시대에 교회는 서비스센터가 되어야 한다. 교회는 하나님의 정의와 사랑의 기초 위에 서서 개인적으로 또한 집단적으로 지역사회와 함께 지구촌 전체를 물질적으로 또한 영적으로 섬기는 일에 앞장서야 한다. 교회가 참다운 그리스도의 공동체가 되려면 '나는 약해져야 하고 너는 강해져야 한다'는 자기부정의 신앙과 생활을 구현해야 한다.

지금까지 21세기에 전개될 사회의 면모를 살펴본 다음 그 상황에 적절한 선교 패러다임은 어떤 것일까를 생각했다. 비록 새로운 시도라고 할지라도 완벽한 것도 아니고 모든 상황에 타당하다고 말할 수도 없다. 교역자나 평신도 모두는 선교에 관해 진지하게 사유할 때 선교신학자가 될 수 있다. 그리고 자기가 처한 상황에서 선교신학과 방법을 창조해 요청에 부합한 선교에 임할 수 있다. 이것이 가장 바람직한 선교의 자세라고 생각한다.

필자는 복음의 영원불변함과 함께 시대와 상황에 따른 선교를 위해 그 해석과 실천방법이 달라야 함을 말했다. 물론 지난 시대의 선교신학과 실천방법이나 새로운 것이나 모두 절대적인 것이 아니라 상대적인 것에 불과하다. 요는 예수님의 "새 술은 새 부대에 넣어야 한다"는 말씀처럼 영원히 새로운 복음을 항상 변하는 새로운 상황에 맞도록 최선의 노력을 경주한 다음 모든 일을 하나님의 뜻에 맡기는 것이다.

10. 다원 사회와 다원 선교

인류 역사에는 발전 단계가 있었다. 토플러는 그것을 농경사회, 산업사회, 정보사회 등 3단계로 구분했다. 농경사회에서는 대부분의 인구가 농업에 종사하며 단순한 생활을 했다. 18세기에 산업사회가 발전하면서 다양한 직종이 나타나기 시작했다. 20세기에는 직업의 다원화 시대라고 말할 정도로 분업화되었다. 한국의 경우에는 전체 인구의 70~80%가 산업지대 또는 대도시로 이동했고 다양한 생활 형태를 취하게 되었다. 주중에 일하고 주말에 쉬던 형태에서 주말에도 일하거나 또는 여가를 즐기는 형태가 나타났다. 그리고 정보사회에서는 IT산업이나 서비스산업이 발전하면서 직종이 더욱 다원화되고 노동시간의 구별이 모호해지고 주 5일 근무제가 확산되면서 가정이나 사회생활의 유형이 복합적으로 다양화되었다.

기독교는 초대교회 이후 약 2,000년간 농경사회 속에 자리 잡고 있으면서 부락 중심적 목회 또는 선교에 충실했다. 이때 선교란 개인과 가정을 신자화하는 것을 지상 목표로 했고 이에 더해 18세기부터는 해외 선교에 박차를 가했다. 그러나 산업사회의 전개는 다양한 직종과 함께 다양한 특수집단을 낳았다. 따라서 농경사회 중심의 선교는 이제 특수집단으로 관심을 돌리게 되었다. 이것을 특수 선교 또는 다원 선교라고 한다.

1) 다원 선교의 기원

다원 선교의 기원을 성서에서 찾을 수 있다. 구약의 고아와 과부를 특별히 보살피라는 교훈과 예수께서 병을 고치시고 배고픈 자들은 먹이고 소외된 자의 친구가 되며 비인간적으로 취급되는 사람을 하나님의 형상으로 회복하려는 시도는 모두 다원 선교의 성서적 기초가 된다. 그리고 중세 교회가 대학과 병원을 설립하고 사회사업에 참여한 것은 다원 선교의 역사적 기원이라고 하겠다.

현대적 의미에서의 다원 선교는 18세기 산업혁명의 발상지인 영국에서 시작되었다. 감리교의 창시자 존 웨슬리는 회심 이후 제도화로 인해 영적 생명을 잃어버린 영국 성공회를 비판하면서 성직에서 파면당했다. 그는 교회 내의 일터를 잃게 되자 교회 밖으로 나가 복음을 전했다. 그는 시장, 광산, 군대, 부두 등 어느 곳이든 간에 사람들이 있는 곳이면 말씀을 선포하는 기회로 삼았다. 그는 말로만 복음을 전한 것이 아니라 사랑과 정의를 실천적 차원으로 격상시켰다. 그는 런던에 있는 철공장을 매입해 예배당으로 개조하는 한편 거기에 실직자의 일터, 고아원, 진료소를 만들었다. 그는 이에 더해 노예제도 폐지, 빈자들의 세금 인하, 형무소 개선 등 사회개혁운동을 전개했다. 고로 웨슬리 전기를 저술한 스케빙톤 우드는 웨슬리를 현대 다원 선교의 시조라고 불렀다. 과연 그는 복음을 말씀과 실천으로 교회 안과 밖에서 그리고 교회 자체와 사회를 개혁한 총체적 다원 선교의 선구자라고 할 수 있다.

2) 다원 선교의 유형과 중요성

첫째, 다원 선교의 유형은 사회의 변동과 다양화에 따라 증감하기도 하고 그 중요성의 차이가 나타나기도 한다. 우리가 흔히 알고 있는 다원 선교의 현장은 학원, 군대, 병원, 형무소, 산업체, 고아원, 양로원 등일 것이다. 그러나 사회 변화는 새로운 선교적 요청을 불러왔다. 사회의 치열한 경쟁과 갈등 및 가정 파괴는 정신병, 가출청소년을 유발하므로 근자에는 상담소, 청소년보호소 같은 기관이 등장하게 되고 특히 IMF 사태 이후 실업자와 노숙자의 문제가 시급한 선교의 대상이 되었다.

21세기는 교회가 접근할 수 없는 인구가 급증할 전망이다. 기존의 하층구조와 함께 젊은 층과 지식계층이 그렇다. 이들은 기성 종교의 필요성을 느끼지 않고 살아가는 사람들이다. 극빈자는 미신이나 무교에 심취하는 반면에 중류 이상의 젊은 층과 지식인은 TV, 영화, 스포츠, 여행 등 다양한 대체종교로 대리만족이 가능한 것이다. 이제 전근대적·교회 중심적 선교정신이나 방법으로는 접근할 수 없는 이들에 대해 무엇을 어떻게 해야 하겠는지 심각한 문제에 직면한 것이다.

둘째, 현재 한국 교회는 해외선교에 비해 다원 선교에 대한 관심이 극히 미약하다. 근자에 나타나는 선교의 대상 말고도 기존의 학원, 병원, 군대 등에 대해서도 별 관심이 없다. 비록 기관의 선교자들이 좋은 이상과 방법을 지녔다고 할지라도 기관 자체의 예산으로는 바람직한 선교 활동을 벌일 수 없는 현실이다.

기독교 계통 중·고등학교의 사례를 보면 대개 1~2명의 교목이 성경 과목과 예배를 인도한다. 열악한 시설과 자료로 사이버 세대를 교육한다는 것은 불가능하다. 더욱이 진학 문제로 대부분의 십대가 교회에 접근할 수 없어 교회 중고등부가 고갈되어가는데도 교회는 교회교육을 대신 담당할 수 있는 기독교학교에 선교비를 투자하지 않는다. 교회 중심주의는 선교의 황금어장을 방치하고 있는 것이다. 이것은 거의 모든 다원 선교 현장의 문제이기도 하다.

군사독재 시절에 다원 선교의 백미는 산업선교였다. 현재 노동운동이 선교의 울타리를 벗어났지만 그 근원은 산업선교에 있었다. 당시 열

약한 환경에서 일하는 노동자의 인권과 권익을 위해 교역자들이 복음을 들고 산업선교에 투신했을 때 그 일을 뒷받침해준 것은 한국 교회가 아니라 서구 교회였다. 우리 교회는 시대적으로 절박한 선교문제를 외면한 것이다. 그것은 십자가에 달린 주님을 버리고 멀리 도망간 제자의 무리와 다를 바가 없다. 참으로 수치스러운 교회의 역사이다.

셋째, 우리 사회의 산업발전과 경제성장은 소위 3D 현상 곧 위험하고 (danger), 더럽고(dirt), 힘든(difficult) 업종에 대한 내국인의 기피 형상을 불러일으켰다. 그 대안으로 동남아의 연수생과 중국 교포를 대거 초빙해 그 수효가 거의 30만에 육박하는 듯하다. 이들 중 상당수가 불법체류자로 가혹한 노동과 착취에 시달리고 있다고 한다. 이제 교회는 그들의 법적 지위의 향상 및 적정한 노동과 임금을 통한 삶의 질을 높이는 데 진력해야 한다. 그들에게 포괄적 선교활동은 그들이 복음을 수용할 가능성을 확대하는 것이며 여기서의 신학교육은 그들의 귀국과 함께 선교활동으로 직결되는 것이다. 이와 같은 현지인 교육과 선교는 인종적·문화적·종교적 장벽을 극복하는 동시에 교회가 무모하게 지출하는 재정부담을 극소화하고 한국 선교사들의 능력부족으로 할 수 없는 선교의 질을 극대화하는 결과를 가져올 수 있다.

넷째, 예수께서는 인간의 다양한 요구에 대해 하나님의 사랑과 정의를 근거로 말씀과 행동으로 응답했다. 이처럼 우리 교회는, 만일 그리스도의 몸 된 교회라면 선교 현장의 다양한 요청에 응하려는 신앙적 자세를 확립해야 한다. 교회는 이를 위해 먼저 자기가 선교 현장 속에서의 위치를 자각하고 확인해야 한다. 선교신학적 견지에서 볼 때 선교하는 전방부대는 다원 선교에 투신하는 선교집단이고 교회는 일선에서 싸우는 전투부대를 지원하는 후방부대이다. 후방부대인 교회가 전방부대인 다원 선교를 충분히 지원하면 전쟁은 승리하게 될 것이다. 그러나 정신적·재정적 지원이 미약하거나 없을 때 전쟁은 패하게 될 것이고 그것은 전방과 후방 모두의 멸망을 초래할 것이다.

다섯째, 날로 변하는 다원 선교의 성공적 결과를 위해서는 전문인력의 양성이 절실하다. 신학교육 자체가 교회 중심에서 선교 중심으로 그 축을 이동하므로 다원 선교 지향성적 교역자를 육성해야 하며 동시에 교회는 다원 선교 현장에서 전문직에 종사하는 교인에게 선교 훈련을 실시해야 한다. 21세기 교회는 모여서 예배를 통해 영적 능력을 배양하고 교육을 통해 선교 훈련을 실시하며 흩어져서 봉사와 선교에 임하는 '하나님의 선교'를 위한 신앙 공동체가 되어야 한다. 자기중심적 교회와 교인은 자기 부정적 그리스도 중심의 교회와 교인으로 탈바꿈해야 한다. 자기를 부정하지 않는 교회는 그리스도의 교회가 아니며 미래 다원 사회를 위해 존재할 가치가 없는 것이다.

지금까지 다원사회에 나타나는 다원 선교의 필요성을 생각해보았다. 부단히 변화하는 세계 속에 존재하는 교회는 자기가 있는 위치, 목적, 사명을 자각하고 확인해야 한다. 나아가서 상황의 진정한 요구에 적절하게 대응하는 겸허하고도 분명한 선교정책과 전략을 구상하고 실천해야 한다. 교회가 그렇게 될 때만 참 그리스도의 교회로서, 항상 새롭고 개혁하는 교회로서 자기 정체성을 지니게 될 것이다.

11. 21세기 선교정책과 전략

하나님의 백성인 교회는 그리스도의 선교적 사명을 위임받았다. 세상에 나아가 모든 백성에게 하나님 나라를 선포하는 책임을 맡은 것이다. 지난 2,000년간 역사적 교회는 여러 가지 한계와 문제에도 불구하고 어느 정도 그 사명을 충실히 감당하면서 교회를 유지·발전시켰을 뿐만 아니라 기독교를 세계화하고 하나님 나라의 평화를 확장하는 데 기여해왔다.

역사적 교회가 선교의 업적을 남기게 된 것은 선교 현장에서 시간적 및 공간적 요청의 차이를 인식하고 복음을 적절하게 해석하고 타당하게 실천했기 때문이다. 2절 '전도와 선교'에서 언급했듯이 복음을 전하는 일에는 말로 하는 전도와 상황의 요구에 따라 응하는 선교 등 두 가지 방법이 있다. 이를 성실하게 구현하려면 먼저 선교정책과 함께 선교전략을 수립해야 한다. 두말할 필요도 없이 정책과 전략은 각기 다른 시대 곧 농경사회, 선업사회, 정보사회에 따라 달라질 수밖에 없다.

1) 선교정책

첫째, 선교는 하나님의 구원의 사역이다. 하나님은 이 일을 위해 그리스도를 세상에 보내시고 그리스도는 성령을 우리에게 보내시며 성령은 교회 곧 하나님의 백성을 세상에 보내신다(이것을 '하나님의 선교'라고 정의한다). 이 말은 선교의 주체는 하나님이시고 교회는 보냄을 받는 종이라는 뜻이다. 따라서 교회는 그 자체에 목적이 있는 것이 아니라 하나님의 선교를 위해 존재하기 때문에 교회 중심주의, 교권주의 등의 세속주의를 철저히 배격하고 하나님의 선교적 도구임을 깊이 자각해야 한다.

둘째, 지구촌 시대의 선교정책은 기독교의 특수성보다 보편성을 강조해야 한다. 20세기까지의 선교정책은 주로 개인 구원, 교인 증가, 교회 성장, 기독교 확장 등에 중점을 둠으로써 배타주의적 성격이 강했다. 그러나 온 지구와 우주가 하나님의 창조이고 구원의 대상이라는 인식이 확장되고 있는 현실에서 기독교는 타 종교인이나 무종교인도 하나님의 형상으로 창조된 인간임을 시인하고 그들도 구원의 은총에 참여할 수 있는 길을 열어놓아야 할 것이다. 그리고 이런 보편성이 바로 복음의 특수성이라고 보아야 하지 않을까 생각된다. 제2차 세계대전 직후 미국의 퀘이커교도들은 폴란드의 복구사업에 참여했다. 마침 그중 한 명이 디프테리아에 걸려 세상을 떠났다. 폴란드는 가톨릭 국가이기 때문에 공동묘지에 타 종교인은 매장될 수 없었다. 하는 수 없이 퀘이커교도는 공동묘지 울타리 밖에 묻히게 되었다. 그러나 그 마을의 가톨릭 신도들은 자기들을 위해 수고하다 희생된 이교인의 무덤을 그대로 방치할 수 없었다. 그들은 의논 끝에 교회 책임자의 허락 없이 공동묘지 철조망을 넓혀 퀘이커교도의 무덤이 공동묘지 구역 안으로 들어오게 했다. 이것은 배타주의적 종교가 보인 보편주의적 관용의 한 좋은 예라고 하겠다.

셋째, 선교는 하나님의 구원을 실현하는 도구이다. 종래의 구원의 개념은 특히 한국 교회에서는 지나치게 개인 영혼과 내세에 치우쳤다. 그러나 성서적 구원은 부분적이 아니라 총체적인 것이다. 인간의 구원이란 육체적, 정신적, 개인적, 사회적, 현재적, 미래적 자유와 평화를 모두 포함하는 것이다. 따라서 만일 사회구조가 인간의 온전한 구원을 방해하고 파괴할 때 교회는 그 사회의 구조악에 도전하고 개혁해야 한다. 우리는 그 예를 히틀러 정권에 대항하다 순교한 본회퍼 목사와 미국의 흑인 지도자 마틴 루서 킹 목사에게서 볼 수 있다. 그들이 그 사회와 세계에 미친 사회 구원의 충격은 가히 측량하기 어려울 것이다. 또한 기술과학은 인간생활에 많은 편의를 가져왔으나 하나님이 창조하신 자연을 훼손하므로 오히려 자연과 함께 인간 존재에 위기를 자초하고 있다. 이제 교회는 자연의 보전과 회복을 통한 자연과 인간의 상생관계를 되찾는 데 노력해야 한다. 세계교회협의회(WCC)는 20세기 후반부터 '정의, 평화, 자연의 보전(Justice, Peace, Integrity of Creation)'을 선교의 주제로 삼아왔다.

2) 선교전략

첫째, 교회는 하나님의 선교를 위해 선교센터가 되어야 한다. 예배·교육·친교는 선교 지향적이어야 한다. 지금까지 교회의 모든 프로그램은 개인 구원과 교회 성장에 초점을 맞추었다. 그러나 교회는 선교를 위해 존재하므로 궁극적으로 선교 지향적이지 않으면 안 된다. 결국 교회는 선교를 위해 연구하고 훈련시키고 실천하는 공동체가 되어야 한다.

둘째, 교회는 공동체의 크기에 따라 다양한 선교위원회를 조직하고 운영해야 한다. 지금 우리 사회는 아직 경제적으로·정신적으로 복지사회에 진입하지 못한 관계로 소외계층에 대한 문제가 심각한 상태이다. 가정 파괴, 탁아, 노인, 실직, 외국인 노동자, 이에 더해 조선족 및 탈북자 등에 그리스도적 관심을 쏟아야 할 형편에 놓여 있다. 그리고 지금 부실상태에 빠진 TV 선교를 비롯해서 사이버 선교, 새로운 방향의 해외 선교 등 시대 변화에 따른 새로운 요구에 선택적으로 응해야 할 것이다.

셋째, 교회는 보다 효과적이고 창의적인 선교를 위해 입장을 분명히 할 필요가 있다. 일반적으로 교회는 국내외 선교에 직접 개입해 인적·물적 자원을 투자한다. 그러나 여기에는 함정과 위험부담이 많다. 특히 해외 선교나 다원 선교에는 더욱 그렇다. 그 이유는 상황에 대한 인식부족과 함께 전문성 부족 때문이다. 따라서 다원 사회에서 교회의 선교는 '밥집' 같은 단순한 사업은 모르되 전문성이 필요한 사업은 전문기관에 위임하고 후방부대로서 지원하는 간접 선교가 바람직할 수 있다. 요는 교회가 직접적이든 간접적이든 하나님의 선교가 실현되면 만족한 것이다.

넷째, 교회는 선교요원 훈련에 직극적이어야 한다. 모든 신앙인은 복음을 선포하는 선교요원이다. 이것은 전도지 배포나 축호전도를 말하는 것이 아니다. 신앙인은 기독교의 본질을 현대인에게 합리적으로 이해시킬 수 있는 성서적·신학적 훈련을 받아야 한다는 것이다. 평신도는 사회에서, 자기의 직장에서 동료에게 말과 행동으로 그리스도의 제자의 역할을 수행할 수 있도록 무장되지 않으면 안 된다. 자기의 신앙이 무엇인지 설명할 줄 모르는 사람이 어떻게 선교자가 될 수 있겠는가!

다섯째, 교회는 상설기구로 선교위원회를 운영하는 것이 바람직하다. 항시 선교정책과 전략을 연구·검토하고 상황의 변화나 새로운 요청에 따라 선교활동을 수정 또는 개혁하는 신축적 운영과 함께 긴급사태에 조속히 응할 수 있어야 한다. 교회 규모가 큰 경우에는 상설 선교위원회가 있어야 시기적절하게 선교 프로그램을 운영할 수 있기 때문이다. 대형 교회는 긴급사태 지원에 한두 달이 걸리는 경우도 있다.

여섯째, 교회 예산 배정은 선교활동에 중요한 역할을 한다. 선교비는 모든 비용을 지출한 다음 고려의 대상이 되어서는 안 된다. 선교 제일주의로 나아가되 가급적 교회 예산을 교회유지비(교역자 생활비 포함) 40%, 교육비(전도사 생활비 포함) 30%, 선교비 30%로 책정하는 것이 바람직하다. 교회의 예산규모에 따라 이러한 비율은 초과 또는 미달될 수 있다. 그러나 그러한 방향으로 나아가기 위해 항상 구조조정이 필요하다.

한국 교회는 선교적 열정에 비해 그 정책과 전략을 수립하고 실천하는 데는 매우 미약하다. 연구와 계획이 없는 선교는 인적·물적 낭비와 함께 오히려 선교 현장에 역기능을 초래할 따름이다. 그런 현상은 국내외적으로 무수히 발생하고 있어 선교에 관심 있는 사람들의 마음을 아프게 만든다. 따라서 교회는 선교를 위한 전문가 양성과 활용을 통해 보다 창조적이고 장기적인 계획과 실천을 위해 부단히 노력해야 할 것이다.

12. 요약 및 결론

'21세기 선교'라는 주제로 특히 새로운 문명의 매체인 인터넷을 통해

나의 일생 처음으로 강의할 수 있는 기회가 주어진 데 대해 감사드린다. 이 매체는 편리하고 신속한 면도 있으나 또한 한계와 약점도 없지 않다. 특히 충분한 설명과 토론이 어렵다는 것이 가장 큰 문제일 것이다. 그러나 이 강의를 통해 제시된 현대 선교신학의 요점과 미래 선교의 방향이 여러분의 이해와 관심에 작은 도움이 되었다면 다행으로 생각한다. 이제 강의를 마침에 있어서 지금까지 논한 주제 가운데 중요한 것을 간단히 요약하고 21선교 강좌를 마치고자 한다.

①**선교의 주체와 도구**: 선교의 주체는 하나님이시고 교회는 그의 도구이다. 하나님은 그의 선교 곧 인류와 우주를 구원하기 위해 그리스도를 보내시고 그리스도는 성령을 보내시며 성령은 교회 곧 하나님의 백성을 보내신다. 이것을 하나님의 선교(MissioDei)라고 정의한다. 교회는 건물, 제도, 조직 이전에 하나님의 백성·평신도이다. 따라서 평신도가 선교적 사명을 자각하고 삶의 현장에서 하나님 나라의 평화를 말과 생활로 실현할 때 하나님 나라는 확장되고 교회의 존재이유와 목적이 완성된다.

②**전도와 선교**: 하나님 나라의 복음을 선포하는 두 가지 방법이 있는데 곧 전도와 선교이다. 전도란 그리스도의 복음을 말로 전하고 믿게 하는 것으로 초대교회 이후 그 뜻에는 변함이 없다. 그러나 선교는 18세기 서구 교회에서는 해외에 선교사의 파송과 지원을 뜻했으나 20세기에 들어서면서 그 말이 사회개혁, 인권운동, 빈곤, 핵, 환경 등 삶의 영역 전체에 대한 관심을 나타나게 되었다. 전도와 선교란 말이 보수주의와 자유주의 또는 급진주의 사이에서 우선순위 문제로 갈등을 빚기도 했으나 그것은 복음 신포의 방법이므로 대립할 이유가 전혀 없다. 이 둘은 상황과 요구에 따라 우선순위를 결정해야 하고 항상 조화를 지향하는 통전적 입장이 바람직하다.

③**다양한 선교신학**: 선교신학은 하나님 나라의 복음을 상황에 따라 적

절하게 해석하고 적용하는 학문이다. 고로 상황의 다름과 이해의 차이에 따라 다양한 이론이 나타나게 마련이다. 독일 신학자 마굴은 선교신학의 입장을 하나님 나라의 증거, 기독교 없는 곳에 교회 설립, 타 종교인 또는 유사 기독교인을 기독교 신앙으로 변형, 하나님의 평화 선포 등 4가지로 구분했다. 나의 선교신학 유형은 복음화, 토착화, 상황화, 다원화이다. 모든 유형은 특정한 상황의 요청에 따라 생긴 것이므로 독특성과 함께 한계가 있다. 상호이해와 보완을 통해 보다 긍정적이고 포괄적이 선교신학이 계속 창조되어야 한다.

④성서와 선교: 구약에는 선교적 사상이 뚜렷하지 않다는 것이 일반적인 주장이다. 그러나 신약성서에 미친 영향이 없는 것은 아니다. 다윗 왕가를 통한 나라의 출현, 고난의 종을 통해 나타나는 나라, 다니엘의 묵시적 인자의 나라 등이 그것이다. 신약성서에서는 예수의 선교는 하나님 나라가 주제이다. 하나님의 나라란 곧 하나님의 통치, 그의 사랑과 정의 위에 건설된 나라를 말한다. 예수가 선포한 하나님 나라는 총체적 성격을 지닌다. 그것은 물질적, 정신적, 개인적, 사회적, 현재적, 미래적인 것을 모두 내포한다.

⑤서구 교회의 선교: 예수의 선교적 명령은 초대교회의 선교적 사명의 근거가 되었고 기독교 확장에 크게 기여했다. 그러나 로마 제국의 간헐적인 박해는 선교에 저해 요인이었다. 콘스탄티누스 대제가 312년 밀라노 칙령을 선포하고 기독교를 로마의 국교로 영입한 것은 로마 제국을 기독교화하는 효기가 되었다. 중세 교황들은 선교적 열정을 쏟아 교회 없는 곳에 교회를 설립해 로마 영토에 교회 없는 곳이 없게 되었다. 16세기 종교개혁자 루터와 칼뱅은 선교적 관심이 없었다. 개신교의 선교는 18세기 독일의 경건파인 모라비안에 의해 시작되었고 그 영향을 받은 존 웨슬리가 영국과 미국에 선교활동을 전개했다. 그리고 19세기에 이르러 서구 식민지 확장과 서구 교회의 선교운동이 협력해 제3세계

선교가 활발하게 진행되었다.

⑥초기 한국 교회의 선교: 이수정, 서상윤, 이성하 등 매서인들이 복음을 전하고 교회를 설립했다. 1884년 일본에 있던 감리교 선교사 맥클레이가 김옥균을 통해 고종 황제로부터 윤허를 받고 1885년 부활절 아침에 아펜젤러와 언더우드가 제물포에 상륙한다. 그들은 학교와 병원을 설립하고 간접적인 방법으로 전도하고 교회를 설립했다. 1907년 하디 선교사의 요한 1서 강해는 부흥운동을 일으켰고 교회 발전에 크게 공헌했다. 전국에 설립된 교회는 3·1운동 당시 연락망이 되고 민족운동의 지도자들을 많이 배출했다. 한국 교회는 비록 짧은 시기임에도 불구하고 교회 성장, 사회참여, 문화운동 등 통전적 선교 모델을 창조했다.

⑦한국 교회의 성장과 선교: 해방 후의 교회는 신사참배 문제로 사분오열되었다. 6·25동란은 교회가 사회봉사에 심혈을 기울이게 했고 반공의 정신적 보루가 되었다. 1950년대는 장로교가 신학 논쟁으로 분리되고 감리교는 감독 선거로 분리되었다. 1960년에 일어난 4·19혁명은 교회가 자유당 정권에 유착된 사실을 비판했다. 한국 교회는 1960년 이후 신앙의 열정, 경제성장, 도시화, 사회불안, 선교 100주년 기념사업 등으로 양적으로 크게 성장했다. 그러나 군사정권의 비합법성과 인권유린에 대한 예언자적 비판을 망각했다. 교회의 성장과 교단의 확장은 해외 선교에 관심을 갖게 했다. 엄청난 인적·물적 자원을 제3세계와 구 공산권에 투입했다. 그러나 현지의 사회·문화·종교에 대한 몰이해 및 비합법적 선교활동은 선교의 역효과를 초래했다.

⑧21세기 선교: 21세기의 시대는 지구촌화, 정보화, 전문화, 다원화, 차별화, 서비스화 등의 특징을 가지고 있다. 여기서 선교의 초점은 ①개인 구원과 함께 인류 구원이 이루어져야 한다는 점, ②복음의 선포는 말과 행동으로 이루어져야 한다는 점, ③복음의 힘은 개인 변화와 함께 역사 변화를 이끌어낸다는 점, ④타 종교인들과는 만남, 대화, 협력으로 평화

를 창조해야 한다는 점, ⑤인간의 삶은 자연과 상생하는 것이어야 한다는 점이다.

⑨다원 사회와 다원 선교: 21세기는 20세기보다 더욱 분업화와 전문화를 지향하는 시대이다. 따라서 새롭고 다양한 선교방법을 개발하고 실천해 모든 사람에게 하나님의 평화가 선포되고 실현되도록 힘써야 한다. 20세기의 다원 선교는 학원, 병원, 군대, 산업, 형무소, 라디오, TV 등이었다. 이에 더해 21세기 선교에는 인터넷, 여가, 가출청소년, 노인을 비롯해 인간복제, 종교 간의 대화, 세계평화 구축을 위한 노력 등 지구촌과 우주의 생존과 보존의 문제가 모두 포함되어야 한다.

⑩선교정책과 전략: 선교는 교회가 하나님의 구원의 사역에 복종적으로 동참하는 것을 뜻한다. 선교는 그리스도를 통해 나타난 계시의 특수성 곧 하나님의 사랑과 정의가 모든 인류와 자연의 구원을 위한 것이라는 보편성 안에서 선포되고 구현되어야 한다. 하나님은 인종, 성, 문화, 종교를 초월해 모든 피조물을 사랑하시고 구원하시기를 바라시기 때문이다. 교회는 그 자체가 선교센터가 되어야 한다. 교회는 선교를 위해 존재하고 그것을 위해 부름 받은 공동체이다. 교회는 선교상설위원회를 두고 항시 필요한 선교전략을 수립·실천해야 한다. 교회는 모든 선교 활동에 직접적으로 개입하려고 하지 말고 전문적으로 선교하는 전방부대(다원 선교)를 지원하는 후방부대의 역할도 해야 한다. 교회는 선교의 전문인력 및 평신도의 선교 훈련에 깊은 관심을 가지고 투자해야 한다. 교회 예산의 30%를 선교비로 할당하는 것이 이상적이다.

12회에 걸친 21세기 선교에 관한 강의는 선교의 이론, 역사, 현재 및 미래 등으로 진행되었다. 일반 학문과 마찬가지로 신학도 학자의 생각과 상황에 따라 그 이론과 방법이 다를 수밖에 없다. 나는 이 강의에서 예수의 선교 주제인 '하나님 나라'에 초점을 맞추어 전도와 선교, 개인 구원과 역사 구원, 현재의 구원과 미래의 구원, 인류의 구원과 우주의 구원 등을 조화와 통합의 관점에서 말하고자 했다.

선교의 주체는 하나님이시고 교회는 도구이기 때문에 그의 명령에 순종하는 것은 극히 당연한 우리의 사명이다. 선교는 교역자나 직업적 선교사의 독점물이 아니라 모든 하나님의 백성이 참여하고 헌신해야 하는 절대적 과제이다. 그리스도인은 누구나 자기의 삶의 현장 곧 가정, 사회, 직장 속에서 자기의 인격, 언행, 전문적 지식과 기술을 통해 하나님의 나라를 선포하고 그것을 실현해서 모든 피조물이 하나님 나라 잔치 곧 평화로운 삶을 향유할 수 있도록 헌신해야 한다.

이 강의를 찾아주시고 토론에 참여하신 여러 사이버 교우에게 감사드리고 이것을 계기로 하나님의 선교에 동참하는 그리스도의 참 제자가 되시기를 바라 마지않는다. 샬롬!

교육목회로서의 RCIA와 영성 형성 모델[*]

서울기독대학교, 기독교교육

1. 서론

최근 한국 기독교교육학계에 예배와 성례전에 대한 관심이 보다 높아지고 있다. 이것은 일찍이 브라우닝과 리드가 현대 성례전 연구동향을 설명하면서 성례전과 기독교교육 사이의 유기적 일치의 중요성을 강조한 측면에서 볼 때, 한국 기독교교육학계에서 기독교교육과 성례전의 관계성에 대한 최근의 관심은 늦은 감은 없지 않다. 사실 지금까지 한국 기독교교육학계에서 예배와 성례전의 주제는 신앙공동체교육에서 중요하게 연구되어야 함에도 불구하고 현실은 부차적인 문제로 취급된 채 연구주제로부터 소외되었던 것을 부인할 수 없다.

하지만 애매성과 다원성으로 설명되는 후기 현대 사회의 도전 앞에서 기독교적 자아정체감의 형성이 무엇보다 중요한 문제로 부각되고 있는 현실에서, 기독교적 자아정체감 형성을 돕기 위한 신앙공동체 및

---

* 이 글은 손원영, 『새 시대 새 포도주: 새로운 교회교육과 학교 종교교육』(서울: KMC, 2011), 제6장을 수정한 것이다. 필자는 이 이론에 근거해 신반포교회에서 '새신자세례교육 프로그램'을 개발·시행했다.

교육목회로서의 RCIA와 영성 형성 모델 | *317*

성례전교육에 대한 관심은 의미가 있다. 그런데 논의 과정에서 '회심', '성례전', '세례입교교육' 등의 문제가 심도 있게 논의되지 못한 한계가 있었다.[1] 더욱이 가톨릭교회가 제2차 바티칸 공의회 이후 변화된 현실 속에서 가톨릭교회에 가입하고자 하는 이들을 위한 과정으로서 제시한 '어른입교예식서(Rite of Christian Initiation of Adults: 이하 RCIA)'[2]에 대한 논의는 가톨릭교회뿐만 아니라 개신교에게도 시사하는 바가 큼에도 불구하고 이에 대한 논의가 매우 미진했다. 따라서 기독교 신앙교육에서 오랫동안 중시하던 성례전교육으로서의 RCIA에 대한 비판적 성찰을 시도하고, 또 그 토대 위에서 새로운 신앙교육의 방향을 점검하는 일은 매우 시의적절하다고 말할 수 있다.

이런 문제의식을 전제로 이 글에서는 다음과 같은 세 가지의 연구주제를 탐색해보고자 한다. 첫째, 가톨릭교회가 시행하고 있는 RCIA의 형성과 기본구조를 알아본다. 둘째, RCIA에 대한 최근의 연구동향을 중심

---

1 이런 점에서 RCIA에 대한 역사적 연구로는 함레스(William Harmless)와 야놀드 (Edward Yarnold)의 연구 및 견신례 교육에 대한 아스머(Richard Osmer)의 연구, 성례전 교육에 대한 브라우닝과 리드(Browning and Reed)의 연구 등은 주목을 끈다. 자세한 것은 Edward Yarnold, S. J., The Awe-Inspiring Rites of Initiation: The Origins of the RCIA(Collegeville, Minnesota: The Liturgical Press, 1994); William Harmless, Augustine and Catechumenate(Collegeville, Minnesota: The Liturgical Press, 1995); Richard R. Osmer, Confirmation: Presbyterian Practices in Ecumenical Perspective(Louiville, Kentucky: Geneva Press, 1996) 참조.

2 RCIA에 대한 한국 가톨릭교회의 공식적인 용어는 '어른입교예식서'이다. 하지만 본문에서는 학계에 보다 일반적으로 사용되고 있는 명칭인 'RCIA'로 표기하고자 한다. 그리고 인용출처는 한국어인 경우 '어른입교예식서'로, 영어인 경우에는 'RCIA'[Bishops' Committee on the Liturgy, National Conference of Catholic Bishops, Rite of Christian Initiation of Adults: Approved for Use in the Dioceses of the United States of America by the National Conference of Catholic Bishops and Confirmed by the Apostolic See (Collegeville, Minnesota: The Liturgical Press, 1988)]로 한다.

으로 주요 특성을 살펴본다. 셋째, 최근 고조되고 있는 영성교육의 측면에서 RCIA를 재구성해 RCIA의 영성 형성 모델(spiritual formation model)을 제시한다.

2. RCIA의 형성과 기본구조

1) RCIA의 형성

RCIA는 성례전 개혁의 차원에서 가톨릭교회 제2차 바티칸 공의회의 결정에 따라 1972년 공포되어 사용되고 있다. 그런데 그 배경에는 이미 제2차 바티칸 공의회 이전부터 가톨릭교회의 성례전개혁운동이 자리 잡고 있다. 특히 20세기 성례전개혁운동은 20세기 이전의 성례전개혁운동과 근본적인 차이를 갖고 있었다. 그것은 20세기 이전의 성례전개혁이 성직자와 신자에게 공통적인 새로운 성례전예식서를 주어서 성례전을 통일시키는 데 있었던 반면, 20세기에 등장한 성례전개혁운동은 수도원을 중심으로 목회적 차원에서 대중적인 평신도 성례전운동으로 등장했다.[3] 즉, 그동안 지역교회와 평신도는 성례전의 실천에서 항상 수동적인 위치에 있었으나 이제 보다 적극적으로 개입하는 존재로 이해된 것이다. 그 대표적인 활동이 1943년 파리에 설립된 '성례전목회센터'의 등장이었다. 이어 교황 비오 12세는 성례전운동의 공식헌장이 될 「하나님의 중재자(Mediator Dei) 회칙」(1947.11.20)을 반포했다. 그리고 1956년 아씨시에서 '세계성례전목회국제대회'가 개최되었고, 그 후 성례전개혁

---

3 이재영, 「어른입교예식서(Ordo Initiationis Christianae Adultorum)에 대한 교리교육적 고찰」, ≪현대가톨릭사상≫, 제7호(2002), 234쪽.

운동은 세계적인 운동으로 확산되어 교황 요한 23세는 성례전개혁을 위한 원칙을 제정하도록 제2차 바티칸 공의회 교부들에게 명했다(1960.7.25). 그리고 그 결과로서 제2차 바티칸 공의회는 교회쇄신을 위한 가장 두드러진 결실로서 「성례전헌장(Sacrasanctum concilium)」(「전례헌장」이라고도 한다)을 세상에 내게 되었다.4 제2차 바티칸 공의회는 "성례전이야말로 교회의 모든 행위 중에서 가장 중요한 거룩한 행위"5이요 "교회의 모든 활동의 정점이며 모든 힘이 흘러나오는 원천"6이라고 봄으로써 제2차 바티칸 공의회가 성례전개혁으로 시작된 것임을 분명히 했다.

이런 맥락에서 제2차 바티칸 공의회는 신자들의 생활을 날로 증진시킬 뿐만 아니라 시대적 요구에 더욱더 적응시켜 모든 믿는 이들의 일치와 믿지 않는 이들을 교회로 불러들이도록 하기 위해 성례전개혁의 핵심적 책임이 교회에 있음을 천명했다.7 그리고 공의회는 특별히 세례의 성례전에서 초대교회 때 시행되던 단계적 세례예비기간을 복구시킬 것을 명하면서 입교의 성례전의 중요성을 다음과 같이 강조했다.

성인의 단계적 성세예비기간을 복구시켜 교구장의 판단에 따라 이를 다시 실시하도록 해야 한다. 합당한 교리교육을 위하여 지정된 성세예비교육은 연속적으로 일정한 시기마다 거행되는 거룩한 예절에 의해서 성화되도록 해야 한다.8

---

4 김유철, 「신세례예식서의 구조와 적응문제」, ≪신학전망≫, 제41호(1978), 82-83쪽; 이재영, 「어른입교예식서(Ordo Initiationis Christianae Adultorum)에 대한 교리교육적 고찰」, 235쪽.

5 한국천주교중앙협의회, 『제2차 바티칸 공의회문헌』(서울: 한국천주교중앙협의회, 1983), 전례헌장, 7항.

6 같은 책, 전례헌장, 10항.

7 같은 책, 전례헌장, 1·2·4·63항.

8 같은 책, 전례헌장, 64항.

성세를 받을 때 사람들은 그리스도의 파스카 신비에 결합함으로써 곧 그리스도와 같이 죽고, 같이 묻히고, 같이 부활하여 하나님을 아빠, 아버지라 부르며 참된 경배자가 된다. 같은 모양으로 주의 만찬을 먹을 적마다, 주께서 다시 오실 때까지 그분의 죽으심을 선포하는 것이다. 이 때문에 성교회가 세상에 나타난 그 성령강림 날에, 베드로의 설교를 받아들인 이들은 세례를 받았고 또 빵을 떼어 먹음으로써 일치를 이루고 기도하기에 항구하여 한가지로 하나님을 찬양하고 모든 백성에게 인심을 얻었다. 그로부터 오늘까지 성교회는 파스카 신비를 거행하기 위해 함께 모이기를 게을리 한 적이 없다.[9]

결국 교회는 건전한 교회의 전통을 보존하면서도 시대적 상황에 적응하기 위해 신학적이고 목회적인 연구를 통해 새로운 성례전예식서를 준비했고, 그 결과로서 1972년 1월 6일 공식적으로 'RCIA'가 선포된 것이다. 한국 가톨릭교회는 이것을 1976년에 라틴어 원본을 번역해 한국어로 된 『어른입교예식서』[10]를 출판해 사용하고 있다.

2) RCIA의 기본구조

RCIA는 제2차 바티칸 공의회의 명령에 따라 초대교회에서 시행되었던 '세례입교교육(catechumenate)'을 회복시키는 데 초점이 있다. 특히 이것은 성인의 단계적 세례예비기간을 복구시키고 이 예비기간에 상응하는 성대한 예식을 마련해 예비기간 동안 일정한 시기마다 연속적인 거룩한 예전을 거행함으로써 예비자를 성화시켜야 한다는 제2차 바티칸

---

9 같은 책, 전례헌장, 6항.
10 김수환 편, 『어른입교예식서』(서울: 한국천주교중앙협의회, 1976), 5쪽.

공의회의 판단에 따른 것이다. 그런데 여기서 RCIA는 단순히 세례를 위한 성례전예식서가 아니라 '입교의 성례전'이라는 점에 주목할 필요가 있다. 왜냐하면 RCIA는 단순히 세례 거행만을 위해 만들어진 것이 아니라 예비자가 기독교 공동체에 가입하는 데 요청되는 일련의 과정과 성례전을 모두 하나에 통합한 것이기 때문이다. 즉, 그 안에는 예비자의 영적이고 교리적인 성숙을 위한 단계적 예식이 포함되어 있고, 세례와 함께 견진 및 성만찬의 성례전을 거행하도록 하며, 그 이후에는 신비교육까지를 포함하는 소위 '통합적 성례전'의 성격을 갖고 있기 때문이다.

좀 더 구체적으로 RCIA의 구조를 설명하면, RCIA는 다음과 같이 4시기 3단계로 구성되어 있다. 여기서 4시기란 복음화 및 전 예비의 시기, 세례교육의 시기, 정화와 계몽의 시기, 신비의 시기이다. 그리고 각각의 시기 사이에 세 가지 통과의식의 단계가 시행된다. 그것은 후보자의 허입의식단계, 선발식단계, 가입의 성례전단계이다.[11]

첫째, 복음화 및 전 예비의 시기는 후보자 편에서 탐구가 필요하고 교회 편에서는 복음을 전해야 하는 시기로서 '전 예비기간'이라 하며, 후보자를 예비자로 받아들이는 예식으로 마친다. 이 시기에는 "복음 선포로써 살아계신 하나님과 인류의 구원을 위하여 파견하신 예수 그리스도를 신뢰와 항구함으로 알려줌으로써 그리스도를 믿지 않는 사람들이 성령의 감동으로 마음이 열려 주님을 믿으며, 자원으로 화두하여 자신들의 영신적 소망을 충족시켜주실 뿐만 아니라 무한히 초월하는 은혜를 베푸시는, 길이요 진리요 생명이신 예수 그리스도를 지지하게 되도록 하는 것이다."[12] 이때 복음 선포를 통해 신앙과 초보적인 회심이 생기고 이로써 각자는 죄의 상태에서 돌아서서 하나님을 사랑하는 것을

---

11 RCIA, #6.
12 김수환 편, 『어른입교예식서』, 9항.

느끼게 된다. 이 같은 복음 선포를 기반으로 지원자는 그리스도를 따르며 세례를 받겠다는 뜻이 굳어지게 된다. 그런데 이 복음화의 시기는 기간이 비교적 엄격하게 정해져 있지 않고 지원자가 연중 언제든 참여하도록 하고 있다. 그리고 이 기간은 지원자가 세례를 받을 마음의 준비를 충분히 할 수 있도록 시간을 넉넉하게 제공하는 것이 강조된다. 그런 과정에서 마음의 준비가 되었다고 판단되었을 때 후보자를 예비자로 받아들이는 허입의식 단계를 통해 세례교육의 시기로 이동하게 된다.

둘째, 세례교육의 시기는 예비자로 받아들여지는 허입의식으로부터 시작해서 '교리교육과 거기에 따르는 의식'으로 일관되며 여러 해 동안 계속될 수 있으며, 선발식으로 끝을 맺는다. 한국 가톨릭교회는 이 시기를 세례교육의 시기라는 용어 대신에 '예비기간'이라고 부르고 있다. 세례를 받을 수 있도록 마음의 준비를 하는 것에 초점을 맞춘 기간이기 때문에 그런 용어를 선택한 듯하다. 하지만 필자는 이 시기가 예비기간이라는 용어보다는 오히려 기독교교육의 측면에서 세례 받을 수 있도록 긴 기간 동안 기독교교육이 시행된다는 점에서 '세례교육의 시기'라는 용어가 더 적절하다고 판단된다.

세례예비자를 받아들이는 허입의식으로 시작된 이 시기는 후보자에게 영성생활을 할 수 있도록 지도하며 기독교 교리를 중점적으로 교육하게 된다. 특히 예비자가 교회에 들어오면서 표시한 마음의 준비를 성숙에로 이끌어가기 위해 네 가지의 길이 강조된다. 첫 번째의 길은 적절한 교리교육을 사제나 부제 교사 혹은 평신도에게서 받는 것이다. 두 번째의 길은 기독교적 생활을 실천하는 데 친숙하도록 하기 위해 후견인·대부모, 그 밖의 신자 공동체 각 지체의 모범과 도움을 받아 하나님께 기도하고, 신앙을 증거하며, 그리스도의 뜻을 따르도록 격려 받는다. 세 번째의 길은 적절한 전례예식, 곧 각종 예배를 통해 예비자는 교회의 도움을 받아 서서히 깨끗해지며 하나님의 축복을 받는다. 특히 예비자는 말씀의 예전에 성실히 참석하도록 격려 받음으로써 미래의 성찬의 성례전에 참석할 준비를 하게 된다. 네 번째의 길은 교회의 생활이 사도직 수행에 있으므로 예비자도 생활의 증거와 신앙고백으로 복음을 전파할 수 있도록 격려 받는다.13

셋째, 정화와 조명의 시기는 아주 짧은데, 보통 파스카(유월절) 축제와 입교의 성례전을 준비하는 사순절에 해당된다. 왜냐하면 사순절은 세례의 의미를 상기시켜주고 세례를 받을 수 있도록 회개와 속죄의 기회를 제공하기 때문이다. 따라서 교회는 선발식을 통해 세례를 받을 자를 선발하게 된다. 여기서 '선발'이라고 부르는 이유는 교회가 예비자를 받아들이는 것이 하나님께서 우리를 선택하심에 기초를 두고 있고, 교회는 하나님의 이름으로 선발하기 때문이다. 또한 '등록'이라고도 하는데, 이것은 후보자가 자신의 성실성을 표시하기 위해 스스로의 이름을 선발자 명부에 등록하기 때문이다.14

예비자는 선발되어 받아들여진 날로부터 '선발된 자' 혹은 '자격자'라고 불리는데, 이것은 그리스도의 성례전(세례, 견진, 성만찬)과 성령의 은총을 받을 자격이 있음을 의미한다. 또한 선발된 자는 '조명될 자'라고도 하는데, 이것은 세례를 '조명(illumination)'이라고도 하고 세례를 통해 신입 교우가 신앙의 빛을 받기 때문이다.15 이 시기는 교리교육보다는 정신수련에 더욱 초점을 맞추고 있다. 특히 양심의 반성과 속죄의 정신으로 마음과 정신을 정화하며 예수 그리스도의 깊은 인식으로 마음을 비추도록 안내된다. 이 시기에는 '수련식'과 '수여식'이 별도로 거행된다. 여기서 수련식이란 선발된 자들의 마음을 비추어 나약하고 병들고

---

13 김수환 편, 『어른입교예식서』, 19항; RCIA, #75.
14 김수환 편, 『어른입교예식서』, 22항.
15 같은 책, 24항.

악한 것을 고쳐주고, 착하고 강하고 거룩한 것을 더욱 다져주기 위한 것이다. 수련식은 죄와 마귀에게 해방됨으로써 그리스도와 한 몸을 이루도록 하는 의식이다. 또한 '수여식'은 선발된 자에게 교회의 오랜 전승의 신앙과 기도의 증서로서 '사도신경' 및 '주기도문'을 전해주는 의식이다. 이러한 의식은 모두 선발된 자를 조명하는 데 목적이 있다. 그리고 선발된 자는 비로소 부활 전야 곧 성토요일에 입교의 성례전(세례, 견진, 성만찬)에 참예하게 된다.

입교의 성례전은 선발된 자가 나와서 죄의 사함을 받고, 하나님이 백성에 속하고, 하나님의 자녀가 되고, 성령의 인도를 받아 약속된 시기의 도래를 느끼며 성만찬을 통해 천국잔치를 미리 맛보게 하는 것이다. 우선 세례식은 그리스도의 파스카(유월절) 신비를 고백하고 곧이어 물로 씻는 예식으로, 삼위일체신앙을 고백한 다음에 이루어진다. 물로 씻는 의식은 그리스도와 함께 죽었다가 그리스도와 함께 부활하는 것을 의미하며 이로써 그리스도의 이름으로 죄에 대해 죽고 영원한 생명으로 부활하는 것이다. 가톨릭교회의 세례는 침수례(immersion)와 물을 붓는 예식(aspersion) 중에서 한 가지를 선택하도록 하고 있다. 성인은 중대한 이유가 없는 한 세례를 받은 직후 견진성사를 받도록 하고 있다. 여기서 세례와 견진의 두 성례전의 연결은 파스카 신비의 단일성, 성자의 파견과 성령강림의 상호관계, 그리고 두 위께서 함께 세례자에게 오시게 하는 두 성사의 관계성을 보여준다.[16] 마지막으로 세례자는 성찬에 참예하게 된다. 그들은 이날 처음으로 완전한 권리로 성찬에 참여하고 거기서 자신의 입교의 완수를 찾을 수 있다.

넷째, 신비의 시기는 교회력으로 부활절기 전체에 해당하는 시기로, 신비교육 곧 체험과 결실수확, 신자 단체와의 깊은 친교와 결합을 위한

---

16 김수환 편, 『어른입교예식서』, 34항.

시기이다. 이 시기를 통해 교우는 새로 세례를 받은 자와 함께 복음의 묵상, 성만찬, 사랑 같은 그리스도의 덕의 실천 등으로 파스카의 신비를 더욱 깊이 이해하며 실생활에 적용하며 발전해간다.17 결국 신비의 시기는 입교의 성례전에 참여함으로써 온전한 그리스도인이 된 신자에게 계속적으로 '성례전적 삶'을 살 수 있도록 격려하는 중요한 시기라고 말할 수 있다. 그런데 최근 적지 않은 RCIA 전문가들은 RCIA의 각 시기 중에서 '신비의 시기'가 가장 소홀하게 취급되는 경우가 많다고 비판한다.18 왜냐하면 입교의 성례전을 정점으로 교회당국이나 세례자 모두 종종 RCIA의 모든 과정이 끝마쳐진 것으로 오해한 나머지 실제로 '신비의 시기'를 축소시키는 경우가 많기 때문이다. 이런 점에서 볼 때 신비의 시기가 부활절기 동안 좀 더 체계적으로 정착될 수 있도록 종교적 의식이 제공될 필요가 있다. 달리 말해 각 시기의 끝 시점에서 새로운 시기로 들어가려고 할 때 허입의식, 선발의식, 입교의 성례전이 있었는데, 오직 신비의 시기를 끝마칠 때 그것을 마감하는 의식이 없는 관계로 신비의 시기가 왜곡되는 현상이 생기는 것이다. 따라서 이것을 보완하는 맥락에서 신비의 시기를 마감하는 의식의 개발이 요망된다.

3. RCIA의 특성

1972년 가톨릭교회에 의해 RCIA가 공포된 이후 지금까지 RCIA에 대

---

17 같은 책, 37항.

18 Gerald F. Baumbach, *Experiencing Mystagogy: The Sacred Pause of Easter*(New York/Mahwah, New Jersey: Paulist Press, 1996); Edward Yarnold, S. J., *The Awe-Inspiring Rites of Initiation: The Origins of the RCIA*(Collegeville, Minnesota: The Liturgical Press, 1994).

한 수많은 연구가 있었는데, 가장 대표적인 연구들은 다음과 같은 세 가지 접근 혹은 주제에 연구의 초점을 집중했다고 볼 수 있다. 첫째는 RCIA에 대한 성례전적 접근으로서, 특히 RCIA가 갖고 있는 세례-견진-성만찬의 통전적 일치 내지 연속성을 중시하는 입장이다. 둘째는 RCIA에 대한 카테케시스(catechesis)적 접근으로서, RCIA를 단순히 성례전만이 아니고 동시에 교리교육만도 아닌 이 양자 사이의 통합적인 측면에서 이해하고자 하는 입장이다. 셋째는 RCIA에 대한 종교심리학적 접근으로서, RCIA를 '회심'의 측면에서 연구하려는 입장이다. 따라서 RCIA에 대한 이 세 가지 접근을 살펴본 뒤 새로운 RCIA의 방향을 탐색해본다.

1) 통합적 성례전으로서의 RCIA

가톨릭교회는 중세 이후 현재까지 일곱 가지 성례전(세례, 견진, 성만찬, 혼인, 고해, 종유, 서품)을 강조하고 있다. 이 가운데 세례와 견진, 성만찬은 기독교인의 자아정체감과 관련된 성례전으로서 특별히 중요한 의미를 간직하고 있다. 그런데 문제는 가톨릭교회가 세례와 견진, 성만찬을 별개의 독립된 성만찬으로 오랫동안 이해했으나 최근 초대교회에 대한 연구 특히 초대교회의 성례전과 기독교교육에 대한 연구를 통해 세례와 견진, 성만찬이 각각 독립된 성례전이 아니라 하나의 연속된 통합적 성례전이라는 새로운 일치된 이해에 이르게 되었다는 것이다. 다시 말해 초대교회에서는 세례와 견진, 성만찬이 별도로 독립된 성례전으로 존재하기보다 기독교 공동체에 '입교'하기 위한 하나의 연속적 성례전이었다는 사실이 밝혀졌다.[19] 세례와 견진은 동전의 양면과 같이

---

19 히뽈리투스, 『사도전승』, 이형우 역주(서울: 분도출판사, 1992), 53-55, 121-143쪽; Yanold, *The Awe-Inspiring Rites of Initiation,* 1994.

기독교인이 되는 거룩한 성례전이고, 성만찬은 기독인이 된 신자가 참여하게 되는 그리스도와의 거룩한 친교를 의미했다. 따라서 가톨릭교회는 20세기 중반 이후부터 교회 내부에서 제기된 성례전개혁운동 곧 로마교회와 지역교회 그리고 성직자와 평신도 사이의 엄격한 이분화에 저항하면서 그들 양자 사이의 일치 내지 공동적 참여를 강조했던 성례전개혁운동과 함께 또 그에 따른 제2차 바티칸 공의회의 정신에 보조를 맞추면서 새로운 '입교의 성례전'을 탄생시킨 것이다.

가톨릭교회의 RCIA는 개신교적 관점에서 볼 때 세 가지의 차원에서 매우 시사하는 바가 크다. 첫째, 가톨릭교회와 마찬가지로 세례와 성만찬이 각각 별개의 성례전으로 구별되고 있는 개신교의 현실에서 RCIA는 개신교의 성례전을 하나의 연속된 성례전으로 보도록 하는 데 큰 통찰을 제공한다. 개신교 내에서 세례와 마찬가지로 견진이 과연 성례전으로서의 위치를 얻을 수 있느냐 하는 데 많은 논란이 있지만, 세례와 견진은 하나의 연속된 의식으로 보는 데 많은 이들이 동의하고 있다. 다시 말해 견진은 유아세례를 받은 이들이 성인이 된 후 다시 한 번 자신이 과거에 받았던 세례를 '확증'하는 기회로 간주함으로써 세례와 견진 사이의 연속성을 강조하고 있다.[20]

그런데 문제는 현재 대부분의 개신교에서 세례와 성만찬 사이의 연속성 내지 유기적 관계성을 거의 간과하고 있다는 점이다. 다시 말해 세례를 받은 자만이 성만찬에 참여할 수 있다는 측면에서 양자 사이의 연속성을 강조할 뿐 실제로 세례와 성만찬 사이의 연속성을 기반으로 한

---

20 견진에 대한 가톨릭교회와 개신교의 가장 큰 차이는, 가톨릭교회는 견진을 반복 불가능한 성례전으로 보는 반면 개신교는 반복 가능한 것으로서 세례(유아세례)를 확증하고 세례의식을 갱신하는 것으로 보는 데 있다. 견진에 대한 다양한 이해와 접근에 대해서는 Robert L. Browing & Roy A. Reed, *Models of Confirmation and Baptismal Affirmation*(REP, 1995), chap.1. 특히 p.102 참조.

어떠한 교육도 없는 실정이다. 그 결과, 심지어 세례를 집례한 뒤 성찬을 베풀지 않는 경우도 발생하며, 또 성만찬은 세례와 무관하게 오직 예수 그리스도의 십자가 위에서의 대속적 죽음을 '기억'하는 매개로서만 이해되는 경우도 있다. 이런 점에서 볼 때 RCIA의 입교의 성례전은 세례와 성만찬을 하나의 연속된 성례전으로 보게 함으로써 세례와 성만찬이 갖고 있는 개별적인 신학적 의미를 넘어 양자 사이를 서로 연관시켜보도록 한다는 점에서 의미가 크다.

둘째, RCIA는 초대교회에서 실시되던 '고전적 세례교육'을 현대적 의미로 재구성한 것으로서, 에큐메니칼 대화의 측면에서 큰 의미가 있다. 사실 개신교와 가톨릭교회 사이의 에큐메니칼 대화는 아무리 강조해도 부족한 실정이다. RCIA는 가톨릭교회가 초대교회의 고전적 교리교육을 현대에 부합하게 재구성한 것이지만 에큐메니칼의 측면에서 새롭게 논의될 필요가 있다. 사실, 제2차 바티칸 공의회 이후 약 40년 동안 가톨릭교회와 개신교의 WCC를 중심으로 이루어진 에큐메니칼 대화와 신학적 논의는 괄목할 만한 진전을 보였다. 특히 루터 이후 가톨릭교회와 개신교를 분리시키는 데 결정적인 원인을 제공했던 '구원론' 곧 '의화(justification)' 교리에 대한 논의는 20세기 말에 이르러 더 이상 양자 사이의 분리를 정당화하지 못하게 되었다. 왜냐하면 가톨릭교회와 루터교회, 세계감리교회가 '예수 그리스도를 믿음으로 말미암은 하나님의 은혜에 의해 의롭게 됨'을 확인한 점에서 잘 드러나듯이,21 더 이상 구원의 문제

---

21 루터교세계연맹과 로마가톨릭교회는 공식적인 승인을 거쳐 1999년 10월 31일 동반교회로서 「루터교와 로마가톨릭교회에 의한 공식적 공동성명서」에 서명함으로써 '의화(Justification) 교리에 관한 공동선언'을 확정했다. 그리고 다시 2006년 7월 23일 한국 서울에서 열린 세계감리교대회에서 「가톨릭교회-루터교세계연맹-세계감리교협의회의 의화 교리에 관한 공동선언문」을 채택함으로써 의화 교리에 공식적으로 거의 500년 만에 합의에 이르렀다. 「세계감리교회협의회와 의화

에서 가톨릭교회와 주류 개신교 사이에 큰 이견이 없기 때문이다. 이것은 가톨릭교회와 개신교 사이의 에큐메니칼 대화는 이제 이론적인 수준을 넘어서 보다 실제적인 목회실천의 단계에 이르러야 하는 것을 의미한다.

이런 점에서 볼 때 RCIA 특히 입교의 성례전은 가톨릭교회와 개신교가 함께 공유할 수 있는 중요한 토대가 될 수 있다. 왜냐하면 RCIA는 가톨릭교회와 개신교가 공통적인 유산으로 간주하는 초대교회의 '고전적 세례교육'에 뿌리를 두고 있을 뿐만 아니라 진정한 '기독교인이 되는 과정(의인화)'에 대한 기존의 신학적 이견이 크게 해소되었기 때문이다. 더욱이 성례전의 문제에서도 입교의 성례전 곧 세례와 성만찬은 가톨릭교회와 개신교가 공통적인 성례전으로 인정하고 있기 때문이다. 이런 점에서 최근 미국의 몇몇 개신교에서 RCIA를 개신교적 관점에서 새롭게 재구성하려는 시도는 매우 시사적이다.22 그러므로 RCIA는 가톨릭교회와 개신교 사이의 에큐메니칼 접근의 맥락에서 개신교에서 보다 적극적으로 고려될 필요가 있다.

셋째, RCIA는 기독교인의 정체성 확립 차원에서 성례전교육의 중요성을 제고시키고 있다. 사실 후기 현대 사회는 자아정체감 상실의 시대라고 해도 과언이 아니다. 그만큼 '나는 누구인가'라는 질문에 예민해질 수밖에 없는 현실에서 RCIA는 기독교인의 자아정체감을 형성하는 데 큰 기여를 할 수 있을 것이다. 다시 말해 세례의 성례전을 통해 '나는 하나님의 자녀'라는 기독교인의 자아정체감이 형성되게 되고, 성만찬의 성례전을 통해 그리스도의 파스카의 신비에 참여하고 또 그리스도와

교리에 관한 공동선언」(http://www.kmc.or.kr/board/기독교대한감리회통합자료실. 2009.9.10 검색).

22 Daniel Benedict, "North American Recovery of the Rites of Initiation: Embrace and Resistance," *The General Board of Discipleship*(United Methodist Church, 2004).

인격적으로 교제함으로써 기독교인의 자아정체감이 하나님의 자녀다운 삶 곧 '성례전적 삶'에 있음을 깨닫게 되는 것이다. 결국 RCIA는 성례전에 대한 통합적 교육 및 참여를 강조함으로써 기독교인이 되는 첫 관문으로서 세례와 첫 성만찬의 의미를 다시 한 번 강조할 뿐만 아니라 그것을 넘어서 기독교인이란 '하나님의 자녀'요 기독교인의 삶이란 '성례전적 삶'임을 강조함으로써 기독교 자아정체감의 형성 및 발달에 크게 기여할 수 있다.

2) 성례전적 카테케시스로서의 RCIA

가톨릭교회의 RCIA는 기독교교육의 측면에서 '성례전적 카테케시스 (sacramental catechesis)'로 연구되고 있다.23 여기서 성례전적 카테케시스란 '성례전'을 중심으로 복음화를 지향하는 카테케시스라고 말할 수 있다. 카테케시스란 cate(below)+chesis(echo)라는 어원이 지시하듯이, 예수 그리스도의 복음을 선포함으로써 그것을 듣는 이로 하여금 끊임없이 그의 삶을 통해 복음이 반향되도록 하는 것이다.24 특히 전통적으로 가톨릭교회는 '카테케시스'라는 용어를 기독교적 정체성을 양육시키기 위한 '형성의 과정'으로 이해한 점을 고려할 때 RCIA의 성례전적 카테케시스 접근이란 성례전 곧 세례-견진-성만찬을 매개로 복음화에 대한

---

23 William Harmless, *Augustine and Catechumenate*(Collegeville, Minnesota: The Liturgical Press, 1995); Thomas H. Groome, "Total Catechesis/Religious Education: A Vision for Now and Always," *Horizon and Hopes: The Future of Religious Education,* edited by Thomas H. Groome and Harold Daly Horell(New York: Paulist Press, 2003).

24 Mary Birmingham, *Year-Round Catechumenate*(Chicago: Liturgy Training Publications, 2002), p.51.

이해와 기독교인의 자아정체감을 형성시키는 신앙교육이라고 말할 수 있다.[25] 그런데 성례전적 카테케시스로서 RCIA에 대한 최근 연구는 다음과 같은 세 차원에서 시사하는 바가 크다.

첫째, 성례전적 카테케시스로서의 RCIA는 단순히 전통적 신앙의 사회화를 의미하는 것이 아니라 '비판적 교리교육'을 의미한다. 그룹이 언급한 것처럼, 카테케시스는 자칫 기독교신앙에 대한 바른 성찰적 교육 없이 사람들로 하여금 무비판적으로 교회의 멤버십을 갖도록 사회화시키는 방식으로 오인될 수 있다. 그룹은 이러한 위험성을 피하기 위해 카테케시스 대신에 '교리교육'이란 용어를 선호하고, 기독교교육과 카테케시스 사이의 분리 대신 보다 통합적인 '통전적 교리교육'이란 용어를 제안했다.[26] 이러한 그룹의 주장은 RCIA의 성례전적 카테케시스가 자칫 성례전과 관련해 어떤 기독교적 진리나 도그마를 단순히 전달하는 데 목적이 있는 것이 아니라 반드시 반성적 차원 곧 '비판적 성찰'의 측면이 적극적으로 고려되어야 한다는 점을 적절히 지적한 점에서 긍정적으로 평가된다. 따라서 RCIA의 성례전적 카테케시스는 성례전과 기독교교육의 통합적 이해를 통해 복음화를 지향하는 '비판적인 교리교육'이라고 말할 수 있다.

둘째, 성례전적 카테케시스로서의 RCIA는 '복음화'에 대한 새로운 이해를 강조하고 있다. 사실 지금까지 교회에서 '복음화'란 보수적인 신학 및 내세지향적인 측면에서 기독교의 복음 원리를 기계적으로 내면화하는 과정으로 종종 이해되었다. 즉, 복음이란 죄의 회개-용서-내세 구원이라는 도식을 이미 정해놓고 그것을 내면화하는 과정으로 이해되었던 것이다. 그런데 성례전적 카테케시스로서의 RCIA는 복음화를 전통

---

25 Ibid., pp.9-13.
26 Groome, "Total Catechesis/Religious Education," pp.1-2.

적인 이해를 넘어서 새로운 차원을 포함할 것을 제시한다. 그룹도 이에 대해 언급했듯이, 복음화는 다음과 같이 다섯 가지의 의미를 함축한 것으로 새롭게 이해될 수 있다. ①복음화는 예수 그리스도와의 인격적인 만남과 관계성을 증진시키는 것이다. ②복음화는 사람들로 하여금 신앙 공동체 속으로 들어오도록 끌어들이는 데 목적이 있는 것이 아니라 오히려 신자를 교회 밖 세상 속으로 이끌어내는 데 목적이 있다. ③복음화는 그리스도와 복음을 잘 모르는 사람에게 복음을 전하는 것일 뿐만 아니라 더 나아가 이미 복음을 알고 있는 사람이 더욱 깊고 높은 신앙의 성숙에 이르도록 격려하면서 과거의 기독교 문화를 새롭게 재구성하는 것이다. ④복음화는 말씀의 목회일 뿐만 아니라 동시에 교회의 모든 목회에 참여하는 활동이다. ⑤복음화는 교회 일치적 감수성과 이웃 종교에 대한 대화적 개방성을 항상 견지함으로써 기독교의 교만을 피해야만 한다.27 결국 성례전적 카테케시스로서의 RCIA는 불신자에게 영원한 하나님 나라로서의 내세에 참여하고자 할 때 요청되는 어떤 자격을 가질 수 있도록 시행하는 좁은 의미의 성례전교육이라기보다는 예수 그리스도와의 인격적 사귐을 통해 세계 속에서 그리스도인의 자아정체감을 갖고 복음을 실천하도록 격려하는 '복음화교육'이라고 말할 수 있다.

셋째, 성례전적 카테케시스로서의 RCIA는 교리적 지식의 전수에 초점을 맞춘 학교형 수업 대신에 '신앙공동체'의 중요성을 재삼 강조해준다.28 RCIA가 학교식 교육을 넘어서 신앙공동체를 강조한다고 할 때 그것은 단순히 신앙공동체의 성례전 및 예배의식에의 참여를 강조하는

---

27 Ibid., pp.4-6.

28 Aidan Kavanagh, "Christian Initiation of Adults: The Rites," *Made, Not Born: New Perspectives on Christian Initiation and the Catechumenate*(Norte Dame: University of Norte Dame Press, 1976), p.120.

것일 뿐만 아니라 일체의 공동체적 활동 곧 교회 프로그램, 가족, 교구, 예전, 성무일과, 인쇄된 교육과정, 교리교사 및 기독교교육 교사, 세례입교교육, 선교활동 등이 모두 포함된 일체의 교회활동에 참여하는 것을 의미한다. 다시 말해 RCIA는 세례교육을 위해 단순히 정해진 시간에 학교형 교실에 모여 교리적 지식을 중심으로 한 정해진 교육과정을 갖고 교리교사와 학습자가 교수-학습과정을 진행하는 것이라기보다는 오히려 일체의 모든 공동체적 활동에 참여하는 것을 전제로 한 카테케시스라고 말할 수 있다. 이것은 한국 교회에 시사하는 바가 크다. 왜냐하면 한국 교회 특히 한국의 개신교는 정해진 체계화된 세례교육이 부족할 뿐만 아니라, 설사 가지고 있다 하더라도 대부분 학교형 수업의 형태로 진행되는 경우가 적지 않기 때문이다. 따라서 한국 교회는 단순히 제한된 교실공간에서 교사와 학습자 사이의 만남으로 이루어진 세례교육을 넘어서 신앙공동체 전체가 어떻게 창조적으로 세례교육에 참여하는 자를 격려할지를 진지하게 고려할 필요가 있다.

특별히 신앙공동체형 교육으로서의 RCIA는 인류학자 터너의 용어를 통해 볼 때 '문턱성(liminality)'의 공동체 곧 '커뮤니타스(communitas)'로 이해된다.29 여기서 문턱성의 공동체란 중간세계(in-between)에 대한 경험을 제공하는 공동체로서 '분리-전이 또는 문턱의 경험-통합'이라는 3단계로 이루어진 과정에서 새로운 공동체로 넘어가도록 중간단계로서의 '문지방' 역할을 하는 공동체이다. 즉, 기독교인이 되기 이전의 사회로부터 분리되어 새로운 신앙공동체의 사회로 통합되기 이전에 세례지원자는 두 가지 정체성의 양극단이 공존하는 RCIA에서 결코 양자 모두를 수용하지 못한 채 긴장과 갈등의 경험을 하게 된다. 동시에 그러한

---

29 Victor W. Turner, *The Ritual Process: Structure and Anti-Structure*(Ithaca, New York: Cornell University Press, 1969).

과정 속에서 세례지원자는 이전에 결코 경험하지 못했던 일종의 종교적 경험을 함으로써 새로운 공동체로 자연스럽게 전이된다.[30] 결국 RCIA는 새 신자로 하여금 과거 자신이 속했던 사회로부터 벗어나 새로운 신앙공동체로 들어가도록 중재하는 코뮤니타스이다. 이런 점에서 한국 교회는 코뮤니타스의 역할을 하는 소공동체를 교회 내에 얼마나 많이 갖고 있는지 반성하게 되며 동시에 RCIA가 커뮤니타스의 역할을 할 수 있도록 신중히 고려할 필요가 있다.

3) 회심과정으로서의 RCIA

RCIA에 대한 또 다른 연구는 카바나의 '회심치료(conversion therapy)'라는 용어가 암시하듯이,[31] '회심'의 주제를 중심으로 진행되고 있다.[32] 특히 RCIA는 종교심리학적 측면에서 보다 활발하게 진행되고 있는데, 그것은 RCIA를 공포한 선언문에서 RCIA가 '회심의 과정'이라고 천명한 것에 근거한다. RCIA는 '회심'과 관련해 다음과 같이 진술하고 있다.

> 본 입교예식은 어른들이 그리스도의 신비를 전해 듣고 성령의 감도로 눈이 밝아져, 의식적으로 자원해서 살아계신 하나님을 찾으며, 신앙과 화두의 여정을 시작할 때에 사용된다. 이 순서에 따라 준비기간에 영신적 도움을 받다가 적당한 때에 가서 입교성사를 효과적으로

---

30 Anne C. McGuire, "The Catechumenate as Sacramental Process," *Catechumenate*, 16: 6(1994), pp.2-3.

31 Kavanagh, "Christian Initiation of Adults: The Rites," p.119.

32 Robert D. Duggan(ed.), *Conversion and the catechumenate*(New York: Paulist Press, 1984); Thomas P. Ivory, *Conversion and Community: A Catechumenal Model for Total Parish Formation*(New York: Paulist Press, 1988).

받게 된다.33

　예비자들의 교육은 신자들의 공동체 안에서 점진적으로 이루어진다. 신자들은 예비자들과 함께 파스카 신비의 가치를 묵상하며 자신의 회개를 새롭게 함으로써 예비자들에게 모범을 보여주며, 그들이 자유로이 성령의 감도에 순응할 수 있게 도와준다.34

　이 인용문은 RCIA가 회심에 대해 어떤 이해를 기반으로 하고 있는지를 잘 보여주고 있는데, 다음과 같은 두 가지 전제 위에 서 있다고 볼 수 있다. 첫째, RCIA는 점진적 회심을 강조한다. 인용문에서 "신앙과 화두의 여정"이란 곧 '신앙과 회심의 길(way of faith and conversion)'로 접어들어 설 때를 의미한다.35 즉, RCIA는 회심의 길이다. 그런데 한국어 번역은 회심의 여정을 "화두의 여정"이라고 의역했는데, 그것은 회심이 일회적인 순간의 깨달음을 의미하는 것이라기보다는 마치 선승이 화두를 붙잡고 지속적인 번민의 과정을 갖듯이 기독교인이 되고자 하는 이의 신앙과 회심의 길도 그와 유사한 과정을 밟는 것을 강조한 것이라고 이해될 수 있다. 그렇다면 여기서 회심의 과정은 일회적인 급작스런 회심을 의미하기보다는 점진적인 과정의 회심으로 이해된다. 이것은 이어서 인용된 구절, "예비자들의 교육은… 점진적으로(gradual process) 이루어진다"는 구절에서 더욱 명백해진다. 즉, RCIA는 네 시기와 세 단계의 예전으로 이루어진 점진적인 회심의 과정이다.

　둘째, RCIA가 지향하는 회심은 세례지원자뿐만 아니라 더 근본적으

---

33 김수환 편, 『어른입교예식서』, 1항.
34 같은 책, 4항.
35 RCIA, #1.

로는 기존의 신앙공동체의 회원 곧 기존 "신자들도 예비자들과 함께 파스카 신비의 가치를 묵상하며 자신의 회개를 새롭게" 하도록 하는 데 있다.[36] 다시 말해 RCIA는 기존 신자도 다시금 회심할 수 있도록 돕는 과정이라는 특징이 있다. 이것은 회심과 관련된 RCIA의 진술이 일회적인 급작스런 회심이 아니라 점진적인 과정으로 이루어지는 현상이며, 동시에 회심은 단순히 세례지원자만이 아니라 RCIA에 참여하는 모든 신자를 포함하는 것이라고 말할 수 있다. 결국 RCIA의 회심에 대한 최근 연구는 한국 교회에 적어도 두 가지 점에서 시사점을 제공한다.

첫째, 한국 교회가 주로 일회적이고 급작스런 회심에 보다 많은 관심을 두고 있는 현실에서 RCIA는 회심에 대한 새로운 시각을 제공한다. 좀 더 구체적으로 서술하면, 강희천은 회심의 연구유형을 회심 과정에 대한 연구, 회심 후의 행동변화를 중심으로 한 연구, 사회문화적 현상으로서의 회심 연구 등 세 가지로 제시했다.[37] 강희천은 회심 과정에 대한 연구에서 지금까지 한국 교회가 주로 위기의식을 동반한 급격한 회심을 강조한 것과 대조적으로 실제로는 점진적 회심, 무의식적 회심, 재통합적 회심, 인위적 계획에 의한 회심 등 다양한 차원의 회심이 있음을 강조했다.[38] 이런 측면에서 볼 때 RCIA는 점진적 회심과 재통합적 회심의 측면에서 이해될 수 있기에, 점진적 회심으로서의 RCIA는 급격한 회심 일변도에 대한 하나의 대안적 회심으로서 그 의미를 다시 평가해야 할 것이다. 한편 램보는 종교심리학적 측면에서 회심을 연구했는데, 점진적 회심의 측면을 강조하는 측면에서 '회심경험의 과정'을 일곱 단계로 제시했다. 그것은 ①회심의 상황, ②회심 전의 위기, ③삶의 의미에

---

36 RCIA, #4.
37 강희천, 『종교심리와 기독교교육』(서울: 대한기독교서회, 2000), 29-39쪽.
38 같은 책, 39쪽.

대한 재고, ④회심경험을 가능하게 하는 새로운 종교집단, 이념, 삶의 양식과의 대면, ⑤새로운 종교집단(이념, 삶의 양식)과의 상호작용, ⑥과거로부터의 단절과 새로운 자아의 결단, ⑦회심의 결과 새롭게 지니는 인지, 정서, 도덕적 변화이다.39 이러한 회심경험의 과정은 RCIA의 네 가지 시기 및 세 단계와 밀접한 관계를 맺고 있다고 볼 수 있다.40 따라서 한국 교회는 세례교육이 일종의 회심교육이라고 할 때 이러한 연계 속에서 보다 심도 있는 연구를 진행할 필요가 있다.

둘째, RCIA는 신앙발달이론의 측면에서 보다 적극적인 대화가 요망된다. 사실 RCIA와 신앙발달이론 사이의 관계성 혹은 신앙발달이론과 회심 사이의 관계성에 대한 연구성과는 아직 미진하다. 그러나 앞으로 이러한 주제에 대한 보다 구체적인 연구가 진행될 필요가 있다. 이에 대해 이미 파울러가 적절히 지적한 바 있다. 즉, 파울러에 의하면, 현재 가장 대표적인 기독교교육 모델은 다섯 가지이다. 즉, 전통화 혹은 문화화 모델, 공유적 프락시스 모델, 발달적 모델, 공적 교회 모델, 회심-예전적 모델이다. 마지막의 '회심-예전적 모델'이 바로 RCIA와 매우 밀접히 관계된다. 그런데 파울러는 RCIA의 등장으로 다섯 가지 기독교교육 모델 전체에 매우 큰 영향을 끼쳤다고 주장하면서, 특히 본인이 관심을 갖고 있는 신앙발달이론과 대화의 필요성이 있음을 인정했다.41 결국 RCIA는 회심에 대한 새로운 통찰 곧 신앙발달적 측면에서 재해석될 수 있음을 암시한다.

---

39 Lewis R. Rambo, *Understanding Religious Conversion*(New Heaven and London: Yale University Press. 1993).

40 Thomas H. Morris, "The Process of Discernment in the Rite of Christian Initiation of Adults"(Ph.D. Dissertation, The Catholic University of America, 2000).

41 James W. Fowler, "The RCIA and Christian Religious Education," *Worship*, 56: 4(1982), pp.336-342.

4. RCIA의 영성 형성 모델

1) 영성 형성 모델의 개념

영성 형성 모델(spiritual formation model)이란 무엇인가? 이것은 한마디로 최근 '영성(spirituality)'에 관한 현대 신학적 논의 속에서 잠정적으로 공유되는 영성의 의미를 추구하기 위한 RCIA의 모델을 의미한다. 달리 말해 RCIA는 영성 형성의 차원에서 새롭게 모색될 필요가 있다.[42] 앞에서 말했듯이, RCIA에 대한 최근의 연구동향이 예전학적 접근, 성례전적 카테케시스 접근, 회심과 관련된 종교심리학적 접근이라고 할 때 그것들을 새롭게 통합적으로 이해하는 것이 요청된다. 왜냐하면 RCIA는 그 근본 취지가 입교의 성례전을 교육하는 성례전교육만도 아니고 새로운 신자의 회심만을 염두에 둔 목회 프로그램도 아니기 때문이다. 그리고 RCIA는 세례받기 전 새 신자에게 가톨릭교회의 교리를 전수하는 데 목표를 둔 교리교육만은 더더욱 아니기 때문이다. 오히려 RCIA는 이 세 가지 모두를 포함하면서도 보다 적극적인 의미에서 진정한 기독교인이 되도록 돕는 목회적 모형이며 동시에 기독교신앙의 통합적 성격을 형성케 하는 신앙교육과정이기 때문이다.

그렇다면 이러한 세 가지 특성을 함축하고 있는 개념은 무엇인가? 그것은 곧 '영성'이라고 말할 수 있다. 영성은 인간과 하나님의 관계뿐만 아니라 인간과 인간, 인간과 생태계, 인간과 사회 사이의 통합적 관계성을 함축하는 의미로 이해되기 때문이다. 달리 말해, 영성은 근대성 이후

---

42 Shawn Madigan, *Liturgical Spirituality and the Rite of Christian Initiation of Adults: Forum Essays*(Chicago: The Liturgy Training Publications, 1997); Thomas H. Morris, "The Process of Discernment in the Rite of Christian Initiation of Adults"(Ph.D. Dissertation. The Catholic University of America, 2000).

파편화된 하나님-인간-세계 사이의 관계성을 회복하기 위해 "성령의 능력과 현존 안에서 그리고 그것을 통해 살아가는 기독교적 삶 자체"[43] 라고 정의할 수 있다. 더욱이 현대 신학적 측면에서 재해석된 영성의 의미는 지속성, 타자성, 성례전성, 프락시스, 타자의 환대를 통한 신앙의 발달, 통합성 또는 통전성 등을 의미한다.[44] 그렇다면 영성 형성이란 무엇인가? 그것은 그리스도인으로 하여금 파편화된 하나님-세계-인간의 관계성을 회복하기 위해 이와 같은 현대적 의미의 영성을 추구하고 획득해가는 과정에 다름 아니다. 이런 점에서 볼 때 RCIA는 바로 이와 같은 영성 형성의 길이요 과정이라고 말할 수 있다. 이것은 RCIA에도 잘 암시되어 있다.

> 본 입교예식은 어른들이 그리스도의 신비를 전해 듣고 성령의 감도로 눈이 밝아져, 의식적으로 자원해서 살아계신 하나님을 찾으며, 신앙과 화두의 여정을 시작할 때에 사용된다. 이 순서에 따라 준비기간에 영신적 도움을 받다가 적당한 때에 가서 입교성사를 효과적으로 받게 된다.[45]

앞에서도 인용된 이 RCIA의 본문에서 '영신적 도움'이란 세례지원자가 영성 형성의 과정에 있음을 의미한다. 즉, 세례지원자는 영성 형성의 과정 가운데 있다가 적당한 시기 곧 성례전을 받을 준비가 되었다고 판단될 때 효과적으로 성례전을 받을 수 있음을 강조한 것이다. 여기서

---

43 Michael Downey, *Understanding Christian Spirituality*(Mahwah, NJ: Paulist Press, 1997), p.45.

44 이은선, 「한국여성신학의 영성」, 《한국조직신학논총》, 7(2002), 273-294쪽; 손원영, 『영성과 교육』(서울: 한들출판사, 2004).

45 김수환 편, 『어른입교예식서』, 1항.

'영성 형성의 과정' 가운데 있다는 의미는 RCIA의 지원자가 일상적인 삶 속에서 성령의 인도함에 따라 살아가는 영성지향적인 삶을 사는 것을 의미한다. 따라서 영신적 도움 곧 영성 형성의 과정은 그리스도와의 신비한 연합인 파스카의 신비에 이르기 위한 필수 과정이요, 또 파스카의 신비를 체험한 이후에 그리스도인으로서 살아가는 한 방식이라고 말할 수 있다. 그렇다면 RCIA의 영성 형성적 접근은 RCIA에 대한 선택적 접근이 아니라 필수적 접근으로 이해된다. 그러므로 RCIA는 영성 형성의 측면에서 새롭게 조명될 필요가 있다.

2) 영성 형성 모델의 기본 요소

RCIA의 영성 형성 모델이란 현대적 영성 이해를 추구하는 모델이라고 할 때 현대적 영성의 이해는 교육의 목적처럼 RCIA가 궁극적으로 성취해야 할 지향점과 같다. 그렇다면 RCIA의 영성 형성 모델을 구성하는 기본적인 요소는 무엇인가? 마치 물을 전기분해하면 산소와 수소라는 기본 요소로 분리되듯이, RCIA의 영성 형성 모델의 기본 요소는 무엇인가? 여기서 영성 형성을 위한 영성학의 논의가 유의미하다. 다시 말해 일반적으로 영성학은 영성 형성을 위한 기본적인 방식으로 '영성 지도', '기도', '영성 식별', '사회정의' 등 네 가지 방식을 강조한다.[46]

이 각각은 신자가 성령의 인도에 따라 살도록 하는 중요한 영성 형성의 방법이요 내용으로서 기독교의 역사를 통해 꾸준히 강조되어온 것들이다. 그런데 여기서 간과할 수 없는 것은 이 네 가지 구성 요소 중 어

---

46 Robert J. Wicks, *Handbook of Spirituality for Ministers,* vol. 1 & 2(Mawah, NJ: Paulist Press, 1995 & 2000); 손원영, 『한국문화와 영성의 기독교교육』(서울: 대한기독교서회, 2009), 195쪽.

느 하나도 파편화된 채 소외되거나 배제되어서는 안 되며, 더욱이 그들 사이의 유기적 통전성을 이루도록 해야 한다는 점이다. 왜냐하면 RCIA 가 추구하는 영성이란 하나님-인간-세계의 관계성·통전성이요, 만물 이 신성으로 가득 차 있고 또 거룩한 실재를 매개한다는 성례전성이며, 낯선 타자를 환대하는 가운데 존재의 잉여가 발생하며 그를 통한 신앙 의 발달이 가능하기 때문이다.

3) RCIA의 영성 형성 모델

RCIA의 영성 형성 모델은 RCIA의 네 가지 시기(복음화의 시기, 세례교 육의 시기, 정화와 계몽의 시기, 신비의시기)와 영성 형성의 네 가지 기본 요 소 사이의 창조적인 만남에 따른 재구조화로 이루어진다. 여기서 중요 한 것은 RCIA의 네 가지 시기가 마치 교향곡처럼 각 장으로 구분되지만 자연스럽게 물 흐르듯이 진행되듯이, 영성 형성의 네 가지 방식도 마치 '페리코레시스(perichoresis)' 곧 상호내주 및 상호침투의 방식으로 서로 분리되지 않고 통전성을 갖고 있다는 점이다. 그래서 편의상 RCIA의 한 시기에 하나의 영성 형성 방식이 집중적으로 중시된다 할지라도 다른 영성 형성의 요소도 자연스럽게 그 시기에 개입될 수밖에 없다. 예를 들 어 RCIA의 제1기인 복음화 시기에 영성 지도가 가장 중요한 영성 형성 의 방식으로 고려된다 할지라도 영성 식별과 기도 그리고 사회정의의 방식도 그 시기에 부분적으로 참여하게 된다.

첫째, 복음화의 시기의 영성 형성은 '영성 지도'를 통해 주로 이루어 진다. 영성 지도는 영성수련자와 영성지도자 사이의 끊임없는 정기적 인 대화를 통해 영성수련자의 영적 성장을 돕는 행위라고 말할 수 있다. 이것은 최근 목회상담분야에서 발생하는 상담과 상당 부분 유사점이 있으나, 근본적인 차이점은 목회상담이 특정한 문제를 해결하고자 하는 치료에 초점이 모아진다면 영성 지도는 영성수련자의 영적 성장에 그 목적이 있다. 그런데 전통적으로 영성 지도는 수도원에서 종종 활용되던 영성 형성의 방식으로서 영적 능력을 가진 선배 영성지도자가 수련자에게 권위적인 관계에서 지시하고 조언하는 방식이 일반적이었다. 그런데 최근에는 양자 사이를 수평적 관계로 보려는 입장이 보편화되면서 영성 지도 대신 영혼의 친구, 영혼의 동반자, 멘토, 산파 등의 용어가 선호되고 있다. 이런 점에서 RCIA의 제1시기인 복음화 시기에는 영성 지도의 차원에서 지원자가 인생과 종교 문제에 대해 허심탄회하게 대화할 수 있도록 격려하고 복음에 눈뜰 수 있도록 안내해주어야 한다.

참고로, RCIA는 지원자의 회심 및 영적 성장을 위해 영성지도자로서의 '대부모'의 중요성을 강조하고 있는데, 영성 지도의 측면에서 매우 유용하다. 따라서 RCIA의 영성 형성 모델은 세례예비자가 세례받기 전 그리고 세례를 받은 후 계속 신앙이 잘 성장할 수 있도록 돕는 후견인으로서 '대부모'가 적절히 선정될 수 있도록 사전에 대부모의 자격기준을 설명하고 안내하는 것은 중요하다.[47] 특히 복음에 대한 개방성과 영성 형성이 누군가의 지도와 격려에 의해 보다 효과적으로 이루어진다고 할 때 가톨릭교회에서 실시하고 있는 대부모제도는 적극적으로 개신교에서 특히 영성 형성의 측면에서 고려될 필요가 있다.

둘째, 세례교육 시기의 영성 형성은 '영성 식별'을 중심으로 이루어진다. 영성 식별이란 '하나님의 뜻을 분별해 일상 속에서 그 뜻을 실천하도록 돕는 방법'을 의미한다. 이런 점에서 무엇이 하나님의 뜻인지를 분별하는 것은 일상적인 삶 속에서 성령의 인도함에 따라 살아가려는 그리스도인에게 매우 근본적인 문제이다. 따라서 RCIA는 하나님의 뜻을 분별하기 위한 기준으로서 성서의 말씀, 교리 혹은 교회의 전통 등을 제

---

47 RCIA #9·10.

시하는 것은 매우 중요하다. 또한 영성 식별이란 "사랑과 신앙의 빛 아래 자기가 한 체험의 성격을 기도하는 마음으로 조사하는 과정"[48]이라고 할 때 RCIA에 참여하는 지원자는 자신의 다양한 경험이 과연 하나님으로부터 오는 것인지 아니면 악으로부터 오는 것인지를 면밀히 살펴보는 것은 중요하다. 이런 점에서 로욜라 이냐시오의 영성 식별법은 매우 유용하다.[49] 특히 RCIA는 한 시기에서 다음 시기로 넘어갈 때 곧 허입의식과 선발의식, 입교의 성례전을 갖게 되는데, 영성 식별을 통해 과연 후보자가 각 시기가 요청하는 적절한 자격을 가졌는지 분별되어야 한다. 특히 세례교육의 시기는 성서와 교리 등을 통해 하나님의 뜻을 분별하는 영성 식별과 함께 세례 받을 자를 선발하는 선발식을 위해 영성 식별은 신중히 실천되어야 한다.

셋째, 정화와 조명의 시기의 영성 형성은 '기도'를 통해 이루어진다. 하나님과 인간의 친밀한 관계는 기도를 통해 이루어진다. 그래서 기도는 영성 발달의 중요한 교육내용이자 교육방법이다. 특히 RCIA의 세 번째 시기는 입교의 성례전을 준비하기 위해 사순절 기간 동안 주로 정화와 조명의 시간을 보낸다고 할 때 기도는 매우 중요한 정화와 조명의 방식이 될 수 있다. 이 시기에 기도를 실제로 실천함으로써 선발식을 통해 입교의 성례전에 참여할 준비를 하고 있는 선발자는 자신의 마음을 깨끗이 정화하게 되고, 그래서 성령의 은총으로 마음의 조명을 받아 입교의 성례전에 이르게 된다. 이때 기도의 다양한 방식이 적극적으로 활용될 필요가 있다. 예컨대, 기독교 전통에서 기도를 상징을 부정하는 무념적 기도와 상징과 이미지를 긍정하는 유념적 기도로 구분하는데, 이 두

---

48 로버트 패리시, 『관상과 식별: 어떻게 해야 하느님의 뜻을 잘 알아들을 수 있는가?』, 심종혁 옮김, 서울: 성서와 함께, 1996, 84쪽.

49 David Lonsdale, *Eyes to See, Ears to Hear: An Introduction to Ignatian Spirituality* (Maryknoll, New York: Orbis Books, 2000).

가지 기도방식 모두 균형 있게 활용될 수 있도록 안내하는 것이 필요하다.50 왜냐하면 양자 모두 성서적 기반 위에 근거한 기도이기 때문이다. 특히 한국 개신교가 지금까지 간구기도 중심으로 기도를 실천해왔기 때문에 상대적으로 명상이나 관상기도 같은 유념적 기도뿐만 아니라 하나님과의 신비한 합일을 강조하는 무념적 기도를 간과한 점이 없지 않다. 따라서 정화와 조명의 시기인 사순절기 동안 입교의 성례전을 준비하는 과정에서 유념적 기도와 무념적 기도, 간구기도 모두를 균형 있게 실천함으로써 영성 형성에 이르도록 해야 할 것이다.

넷째, 신비의 시기의 영성 형성은 '사회정의'를 실천함으로써 이루어질 수 있다. 최근 영성에 대한 관심이 고조되는 현실에서 볼 때 왜곡된 영성 이해 중 하나는 현실을 부정하고 내세지향적인 영성만 추구하거나 삶의 일상성을 부정한 채 중세 수도원의 음침한 골방으로 들어가는 것으로 이해하는 것이다. 이런 점에서 볼 때 영성 형성의 중요한 차원은 우리의 일상성을 긍정하면서 개인의 내세지향적인 삶이 아니라 바로 지금 우리가 살고 있는 사회 및 인류공동체의 해방과 자유를 지향하는 것이다. 특히 여성주의 영성, 해방적 영성, 생태적 영성, 문화적 다원주의 영성, 주변성의 영성은 최근 사회정의적 측면에서 강조되는 영성이라고 할 때, 이러한 영성은 매우 중요한 영성의 차원으로 간주되어야 한다.51 특히 RCIA의 신비의 시기는 입교의 성례전에 참여한 이후 성례전적 삶을 사는 방식을 배우고 실천하는 시기라고 한다면, 사회정의의 실천 혹은 해방적 실천의 삶이야말로 가장 거룩한 성례전적 삶임을 인식할 필요가 있다. 결국 예수 그리스도의 파스카의 신비는 단순히 예배당

---

50 Barbara E. Bowe, *Biblical Foundations of Spirituality*(New York: A Sheed & Ward, 2003), p.16.

51 Downey, *Understanding Christian Spirituality*, pp.131-139.

에서 입교의 성례전에 참여하는 것으로 완성되는 것이 아니라 사회정
의를 실천하는 성례전적 삶을 실천하는 것으로 완성된다.

4. 결론

최근 기독교교육학계에 관심을 끌고 있는 주제가 복음화, 카테케시
스, 성례전, 회심, 예배, 영성, 교회일치, 신앙공동체 등과 같은 것이라면
흥미로운 것은 바로 RCIA가 그러한 주제를 모두 한 점에서 만나는 하는
현장이 된다는 점이다. 특히 RCIA에서 초대교회와 현대교회가 만나고
가톨릭교회와 개신교가 만나는 장이 된다. 뿐만 아니라 RCIA는 가장 신
앙심이 깊은 자와 이제 겨우 기독교 신앙에 관심을 갖고 입교하고자 초
발심을 일으킨 자가 만나는 장이기도 하다.

따라서 이 글은 RCIA야말로 이러한 다양한 주제와 주체의 만남의 장
이라는 전제하에 RCIA와 영성의 만남을 시도한 것이다. 이러한 시도를
통해 RCIA는 단순히 가톨릭교회의 세례교육 프로그램을 넘어서 한국
개신교를 변화시킬 수 있는 목회적 모델이 되고, 단순히 부정적인 의미
에서의 회심을 넘어서 보다 긍정적이고 적극적인 차원에서 파편화의
문제를 안고 있는 현대 사회의 문제를 극복하기 위한 영성 형성의 한 모
델이 될 수 있을 것이다.

한국 교회의 해외 선교, 어디로 갈 것인가

김상근
연세대학교 신학대학 교수

1. 들어가면서

한국 교회의 해외 선교, 다시 생각해볼 때가 되었다. 영어로 표현하면
Re-thinking Mission인데, 세계 선교의 역사를 돌아보면 같은 제목을 가
진 선교 학술서적이 1932년 미국에서 출간된 적이 있다.[1] 이 책은 미국
의 석유 재벌인 록펠러 가문이 거액의 경비를 희사하고 미국의 7대 교
단 선교부의 지원을 받아 추진된 이른바 호킹 위원회(Hocking Committee)
의 세계 선교에 대한 보고서이다. 당시 하버드 대학교의 조직신학 교수
였던 윌리엄 호킹이 미국 교회의 세계 선교 현황을 점검하기 위한 특별
위원회를 이끌었기 때문에 '호킹 위원회'라 불렀다. 이 위원회는 15명의
전문위원을 임명해 세계 선교가 추진되고 있는 선교 현장을 직접 방문
해 현장조사를 실시했다. 2년간의 현장조사를 거쳐 총 7권의 보고서가
위원회에 제출되었으며, 다시 단행본으로 요약되어 1932년에 출간된 것
이 바로 『선교를 다시 생각한다: 백 년간의 선교사역을 돌아보는 평신

---

1 William Hocking, *Re-thinking Mission: A Laymen's Inquiry after One Hundred Years*
(New York: Harper & Brothers Publishers, 1932).

도들의 평가』이다. 개신교 선교, 특별히 ABCFM(American Board of Commissioners for Foreign Missions)을 중심으로 한 미국 교회의 해외 선교가 시작된 지 100년 만에 호킹 위원회는 미국 교회가 추진하고 있던 해외 선교의 문제점을 다각도로 분석하고 새로운 선교의 방향을 제시한 것이다.

나는 한국 교회 역시 해외 선교의 문제점을 분석하고 새로운 선교의 방향을 제시할 때가 되었다고 본다. 1980년대 후반부터 본격화된 한국 교회의 해외 선교를 학문적 입장에서 냉정하게 바라보고 평가를 내릴 때가 된 것이다. 이러한 학문적 평가와 새로운 방향 제시는 '세계 2위의 선교사 파송국'이라는 저널리즘적인 호들갑에 편승하지 말아야 할 것이며, 동시에 선교에 열정적인 한국 교계나 선교단체의 눈치를 보면서 좋은 것이 좋다는 식의 결론 없는 결론으로 유도되지 말아야 할 것이다. 호킹 위원회가 발간했던『선교를 다시 생각한다』는 미국 교계에서 뜨거운 찬반양론을 불러일으켰다.[2] 미국의 해외 선교 역사를 학문적으로 조망했던 윌리엄 허친슨 교수는 호킹 위원회가 제시한『선교를 다시 생각한다』의 결론을 통해 미국 교회가 19세기 초반부터 추진해왔던 해외 선교에 대해 새로운 전망을 획득했고 새로운 해외 선교에 대한 이해를 통해 결과적으로는 미국 교회의 '해외 선교의 시대'가 마감되었다고 평가했다.[3]

선교는 교회의 본질이기 때문에 무슨 일이 있어도 계속 추진되어야 한다는 신앙심의 재확인은 이 글에서 지양될 것이다. 나는 선교가 교회

---

2 호킹 위원회의『선교를 다시 생각한다』에 대해 찬반양론을 펼친 미국 교회의 역사에 대해서는 William Hutchison, *Errand to the World: American Protestant Thought and Foreign Missions*(Chicago: Chicago University Press, 1987), pp.158-175 참조. 소설가로 유명한 펄 벅 여사는 이 책의 내용에 대해 지지하는 연설을 했지만 보수적인 교회는 선교의 당위성을 훼손했다고 맹렬히 비판했다.

3 Ibid., p.175.

의 본질이라고 보지 않는다. 선교는 교회의 사명이지 본질이 아니다. 교회는 존재 자체로서 선교적이어야 하고 무엇을 함(Doing)으로써 선교하는 것이 아니라 존재하는 것 그 자체(Being)로 선교적이어야 한다는 것이 이 글을 쓰는 나의 입장임을 밝혀둔다. 한국 교회의 해외 선교가 어디까지 왔는지 역사적 맥락에서 고찰해보고, 문제점이 무엇인지를 선교사회학적으로 분석한 다음, 미래 전망과 새로운 방향을 제시하는 순서로 진행될 것이다.

2. 한국 교회의 해외 선교, 어디까지 왔는가

한국 교회의 해외 선교에 대한 역사적 고찰은 산발적으로 시도되었다. 박기호의 『한국 교회 선교운동사』에서 한국 선교의 역사를 추적하고 있지만 단편적이며 편파적인 입장을 취하고 있다.[4] 해외로 파송되었던 초기의 선교사에 대한 전기도 속속 출간되고 있지만 개인적 소회를 담은 비학문적인 연구가 주종을 이루고 있다는 아쉬움이 있다.[5]

한국 교회의 해외 선교가 시작된 시점을 언제로 잡을 것인가에 대한 학문적 결론도 내려져 있지 않다. 해외 선교의 정의를 어떻게 내릴 것인

---

4 박기호, 『한국 교회 선교운동사』(파사디나: 아시아 선교연구소, 1999). 이 책은 풀러 신학교에 제출된 박기호의 박사학위를 번역한 것인데, 예장 합동의 입장이 지나치게 강조되어 있고 동 교단의 필리핀 선교에 한정되어 있는 단점이 있다.
5 이런 경향을 가진 대표적인 서적은 정석기, 『위대한 선교사 열전』(서울: 쿰란출판사, 2002)이다. 그래도 다행스러운 것은 최근 한국 교회의 초기 선교사에 대한 기록과 사료를 모은 연구서가 속속 발표되고 있다는 점이다. 예를 들면, 이학인·김만수, 『만주의 사도 바울 한경희 목사』(서울: 기독교연합신문사, 2005) 등이다.

가에 대한 학문적 결론이 내려져 있지 않기 때문이다. 특별히 쟁점이 되는 것은 이른바 한인 디아스포라 공동체에 파송된 선교사를 '해외 선교'의 범주에 넣을 것인가, 아니면 다른 민족문화권에 속한 사람들에게 복음을 전하는 것을 '해외 선교'로 볼 것인가에 대한 논쟁이 계속되고 있다.6 긴 학문적 논의가 필요하겠지만 나는 이 글에서 전자의 정의를 따르기로 한다. 한인 디아스포라 공동체에 한국 교회나 교단의 공식적인 파송을 받은 선교사의 사역을 '해외 선교'의 범주에 속한 것으로 볼 것이다.

그렇다면 첫 번째 한국 교회의 해외 선교는 1907년 평양신학교를 졸업하고 조선예수교 장로회 독노회에서 공식적으로 '선교사' 파송을 받은 이기풍 목사의 제주도 선교가 시발점이다.7 당시 한국 교회와 선교사들의 생각에 따르면 제주도는 '퀠팟트(Quelpart)'라는 이국의 섬으로, 바다 건너에 있는 '다른 언어와 문화를 가진' 선교 대상 지역이었다.8 일부 감리교 계통의 신학자들은 1902년 미국 하와이의 사탕수수농장 노동자로 이주했던 인천 내리교회 교인들과 최초의 미주 노동이민자를 동행했던 홍승하 전도사를 해외 선교의 시발점으로 보자는 견해를 제시하고 있다.9 그러나 현재까지 홍승하 전도사가 공식적으로 선교사 파송을

---

6 다양한 문화와 인종이 존재하고 있는 인도의 경우, 비록 해외로 파송되지 않고 국내에서 다른 문화권 사역을 하더라고 '선교사'로 간주한다. 이러한 국내의 타문화권 선교를 해외선교에 포함시킨다면 인도는 미국에 이어 두 번째로 많은 선교사를 파송하고 있는 국가이다.

7 당시 기록을 검토해본 결과, 공식 회의록에서 (유명한) 7인의 목사 안수에 대한 기록 이전에 이기풍 목사를 제주도 선교사로 파송한다는 기록이 있었다.

8 *Korean Mission Field*, vol.III, no.11(1907), p.163.

9 하와이 사탕수수농장 노동자로 미국으로 건너갔던 초기 이민자에 대한 역사적 연구는 Wayne Patterson, *The Ilse: First-Generation Korean Immigrants in Hawai'i, 1903-1973*(Honolulu : University of Hawai'i Press, 2000)이 대표적이다.

받았다는 기록이 없으므로 나는 이기풍 목사의 제주도 선교를 최초의
해외 선교로 간주한다.

여기서 한 가지 의문에 봉착하게 된다. 왜 한국의 장로교회가 독노회
를 구성하고 최초로 7명의 한인 목사를 배출한 첫 번째 총회에서 해외
선교에 특별한 관심을 가지게 되었을까? 전통적인 장로교회의 칼뱅주
의에 따르면 구원은 하나님의 절대적 주권에 따라 무제한적 선택(엡 1:4-
5; 딤후 1:9)으로 은총의 대상이 결정되기 때문에 '복음을 직접 전해서 이
방인을 개종시키는' 선교에 대해 미온적일 수밖에 없었다. 동시대 어떤
교파보다 전통적 칼뱅주의 선교관에 충실했던 침례교회 지도자들이 윌
리엄 캐리가 해외 선교를 강력하게 주장하자 "젊은이, 자리에 앉게. 만
약 하나님께서 이방인을 구원하시려면 나나 자네의 도움 없이 직접 하
실 것이네"라고 말했다는 유명한 일화가 이러한 칼뱅주의의 선교관을
잘 설명해주고 있다.10 나는 한국 교회가 독노회 구성의 첫 단계부터 선
교에 관심을 가지게 된 이유를 1907년에 정점으로 타올랐던 평양 대부
흥운동의 결과이며, 신학적으로는 한국의 장로교회가 대부흥의 경험을
통해 알미니안적인 요소를 받아들였다는 가설을 제시한 바 있다.11 한
국의 장로교회는 평양 대부흥운동의 폭발력을 해외 선교라는 알미니안
적인 프로그램으로 확대·발전시켜나갔고 산동성 선교라는 본격적인 해
외 선교를 추진하기에 이른다.

---

10 윌리엄 캐리가 칼뱅주의 선교관을 신학적으로 극복한 과정에 대해서는 A.
   Christopher Smith, "William Carey, 1761-1834: Protestant Pioneer of the Modern
   Mission Era," Gerald Anderson, et al.(eds.), Mission Legacies(Markknoll: Orbis
   Books, 1994), p.247 참조.
11 김상근, 「1907년 평양 대부흥운동과 알미니안 칼빈주의의 태동: 한국 교회의 선교
   운동에 미친 영향을 중심으로」, ≪한국기독교신학논총≫, 제47권(2006년 7월),
   383-410쪽.

한국 교회의 산동성 선교는 1912년 한국 장로교 총회가 조직되면서 부터 범교단적으로 추진된 본격적인 해외 선교였다. 총회의 결정에 따라 산동 지역에 관한 예비조사에 이어 1913년 박태로·김영훈·사병순 목사가 최초의 산동성 선교사로 파송되었으며, 계속해서 1917년 제2대 선교사로 방효원·홍승한 목사가 미국 북장로교 선교부가 철수한 지역을 맡아 중국인을 대상으로 선교를 전개했다. 한국 장로교회의 산동성 선교는 1937년 제5대 선교사인 방지일 목사가 파송될 때까지 계속되다가, 중국 공산당의 집권으로 그 막을 내렸다(1957년). 산동성 선교의 의미에 대한 학계의 평가는 아직 내려져 있지 않다.12 조동진은 준비 미흡과 중국 교회와의 협의가 없었다는 점에서 산동성 선교가 실패였다고 평가하고 있지만, 박기호는 조동진의 견해에 반대되는 의견을 제시하고 있다.13 중국 산동성 선교에 대한 추가 연구가 학계의 시급한 과제임을 명시하면서 한국 최초의 여선교사였던 김순호 선교사에 대한 연구도 함께 추진되어야 함을 부기해둔다. 김순호 선교사는 1930년 제3회 전국여전도연합회에서 공식적으로 파송을 받아 이듬해부터 산동성에서 사역을 시작했다. 최초의 의료선교사였던 세브란스 출신(1916년 졸업)의 김윤석이 추진했던 래양 지역에서의 의료선교사역도 빠지지 말아야 할 추가 연구의 대상이다.

전 세계로 흩어진 한인 디아스포라 공동체에 대한 선교도 지속적으로 추진되었다. 1908년 한국 장로교 독노회는 소련의 블라디보스토크로

---

12 조동진은 산동성 선교를 실패로 본다. Cho, David J., "The Growth of Korean Missions and Its Contribution to World Evangelization," Ro, Bong Rin and Marlin Nelson(ed.), *Korean Church Growth Explosion: Centennial of the Protestant Church, 1884-1984*, (Taichung: Asia Theological Association, 1983), p.111.
13 박기호, 앞의 책, 64-66쪽. 마지막 선교사였던 방지일 목사가 생존해 있으므로 이 논의에 대한 사료 수집과 학문적 연구가 시급한 실정이다.

최관흘 목사를 파송했고 1909년에는 한병직 목사를 시베리아 지방으로 파송했다. 한국 감리교회 역시 1910년 손정도 목사를 중국 선교사로 파송했으며, 손 목사는 북만주지방과 블라디보스토크에서 사실상 항일투쟁의 선봉에 서는 애국지사로 활동하기도 했다. 일본에 거주하고 있던 한인 유학생 공동체를 위해 장감(長監) 연합선교회가 구성된 것은 1912년의 일이었다. 독노회의 파송을 받은 한석진 목사가 1909년 일본에서 3개월간 선교를 펼친 바 있지만, 공식적으로 선교사가 파송된 것은 1911년 임종순 목사부터였다. 해방 때까지 이어진 한국 교회의 초기 선교는 주로 외국에서 살고 있는 한인 디아스포라 공동체를 위한 사역이 주종을 이루었다. 초기 한인 선교사의 사역 중에서 특별히 관심을 가지고 추가 연구되어야 할 부분은 선교 현지에서 러시아 정교회로 개종했던 최관흘 목사와 지역교회와의 타협을 거부하다가 추방당한 감리교회의 손정도 목사에 대한 비교 분석이다.

일본의 식민통치가 종결되고 동족상잔의 6·25전쟁이 종료된 다음 한국 교회는 분열의 아픔을 딛고 의욕적인 해외 선교를 재개했다. 1956년부터 재개된 한국 장로교회의 해외 선교는 태국(1956년, 최찬영·김순일 선교사)과 대만(1957년, 계화삼 선교사)을 시작으로 세계 전역으로 교단 소속 선교사들을 파송했다.14 한국 장로교회는 여러 차례 분열을 아픔을 겪으면서도 해외 선교에 대한 관심과 후원을 중단하지 않았다. 널리 알려진 대로 1960년대와 1970년대의 한국 교회는 경이적인 성장을 거듭했다.15

---

14 한국 교회가 태국 선교에 참여하게 된 경위는 서구 교회가 WCC의 설립(1948년)과 더불어 해외 선교를 중단하고 대신 1954년 설립된 동아시아교회협의회가 태국을 선교지역을 채택했기 때문이다.

15 한국 교회의 성장에 대한 학술적인 연구는 Roy Shearer, *Wildfire: Church Growth in Korea*(Grand Rapids: William B. Eerdmans Publishing, 1966)에서 제기한 초기 한국 교회의 성장에 대한 분석에서부터 출발해야 한다. 그러나 아쉽게도 1960년대

물론 성장의 기쁨 뒤에는 보수·진보 진영 간의 끊임없는 신학적 갈등과 교단 분열, 신흥 종교의 발흥과 유행, 도시·농촌 교회 간의 양극화 현상 등이 심화되어갔다. 이른바 '복음주의 노선'의 교단(합동, 고신 등)과 '에큐메니칼 노선'의 교단(통합, 감리교, 성결교, 기장, 성공회 등), 그리고 순복음 계열의 교단이 상호 경쟁하면서 각 교단(노선)은 독자적으로 선교에 대한 신학적 정의를 내리게 된다.

보수적인 복음주의 교단은 선교를 '그리스도를 믿지 않는 비그리스도인에게 복음을 전파'하는 것, 즉 '복음화'로 보았고, 진보적인 에큐메니칼 교단에서는 선교를 '세상에서 소외받고 있는 사람을 향하신 하나님의 실천적인 부름'으로 해석해 '인간화'를 지향했다. 이른바 복음화와 인간화로 나누어지는 양대 패턴은 지금까지 한국 교회의 대표적 선교관으로 남아 있다. 선교에 대한 정의에 따라 복음주의 교단에서 해외 선교에 더 많은 관심을 기울이게 된다. 진보적인 교단에서는 민중신학이라는 독특한 한국적 신학을 발전시켜 교회의 선교적 사명을 한국적 상황에서 재해석했다.

한국 교회의 해외 선교가 새로운 국면을 맞이한 것은 1980년대 후반의 일이다. 한국 교회의 해외 선교는 1980년대 후반, 정확하게 말하면 1989년 1월 1일 당시 노태우 정권이 비자법과 외국 여행에 관한 법률을 전면 개정하면서부터 폭발적으로 성장하기 시작했다. 해방 후부터 1980년대 초반까지 추진된 해외 선교가 각 교단의 선교부를 중심으로 한 선별적인 선교였다면, 1989년 이후부터 전개된 한국 교회의 선교는 완전히 새로운 선교의 주체에 의해 주도된다. 1989년부터 새로운 국면으로

와 1970년대의 한국 교회 성장에 대한 종교사회학적 분석은 아직 시도되지 않고 있다. 당장 참고할 수 있는 자료는 Byong-suh Kim, "The Explosive Growth of the Korean Church Today: A Sociological Analysis," *International Review of Mission* (January, 1985), vol.74, pp.59-72이다.

전개되기 시작한 한국 교회의 해외 선교는 교단에서 파송하는 선교사가 주도하던 패러다임에서 젊은 대학생, 대학 졸업생, 청년이 자발적으로 해외 선교에 참여하는 평신도와 청년세대 주도로 전환되었다. 물론 이러한 선교운동의 주체 변화는 선교 역사에서 반복적으로 나타나는 현상이다.16 '위대한 선교의 세기'를 주도했던 19세기 초반 영국의 선교운동 역시 '자발적인 청년 평신도'의 참여로 촉발되었고, 19세기 후반과 20세기 초반의 세계 선교를 주도했던 미국의 학생선교자원운동(Student Volunteer Movement) 역시 같은 패턴으로 추진되었다. 그러나 1980년대 후반 한국 교회에서 일어났던 선교운동은 두 가지 한국적인 특성을 가지고 있다.

먼저 한국 교회는 1970년대와 1980년대의 폭발적인 교회 성장으로 선교의 동력을 확보하게 되었다.17 1988년을 기점으로 한국의 기독교 인구는 천만 시대에 접어든다. 1988년의 인구 통계에 따르면 전국에 3만 개의 교회가 있고 2만 4천 명의 안수 받은 목회자가 활동하고 있었다. 서울과 수도권 전역에 초대형 교회가 속속 자리를 잡게 되었다. 1987년을 기점을 해외에서 활동하던 한국 선교사는 400명 미만이었다.18 또 다른 통계는 498명의 선교사가 50개국에서 활동하고 있었다고 보고하기도 한다. 마린 넬슨은 1986년을 기준으로 총 47개국에 511명의 한국 선

---

16 Robert Wilder, *Student Volunteer Movement for Foreign Missions*(New York: SVM, 1935). 이론적 고찰과 배경에 대해서는 Kenneth Cracknell, *Justice, Courtesy, and Love: Theologians and Missionaries Encountering World Religions, 1846-1914*(London: Epworth Press, 1995) 참조.

17 Timothy Kiho Park, "A Survey of the Korean Missionary Movement," *Journal of Asian Mission*, vol.4, no.1(2002), p.117.

18 당시 통계에 따르면 172명이 아시아에서, 70명이 유럽에서, 65명이 남북 아메리카에서, 40명이 아프리카에서, 14명이 이슬람권에서, 5명이 호주권에서 활동하고 있었다.

교사가 해외에서 활동하고 있다고 발표했다.[19] 당시 한국에서 활동하고 있던 외국 선교사는 총 626명이었다. 가장 많은 선교사 숫자를 보고했던 넬슨의 통계(511명)를 인정한다 해도 1988년 말까지 한국에는 선교사들의 입초(入超) 현상이 지속되고 있었다. 한국에서 활동하고 있던 외국 선교사 숫자가 해외로 파송된 한국 선교사의 숫자보다 많았다는 뜻이다. 1988년까지 한국은 여전히 '선교사를 받아들이는' 피선교 국가였던 것이다.

한국 교회의 해외 선교는 1989년부터 폭발적으로 성장하기 시작했다는 사실은 통계 자료가 정확하게 반증하고 있다. 마린 넬슨의 통계에 따르면 1987년 511명이었던 한국 해외 선교사의 숫자는 1989년 1,178명으로 두 배 이상 급증했다.[20] 1989년부터 한국은 더 이상 선교사를 받아들이는 나라가 아니라 '선교사를 해외로 파송하는' 명실상부한 선교 국가로 탈바꿈한다. 복음이 이 땅에 들어온 지 100년을 조금 넘은 시점에서 선교사 파송 국가로 전환한 한국 교회의 사례는 세계 교회사에서도 매우 이례적인 일로 평가받고 있다.

물론 나는 단순한 선교사 숫자가 중요한 것이 아니라는 입장을 취하고 있다.[21] 놀라운 통계숫자에 가려져 있는 이면의 부작용도 만만치 않기 때문이다. 그러나 내가 관심을 가지고 있는 것은 '왜 한국 교회는 1989년부터 갑자기 선교 국가가 되었을까'라는 질문이다. 1970년대와 1980년대에 일어났던 교회 성장의 결과라는 사실만 학계에 보고되어 있

---

19 Marlin Nelson(ed.), *Directory of Korea Mission Societies, Mission Training Institutes, and Missionary*(Seoul: Basile, 1989), p. 203.

20 Ibid., p.203.

21 Sangkeun Kim, "Sheer Numbers Do Not Tell the Entire Story: The Challenges of the Korean Missionary Movement from an Ecumenical Perspective," *Ecumenical Review*, vol.57, no.4(October, 2005), pp.463-472.

다. 그러나 이 질문에 대한 대답은 좀 더 자세한 종교사회학적 접근을 요구하고 있다.[22] 한 국가의 교회가 갑자기 해외 선교에 집단적으로 매진하게 되었다면 역사적 동기 외에 사회학적 동기가 반드시 포함되었을 것이다. 나는 이 글에서 한국 교회가 1980년대 후반부터 선교 국가로의 전환을 시도한 배경에 대해 선교사회학적 입장에서 분석할 것이다. 이미 종교적 이유와 역사적 이유에 대해서는 여러 학자들이 분석을 내놓고 있다. 나는 여기서 한국 선교에 대한 사회학적 평가를 '추동력'과 '유인력'으로 나누어 평가하고자 한다.

먼저 추동력에 대한 선교사회학적 분석으로, 한국 선교사들이 왜 해외로 나가서 복음을 전하겠다고 결단하고 실제로 어떤 사회적 현상과 더불어 이런 개인적 결단이 1980년대 후반부터 집단적으로 한국 사회에 표출 되었는지 분석해볼 필요가 있다. 대부분의 선교 운동사가 그렇게 전개되었듯이 영적 대각성이나 교회의 부흥이 일어나면 그 다음 단계는 해외 선교에 대한 관심이 증대하게 된다. 그 이유에 대한 분석은 한국 교회의 선교운동사나 19세기 후반부터 20세기 초반까지 전개되었던 미국의 선교운동사 분석에서 이미 시도되었기 때문에 더 이상의 논의는 생략키로 한다.[23] 이 연구에서 관심을 집중하고 있는 것은 왜 한국의 젊은 청년이 갑자기 1980년대 후반에 해외 선교에 뜨거운 관심과 참여를 집단적으로 보이기 시작했느냐의 문제이다. 다시 말하면 어떤 사회적 동기가 이들로 하여금 대한민국을 떠나도록 밀어내는 작용을 했

---

22 선교사회학(Sociology of Mission)에 대한 전문적인 연구의 당위성은 Robert Montgomery, *Introduction to the Sociology of Missions*(Westport: Praeger, 1996) 참조.

23 미국 교회의 해외 선교에 대한 분석은 R. Pierce Beaver, ed. *American Missions in Bicentennial Perspective*(South Pasadena: William Carey Library, 1977) 참조. 앞에서 언급한 William Hutchison, *Errand to the World: American Protestant Thought and Foreign Missions*도 이 분야에 대한 탁월한 연구이다.

는가에 대한 분석이다.

해외 선교를 실행할 수 있도록 '밀어내는' 두 가지 요소는 선교를 위해 부름을 받았다는 '자의식'과 그 초월적 부르심을 구체적으로 실행할 수 있는 '경제적 여건'이다. 이른바 '열방을 향한 부르심'에 응답하기 위해서는 먼저 하나님께서 나를 복음의 전파자로 부르셨고 '내가 그것을 해야 한다'는 분명한 자의식을 있을 때 해외 선교사라는 평범하지 않는 소명으로 자신을 이끌게 된다. 1980년대 후반부터 해외 선교의 주역이 된 젊은 세대는 새로운 자기정체성에 눈뜬 사람들이었다. 그들은 지금 한국 사회에서 이른바 '7080세대'로 불리는 사회집단으로 미국식 기준으로 본다면 베이비부머의 마지막 연령층에 해당한다. 그들은 대한민국이라는 나라의 정체성과 국제적 위상이 후진국, 독재자의 나라, 동족상잔의 6·25전쟁을 겪은 나라, 일본의 식민 통치를 받았던 나라에서 올림픽을 성공적으로 개최한 나라, 1987년 민주화의 봄을 쟁취한 나라, 아시아의 용, 신흥 공업국가로 전환되는 시점에 대학 교육을 받았던 세대이다. 당시 그들이 탐독했던 책은 전 대우 그룹 김우중 회장이 쓴 『세계는 넓고 할 일은 많다』였으며, 가방 하나 들고 세계를 누비며 시장을 개척해가던 해외주재 상사원의 개척자 정신에 매료되었던 세대에 속했다.[24] 1988년을 시점으로 급변했던 한국 젊은이의 자기정체성에 대한 고찰은 같은 해 『풍류신학으로의 여로』를 출간한 유동식 교수의 글에서 정확하게 포착되고 있다. 한 신학자의 전망에 한국인의 자기정체성 이해와 세계관이 변화하고 있음을 확인할 수 있다.

> 1988년은 우리 민족사상 특기해야 할 한 해가 아닌가 한다. 우리는 이제 민족의 염원이었던 민주화의 의지를 펼쳐볼 수 있게 되었으며,

---

24 김우중, 『세계는 넓고 할 일은 많다』(서울: 김영사, 1989).

밖으로는 온 세계를 망라한 161개국의 젊은이들이 서울에 모여 올림
픽의 일대 축제를 열게 된 것이다. '세계는 한국으로, 한국은 세계로'의
표어가 현실화되어가고 있는 것이 88년이라 하겠다. 이제는 세계를 향
해 우리의 마음을 활짝 열어야 할 때이다.25

  1980년대에 발표된 한국 교회 지도자들의 강연이나 설교 내용을 분
석해보면 '새로운 나라'의 국민으로 거듭나고 있는 한국 젊은이의 자의
식을 고무시키고 이를 선교사 헌신으로 연결시키는 표현이 넘쳐나고
있음을 쉽게 발견할 수 있다. 1980년 당시 연세대학교 총장이었던 박대
선 박사는 하나님께서 한국을 두 번째 선민(選民)으로 부르셨고, 6·25전
쟁 때 공산주의자들로부터 한국을 지켜주시고 경제적 번영을 허락하신
이유를 제시했는데 그것은 한국을 장차 '아시아의 빛'으로 선택하셨기
때문이라고 단언한다.26 장로회신학대학교의 학장이었던 이종성 박사
는 이미 1981년에 하나님께서 세계 선교를 위해 마지막 증인으로 한국
교회를 부르셨다고 강조하면서, 젊은 신학도에게 선교사로 헌신할 것
을 촉구하기도 했다.27 새로운 선교의 사명을 받은 '선택받은 민족'의 개
념은 한국 교회의 선교운동에만 국한된 현상이 아니다. 19세기 후반부
터 영국의 식민지 경제체제를 완결시키고 세계 경제의 일원으로 참여
하기 시작한 신흥 산업국가였던 미국에서 태동한 선교운동 역시 같은
맥락에서 추진되었다.28 당시 미국인은 자신을 '제2의 이스라엘', 즉 그
리스도의 재림을 앞당기기 위해 마지막으로 선택된 민족으로 보았고,

---

25 유동식, 『풍류신학으로의 여로』(서울: 전망사, 1988), 3쪽.
26 박대선, 「동양의 빛」, 《한국복음신문》, 1980년 3월 23일.
27 이종성, 「세계가 우리를 부르고 있다」, 《신학춘추》, 제33호(1981), 11쪽.
28 William Hutchison, *Errand to the World: American Protestant Thought and Foreign Missions* 은 이러한 시대적 배경을 설명해주는 탁월한 연구서이다.

미국 선교사에 의해 선교된 한국 교회의 역사도 이런 맥락에서 이해되어져야 한다.

한국 교회 선교에 추동력을 제공해주었던 또 다른 요인은 경제력이었다. 이것은 단순히 교인의 숫자가 늘어나 교회의 재정적인 여유가 해외 선교를 '밀어냈다'는 것이 아니다. 한국 경제의 성장 모델이 선교운동에 참여했던 (지금도 참여하고 있는) 젊은 세대에게 유효한 심리적 추동력을 제공했다는 것이다. 경제적 성장 모델이 선교의 청사진이나 성공적인 선교운동의 모델로 제시된 것은 '근대 개신교 선교의 아버지'로 불리는 윌리엄 캐리가 유명한『고찰』에서 주장한 내용이기도 하다.29 한국 경제의 지속적인 성장과 월드컵의 성공적 개최(2002년)와 삼성 신화를 통해 확대 재생산된 세계 경제 10~12위권의 '성공한 나라'의 이미지는 더 많은 젊은이가 자신감을 가지고 세계로 뻗어나갈 수 있는 뒷받침이 되었다. 한국 교회의 선교운동은 열방을 향해 부름 받았다는 '새로운 국가·민족의식'과 이를 뒷받침할 수 있는 경제적 자신감을 통해 강력한 추동력을 획득하게 되었다.

한국 교회의 선교를 받아들이는 국가나 민족 혹은 선교 현지교회의 한국 선교사에 대한 유인력도 동시에 존재한다. 한국 선교사를 받아들이는 유인력이 없다면 추동력도 쓸모없게 된다. 반대의 경우도 마찬가지이다. 나는 한국 교회의 선교를 받아들이는 외부의 유인력은 한국이 지난 반세기 동안 이룩한 두 가지 놀라운 성장 신화에 기초하고 있다고 본다. 일제 통치와 6·25전쟁을 겪고도 세계 10~12권의 경제성장을 이룩한 한국의 경제 성장 신화와, 단기간에 세계 최대의 대형 교회를 여럿

---

29 William Carey, An *Inquiry into the Obligations of Christians to Use Means for the Conversion of the Heathens*(Leicester: Ann Ireland and the other booksellers in Leicester, 1792), Section IV, "The Practicability of Something Being Done," pp.67-76.

탄생시킨 교세 성장의 신화가 바로 한국 교회의 선교를 받아들이는 유인력이라고 나는 추정하고 있다. 물론 이러한 유인력은 한국 선교사의 성공적인 사역이나 위대한 업적을 통해 확대 재생산되는 측면이 있지만, 이 힘의 균형을 유지시키는 주체는 한국 선교사를 받아들이거나 혹은 배척하는 선교 현지 원주민의 선택이다. 선교 현지의 원주민은 수용과 배척의 과정을 통해 한국 선교사를 지속적으로 유인해가고 있는데, 경제 성장과 교회 성장의 모델이 신불신(信不信)을 망라한 한국 선교사에 대한 선교 원주민의 강력한 유인력으로 보인다.

3. 한국 교회의 해외 선교, 무엇이 문제인가

이제 한국 교회의 이미지는 민중신학을 태동시킨 창발적인 정치신학의 터전도 아니고 폭발적인 성장세로 세계 교회를 놀라게 했던 성령의 역사가 넘쳐나는 교회도 아니다. 한국 교회의 이미지는 이제 '세계에서 두 번째로 많은 선교사를 해외에 파송하고 있는' 선교 교회이다.[30] 《국제선교학술지》에 실린 문상철 박사의 한국 선교 현황에 대한 보고서도 큰 작용을 했지만,[31] 2007년 분당 샘물교회의 단기선교봉사단이 아프가니스탄의 탈레반에게 의해 납치되어 두 명의 희생자를 낸 사건이 전 세계에 알려지면서 한국 교회의 선교적 열정이 다시 한 번 세계 언론의 주목을 받았다. 선교 역사가 120년 정도에 불과한 한국 교회가 이렇

---

30 예를 들면 Rob Moll, "Mission Incredible," *Christianity Today* (March, 2006) 등에서 한국 교회의 새로운 이미지를 소개하고 있다.

31 Steve Moon, "The Recent Korean Missionary Movement: A Record of Growth, and More Growth Needed," *International Bulletin of Missionary Research*, vol.27, no.1 (January, 2003), pp.11-16.

게 적극적으로 해외 선교에 참여하게 된 과정에 대해 많은 학자들이 학문적 관심을 가지고 있다. 세계적인 선교학자인 앤드류 월스 박사는 한국 교회의 해외 선교가 "20세기의 선교적 현상(the missionary phenomenon of the century)"이라고 평가할 정도이다.32

여기서 앤드류 월스가 지적하고 있는 '20세기의 선교적 현상'의 주체에 대해 규명해둘 필요가 있다. 앞에서 역사적 맥락을 따라가면서 설명했지만 1989년 이후 폭발적으로 성장한 한국 교회의 해외 선교운동의 주체는 교단에서 파송을 받은 안수 받은 선교사가 아니다. 물론 2006년 말을 기준으로 장로교 합동(GMS)이 가장 많은 해외 선교사(1,835명)를 파송하고 있지만 한국대학생성경읽기선교회(UBF)와 국제대학생선교회(CMI)가 원래 한 단체였고, 이 초교파 평신도 선교단체가 파송한 선교사의 숫자가 모두 2,024명임을 감안하면 현재 '20세기의 선교적 현상'을 주도하고 있는 주체는 교단 중심의 목회자 선교사가 아니라 자발적인 선교운동에 참여하고 있는 캠퍼스 선교단체, 자발적 선교 단체 혹은 파라처치(Para-Church)로 불리는 선교단체이다.33 여기에 해당하는 단체는 UBF, CMI, IVF, 예수전도단, JOY, 네비게이터, GMF, YWAM, CCC 등이며 1988년부터 시작된 '선교한국(Mission Korea)' 집회를 통해 파라처치의 선교가 매년 조직화되고 있다.34 1990년대 후반 IMF 외환위기 사태를 거

---

32 Andrew Walls, *The Cross-Cultural Process in Christian History*(Maryknoll: Orbis Books, 2002), p.64.

33 내가 현재 확인할 수 있는 선교 통계는 문상철 박사가 2006년에 발표한 논문에서 재확인할 수 있다. Steve Sang-Cheol Moon, "The Spiritual Influence of Korea: The Movement and Task of Korean Mission," *KLATS Theological Journal*, vol.2, no.1(2006).

34 현재 '선교한국(Mission Korea)'에 소속되어 있는 학생선교단체는 CAM, CCC, CMF, DFC, ESF, JOY, IVF, Navigators, SFC, YWAM, JDM 등이고 해외선교단체는 AFC, ANN, CEF, DCF, HOPE, GBT, GMP, GP, GWM, Intercp,

치면서 재정적인 어려움에 처했던 일부 파라처치 소속 선교사들이 교단 선교부로 편입되었고, 선교 현지에서 안수 받은 목회자와의 경쟁 관계를 극복하기 위해 현지에서 안수 과정을 밟은 일부 파라처치 소속 선교사들의 선택이 변수로 작용하고 있지만 여전히 한국 교회의 해외 선교운동의 주체는 파라처치에서 파송한 젊은 세대의 선교사들이라고 할 수 있다.35

한국 선교의 구조적 문제는 여기서 출발한다. 교단에서 선교 훈련을 받고 파송된 목회자 출신 선교사는 선교 현지에서 무분별한 교단 신학을 전파하거나 타 교단 선교사와 경쟁하면서 문제를 일으키는 경우가 있다. 반면에 이른바 자비량 선교 혹은 개인적으로 선교 후원단체 혹은 교회를 섭외한 다음 (재정적으로는) 독자적이지만 명목상 파라처치의 선교단체에 가입되어 있는 선교사들은 한국 교회의 보호나 통제 밖에 놓여 있다는 문제가 있다.36 각 교단 신학교에서 선교학을 가르치는 교수들은 자기 교단의 선교사에게는 일정한 영향력이 있지만, 파라처치에서 진행되고 있는 해외 선교에 무관심하거나 일체의 접근이 차단되어 있는 실정이다. 특별히 에큐메니칼 노선을 따르는 신학교의 선교학자는 파라처치의 선교사 교육 프로그램에서 사용하는 용어 자체부터 상이함을 절감하게 된다. 전통적인 선교학자들이 선교의 신학적 의미, 성서적 의미, 선교 역사, 토착화론, 지역학 연구, 성서 번역 이론, 북한 선교

InterServe, JEM, NTM, OM, OMF, WEC, WMC, 기아대책기구, 바울선교회, 머시쉽, 알타이선교회, 오병이어선교회, 위디선교회, 중국어문선교회, 한나선교회 등이다.

35 2000년을 기점으로 자발적 대학생·청년 선교단체의 활동에 자극받아 각 교단 선교부에서 많은 숫자의 선교사를 경쟁적으로 파송하고 있다.

36 양희송, 「개신교 선교의 구조적 무책임성에 대한 고찰」, 제3시대 그리스도교연구소 제103차 월례포럼 발표 (2007년 10월 29일) 논문, 3-4쪽.

의 이론적 고찰, 통전적 선교, 포스트모더니즘, 세계화, 종교 간의 대화 등을 논의하고 있을 때 파라처치의 선교를 이끌어가고 있는 이론가(실천가들이 많지만)는 10/40 창문, 땅 밟기, 선교 정탐, 단기 선교, 기도합주회, 종족 입양, 종족 전도, 미전도 종족, 백 투 예루살렘(Back to Jerusalem) 등과 같은 전문용어를 사용하면서 선교 동원과 훈련을 병행해가고 있다.

여기서 내가 강조하고 있는 것은 어떤 방식으로 선교사 훈련을 시켜야 한다거나 교단 파송이나 파라처치 파송 중 어느 것을 선택하느냐의 문제를 따지는 것이 아니다. 작금의 교류 단절이 지속된다면 결국 피해를 보는 것은 극심한 경쟁체제에 내몰려 있는 교단 출신 선교사[37]나 아무런 보호 장치 없이 오지에 버려지게 되는 일부 파라처치 선교사들이기 때문이다. 일부 선교사들이 한국에서 신학교를 졸업해도 목회 사역지를 찾을 수 없기 때문에 선교사로 파송되는 것을 우회로처럼 생각하고 있는 것도 큰 문제이다. 이른바 신학생 공급과잉 문제를 선교사 파송으로 해결하려 든다면 장차 이 선교사들이 은퇴할 시점에 가면 더 큰 종교사회적 문제가 야기될 것이 분명하다.

나는 이라크에서 죽음을 당한 김선일 씨 사건이나 아프가니스탄의 탈레반에게 납치되어 2명의 희생자를 낸 2007년의 비극적 사건은 한국 교회가 책임을 질 문제라고 생각한다. 좀 더 구체적으로 말하면 자기 교단 선교사 챙기기에 급급한 교단 선교부의 책임자와 숫자가 많으면 더 신앙적인 선교단체라고 착시현상을 유도하고 있는 일부 파라처치 계통의 선교단체를 이끌고 있는 사람들이 책임을 져야 한다고 생각한다. 여기에는 교파주의에 함몰되어 종합적인 선교신학적 전망을 제시하지 못

---

37 교단 선교부 소속 선교사들의 경쟁이 낳고 있는 부작용에 대해서는 Cobbie Palm, "Toward a World Mission Tribunal," *International Review of Mission*, vol. 86(July, 1997), pp.289-300 참조.

한 (필자를 포함한) 선교신학자들의 잘못도 크고, 선교를 기존 성도에 대한 양육 프로그램의 일환으로 생각하면서 무분별하게 단기선교단을 경쟁적으로 파송한 일부 대형 교회(Flagship Church) 목회자들의 판단도 비판받아 마땅하다. 선교신학자들과 교단의 선교 담당 책임자, 대형 교회의 선교 담당자, 파라처치의 지도자가 한자리에 모여 이 문제의 해법을 함께 모색하지 않는다면 제2의 김선일 사건, 제2의 아프가니스탄 사태가 이어질 것이 분명하다.

4. 한국 교회의 해외 선교, 어디로 갈 것인가

아프가니스탄에서 분당 샘물교회의 단기선교봉사단이 피랍되고 결국 2명의 희생자가 생기는 불상사를 지켜보면서 한국 교회의 모든 구성원은 비통한 심정을 금할 수 없었다. 분당 샘물교회에서 자체적으로 사과 성명을 내기도 하고, 원로와 교계의 지도자들이 모여 공격적 선교에 대한 잘못을 공개적으로 인정하고 국민에게 용서를 구하는 모습까지 보였지만 사태는 원만하게 수습되지 않았다. 무엇인가 원칙적인 문제가 정리되지 않았기에 이 비상사태를 지켜보는 우리 모두의 마음이 천근처럼 무거울 수밖에 없었던 것이다. 선교란 무엇인가라는 기본적인 질문에도 답하지 않고 무작정 앞을 향해 달리던 한국 교회의 선교 기관차가 갑자기 궤도에서 이탈하게 되었지만, 지금까지 달려온 추진력이 너무 강력해서 그 기차를 멈출 수도 없는 형편에 처해 있다.

그렇다면 한국 교회의 선교, 어디로 갈 것인가? 일단 행정 절차상의 우선순위를 따지면 선교신학자, 교단 선교부 책임자, 대형 교회의 선교 담당자, 파라처치의 책임자와 선교 동원가가 한자리에 모여 논의를 시작해야 할 것이다. 이 자리에서 반드시 포함되어야 할 한국 교회 선교의 새로운 방향성에 대한 신학적 논의를 세 가지로 정리해본다.

첫째, 한국 교회의 선교는 무엇을 전할 것인가에 대한 명확한 입장 정리가 필요하다. 16세기 예수회 선교들은 '토착화의 가능성'을 중국에서 선교의 핵심으로 선포했다. 17세기 초 도미니칸 선교사들을 라틴아메리카에서 우상 숭배의 척결을 주장하는 메시지를 전했다. 18세기 인도 남부에서 복음을 전했던 개신교 선교사 바톨로매 지켄발그는 인도 시바 종교에 나타난 종교적 본질과 기독교의 신관이 유비적으로 해석될 수 있다는 가능성을 제시했다. 19세기 서구 열강의 해외 선교는 식민지 확장의 전위대였으며, 20세기의 초반 인도에서 사역했던 존 파쿠하는 '완성이론(Fulfillment Theory)'을 제시했고, 미국 감리교 출신의 인도 선교사 스탠리 존스는 '인도의 길을 걷고 있는 예수'를 전했다. 그렇다면 21세기 세계 선교의 중책을 맡은 한국 교회는 어떤 복음을, 어떤 기독교를, 어떤 예수를 전할 것인가? 외국의 선교 현지에서 원주민이 기대하고 있는 성공 신화를 전할 것인가? 그리스도의 복음을 받아들인 우리가 이렇게 경제적으로 풍요롭게 살게 되었다는 민족적 자부심을 그들에게 전할 것인가? 일제의 수탈과 동족상잔의 비극, 개발 독재에서 살아남은 '생존의 기법'을 복음의 옷을 입혀 전달할 것인가?

나는 이미 다른 지면을 통해 한국 교회가 전 세계에 전파할 수 있는 독자적인 복음의 내용에 대한 의견을 제시한 바 있다.[38] 그것은 우리의 성공 신화도 아니고 민족적 자부심은 더욱 아니며 타의 추종을 불허하는 열성적인 신앙 양태도 아니다. 우리 한국 교회가 세계 교회의 일원으로서 선교의 메시지로 신포할 수 있는 내용은 '한국 사람에 의해 재해석된 복음의 의미가 선교 현지의 의미로 재해석될 수 있다는 가능성'이다. 나는 이것을 '복음의 번역 가능성(The Translatability of the Gospel)'으로 보

---

38 Sangkeun Kim, "Sheer Numbers Do Not Tell the Entire Story," p.470.

며, 한국 땅에서 한국 사람의 시각으로 재해석된 복음의 내용이 해외 선교를 통해 다양한 선교 현지의 문화적 토양에서 다시 재해석될 수 있는 가능성을 전하는 것이 21세기 한국 교회에 맡겨진 선교의 사명이라고 생각한다.

이러한 나의 제안은 한국 교회가 맡은 21세기 선교의 사명이 지금까지 천주교 500년, 개신교 200년의 전통으로 이어지고 있는 선교의 역사와 판이한 환경에서 추진되고 있다는 상황 분석에서부터 출발한다. 20세기 중반까지 역사적 전통을 이어온 세계 선교는 모두 서구 교회를 중심으로 복음이 전 세계로, 특별히 '믿지 않는' 제3세계로 확장되어가는 형태로 전개되었다.[39] 서구 교회가 비서구 사회를 향해 확장 선교를 추진하면서 제시된 이론은 알렉산더 더프의 문명화 이론(Civilization theory), 존 네비우스의 삼자 원칙(Three-Self principles), 롤랜드 알렌의 성령에 의한 선교(Mission of the Holy Spirit),[40] 도날드 맥가브란의 동질성집단 선교 원칙(Homogeneous unit principle), 세계교회협의회의 하나님의 선교(Missio Dei) 등이다. 그러나 21세기의 세계 선교는 전혀 다른 차원에서 전개될 가능성이 매우 높아 보인다. 세계 선교의 중심축이 이동하고 있기 때문

---

39 이러한 현상을 기술적인 면에서나 사관의 면에서 가장 정확하게 포착하고 있는 통사적 연구는 예일 대학교 선교학과 교회사 교수였던 케네스 라토렛의 명저『기독교 확장사』 7권 시리즈이다. Kenneth S. Latourettee, *A History of the Expansion of Christianity*, vols. 1-7(Grand Rapids: Zondervan, 1970).

40 '성령의 의한 선교'는 오순절교회에서 추구하는 선교가 아니라 성령의 역사와 권능을 믿고 일단 한 지역에서 복음을 전한 다음 현지인에게 교회 구성의 책임을 위임하고 선교사는 그 지역을 떠나는 방법을 말한다. 알렌은 이를 '바울의 선교 방법'이었다고 이름 붙인다. Roland Allen, *Missionary Methods: St. Paul's or Ours?* (Grand Rapids: Eerdmans Publishing, 1962). 로랜드 알렌의 선교론에 대해서는 김상근, 「로랜드 알렌이 제시했던 바울의 선교방법」, ≪기독교사상≫, 2005년 5월호, 240-247쪽 참조.

이다. 이러한 관찰은 20세기 후반부터 앤드류 월스나 필립 젠킨스 등이 주장하고 있는 '남반부 기독교의 태동(The Rise of Southern Christianity)'과 그 맥을 같이한다.

21세기의 기독교는 더 이상 서구와 백인의 종교가 아니다.[41] 20세기가 시작되었던 1900년을 기점으로 볼 때 전 세계 기독교 인구의 약 70%는 유럽인이었다. 절대 다수의 기독교인이 유럽의 백인이었으며 당시 아프리카의 기독교인 숫자는 전체 기독교 인구의 2%에 불과했다.[42] 그러나 100년이 지난 2000년을 기준으로 볼 때 유럽의 기독교인 숫자는 전체의 29%로 급감했다. 반면에 100년 전 미미한 숫자에 불과하던 아프리카, 라틴아메리카, 아시아의 기독교인 비율이 이미 60%를 상회하고 있다. 이런 현저한 기독교인의 비백인화의 현상은 시간이 지날 갈수록 심화되고 있다.[43] 종교통계학자들의 추정에 의하면 2025년 세계 기독교인 중 유럽인이 차지하는 비율은 21%까지 계속 하락하는 반면, 적도 이남의 아프리카와 라틴아메리카, 태평양 군도, 일부 아시아 지역의 기독교인 비율이 전체 기독교 인구의 70%를 상회할 것이라고 한다. 적도 이남의 여러 대륙에서 전개되고 있는 기독교의 새로운 중심축 이동은 기존의 신학체계나 복음 이해에 전면적인 수정이 불가피함을 알리는 신호탄이 되고 있다. 기독교의 중심축이 남반부 기독교로 이동하면서 세계

---

41 Lamin Sanneh, *Whose Religion Is Christianity?: The Gospel Beyond the West*(Grand Rapids: William B. Eerdmans Publishing, 2003); Dana Robert, "Shifting Southward: Global Christianity since 1945," *International Bulletin of Missionary Research*, April, 2000.

42 David Barrett and Todd Johnson, "Annual Statistical Table on Global Mission, 2001," *International Bulletin of Missionary Research*, January 2001, p.25.

43 Philip Jenkins, *The Next Christendom: The Coming of Global Christianity*(Oxford: Oxford University, 2002); Philip Jenkins, *The New Faces of Christianity: Believing the Bible in the Global South*(Oxford: Oxford University, 2006).

선교의 주체가 서구 교회에서 비서구 교회로 이동하고 있다. 확장 이론의 근거가 되었던 서구 교회의 존재 자체가 흔들리고 있을 뿐만 아니라 세계 선교를 이끌고 갈 주역이 변하고 있다는 것이 작금의 분명한 현실이다.

21세기 세계 선교의 주역은 한국, 인도, 브라질, 페루, 필리핀, 나이지리아, 가나, 남아프리카공화국, 중국이다.[44] 유럽 국가는 더 이상 선교사 파송 국가가 아니라 선교사를 받아들여야 할 선교 대상 국가로 변하고 있다. 물론 그레이스 데비 같은 종교사회학자의 주장처럼 유럽은 "소속되어 있지 않지만 믿고 있는(believing but not belonging)" 기독교 문화권이기 때문에 선교가 필요치 않다고 견해도 있다.[45] 그러나 중요한 점은 이제 더 이상 유럽은 21세기 선교의 주체가 되지 못한다는 것이다.

앞에서 열거한 한국을 위시한 8개국은 20세기 후반까지 선교사를 받아들이는 선교 대상 국가였다. 그러나 이제 이들 국가는 해외로 선교사를 파송시키는 선교의 새로운 전초기지가 되고 있다. 인도 안에 있는 비기독교 종족에게 파송되는 선교사까지 합친다면 인도 기독교는 세계에서 두 번째로 많은 선교사(약 4만 6,000명)를 파송하는 국가이다. 브라질의 펜테코스탈 교회는 이미 세계 전역으로 확장되었고 일본과 필리핀 등에서도 빠른 속도로 브라질 교회가 성장하고 있다.[46] 급격한 경제성

---

44 나는 이 나라를 대표하는 선교학자들과 함께 'New Global Apostles(새로운 세계의 사도들)'이라는 학술 프로젝트를 추진하고 있다. 21세기 세계 선교의 주역으로 성장하고 있는 각 국가의 해외 선교 현황을 종교사회학적으로 분석하는 학술 프로젝트로 제1차 학술대회는 필리핀 마닐라(2005년)에서, 그리고 제2차 학술대회는 한국 연세대학교에서 개최(2006년)되었다. 조만간 연구 결과가 학술서적으로 출간될 것이다.

45 Grace Davie, *Religion in Britain since 1945: Believing without Belonging*(Oxford: Blackwell, 1994).

46 Paul Preston, "The Transnationalisation of Brazilian Pentecostalism: The Univer-

장을 이룩하고 있는 중국은 디아스포라와 경제권의 확장과 더불어 놀라운 속도로 선교를 확장하고 있다. 필리핀은 중동 지역으로 팔려가는 가정부 인력을 조직화해 10만 명의 필리핀 선교사를 전 세계에 파송하겠다는 야심찬 계획을 발표한 바 있다.[47] 이제 세계 선교의 흐름은 서구 사회에서 비서구 사회로 확장되어 가는 것이 아니라 상호 교차적으로, 역방향으로, 심지어 국력이 약한 나라에서 국력이 강한 나라로 전파되는 현상까지 초래되고 있다. 이제 더 이상 복음은 제국주의의 확장 모델을 통해 전파될 수 없고, 문명의 개화를 통해 복음이 점차적으로 전해질 수 있다는 전략도 21세기 세계 선교에 적용될 수 없다. 이제 복음은 한국, 인도, 브라질, 페루, 필리핀, 나이지리아, 가나, 남아프리카공화국, 중국에서 번역되고 재해석된 모습으로 전해질 것이다. 기독교 하나님의 이름은 더 이상 갓(God)이 아니라 하나님, 카다불(Kavavul), 디오스(Dios), 몰룽구(Molungu), 상티(上帝) 등의 다양한 이름으로 소개될 것이다. 지금까지 복음은 현지의 문화와 결합하면서 의미 지평을 확장해왔는데, 21세기의 기독교에서 그 속도는 가속화될 것이고, 이러한 새로운 시대적 흐름의 중심에 제3세계를 중심으로 한 세계 선교운동이 자리 잡고 있다. 이런 관점에서 한국 교회에게 맡겨진 21세기의 세계 선교의 사명은 이미 한반도에서 확실한 가능성을 인정받은 '복음의 번역 가능성'을 증거하는 것이다.

두 번째, 한국 교회의 선교는 전(全) 지구적 관점에서 세계 교회의 일원으로 추진되어야 한다. 일부 대형 교회나 파라처치 선교단의 선교사

---

sal Church of the Kingdom of God," A. Corten and R. Marshall-Fratani(eds.), *Between Babel and Pentecost: Transnational Pentecostalism in Africa and Latin America* (London: Hurst, 2001), pp.196-215.

47 Luis Pantoja, Jr. Sadiri Tira, Enoch Wan, eds., *Scattered: The Pilipino Global Presence* (Manila: Life Change Publishing, 2004).

역은 한국적 신앙 가치를 절대화해 세계 선교가 반드시 고려해야 할 전 지구적 관점이나 세계교회의 일원으로서 지켜야 할 최소한의 룰(법칙)을 지키지 않고 있다. 이라크에서 희생당한 김선일 씨나 아프가니스탄 탈레반에게 피랍되어 온 국민에게 당혹과 슬픔을 안겨준 분당 샘물교회의 단기선교봉사단은 복음 전파라는 종교적 신념의 실현을 위해 9·11 이후의 국제 정세나 이슬람 신앙에 대한 기본적인 이해를 간과하는 오류를 범했다. 여기서 말하는 전 지구적 관점이란 1990년대부터 글로벌한 현상으로 나타나고 있는 나타나고 있는 세계화의 문제와 9·11 이후 극명하게 드러나고 있는 미국 보수우파의 강경한 이슬람 정책, 이슬람 근본주의의 태동 등이다. 21세기 세계 질서의 기준점을 제시하고 있는 이 세 가지 현상은 세계 선교와 밀접한 연관이 있다.

세계화에 대한 분석은 다양하게 전개되어왔고, 세계화라는 용어 자체에 대한 정의도 학자들 사이에 이견이 존재한다.[48] 세계화의 정의에 대한 긴 논의를 줄여, 최근 나얀 찬다가 정의내린 "우리 삶이 세계적으로 연결되어 있는 현실이 가시화되고 이런 상호 연결성을 포괄적으로 부르기 위해"[49] 세계화라는 용어를 사용한다면, 기독교 선교는 '우리 삶이 세계적으로 연결되어 있는 현실이 가시화'되는 현상을 촉발하는 강력한 종교적 도구이다. 비행기를 타고 가는 이동, 선교 보고서를 인터넷으로 보내는 행위, 선교비를 한국의 은행을 통해 송금하고 현지 은행에서 인출해 사용하는 것, 기독교 복음의 가치를 소개하는 선교활동 등이 모두 세계를 하나로 연결시키는 세계화의 한 부분이기 때문이다.[50]

---

48 Malcolm Waters, *Globalization*(London: Routledge, 1995); Zygmunt Bauman, *Globalization: The Human Consequences*(New York: Columbia University Press, 1998).

49 나얀 찬다, 『세계화, 전 지구적 통합의 역사』(서울: 모티브, 2007), 9쪽(Nayan Chanda, *Bound Together: How Traders, Preachers, Adventurers, and Warriors Shaped Globalization*, Yale University Press, 2007).

세계 선교는 한국 교회가 배타적으로 위임받은 사명이 아니고, 비록 고립된 지역을 위한 선교라 할지라도 세계적으로 얽혀 있는 네트워크 안에서 전개될 수밖에 없는 사역임을 2007년 아프가니스탄 사태를 통해서 뼈저린 체험을 하게 되었다. 대한민국 정부의 비밀요원까지 투입되었던 구출작전이라 자세한 전말을 알 수 없지만, 아프가니스탄 오지에서 발생한 한국인 피랍사건이 세계 각국의 언론을 타고 전 세계로 알려졌으며, 아프가니스탄은 물론 미국, 독일, 일본, 사우디아라비아, 파키스탄, 동남아시아의 이슬람 국가 등이 이 사건에 직간접으로 개입했다.[51] 해외 선교를 통해 다시 한 번 '우리 삶이 세계적으로 연결되어 있는 현실'을 절감하게 되었으며 세계화라는 현실을 인정할 수밖에 없는 처지에 놓여 있음을 깨닫게 된다.

그렇다면 국가와 문화, 종교의 경계선을 넘을 수밖에 없는 세계 선교의 전 지구적 상황에 대한 면밀한 검토가 필요하고, 이것은 전통적인 선교학의 논구 혹은 선교의 열정만으로 해결할 수 없는 다각도의 문화적·역사적·경제적·정치적 접근이 요구된다.[52] 세계화 현상을 자본 시장의 자유로운 이동으로 보든지, 아니면 높은 임금을 따라 노동인력이 국경이나 문화 경계선을 아무런 제한 없이 넘어서는 유동성으로 보든지, 아니면 미국이 정해놓은 자본주의적 질서를 전 세계에 강요하는 '나쁜 사

50 Donald Lewis, "Globalization, Religion and Evangelicalism," *Crux*, vol.38, no.2 (June, 2002).

51 나는 분당 샘물교회 교인들이 피랍·구금되어 있을 당시 말레이시아를 종단하는 자동차 여행을 하고 있었다. 주유소에 마주쳤던 많은 말레이시아 사람들에게 한국 피랍자들이 조속히 석방되기를 바란다는 위로를 수없이 받았다.

52 이 점에서 나는 전통적 선교학이 복음 전파의 기술에만 국한되어 있음을 비판하면서 선교학이 인류학, 지역학, 언어학, 문화학, 의학, 인구통계학, 종교사회학 등과 끊임없이 교류해야 함을 강조한 바 있다. 김상근, 『선교학의 구성요건과 인접학문』(서울: 연세대학교 출판부, 2006).

마리아인'의 부도덕한 행동으로 보든지,53 한국 교회는 세계 선교를 통해 세계화의 일원으로 참여하고 있다는 사실을 먼저 깨닫는 것이 문제 해결의 출발점이 될 것이다. 여기서 꼭 강조해두고 싶은 것은 한국 교회의 해외 선교가 세계화라는 전 지구적 관점에서 볼 때 자칫 '미국의 복음'을 전 세계로 수출하는 해외 판매조직으로 비춰질 수 있다는 것이다. 이른바 아메리칸 드림의 성취라는 물질적 축복을 그리스도인이 마땅히 누려야 할 은혜의 지표로 간주하는 번영의 신학을 우리 한국 교회가 선교를 통해 미개발국가에 확산시키고 있는 것이 아닌지 반성해볼 필요가 있다. 충격적인 이야기지만 이미 일부 종교사회학자들은 한국 선교사들이 미국식 복음을 해외에 수출하는 "공격적인 해외 시장 개척 영업사원"54이란 평가를 내리고 있다.

미국을 중심으로 한 서구 기독교 국가들과 일부 과격분자들이 초래하고 있는 부분적 현상이라고 하지만 사실은 이슬람 국가 전체가 민감하게 공동으로 대응하고 있는 9·11 이후의 국제적 갈등은 우리 한국 교회가 세계 선교를 계획하거나 추진할 때 심각하게 고려해야 할 전 지구적 환경이다. 한국 교회가 복음을 전하겠다는 순수한 동기에서 이슬람 지역에 대한 선교를 추진한다고 해도 그것은 9·11 이후 전개되고 있는 세계 정세, 미국의 패권주의와 이슬람 근본주의자의 반발, 미국과 서방 세계의 관심인 중동 지역에 매장되어 있는 화석 연료와 그 사용권, 이스라엘의 시온주의와 반유대주의 정서, 미국의 팔레스타인 정책, 십자군 전쟁 이래 지속되고 있는 서방 세계와 이슬람 세계의 역사적 반목 등에 의해 이용되거나 악용될 수 있는 충분한 위험에 노출되어 있다는 것을

53 장하준, 『나쁜 사마리아인』(서울: 부키, 2007). 이 책은 캠브리지 대학의 경제학 교수인 장하준이 쓴 신자유주의에 대한 비판서이다.

54 Steve Brouwer, Paul Gifford, Susan Rose, *Exporting the American Gospel: Global Christian Fundamentalism*(New York: Routledge, 1996).

기억해야 한다. 이렇게 복잡하게 얽혀 있는 이슬람권 선교를 '백 투 예루살렘'이라든지 '10/40 창문'이라는 단순한 이론으로 설명하는 것은 무모한 선교학적 시도이다. 한국 교회에서 가장 반신학주의와 반지성주의가 판을 치고 있는 곳이 바로 이슬람권 선교를 위한 일부 한국 교회의 집단적 행동으로 보인다.

세 번째로, 한국 교회의 해외 선교는 새로운 전환의 국면을 맞이해 일방적 개종을 요구하는 공격적인 선교가 아니라 '대화와 봉사의 선교'로 열방을 향한 하나님의 부르심에 응답해야 할 것이다. 많은 사람이 한국 교회에 부과하신 하나님의 사명을 규명할 때 천하 만방에서 하나님의 주권을 선포하고 믿지 않는 자를 그리스도에게로 돌아오게 만드는 것이 한국 교회의 사명이라고 말한다. 설령 그렇다 할지라도 선교 자체가 (한국) 교회의 존재이유는 될 수 없다. 오히려 선교는 지상에 존재하는 교회의 존재 그 자체의 이유이며, 따라서 교회는 존재 자체로서 선교적이어야 한다는 것이 나의 변함없는 생각이다. 교회가 이 땅에 존재이유로서의 선교는, 무엇을 행하는 것이 아니라 존재 그 자체로서 선교적이어야 한다. 평신도로서 민중신학이 태동하는 데 결정적인 역할을 했던 한완상 박사는 최근 벌어진 아프가니스탄 사태를 바라보면서 다음과 같은 매우 의미심장한 메시지를 전달했다.

사도행전에서 부활 승천하신 주님은 지상에서 마지막으로 이렇게 명하셨습니다. "성령이 너희에게 임하시면, 너희는 능력을 받고, 예루살렘과 온 유대와 사마리아에서, 그리고 마침내 땅 끝까지 이르러 내 증인이 될 것이다"(행 1:8). 땅 끝까지 이르러 예수의 증인이 된다는 것, 그것이 바로 선교일진대 오늘 한국 교회가 과연 그 뜻을 제대로 알고 있을까요? 여기서 우리는 예수님의 지상에서의 마지막 당부 말씀과 예수님의 첫 설교의 말씀이 본질적으로 같은 것임을 새삼 깨달아야 합니다. 첫 번째 말씀은 이사야 61장 1~2절의 말씀입니다. 성령이 임하게 되면 가난한 사람에게 기쁜 소식을, 포로 된 사람들에게는 해방을, 소경에게는 눈뜸을, 억눌린 자들에게는 풀어줌을 선포하고 실천하는 것, 그것이 바로 예수께서 처음으로 선포하셨고, 또 직접 실천하셨던 선교활동이었습니다. 땅 끝까지 가서 예수의 이 같은 행하심을 보고 들은 대로 증언한다는 뜻은 단순한 선포의 수준을 넘어 그것을 실천하는 구체적 삶을 사는 것으로 나아간다는 것을 뜻합니다. 한마디로 예수의 사랑과 평화를 실천하는 것, 그것이 바로 예수의 선교이지요. 그것을 땅 끝까지, 어디서나 언제나 하라는 명령입니다. 그래서 첫 메시지가 마지막 명령으로 이어지지요. 선교는 자기 종교의 교리, 자기 종파와 교파의 신조를 이웃종교에게 강요하는 행위가 결코 아닙니다. 자기 교회로 신자들을 끌어 모으는 일도 아닙니다. 특히 다른 나라에 가서 그 나라 문화와 종교를 우상이나 마귀로 폄하시키면서 그것을 훼손시키려는 행위는 더더욱 아닙니다. 다른 종교나 종파의 사람들에 대해 자기 종교와 다르다고 해서 오만하게 불쌍히 여기는 것도 아닙니다. 그것은 오히려 가장 심각한 교만과 독선이라는 죄에 해당합니다. 예수의 증인으로 산다는 것은 어둠과 절망, 억압과 착취, 교만과 독선, 탐욕과 이기심에 사로잡힌 세력으로 인해 고통당하는 사람들에게 희망과 자유, 겸손과 인내, 사랑과 평화를 증거하고 함께 실천해나가는 일입니다.[55]

한국 교회에게 맡겨진 사명은 미국을 제치고 '세계에서 가장 많은 선교사를 파송하는 국가'가 되는 것이 아니다. 그것은 유난히 세계 1 위, 세

---

55 한완상, 「이 선교를 어찌 할꼬」, 2007년 8월 12일, 새길교회 설교문. 전체 설교문은 http://www.newsnjoy.co.kr/news/articleView.html?idxno=22381 참조.

계 최초라는 수식어를 좋아하는 우리 한국 사람들이 가진 문화적 열등
감의 표현일 뿐이다. 예수 그리스도는 십자가에 달려 죽으셨고, 고난과
희생을 통해 선교의 첫 열매가 되셨다. 존재 자체로서 선교하는 교회,
예수 그리스도처럼 고난 받는 이웃과 함께하는 대화와 봉사의 선교로
한국 교회의 해외 선교는 그 방향을 전환해야 할 것이다.

5. 나가면서

한국 교회의 해외 선교는 숫자 놀이와 경쟁심에서 빨리 해방되어야
한다.[56] 선교 현지의 타 문화와 종교에 대한 유연성 있는 접근과 자세가
필요하다.[57] 한국 선교사들끼리 경쟁하거나 현지 교회로부터 고립되고
있다는 외부의 지적을 겸허히 수용해야 한다.[58] 필리핀 현지 교회를 와
해시키고 있다고 한국 장로교회의 선교사들을 '세계 선교 법정'에 고발
한 한 필리핀 목사의 통렬한 비판을 자신을 돌아보는 타산지석으로 삼
아야 할 것이다.[59]

한국 교회의 해외 선교를 바람직한 방향으로 전환하기 위한 학문적
노력과 실제적인 시도가 계속되고 있다. 이 글은 한국 교회의 해외 선교
에 대한 추동력과 유인력을 선교사회학적으로 분석하고, '복음의 번역

---

56 Sangkeun Kim, "Sheer Numbers Do Not Tell the Entire Story."

57 Andrew Byung-yoon Kim, "Rethinking of Korean Missions," *Journal of Asian Mission*, vol.1, no.1(1999), pp.101-118.

58 Cephas Omenyo and David Choi, "Korean Missionary Enterprise in West Africa, 1979-1999: A Preliminary Study," *Exchange*, vol.29, Issue 3(2000), pp.213-229.

59 Cobbie Palm, "Toward a World Mission Tribunal," *International Review of Mission*, vol.86(July, 1997), pp.289-300.

가능성'을 한국 교회의 구체적인 선교신학으로 제안하며, 전 지구적 관점에 의한 선교, 일방적 개종을 요구하는 공격적인 선교가 아니라 '대화와 봉사의 선교'로 열방을 향한 하나님의 부르심에 응답하는 선교를 대안으로 제안하고 있다.

여기까지가 선교신학자가 갈 수 있는 곳이다. 사실 우리 앞에 남겨진 과제를 선교 현장에서 실행하는 것이 더 어렵고, 그래서 더욱 소중한 가치를 가진다. 이 글을 통해 생명과도 바꿀 수 없는 한국 교회와 이론과 실천 사이에서 고민하고 있는 한국의 신학계가 함께 대화하고 소통하는 계기가 마련되었으면 더 바랄 것이 없겠다.

21세기를 향한 한국 교회의
세계 에큐메니칼 운동을 위한 공헌

박상증
전 아시아교회협의회 총무

1. 서론

한국 개신교 역사는 현대 에큐메니칼 운동의 발달과 같이한다. 그러나 역사의 과정은 반드시 항상 같은 방향으로 가지 않았다. 이 글은 지난 70년 동안 한국 개신교를 중심으로 진행된 에큐메니칼 운동의 역사를 돌이켜보면서 세계 교회와의 관계를 통찰하며 한국 교회가 세계 에큐메니칼 운동에 어떻게 기여해야 할 것인가를 살펴보는 것을 목적으로 한다.

작금에 우리 사회에서는 회갑을 기념하던 과거의 풍조는 상당히 퇴조하고 고희를 기념하는 경우가 더 많아졌다. 옛 사람들이 가졌던 고희에 대한 느낌도 고령시대인 오늘에 와서는 퍽이나 달라졌으리라 생각된다. 하지만 70년을 살았다는 사실은 어느 정도 살 만큼 살았다는 뜻이 담겨져 있고 인간으로서 이루고자 했던 꿈을 성취하기에 충분한 시간이 흘렀다는 뜻도 담겨진다. 다시 말해서 그 나이가 되면 나 자신에 대해 또한 나 스스로의 집념과 그것으로서 파생되는 전통이라는 것에 대해 집착하지 않게 되는 때인 것도 같다.

초대교회의 역사를 돌이켜볼 때 오순절과 부활의 감격 속에서 새롭게 형성된 믿음과 은사의 공동체의 역사도 첫 세기의 끝에 가서는 사도들의 시대는 끝나고 그들의 가르침을 충실히 간직하면서도 새로운 역사 속에서 교회 형성과 선교적 개척지에서 활동하는 초기 교부들의 모습을 보게 된다.

이제 우리는 교회 역사의 시점에서는 선교 2세기에 접어들었고 세계 역사의 흐름 속에서는 21세기를 맞이하게 된다. 한국 교회사의 입장에서 생각하면 선교 2세기는 한국 교회가 한국의 역사적 상황과 문화적 정체성을 바탕으로 하는 한국 교회가 설립되기 위한 공헌이 요청되는 중요한 시기이며 인류 역사의 중요한 전환점인 21세기를 맞게 된다는 것은 앞으로 천 년의 역사를 투시하기 위한 새로운 패러다임을 준비하는 일에 직면하게 된다. 다시 말해서 과거 500년 동안 서양이라는 지역의 문명과 기술에 의해 형성된 힘이 이 세상을 지배해온 '현대'가 끝나가고 있다는 인식이 있다. 21세기에 대한 기대 또한 여러 가지다.

페레스트로이카의 물결과 글라스노스트의 바람이 이 세상을 근본적으로 뒤흔들었다. 사람들은 공산주의가 패배했다고 주장하며 시장경제의 승리를 외치기도 했다. 더러는 공산주의가 실패한 것이 아니라 관료주의가 고배를 마신 것이라고 주장한다. 따라서 실제로 패배한 것은 마르크스가 아니라 막스 베버일지도 모른다는 입장도 있다. 결국 1917년 러시아 혁명 이래 70년 동안 지속되었던 공산주의체제가 1989년의 동독 일대에 퍼져 나갔던 민주화와 소련의 1991년 8월 혁명으로 끝나게 됨으로 전후 냉전체제는 결국 막을 내리게 됐다.

탈냉전의 구조는 정치제도의 자유화, 다원화, 민주화 그리고 도덕성 회복의 측면이 있고, 경제적으로는 국가독점계획경제에서 시장경제로 옮겨가는 두 가지 측면이 있을 수 있다. 특히 새로운 세계의 경제구조는 단순논리로 처리되어서는 안 될 중요한 과제임을 사람들은 인식하고 있다. 탈냉전의 문턱에서 신세계질서를 구가하면서 적지 않은 혼란을 가져온 사건이 유명한 '걸프전쟁'을 주도한 미국의 정책이었다. 자크 아탈리는 "탐색적 사색을 통해 본 신질서는 인공위성에 적재된 정밀사진기로 지구를 촬영했을 때 정확하게 나타나는 현상 심지어는 지붕의 기와의 모양도 선명하게 식별할 수 있는 것과 같으나 문제는 그 건물의 내용은 전연 알 수 없는 것과 같다"고 표현하고 있다. 우선 우리는 그 속에 들어가 보지 않고는 확실히 알 수는 없을 것이지만 대체로 그 집 모양과 윤곽은 알 수 있는 것이 신질서에 대한 인식인 듯하다.

브레턴우즈 협정(1944) 이래 국제통화금융을 미국 주도하에 주관해온 체제는 제3세계의 경제문제를 해결하며 위기에 처해 있는 채무문제를 처리하기에는 너무나도 무능했으며 그 치유방법이 난폭했음은 이미 널리 알려져 있는 사실이므로 여기에서 언급할 필요는 없을 것이다. 지구촌 안에서의 남북문제는 시간이 가면 갈수록 그 심각성은 늘어날 것으로 생각된다. 이와 같은 시각으로 세계 신경제구조의 삼극화(EC, FTA, APEC) 경향에 대한 비판적 인식이 절실히 요구된다. 그리고 이것이 제3세계 연대의 관건이기도 하다.

최근 유행된 표현으로 '지구적 발현과 지역현장적 행동(think globally and act locally)'이란 말이 있다. 이 말은 현재 지구촌과 자연생태계, 인류전체가 생존의 위기에 처해 있다는 말이다. 우리 주변의 지엽적 문제에만 몰두해서 그것이 해결되면 된다는 구시대적 발상을 정리하고 세계적 안목을 가지고 우리 주변의 문제에 대처해나가자는 말이다. 힘 있는 자가 기득권을 포기한다는 것은 기대하기 어려운 이 세상에서 공생을 위한 세계적 발상과 연대를 전제로 한 행동을 발전시켜가는 일을 정부차원에 기대하기 어려운 것이 오늘의 현실이다. 초국가적 도덕률이 존재하며 국제가 합의를 지켜가는 문화가 존재하지 않는 오늘의 국제 현실은 어떤 의미에서 국제적 무정부상태에 가깝다. 비정부단체의 국제적 연대의 가장 적절한 포장이 될 수 있는 것이 에큐메니칼 운동이어야 한다는 입장도 있다.

한국 기독교의 중요한 역사적 공헌은 여성해방을 위한 봉사이다. 개화기에 전달된 기독교 문화는 서구적 개인주의에 입각한 인격적 존재로서의 여성문제를 다루기 시작하면서 폐쇄적 봉건주의의 전제로 잔존해 있었던 남존여비의 가부장제도에 간접적으로 도전했다. 그러나 기독교를 총체적 역사의식을 가지고 돌이켜볼 때 제도적으로는 여성차별을 계속해온 사실을 깨닫게 된다. 필리핀을 약 500년 동안 지배해온 기독교(가톨릭)는 전통문화의 여권을 말살해버렸다는 주장도 있을 정도이다. 앞으로의 세계는 인류의 축적한 경험과 문화적 전통 속에서 여성해방의 요소를 적극 개발하며 남녀 공동으로 사회발전에 기여하게 될 것이 틀림없다.

서아시아의 카파도키아를 여행한 사람들이 한결같이 전해주는 이야기를 들어보면 한때 전 세계 기독교의 신학적 중심이었던 그곳에서 기독교인 한 사람 찾아보지 못하고 박해를 피해 동굴에 피신했던 기독교인의 흔적만 남아 있다고 한다. 이 사실을 보더라도 기독교가 한 고장에 무조건 영원히 남아서 계속 발전한다는 기약은 역사를 통해 찾기 힘들다는 사실을 기억해야 할 것이다. 그곳은 현재 모슬렘의 지배를 받는 지역이다. 다시 말해서 오늘의 성공이 영원한 것이 아니라는 말이다.

개신교 세계 선교 역사의 과정에서 풀기 어려운 신학적 과제로 남아 있는 문제 가운데 타 종교와의 관계를 들 수 있다. 문제는 현대 교회가 십자군의 발상을 정리하고 인내와 사랑의 선교를 이해하며 초대교회부터 교회 안에는 다원적 전통이 공존했다는 사실을 깨닫게 되어야 할 것이다.

이러한 문제가 앞으로의 세계 에큐메니칼 운동의 과제로 남아 있을 것으로 보인다. 그렇다면 우리 한국 교회는 이와 같은 문제를 거론하며 이 문제들이 우리 현실에 어떻게 비추어지며 그것을 극복해나가는 과정에서 어떻게 세계교회운동에 공헌할 것인가를 살펴볼 수 있어야 한다. 그러기에 앞서 먼저 한국 에큐메니칼 운동이 어떻게 발전해왔으며 또 그 자체의 문제점이 무엇인지 검토해볼 필요가 있을 것 같다.

2. 한국 에큐메니칼 운동의 성격

한국 에큐메니칼 운동은 선교사들과 선교단체 상호간 협력관계에서부터 시작되었다. 이것은 개신교 선교운동을 오랫동안 지배해온 전통이기도 하다. 분명히 선교운동이 교권적 차원에서 시작되지 않았고 뜻을 같이하는 경건주의적 신앙의 영향을 받은 사람들이 구원의 감격을 이교도와 나누겠다는 정열은 교파주의에 구애받을 리 없었을 것이다. 이와 같은 실례는 선교 역사를 볼 때 얼마든지 있다. 그러나 이 운동이 제도화되면서 선교단체와 교파 선교부 또는 유럽 기독교 국가의 공식 선교활동 사이에 협력관계를 수립해야 할 필요성을 강조하며 제1차 세계선교대회를 꾸려간 사람은 결국 교파주의와 무관한 순수한 기독학생 운동의 역군들이었다.

이러한 세계의 흐름과 분위기에 젖어 있었을 때 한국에 처음 발을 디딘 선교사들도 대체로 협력지향적인 복음주의적이며 동시에 진보적 능력의 소유자들이었다. 그들은 미국 교파의 파송을 받고 온 사람들이기도 하며 교파적 관심과 세력 확장의 전략을 완전히 포기하지 않았으나 일단의 장로교와 감리교 선교사들은 스스로 그들의 자각과 객관적인 여건의 영향으로 협력관계를 맺었다.

먼저 장로교 선교사들 사이에 협력관계를 맺었고 장로교선교부와 감리교선교부의 협력관계는 1893년부터 시작되었다. 이것을 선교 역사에서는 '예양(禮讓, comity)'이라 한다. 불필요한 경쟁과 낭비를 막기 위해 선교지역을 서로 예양하는 제도이다. 교세 확장에 혈안이 되어 있는 오늘의 한국 교회의 실정에서는 상상조차 할 수 없는 여유 있는 태도이다.

장로교선교부와 한국장로교회의 협의기구로서 조선예수교장로회공의회를 조직했다(1901). 감리교선교부도 남북선교부가 협력해 교육사업에 종사하고 있었고 협력관계를 확대하기 위한 비공식적 연합모임이 때때로 있었다. 1905년의 비공식 모임에서 해리스(N. C. Harris) 감리교 감독의 사회로 진행하던 중 남장로교 선교사인 레이놀드(W. D. Reynolds)는 '한국그리스도교회'라는 명칭하에 단일 교회를 한국에 설립하는 것을 모든 선교사가 바라고 있다고 피력하고 이와 같은 구체적 안을 제출했었다. 캐나다 선교사 에이비슨(O. R. Avision) 박사의 제청에 따라 전원이 기립하면서 만장일치로 이 안을 지지했다고 한다.

이러한 분위기 속에서 1905년 9월 15일 여섯 선교부의 관계자 약 150명이 모인 가운데 재한복음주의선교단체통합공의회(The General Council of Evangelical Mission in Korea)가 결성되었다. 공의회 창립 초기의 열의는 선교단체들로 하여금 남자학교 설립, 병원 운영, 주일공과 출판, 찬송가 편찬, 공의회 기관지(*The Korean Mission Field*) 출판 등의 사업을 연합해서 추진하게 만들었다.

그러나 이와 같은 단일 민족교회 형성의 열망은 을사보호조약을 통해 일본의 한국 침략이 노골화됨으로써 단일교회로서 박해를 견딘다는 것에 대한 전략적 고려에 의해 박해를 이겨나가기 위해 다양성으로 종교 간섭을 약화시킨다는 뜻에 단일교회 주장을 포기했다고 민경배 교수는 설명하고 있다. 이에 따라 1912년 선교공의회는 선교협의회로 바뀌었다. 그러나 특히 일본 선교는 장감 양 교파가 연합해서 추진할 수 있었으므로 오늘에 이르기까지 재일대한기독교는 재일동포의 단일 교파로 존재하고 있는 것이라 생각된다.

선교협의회는 한국 교회 가입을 계기로 1918년 3월 '조선예수교 장감

연합협의회'로 개칭되었다. 이미 단일교회 형성의 꿈은 뒷전에 밀린 때이며 이 협의회는 장감교파의 정체성을 확립한 가운데 홀로 할 수 없는 일에 협력한다는 수위로 후퇴해 있었다.

장감연합협의회는 조선예수교연합공의회를 탄생시켰다. 이 연합공의회(Korean National Christian Council: KNCC)는 장감 양 교파뿐만 아니라 교파 선교단체, 기독교 단체와 기관을 회원으로 받아들였다. 1924년 9월 24일 서울 새문안교회에서 KNCC가 창립되었다.

선교지의 NCC 형성과 밀접한 관계를 유지한 조직이 1921년에 창립된 국제선교위원회(Internation Missionary Council: IMC)이다. 1910년 세계선교대회의 정신을 계승하면서 조직된 IMC는 서방 선교단체와 교회 그리고 선교지의 교회를 대표하는 사람들로서 선교정책이 결정되어야 한다는 원칙을 고수했고 이로 말미암아 선교지의 교회는 선교단체가 대표하는 교회와 동등한 입장에서 동역자가 되었다. 한 발 더 나아가서 이미 이때 IMC는 아시아 등지에서 적극적으로 NCC 창립에 박차를 가하고 있었다. 그런 의미에서 NCC가 1924년 한국에서 창립된 것은 결코 우연한 일이 아닐 것이다.

1925년 IMC 의장 모트(John R. Mott)의 방한은 1907년 YMCA 관계로 방문할 때만큼 인상적이지 못했던 것 같으나 조선호텔에서 모트 박사의 방한을 계기로 모였던 대표자회의에서 논의되었던 중요한 안건이 공의회와 IMC의 관계였다. 이 모임에서 공의회가 IMC에 가입할 것을 결의하며 1928년 IMC 예루살렘 회의에 참석하는 대표는 대부분이 한국인이어야 한다는 점을 강조했다. IMC 예루살렘 대회는 한국 에큐메니칼 운동에 좋은 활력소가 되었다. 세계교회의 무대에 정식 대표로 참가하면서 세계 역사의 흐름 속에 참여하는 긍지를 느꼈을 것이다.

일본의 아시아 침략으로 전쟁이 한창이었던 1930년대는 에큐메니칼 운동의 가시밭길이었다. 1937년 공의회는 해산되고 1938년 IMC 세계대회(인도의 마드라스)에 한국 교회대표는 참석하지 않았다. 일본 정부가 조선기독교와 일본기독교가 별개의 대표단을 보내는 것을 허락하지 않았고 조선기독교대표가 일본대표와 합류하는 것을 원치 않았기 때문이다.

해방 후 1946년 9월 조직된 '조선기독교연합회'는 해산되었던 공의회를 계승한다는 명분을 내세웠다. 6·25동란을 겪으면서 세계는 냉전시대에 몰입하고 한국 에큐메니칼 운동은 용공 시비에 휘말리게 되었다. 국제화되고 조직적으로 편성된 미국의 매카시즘의 물결은 한국 교회에 적지 않은 상처를 입혔고 교파 분열의 고통을 안겼다. 탈냉전시대를 맞이하는 지금에도 여전히 냉전적 발상을 버리지 못하는 많은 한국 교인을 위한 계몽교육의 필요성을 강조해야 하는 우리의 처지가 안타깝기만 하다. 이러한 문제에 관해 에큐메니칼 운동의 복음주의적 성격을 명확하게 설명하는 일을 충실하게 해내지 못했던 한국 교회 안의 선각자들에게 그 책임을 전가하는 것으로는 부족할 것 같다.

서구 교회 중심적인 성향이 짙었던 WCC를 중심으로 하는 에큐메니칼 운동과 한국 교회의 관계는 상당 기간 소원했다. 그러나 1970년대부터 상황은 변하기 시작했다. 소원했던 직접적 원인은 한국전쟁을 계기로 냉전체제가 경직화되어가는 과정에서 WCC 용공론의 조직적 선전공세에 한국 교회가 대처하지 못했고 극우세력에 상당 부분의 지도자가 편승하는 경향조차 있었기 때문이었다. 1954년 WCC 제2차 총회에 한국 교회 정식대표를 참여하지 못하게 하고 같은 해 미국에서 소집된 반WCC계 보수적인 ICCC(International Council of Christian Churches, 국제기독교협의회) 총회에는 대거 참석한 것도 좋은 예가 된다. 전쟁으로 인한 파괴와 복구와 재건 더 나아가서 구호사업에 WCC가 얼마나 전력했는지 구체적으로 알면서도 외면했고 한국전쟁에 중공군이 참전한 것을 침략으로 규정한 WCC 국제위원회 결의에 대해 제대로 평가하지 못한 졸렬한 한국 정부의 외교능력이 한국 에큐메니칼 운동을 위축시킨 것이 사실이다. NAE(National Association of Evangelicals, 복음주의협회), ICCC 등 미국의 세계 정책에 건설적 비판조차 못하는 반동 경향의 집단의 선동을 받아 우왕좌왕했던 한국 교회 지도자들의 모습을 후학이 구체적인 사례를 통해 과학적으로 검증할 필요가 있다.

그러는 가운데 4·19혁명을 경험하면서 에큐메니칼 운동의 반성이 있었다. 군사정권의 파시스트 이데올로기에 대항해야 한다는 신학적·이념적 책임을 통감한 집단이 기독자 지식인이며 학생이었다. 일본 식민정책에 대항하기 위해 민족단일교회의 꿈을 포기했다면 1960년대의 학생운동은 전제주의에 대항하기 위해 대연합을 시도했다.

산업화의 과정에서 발생되는 노사문제, 도시빈민문제에 대한 새로운 각성이 도시산업선교운동으로 발전했다. 신학적 민중의 발상은 여기에서 시작됐다. 물론 운동을 발전시키는 과정에서 중요한 시행착오는 있을 수 있다. 그러나 역사적 현실에서 신앙적 결단이 요청될 때 신앙고백적 선교의 사명을 가장 어려운 여건 속에서 통감하고 실천한다는 일은 용이한 일이 아니었다. 비판과 심지어는 저주의 시선을 받으면서 힘차게 일했던 선교운동가의 공헌도 공정하게 평가되어야 한다. 이것은 비판자의 경우도 마찬가지이다. 아무것도 하지 않는 자의 손이 깨끗하다는 논리는 에큐메니칼 운동에서는 성립되지 않는다. 이와 같은 배경을 고려하면서 1973년 기독자 선언을 읽을 필요가 있다. 이것은 1970년대와 1980년대를 이어간 민주화 인권운동을 받들어준 선언적 신앙고백이라 할 수 있다.

1988년 2월 민족의 통일과 평화에 대한 한국기독교회선언은 1960년대 이후의 한국 에큐메니칼 운동의 민족과 세계를 향한 역사적 통찰과 신학적 인식 그리고 선교적 고백을 총결산한 표현이라 할 수 있다. 그러나 이것이 바람직한 모습으로 실천되지 못하는 상황에 대해서 여러 가지 의견이 있을 수 있다. 그 문제는 앞으로의 한국 에큐메니칼 운동을 생각해볼 때 반드시 짚고 넘어가야 할 일인 동시에 새로운 대안을 구상해야 한다고 생각한다.

우선 NCC의 구조적 문제점을 지적해보고자 한다. 1970년 NCC 총회의 기록을 보면 헌장 개헌안이 제출되어 기독교연합회가 교회협의회로 바뀌었다. 그 이전까지 교회 대표들이 NCC의 핵심이었고 대표수도 그러했으며 큰 교파가 독점 지배하지 못하도록 배려한 바는 있었으나 기독교연합회의 구조 속에 다른 기독교기관들이 폭넓게 참여할 수 있음으로 명실 공히 광범위한 에큐메니칼 바탕이 형성되었다. 기독교연합회에는 교회(교파)를 중심으로 한 운동 이념이 형성되어 있었다. 청년, 평신도, 여성 등 여러 가지 에큐메니칼 정신으로 발전된 사회선교단체와 선교부 등이 폭넓게 참여할 수 있었다. 더욱이 확고하게 정책수립 집행도 한국 사람들이 담당하고 있었다.

기독교연합회는 선교단체 상호간의 협력을 위한 요구에서 발달된 조직으로 사업 위주의 실제적 연합단체였음으로 조직의 신학적 근거를 교회론적으로 살펴볼 때 NCC가 실질적으로 교회일치를 추구하는 역할을 거의 포기하고 있는 현실에 봉착했다. 교회일치문제는 교파 자체에 미루어놓고(그것은 결국 사문화되어버리고) 회원 교파의 가장 비에큐메니칼적 현실에 대해서는 일언반구 없이 함구하면서 정당화 내지는 묵인하는 상태에서 편의주의적인 입장에서 허용된 사업만 추진되는 것이 현실이었다. 이것이 기구화된 교파적 교권과 그들이 포용하고 있는 NCC의 모습이었다. 결국 교회가 변하지 않고 에큐메니칼 운동에 대한 기본적 결단 없이 구태의연할 수 있는 것은 NCC가 그들의 에큐메니칼 '알리바이'가 되기 때문인지도 모른다. 그럼에도 불구하고 NCC가 현재 국내에 있는 교단의 10분의 1에 해당되는 교파도 확보하지 못하고 있다면 문제는 더욱 심하지 않을 수 없다.

기독교연합회가 교회협의회로 바뀐 데 대한 공식 설명이 없기 때문에 추측으로 몇 가지 문제를 생각해볼 수 있다. 연합운동을 통해 형성된 조직체로 YMCA와 YWCA를 위시한 여러 평신도 단체, 연합사업단체, 사회선교단체들이 존재한다. 그들은 교파는 아니나 에큐메니칼 운동의 정신과 교회성의 신학적 바탕을 가지며 현실 문제에 같이 관여하며 교회의 양심으로 사회 안에 존재하는 단체들일 수 있다. 이들과의 관계는 교회의 교권적 차원에서 볼 때 그다지 원활하지 못할 수도 있다. 그러나 그들도 엄연히 하나님의 선교에 동참하고 있는 하나님의 백성일진대 NCC의 친교와 선교과제에 참여할 수 있어야 하며 그들도 NCC 안에서 참여의식을 가질 수 있어야 한다. 그럼에도 불구하고 1970년의 개헌은 그들을 그 테두리에서 추방해버렸다. 에큐메니칼 운동이 교권의 인질이 되어버렸다. 그것은 에큐메니칼 운동으로서 올바른 모습도 아니었고 NCC를 확대한 것도 아니었다.

주변 조직을 배제해버린 채 교파 중심적 NCC는 구조와 사업을 군사정권 기간을 통해 큰 타격 없이 현상을 유지해갈 수 있었다. NCC 주변에서 사회선교운동단체들이 핵심적 에큐메니칼 운동의 선교적 역할을 해냈다. 이것이 과연 개헌이 내포한 선견지명이었는지 몰라도 NCC 구조의 성격적 결함은 여러 가지 측면에서 검토되어야 할 것이다.

수량적 가치관이 팽배한 한국의 현실 속에서 6개 교단이 고작 NCC의 회원 교단이라는 모습이 왜소하게 보일 것이다. 물론 그 사실을 억지로 부인할 필요는 없다. 그러나 그 교단들은 한국 개신교의 역사적 전통을 이어온 주류 교단이다. 그리고 과거 40년 동안 에큐메니칼 운동의 명목상 명분을 고수해온 교파들이다. 왜 탈퇴했는지도 분명치 않고 왜 다시 가입해야 하는지도 명확하지 않거나, 합리적으로 그리고 신학적으로 NCC 가입을 유보 내지 반대하는 명분이 없는 교단과는 대조가 된다.

이와 같은 부담을 안고 있는 NCC로서는 수량 공세의 유혹에 빠져서는 안 될 것이다. 현재의 구조에 대한 근본적 성찰과 회원자격과 의무,

기타 전반적인 문제를 재검토하고 현재의 회원 교단에 대해서도 새로운 각오와 의지를 재확인한 후 새 출발하는 마음으로 발전했으면 하는 의견도 있을 수 있다.

이런 문제를 고찰하면서 동시에 반성해야 할 것은 로마 가톨릭교회와의 행사 위주 접촉에서 항구적인 에큐메니칼 관계 형성, 에큐메니칼 의식의 공유, 공동 참여의 기구적 공간 설정 등에 관해 신학적 접근이 신중하게 시도되어야 한다. 이것은 이미 바티칸 제2차 공의회를 통해 그 바탕은 조성되어 있다고 해도 과언이 아니다. 나머지 문제는 인내와 의지이다.

우발적으로 발생하는 일, 계획하지 않았던 일, 생각지도 못했던 일이 일어날 수도 있다. 그런 일이 한국 NCC 주변에서 일어났다. 누가 NCC에 있었느냐도 중요한 요소이기도 하나 이것 또한 에큐메니칼 사건인 만큼 NCC와 전혀 관계없이 이루어지기는 어려웠을 것이다. 또 누가 있었느냐에 따라서는 불가능했을 수도 있다. 에큐메니칼 운동은 그런 의미에서 교권보다는 사람을 필요로 한다. 사람에 의해 교권의 유혹을 극복하며 인간화하고 관료화를 방지할 수도 있다. 그래서 에큐메니칼 운동은 일치와 혁신을 동시적인 것으로 주장해왔던 것 같다. 말하고자 하는 이 사건은 민주화를 위한 해외 기독자의 연대활동이었다. 이것을 성명하기에는 시간이 요함으로 한마디로 말하면 한국 민주화를 위해 투쟁하는 민중과 연대해 그 아픔과 승리를 같이 누리면서 자신의 처지가 더 한층 민주화되어가도록 노력하게 되는 에큐메니칼 운동의 체험이 있었다.

수많은 나라의 기독 동지들이 이 운동에 참여했다. 20세기 에큐메니칼 운동의 성육신(Incarnation)이었다고 나는 생각한다. 사람이 중요하다고 했다. 그러나 아무리 사람이 중요하다고 해서 한 사람이 NCC 총대 실행위원을 20년 이상이나 계속한다는 것은 분명히 에큐메니칼 운동에 도움이 되지 않는다는 사실을 명시해둔다. 아무리 군소 교단이라고 하더라도 총대 실행위원을 세 번쯤 했으면 다른 사람에게 그 기회를 양보하는 미덕도 있을 만도 하다. 내가 아니면 안 된다는 교만도 차제에 정리할 만도 하다.

3. 한국 에큐메니칼 운동의 세계적 공헌

군사정권 시절에 편의주의적으로 연주했던 사람들 심지어는 그 현실을 정당화했던 사람들은 심정적으로 거부감을 가지게 될지도 모른다. 그러나 한국 민주화와 통일을 위한 에큐메니칼 운동의 세계적 연대는 한국 에큐메니칼 운동을 포함해서 세계 에큐메니칼 운동이 남아프리카 독립을 위해 공헌한 것만큼 평가받아야 한다고 생각한다. 이것이 결국 1989년 모스크바에서 소집된 WCC 중앙위원회가 한반도의 평화와 통일을 위한 정책을 천명하기에 이르렀다. 에큐메니칼 운동에 희년의 개념을 새롭게 제기하며 신학적 논의를 활성화하게 공헌도 잊어서는 안 될 것이다.

현재 한국 교회는 세계적으로 선교사를 다수 파송하는 나라로 부각되기 시작했다. 그러나 에큐메니칼과 선교활동이라는 시각에서 볼 때 한국 에큐메니칼 운동은 중요한 선교활동을 거의 포기하고 있는 현실이다. 심각한 시행착오도 있고 상식 이하의 졸렬한 선교활동도 있는 것으로 전해 듣고 있다. 우리보다 앞서간 서양 사람들도 마찬가지였다. 그런데 우리가 그들의 전철을 다시 밟아야 할 이유는 추호도 없다. 그들은 지배자로서 복음을 피지배자에게 베풀었으나 우리는 전혀 다를 수 있다. 다른 사람들이 못하고 우리가 할 수 있는 일 그리고 꼭 해야 할 일이 있다. 지배보다는 연대하는 동료로서의 선교사역을 한국 교회가 제3세계 선교에서 이룩해야 한다는 요청이 분명 있는 줄 안다. 이러한 방법으로 앞서가는 선교단체들이 있다. 구태의연한 선교활동을 정리하고 에큐메니칼 선교를 향해 한국 교회의 선교에 대한 정열을 유도해가는 지혜와 노력이 요청되고 있다.

분명한 사실은 앞으로 우리가 당면할 가장 중요한 상황을 꼽는다면 통일을 향해 가는 과정일 것이다. 그 길을 가기 위해 지금까지의 분단과 분열의 역사와 체험을 어떻게 비판적으로 인식하느냐는 중요한 과제일 것이다. 분열과 일치의 양극적 상황은 우리의 에큐메니칼 운동의 노력을 마비시키기에 족할 정도로 심각하다. 그러니 NCC 같은 기구가 부분적 일치에 도달하는 공간이며 새로운 희망을 불러일으키는 축제의 마당이 될 수 있어야 하겠다.

에큐메니칼 운동을 반대하는 세력은 그저 존재하지 않는다. 보수 반동이념을 추구하는 세력은 국제적인 조직과 연대의 '네트워크'를 형성하고 있다. 과거 50년 동안의 조직적 반대 선전 그것도 막대한 재력으로 뒷받침하며 에큐메니칼 운동을 매도해온 사실은 너무도 잘 알려져 있다. 이것은 한국의 경우도 대동소이하다. 한국 교회는 개혁되어야 한다. 이 사실을 부인하는 사람은 없으리라 생각한다. 오늘의 한국 사회를 견디기 어려운 정도로 혼탁하게 하는 가치관이 교회 안의 어느 구석에 도사리고 있는지도 모른다. 오늘 구원을 외치는 교회의 참 모습은 어떤 것인지, 우리는 기도하며 그리스도의 고통 받는 몸 된 교회의 모습을 탐구해야 한다. 그러기 위해서 교회와 교직자의 개혁 내용이 무엇이어야 하는지를 밝혀내야 한다. 그 개혁의 과정에서 분열의 죄상이 규명되리라 믿는다.

에큐메니칼 운동은 분명히 전환점에 와 있다. 뚜렷하게 내놓고 자랑할 만한 일이 별로 없다. 사방을 돌아봐야 문제투성이다. 그래서 우리는 될 수 있는 대로 골방에서 골목에서 귓속말만 하려는 유혹을 받는다. 이것이 갈릴리 바닷가에서 고기 잡던 베드로와 그 일당의 심정이었을 것이다. 밤새 수고했으나 자랑할 것이 없었다. 귓속말을 하는 의기소침한 그들을 주님께서는 그들의 수치심과 분노를 무시하고 공개적으로 불러 만천하에 드러내신다. 그리고 그들에게 새로운 사명을 준다.

"더 깊은 데로 나가라"(누가 5:1-11)는 주님의 말씀이 70년을 맞이한 한국 NCC에 주시는 말씀이라 생각한다. 일사불란하게 더 깊은 데로 순종하는 자세로 나가는 용기와 결단을 갖추고 세계의 현실을 인식하면서 한국 에큐메니칼 운동을 주도하는 길을 통해서 반드시 세계 에큐메니칼 운동의 모범이 될 것을 빌어마지 않는다.

기독교와 한국의 미래

박종현
명지대학교, 한국교회사

1. 오바마의 등장과 세계 기독교의 동향

2008년 봄 오바마는 미국 민주당 전당대회에서 행한 연설로 일약 미국의 희망으로 부상했다. 그는 그 연설의 중요한 부분을 대통령에 당선된 후 그가 처음 정치에 입문한 일리노이 스프링필드에서 다시 확인했다. 그것은 미국의 자유의 정신을 다시 주장하는 이런 말이 포함되어 있다. "미국은 백인의 나라도 흑인의 나라도 아시아인의 나라도 히스패닉의 나라도 아닌 미합중국이다."

오바마의 수사법은 신약성경적이다. 바울은 갈라디아서, 로마서, 고린도서에서 동일한 어법을 사용했다. 예수 그리스도를 통한 하나님의 사랑은 아무런 차별이 없어 로마인이나 헬라인이나 여자나 남자나 노예나 자유자나 동일하다는 주장이었다. 이러한 선포는 당시로서는 가장 선진화된 로마 제국의 정치와 법률체제에 대한 중대한 도전으로 인식되었다. 알랭 바디우는 바울이 선포한 바울 복음의 내용은 당시 로마세계에 도전하는 가장 급진적인 윤리였다고 말하고 있다. 로마는 시민권에 기반을 둔 자유민의 사회였지만 여성과 노예가 배제된 불완전한 사회였다. 거기에 모든 차별을 철폐하는 바울 복음은 혁명 이상의 의미가 있었다.

오바마의 선언은 바울의 급진적 윤리를 상기시킨다. 오바마의 성장과 정치 입문과정은 그가 우연히 나타난 존재가 아니라는 것을 보여준다. 그는 케냐 유학생 아버지와 미국 하층 백인 어머니의 혼혈로 출생했다. 부모는 오래지 않아 이혼했고 그는 어머니가 재혼한 인도네시아인 양아버지의 집에서 자라났다. 어머니를 십대에 잃은 그는 대마초에 절어 사는 밑바닥 흑인에서 극적으로 인생의 목표를 다시 세운다. 그는 콜롬비아 대학을 졸업하고 하버드 법과대학원을 졸업했다. 그러나 그는 법학 엘리트의 길을 벗어나 일리노이 주에 가서 시민운동에 몸을 담았다.

그는 두 가지 일에 집중했다고 알려져 있다. 하나는 생활임금 운동이었다. 이것은 최저임금으로는 가족 부양이 불가능하기 때문에 시간당 10달러를 지급하는 임금안정화 운동으로 미국의 여러 도시에서 성공적으로 정착하고 있는 운동이다. 다른 하나는 경제적 약자인 시카고 남부의 흑인이 가난과 빚으로 주택을 압류당하거나 빼앗기지 않도록 하는 주거안정 및 개선 운동이었다. 오바마는 이런 일을 하며 자신의 정치 입문기를 보냈다.

오바마의 등장은 개인사를 넘어 미국사와 현대 세계사의 중요한 전환점으로 보일 전망이다. 만일 그의 후반기 집권이 가능해진다면 그는 집권 8년간 세계사적 전환의 핵심에 서게 될 가능성이 있다.

신자유주의는 대공황 이후 1980년대 이전까지 유럽과 미국의 지배한 케인스주의를 밀어내고 지난 30년간 세계를 지배한 경제사조이다. 케인스는 정부 주도의 개발과 경제정책으로 대공황을 극복케 한 경제학자였다. 그러나 그의 이론은 1970년대 이후 관료주의의 비효율성에 발목이 잡혀 비판받기 시작했고 이에 대한 대안으로 하이에크의 이론이 등장했다. 그는 정부의 간섭이 배제된 철저한 자유시장, 민영화, 작은 정부가 궁극적인 번영을 이룩해준다고 주장했다. 그의 주장은 핵심은 시장은 구원이고 만능이라는 것이었다. 이는 지난 30년간의 세계화, 자본이동을 정당화하는 이론적 근거로 작용했다.

그러던 것이 2007년 미국 발 서브프라임 모기지 채권이 대량 부도가 나면서 세계경제는 위기에 휘말렸다. 프란시스 후쿠야마는 신자유주의의 시대에 인류의 역사가 완성되었다고 공언했다. 미국의 지난 20년간 호황은 경기침체가 없는 영원한 시장의 성장과 번영이 가능하다는 주장을 부추겼다. 그러나 그러한 주장은 거짓으로 판명되었다. 미국, 아니 세계를 대표하던 거대 은행이 줄줄이 무너졌다. 그 핵심은 부도덕한 경영 원리였다. 도덕적 해이가 월스트리트의 은행에 깊이 뿌리내려 있다는 것을 확인할 수 있었다.

이러한 위기 덕분에 정권 교체를 이룩한 오바마는 몇 가지 과제를 안고 있다. 그가 그것은 도덕적 문제로 인식하고 있다는 점에서 우리는 대단히 고무적인 결과를 기대할 수 있을 것이다. 그는 이 문제의 핵심을 자유와 평등의 문제로 인식하고 있는 것 같다. 그는 바울의 윤리적 수사법, 그리스도를 통한 차별 없는 하나님의 사랑과 동일한 도덕적 원리가 미국 헌법의 근본정신이라고 확신하는 것으로 보인다. 이 놀라운 통찰은 자유란 개인의 제한 없는 경제행위 또는 이윤추구행위를 자유의 핵심으로 이해하던 지난 30여 년간의 자유론에 종지부를 찍었다. 그는 시장에 종속되었다고 여겨지던 정치적 자유와 평등권을 되살려 정치적 자유와 평등은 경제적 자유와 평등으로 확장되어야 한다고 믿고 있는 것 같다.

전통적으로 유럽과 미국의 공리주의자는 이념을 공유하고 있었다. 그러나 미국의 진보를 상징하는 민주당과 유럽의 진보 정치세력은 근본적인 차이점이 있었다. 미국은 여전히 영국적 자유주의 전통에 서 있었고 유럽은 사회민주주의의 역사를 가지고 있었다. 현재까지 미국은 유럽 사회주의는 마르크스주의의 한 분파이며 몰락한 동구권 공산주의의 변종이라고 인식하고 있다. 그러나 오바마의 등장은 이러한 인식에 변화를 가져올 것이다. 여전히 미국은 자유주의의 전통을 고수하겠지만 정치행위의 결과로서는 유럽 사민주의의 복지국가적 정책에 근접할 가능성이 높다. OECD 국가 중 유일하게 국가의료보험이 없던 미국에 국가의료보험이 시행될 전망이다. 미국은 그 엄청난 국력에도 불구하고 세계보건기구가 측정한 국민의료수준에서 36~37위를 유지하고 있다. 공공의료정책의 이러한 변화는 향후 민주당 집권기 내내 미국 사회의 많은 부분이 공공복지의 영역으로 전환될 것임을 시사한다. 미국의 이러한 변화는 세계의 지도력을 행하는 국가로서 서방뿐만 아니라 전 세계에 상당한 파급력을 지닐 것으로 보인다. 공공정책의 효력이 매우 점진적으로 나타나는 경향으로 보아 오바마 정책의 효과는 그가 재선에 성공하는 중요한 단서가 될 것이고 그가 재선에 성공한다면 그것은 그의 정책이 성공적으로 미국과 세계에 영향을 미쳤다는 증거가 될 것이다.

하이에크의 신자유주의가 사망선고를 받은 지금 오바마의 정책이 케인스 이념으로 복귀인가라는 질문이 제기되고 있다. 그러나 조심스럽게 전개되는 논의는 경제의 기본 관념을 재정의한 칼 폴라니의 사상을 조명하고 있다. 칼 폴라니는 경제는 근본적으로 시장 중심이 아니라 삶의 경제라는 주장을 폈던 인물이다.

미국의 변화와 더불어 주목할 것은 중국의 등장이다. 미국의 월스트리트의 은행들이 쓰러지고 난 뒤 세계 10대 은행 중 6개를 중국의 은행이 차지하고 있다. 중국이 미국을 제치고 세계 최강의 경제대국이 되는 시기를 대략 2030년대쯤으로 보고 있는 것 같다. 중국의 등장이 세계와 특히 기독교에 어떤 영향을 미칠지 주목할 필요가 있을 것이다.

2. 미국 기독교의 변화

미국의 정치적 변화는 미국 기독교의 지형도에도 영향을 주고 있다. 미국의 보수적 근본주의자들은 그들의 오랜 선교적 공헌에도 불구하고 빠른 영향력의 감소가 있을 것이다. 근본주의자들은 부시 행정부를 탄생시킨 중요한 정치세력이었으며 그들의 열렬한 지지는 이라크 전쟁의 대중적 지지의 토대를 구축할 수 있었다. 근본주의자들은 이라크 전쟁의 성격을 종교적 색채를 띤 것으로 만들었고 이는 현대판 십자군 전쟁과 이슬람 원리주의자들과의 종교전쟁을 불러일으켰다. 그러나 부시 행정부는 이라크 전쟁의 원인이었던 대량살상무기를 발견하지 못했고 그 결과 이 전쟁은 중동에서 석유자원을 확보하려는 미국의 전략 또는 미국 석유자본의 개입에 의한 전쟁이라는 전모가 밝혀졌다.

미국 근본주의자들이 감수하려 했던 위험은 신약성서가 근본적으로 반대하는 폭력과 살상행위를 정당화해 정의를 수호하려 했다는 점이다. 그러나 그것이 수포로 돌아갔다. 뿐만 아니라 근본주의 기독교 지도자들의 스캔들은 근본주의 기독교의 입지를 좁게 만들고 있는 중이다.

보다 온건한 복음주의자도 미국에서 영향력이 더 이상 커지지는 않을 전망이다. 그것은 미국의 주류 기독교를 대표하는 복음주의가 상업적 가치와 오랜 결탁으로 기독교의 세속화 또는 상업화를 대변하고 있기 때문이다. 그러나 오래 축적된 미국 복음주의의 전통은 쉽사리 수그러들지는 않을 것이다. 여전히 복음주의는 미국을 대표하는 기독교의 주류로 남을 것이다.

미국 기독교 또는 종교의 상업화로 거기서 이탈하는 개인적 종교인이 증가하고 있다는 보고가 있다. 미국에서만 3,000만 명을 상회하는 기독교인이 교회 밖으로 나가 독립적인 신앙생활을 유지하고 있다. 그들은 미국의 영성 추구자들이다. 그 수가 벌써 미국 인구의 10%를 상회한다. 이것을 종교기관에 대한 불신의 결과라고 보는 것이 일반적인 진단이다. 종교적 요구를 종교기관에서 해소하지 못하는 사람들이 기존의 종교단체에서 이탈해 개인적 영성을 추구하는 형태로 전이하고 있는 현상을 반영한다는 것이다. 미국과는 달리 유럽은 전체의 50%가량이 교회 밖에서 신앙생활 또는 영성생활을 하고 있으며 캐나다도 비슷한 경향을 보이고 있다는 통계가 있다.

또한 미국의 복음주의자 가운데 실천적 운동을 하는 경우가 있다. 신학적 자유주의가 성서의 권위를 해체해 신앙의 근거를 불투명하게 만든 반면 복음주의자는 성서의 권위 특히 예수 그리스도의 교훈과 윤리를 신앙의 높은 규범으로 받아들여 유지하고 있다. 그중에 신학적 복음주의의 기반에서 사회적 실천을 강조하는 소수의 그룹이 있다. 남미의 가톨릭교회에서 마르크스주의에 기반한 해방신학이 주류를 이루었던 반면 미국에서는 복음주의에 기반한 실천운동이 나타났다. 예를 들어 세이비어 교회는 교인이 불과 수백 명에 불과하지만 지역사회를 움직여 주거개선운동을 벌였고 수십 동의 아파트를 빈곤층에게 제공해 그들의 사회적 재건을 돕는 데 기여했다. 이 교회는 작은 규모에도 불구하고 미국 사회에 가장 영향력을 많이 미치는 교회로 인정받고 있다.

또 다른 예로 짐 월리스를 들 수 있다. 그의 책 『회심』과 『하나님의 정치』는 우리말로도 번역·소개되어 있다. 그는 청년시절 교회에서 이탈한 낙심자였다. 그러나 그는 세속화된 교회에 실망한 사람이었지 기독교 신앙을 포기한 사람은 아니었다. 그는 다시 기독교로 돌아온다. 그러나 그는 교회가 아니라 워싱턴 시내 중심가에 기독교 사회운동가로 돌아왔다. 그의 부인은 성공회 주교였지만 그는 개의치 않고 빈곤층을 위한 주거개선운동과 사회운동을 실천하고 있다. 그의 사상은 주로 예수 그리스도의 제자도를 중심으로 하고 있다. 그에 의하면 제자도란 예수 그리스도의 삶과 실천을 따르는 것이다. 예수의 가르침과 실천은 사실

종교적이지는 않다. 그의 메시야 사역은 종교적이라기보다 영성을 포괄하는 전적인 삶의 헌신이다. 그 핵심에 하나님 나라의 윤리가 있다.

짐 월리스를 중심으로 이러한 실천적 연대가 형성이 되고 있다. 특히 오바마 정부의 등장과 함께 복음주의자의 사회적 실천이라는 새로운 운동의 기조가 뚜렷하게 나타나고 있다. 사실 오바마와 짐 월리스와 세이비어 교회 모두 공통적으로 저소득층의 주거개선운동을 실천한 공통점이 있다. 오바마 정부의 미래도 복음주의적 실천 운동의 미래도 모두 진행형이다. 이들이 어떤 미래를 가지게 될지는 아무도 예측할 수 없다. 그러나 적어도 그들이 세계의 움직임에 책임감 있게 대처하며 적절한 해답을 시도하고 있는 유일한 그룹이라는 점은 확실한 것 같다.

3. 한국 기독교의 미래

한국의 기독교는 유럽적 영향권의 범위 밖에서 꾸려져왔다. 한국은 1896년 독립문을 세운 후 중국의 영향에서 벗어났고 그 뒤 두 나라의 직접적인 영향을 받았다. 일본은 한국을 강점함으로써 부정적 영향의 근거로 작용했고, 거기에 대한 반작용으로 미국은 해방 후부터 거의 유일하게 한국의 정체성에 영향을 준 국가가 되었다.

일본은 한국에 기독교가 들어오게 된 원인과 근인을 제공했다. 임진란 이후 조선은 자주적 근대 국가로 나아가기 위한 돌파구로 실학을 추구했고 실학의 연장선 중 하나로 서학 즉 천주교를 도입했다. 천주교를 신앙한 최초의 한국인 그룹은 위대한 실학자 성호 이익의 제자들이다. 정약용을 중심한 그들 남인은 정조의 선군정치와 손잡고 18세기 세계 문화의 흐름을 받아들여 새로운 사회를 구상하고 나아갔다. 정조가 구상한 18세기 말의 노비해방은 영국의 윌버포스의 노예해방 시도를 수

년이나 앞선 것이었다. 또한 1884년 도입된 개신교는 일본이 한국 침략을 노골적으로 드러낸 1895년의 을미사변 즉 명성황후 시해를 기점으로 민족의식과 강력하게 결합했다. 그래서 한쪽에서는 1907년 대부흥운동을 중심으로 복음주의적 기독교회가 빠르게 성장했고, 다른 쪽에서는 독립협회, 상동청년학원, 신민회, YMCA와 YWCA 등 기독교 사회운동을 추구하는 거대한 두 개의 흐름이 한국 사회에 존재했다.

한국은 1960년대 이후 가파른 경제성장과 1980년대 이후의 민주화운동으로 민주주의와 경제성장을 이룩한 성공적인 사례로 세계의 주목을 받고 있다. 그러나 1997년의 경제위기와 2007년의 경제위기로 한국 사회의 진로를 재검토해야 한다는 목소리가 높아지고 있다. 외형상으로는 세계 13위의 경제 규모를 유지하고 있는 신흥 선진국으로 분류되지만 여러 지표의 위험성에 대한 경고도 만만치 않다. 고령화와 인구증가율 둔화 혹은 감소의 위험, 차세대 경제성장 동력의 위기, 자살률·범죄율 등 여러 사회적 지표의 악화 등 선진국이 수년 전 또는 수십 년 전에 겪었던 문제들이 나타나고 있다.

그러나 한국에서 이러한 사회 현상을 논의하는 데 근본적인 한계가 존재한다. 그것은 한국전쟁이라는 정신적 상흔이다. 전쟁은 이미 물리적으로 오래전에 종결되었지만 한국 사회에서 이데올로기는 전쟁 상황과 유사하게 존속한다. 남북의 정서적 대치도 그렇고 남과 북이 서로에 대해 가지는 태도 역시 전쟁의 정서를 대변한다. 동서독과 한반도의 근본적인 차이는 전쟁의 유무에서 비롯한다. 유럽에서 자유주의와 사민주의 즉 우파와 좌파가 종이 한 장 차이라면 한국에서는 전쟁의 기억이 좌파란 볼셰비키의 아류인 주체사상 외에는 없다는 인식으로 나아간다. 미국 민주당의 정책도 유럽 사민주의의 세계 이해도 한국에서는 고전적 공산주의로 인식되거나 그렇게 공격된다. 이 점이 한국전쟁의 정신적 상처이다. 사회를 위한 정책에서든 이론적 차원에서의 토론이든 좌우의 접촉점이 존재하지 않는다. 한국은 북한과의 냉전뿐만 아니라 내부적 논의에서도 냉전을 지속하고 있다. 그만큼 한국 사회에서 전쟁의 상처와 기억은 크고 여전히 영향력을 발휘하고 있다. 한국의 기독교는 한국에서 그 전쟁의 가장 큰 피해자였다. 따라서 한국 기독교가 가지는 이념적 보수성은 역사적 경험의 결과물이다.

한국 기독교는 1960년대 이후 미국 기독교와 연동해왔다. 미국 기독교가 상업화하면 한국 기독교 역시 상업화했고 한국의 전통적 보수 경향과 전쟁의 기억은 한국 기독교의 이념적 성향을 강경 보수주의로 이끌었으며 이는 거의 존재론적으로 고형화했다. 한국의 보수주의는 적어도 1997년까지는 한국 사회의 유일한 주류였다. 그러나 1997년의 금융위기는 한국 사회의 다양성의 통로가 되었다. 그러나 다양성은 낯선 경험이었고 다양성은 위험하거나 불온한 것, 친북 세력의 이념적 침입 통로라는 혐의를 벗어버릴 수 없었다. 그러나 적어도 경제의 측면에서 한국은 세계적인 흐름의 한가운데 있다. 거기서부터 한국은 세계와 호흡하고 변화의 지표를 찾을 수밖에 없다.

한국 기독교 역시 역사적 연동에 의해 미국처럼 세 가지 흐름을 가질 것이다. 하나는 근본주의이거나 복음주의적 정통주의 그룹이다. 주류의 개신교는 특유의 보수성을 가지고 존속하려 할 것이다. 그러나 성장 중심의 정통적 개신교는 과다 경쟁·성장의 한계를 절감하고 있다. 이미 1995년을 기점으로 한국 개신교 성장은 정지했다. 갤럽 보고서에 의하면 한국 개신교 쇠퇴의 주된 원인은 상업화와 세속화이다. 그럼에도 불구하고 이러한 흐름은 지속될 것인데 그 관성력이 너무 크기 때문이다.

둘째는 한국에서도 개신교의 성장 정체기에 나타난 영성운동이다. 갤럽 보고서에 의하면 한국 개신교는 지난 20여 년간 200만의 신자를 일부분을 불교에, 대부분을 가톨릭교회에 넘겨 보냈다. 불교와 가톨릭은 서로 공격하지 않지만 공통적으로 개신교를 공격한다. 그러나 상당수의 개신교인은 교단과 교회를 떠나 개인적 영성운동으로 나아가거나 나아갈 준비를 한다.

셋째는 미국과는 달리 한국에서는 신학적 자유주의자들이 사회정치운동을 해왔다는 점이다. 이로 인해 한국 기독교의 사회운동은 주류 기독교의 지지를 얻지 못했다. 그러나 한국에서도 미약하나마 미국에서처럼 복음주의 진영 안에 독자적 사회운동이 존재했다. 가장 대표적인 것이 강원도 태백의 예수원운동이다. 두레마을이나 가나안 농군학교 등이 보수화하거나 명맥을 잃은 것과는 달리 예수원운동은 영성운동에서 상당한 영향력을 미치고 있으며 사회운동에서도 성토모를 통해 현실 정치에 보수권이나 진보권에 동일한 영향을 주고 있다. 그러나 미국에서 복음적 실천운동이 사회적 영향력을 확대하는 것과는 달리 한국에서는 복음적 실천운동이 확산될 가능성은 당분간 그리 많아 보이지 않는다. 변화를 일단 불온한 것으로 간주하는 경향이 있기 때문이다.

일반적으로 한국 개신교는 기독교 복음을 상당히 극단적인 수준으로 개인화했기 때문에 설교를 통해 민족·국가·사회를 말하는 경우는 거의 없다. 그러나 한국의 천주교처럼 개신교 역시 한국의 근대와 구국이라는 공적 담론의 형태로 도입되었고, 한국 기독교의 민족적 성격은 일제라는 역사적 상황 속에서 형성되었다. 아마 이러한 역사적 동기의 회복이 한국 개신교가 사적 기독교에서 공적 기독교로 나아갈 돌파구가 될지도 모른다. 그런데 한국 기독교의 층화와 분화는 매우 예리해서 영향력의 상호침투는 쉽게 기대할 수준은 결코 아니다.

세계 선교의 현황과 미래

장남혁
서울장신대학교, 선교학

지난 세월 동안 하나님의 선교적 열심과 하나님의 선교하는 백성의 충성과 헌신으로 전 세계 구석구석에서 또한 다양한 종족 사이에서 놀라운 선교사역이 진행되어왔고 현재도 진행 중이다. 이러한 선교사역이 현재 어디까지 진행되었으며 앞으로의 과제는 무엇인지를 중심으로 세계 선교의 현황을 정리해보고자 한다.

1. 남은 과업

랄프 윈터(Ralph D. Winter)에 의하면, 1970년대 주님은 많은 사람들이 '모든 종족 집단에 대한 돌파'라는 최소한의 필수 선교과업이 완수할 수 있는 것임을 깨닫기 시작했다.[1] 당시 소수 선교 실행가들은 미전도 종족에게 집중하는 운동이 일어난다면 필수적인 선교과업이 수십 년 안에 완성될 수 있으리라고 믿었다. 그러한 목표를 갖고 미전도 종족에게 초

---

[1] 돌파란 '선교적 돌파'를 의미하며, 그것은 미전도 종족 집단 내에 토착적인 교회개척배가운동을 성취하는 것을 의미한다.

점을 맞추는 운동이 활발하게 추진된 결과 1976년 1만 7,000개로 추산되던 미전도 종족의 숫자가 2008년에는 8,000개로 줄어들었다.

이제 선교가 직면하는 가장 큰 어려움은 세계 종교의 벽이다. 미전도 종족 집단에 속한 사람들의 큰 집단은 이슬람, 부족종교, 힌두교, 불교권 내에 위치한다. 이들 지역은 복음에 가장 강력하게 저항하는 곳이다. 하지만 최근 힌두교도와 불교도, 무슬림 가운데서 고무적인 돌파가 일어나고 있다는 보고를 접하게 된다. 향후 이들 세계 종교 지역을 파고들 수 있는 전략의 개발이 더욱 요청되고 있는 상황이다.

이런 점에서 아직도 타 문화권 선교는 중요한 과제이다. 미전도 종족 사이에서 토착교회개척운동이 더욱 활발하게 추구되어야 할 것이다. 선교사의 타 문화권 사역을 통해 복음이 전달되고 미전도 종족이 존재하는 지역에 토착교회가 세워지는 것은 매우 주목할 일이다. 하지만 미전도 종족 사이에서 일하는 선교사는 교회가 세워진 종족 사이에서 일하는 선교사에 비해 수적인 면에서 압도적으로 열세인 형국이다.[2] 이러한 점을 고려할 때 새롭게 선교사를 파송할 때 되도록 미전도 종족 지역으로 그들을 보낼 수 있도록 고려해야 할 것이다.[3] 현재 남아 있는 미전도 종족 집단 하나당 대략 1천 개 교회가 이미 존재하고 있다. 신자들이 동원되고 훈련된다면 엄청난 변화를 만들 수 있을 것이다. 남아 있는 과업은 선조들이 직면했던 엄청난 상황과 비교해보면 상대적으로 작은

---

2 전도된 지역에 거주하는 비그리스도인이 전체 비그리스도인 가운데 40%를 차지하는 반면, 미전도 지역에 거주하는 비그리스도인은 전체 비그리스도인 가운데 60%를 차지한다. 그런데 전도된 종족 안에서 사역하는 선교사는 미전도된 종족 가운데 사역하는 선교사보다 9배나 많이 존재한다. 이러한 '거대한 불균형'은 시급히 개선될 필요가 있다.

3 미전도 종족을 대상으로 하는 선교사역을 복음이 이미 전파된 종족을 대상으로 하는 일반 선교사역과 구분해 '전방개척선교'라고 일컫는다.

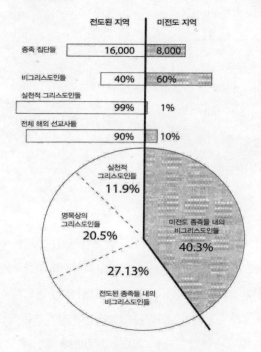

거대한 불균형

	전도된 지역	미전도 지역
종족 집단들	16,000	8,000
비그리스도인들	40%	60%
실천적 그리스도인들	99%	1%
전체 해외 선교사들	90%	10%

실천적 그리스도인들 11.9%

명목상의 그리스도인들 20.5%

27.13%
전도된 종족들 내의 비그리스도인들

미전도 종족들 내의 비그리스도인들 40.3%

출처: Bruce Koch, based on All Humanity in Mission Perspective AD 2008
(Active Christians = GCC)

일이고 이제 성취 가능한 일이 되었다. 남은 미전도 종족 가운데 토착교회개척운동이 계속 진행될 수 있도록 교회와 선교단체 간의 협력이 더욱 필요한 상황이다.

2. 기독교 중심축의 이동

20세기에서 21세기로 넘어서는 시점에서 가장 두드러진 변화는 기독교 중심축이 이동했다는 사실이다. 1900년대 초반까지만 해도 서구가

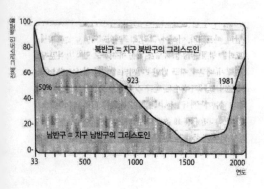

2010 세계 기독교 현황
북반구와 남반구 그리스도인의 비율 (AD 33-2100년)

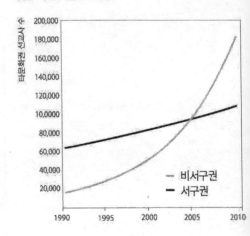

타문화권 선교 역량

기독교의 중심이었다. 당시는 서구 선교단체가 중심이 되어 비서구 세계를 복음화하고자 힘을 모으던 시기였다. 1910년에 열린 에딘버러 세계선교사대회의 참가자 구성을 보면 서구 중심적인 면모가 역력히 드러난다. 당시 159개 선교회를 대표하는 1,215명이 참석했는데 그 가운데 비서구 대표는 19명에 불과했다.4 그러나 2000년대 초반에 상황은 완전히 바뀌었다. 기독교 인구 숫자 면에서 비서구 세계는 서구 세계를 앞지르게 되었고,5 선교단체의 수에서도 비서구 세계가 서구 세계를 앞지르게 되었다.6

변화된 상황은 선교전략의 변화를 초래한다. 이제는 비서구 세계에

---

4 당시 영국 선교회 509명, 북미 선교회 491명, 유럽 선교회 169명, 남아공과 호주 선교회 27명이 참석했다. 비서구 대표 가운데 아시아인이 18명이었고, 아프리카인은 1명뿐이었다.

5 토드 존슨(Todd M. Johnson)에 의하면, 1980년 이후 어느 시점에 지난 10세기 이후 처음으로 북쪽 그리스도인 수보다 남쪽 그리스도인 수가 더 많아지는 역전 현상이 나타났다.

6 2005년경 어느 시점에서 비서구 세계의 타 문화권 선교 역량은 서구의 전통적인 선교사 파송 국가의 선교 역량을 능가했을 것으로 추정된다.

적합한 선교 모델의 개발이 시급해진 상황이다. '다수 세계(majority world)'[7] 선교가 서구 선교방식을 그대로 추종하는 것은 가능하지도 않을 뿐더러 바람직하지도 않다. 랄프 윈터를 위시한 서구의 선교 지도자들은 다수 세계의 선교가 서구 선교의 실수를 되풀이하지 말 것을 당부한다. 랄프 윈터는 다음과 같은 것이 서구 선교의 실수였다고 밝힌다.

①대학교가 아닌 성경 학교(Bible Schools)를 세우는 실수.

②'땅에서의 왕국'이 아닌 오직 '하늘에서의 구원'만 내세운 실수.

③회중이 선교기관을 활용하지 않고 직접 선교사를 보내는 실수.

④전문인 선교가 아닌 전 회중이 직접 참여하는 실수.

⑤예수의 신실한 추종자들이 자신을 기독교인이라 부르고 서구 교회와 동일시하는 실수.

⑥선교사가 아닌 돈만 보내는 실수.

⑦장기 선교사가 아닌 단기 선교사를 보내는 실수.

⑧선교에서의 사업과 사업에서의 선교를 이해하지 못하는 실수.

⑨병 세포를 근절하는 것이 아닌 병을 치유하는 실수.

⑩'전쟁'이 아닌 '평화'를 생각하지 못한 실수.

⑪과학을 친구가 아닌 적으로 간주하는 실수.

⑫사회변혁에 의해 입증되고 능력이 부여되지 못한 복음 전파의 실수.

이러한 서구 선교의 실수를 반면교사로 삼아 다수 세계의 선교는 동일한 실수를 반복하지 않도록 주의를 기울여야 할 것이다. 동시에 다수 세계의 선교는 선교전략에서 서구 선교의 축적된 노하우를 충분히 참고하고 배우려는 겸허한 자세를 잃지 말아야 할 것이다. 다수 세계의 선교가 서구 선교단체의 오랜 선교 노하우를 참고하며 그들과 협력관계

---

7 비서구 세계를 다른 말로 '제3세계', '2/3세계' 혹은 '다수 세계'라 일컫는다. 오늘날 '다수 세계'란 말이 널리 사용되고 있다.

를 맺어나갈 때 시행착오를 줄이는 동시에 하나님 나라를 확장하는 일을 보다 효과적으로 수행할 수 있을 것이다.

3. 세계화의 도전

1989년 11월 9일 베를린 장벽이 무너진 이후로 세계는 자본주의 시장 편제로 급속하게 바뀌어가고 있다. 세계화로 인한 변화는 선교적인 상황에도 큰 변화를 초래하고 있다. 세계는 잘 사는 지역과 못 사는 지역으로 더욱 양분되어가고 있다. 경제적 이유로 인한 인구이동은 그 누구도 통제하기 힘든 상황이 되었다. 이민자, 외국인 노동자, 유학생으로 인해 세계 인구가 뒤섞일 뿐만 아니라 국제결혼을 통한 다문화 가족 또한 급증하는 추세이다. 가히 지구촌 한 가족화 현상이 일어나고 있다.

이처럼 하나님께서 전 세계 인구를 다시 한 번 헤쳐 모으시는 가운데 비자발적인 이동이 갖는 선교적 함의 또한 신중히 고려해야만 하는 시점에 와 있다. 세계적인 이주 현상은 비기독교인을 더 강력한 기독교인이 거주하는 지역으로 이동하게 한다. 영국의 힌두교 인도인이나 독일의 무슬림 터키인이 기독교로 개종하더라도 사회에서 추방되거나 직장을 잃거나 가정 폭력을 당하지 않을 수 있다. 그러나 이주자는 동시에 자신의 종교를 갖고 들어온다는 점도 간과할 수 없는 사항이다. 하나님께서 보내주시는 외국인 근로자, 다문화 가족을 어떻게 맞이하고 대할 것인지는 한국 교회에 주어진 커다란 과제이다.

이제 '디아스포라 미션'이 갖는 의의는 점점 더 커져가고 있다. 일례로, 수천 명의 필리핀 여성이 복음이 전혀 들어가기 힘든 중동 지역에 가정부로 취직해 일하는데, 그들은 오늘날 복음이 전파되는 새로운 통로가 되고 있다. 또한 전 세계에 퍼진 한인 디아스포라는 가는 곳마다 교회를 개척하고 선교적 대의에 앞장서고 있다. 이러한 해외 한인교회를 더욱 선교적으로 동원하고 네트워크 형성 등을 통해 국내 교회와 협력해 선교를 수행할 때 세계 복음화에 보다 기여하는 한민족이 될 수 있을 것이다.

또한 해외여행의 급증으로 단기 선교가 급격히 증가하고 있는 점에 주목할 필요가 있다. 이제 48시간 이내에 전 세계 어느 곳이든 갈 수 있게 되었다. 단기 선교로 선교지를 방문하고 하나님 선교사역에 동참하는 길이 활짝 열리게 된 것이다. 단기 선교의 장단점은 보는 시각에 따라 나뉜다. 중요한 것은 얼마나 준비성 있게, 내실 있게, 체계적으로 단기 선교를 시행하느냐 하는 것이다.

4. 포스트모던 시대의 선교

이제 모던 세계관과 모더니티 사회는 점차 과거의 일이 되고 포스트모던 세계관과 포스트모더니티 사회가 전개되고 있다. 더 이상 기독교 세계 사고는 설 자리가 없어지게 되었다. 새롭게 변화된 세상 속에서 하나님께서 맡겨주신 선교사역을 효과적으로 감당하려면 새로운 영성과 제자도로 무장하는 것이 급선무이다.

포스트모던 시대를 맞아 성육신적으로 문화 속으로 침투해 들어가서 메시야적 영성으로 주님을 본받아 희생과 섬김의 자세를 갖고 사역하는 일꾼이 더욱 필요하다. 자기 자신의 힘과 지혜를 의지하고 나아가는 것이 아니라(power boat), 날마다 자신을 부인하고 그리스도로 옷 입고 성령을 의뢰하고 성령의 인도하심을 좇아나갈 때 선교의 영이신 성령께서 이끌어주실 것이다(sail boat). 특히 포스트모던 시대의 선교는 영적 전쟁을 동반한다는 점에서 더욱 영적으로 무장되어야 한다(엡 6:10). 이성보다 체험과 감성을 중시하는 포스트모던 세대를 대상으로 사역할 때 사역의 대상의 특성에 맞추어서 체험하고 느끼는 형태로 복음을 전해야 할 것이다.

5. 하나님 나라 선교의 비전

하나님 나라를 이 땅에 임하게 하려는 비전 아래서 전방과 후방이 하나가 될 때 가장 효과적으로 선교적 목표를 달성할 수 있다. 이를 위해서는 경쟁과 중복을 피하고 자원을 꼭 필요한 곳에 배치할 수 있도록 협력과 협동이 필수적인 과제가 되었다. WCC, 로잔 운동 등을 비롯한 다양한 모임을 통해 실제적인 협력방안이 강구되고 있는 것이 오늘날의 선교 실정이다. "먼저 그 나라와 그 의를 구하라"는 말씀에 순종해 교회와 선교 단체가 서로 협력하고 협동할 때 하나님 나라는 이 땅 위에 임하게 되고 하나님의 이름에 합당한 영광이 하나님께 돌려질 것이다.

6. 초림과 재림 사이에서

예수님께서 이 땅에 오셔서 천국 복음을 외치기 시작하셨을 때부터 종말은 이미 시작되었다. 이제 예수님께서 다시 오실 때 종말의 기간은 끝맺을 것이다. 예수님의 초림과 재림 사이의 기간은 선교를 위한 유예기간이다. "이 천국 복음이 모든 족속에게 전파되리니 그제야 끝이 오리라"(마 24:13)는 말씀의 실현이 이제 눈앞에 다가왔다.

처처에 재난과 기근과 전쟁의 소식들이 들려오고 있다. 재난은 종말의 징조요 사인이다(마 24:6-8). 그리고 믿는 자들이 환난과 핍박을 받게 되고 거짓 선지자가 일어나고 불법이 성하고 많은 사람들의 사랑이 식어질 것을 말씀하셨다(마 24:9-12). 마지막 때에 하나님의 백성은 더욱 깨어서 근신하는 가운데 하나님께서 열어주시는 선교의 기회—인구의 이동, 급격한 환경의 변화, 재난, 전쟁으로 인한 이재민, 피난민—을 최대한 활용하도록 훈련되고 무장되어야 할 것이다.